Teoria crítica

FUNDAÇÃO EDITORA DA UNESP

Presidente do Conselho Curador
Mário Sérgio Vasconcelos

Diretor-Presidente
José Castilho Marques Neto

Editor-Executivo
Jézio Hernani Bomfim Gutierre

Superintendente Administrativo e Financeiro
William de Souza Agostinho

Assessores Editoriais
João Luís Ceccantini
Maria Candida Soares Del Masso

Conselho Editorial Acadêmico
Áureo Busetto
Carlos Magno Castelo Branco Fortaleza
Elisabete Maniglia
Henrique Nunes de Oliveira
João Francisco Galera Monico
José Leonardo do Nascimento
Lourenço Chacon Jurado Filho
Maria de Lourdes Ortiz Gandini Baldan
Paula da Cruz Landim
Rogério Rosenfeld

Editores-Assistentes
Anderson Nobara
Jorge Pereira Filho
Leandro Rodrigues

HELIO GALLARDO

Teoria crítica
Matriz e possibilidade de direitos humanos

Tradução
Patricia Fernandes

© 2013 Editora Unesp
Título original: *Teoría crítica: matriz y posibilidad de derechos humanos*

Fundação Editora da Unesp (FEU)
Praça da Sé, 108
01001-900 – São Paulo – SP
Tel.: (0xx11) 3242-7171
Fax: (0xx11) 3242-7172
www.editoraunesp.com.br
www.livrariaunesp.com.br
feu@editora.unesp.br

CIP – Brasil. Catalogação na publicação
Sindicato Nacional dos Editores de Livros, RJ

G158t

Gallardo, Helio
  Teoria crítica: matriz e possibilidade de direitos humanos / Helio Gallardo; tradução Patricia Fernandes. – 1. ed. – São Paulo: Editora Unesp, 2014.
  ISBN 978-85-393-0531-5
  1. Capitalismo. 2. Previsão econômica. 3. Mudança social. 4. Previsão social. 5. História econômica – 1945-. 6. História social – 1945-. 7. Civilização moderna – 1950. I. Título.

14-13081
CDD: 339
CDU: 330.101.541

Editora afiliada:

Asociación de Editoriales Universitarias de América Latina y el Caribe

Associação Brasileira de Editoras Universitárias

*À amizade generosa e afetuosa de Pilar Cruz Zúñiga e David Sánchez Rubio.
Para María Luisa Ema Figueroa López, que decidiu ficar comigo para sempre.*

Sumário

Introdução   11

Primeira parte

I   Fundamento e efetividade de direitos humanos   17
  1. Fundamento e eficácia em direitos humanos   17
  2. O que se diz e o que se faz em direitos humanos   21
  3. O fundamento de direitos humanos   35
  4. A sociedade civil emergente e direitos humanos   45
  5. Sociedades civis emergentes e "gerações" de direitos humanos   49

II Sobre o fundamento de direitos humanos   63
  1. Nota preliminar   63
  2. Ruptura da formação social moderna   64
  3. Instituições acima de qualquer suspeita e direitos humanos   69
  4. Regime democrático e direitos humanos   81
  5. À guisa de conclusão   88

III Nova ordem internacional, direitos humanos e Estado de direito na América Latina   91
  1. Introdução à discussão sobre a "nova ordem"   91
  2. A América Latina antes da nova ordem   94
  3. A América Latina na nova ordem   99
  4. Direitos humanos como mobilização e movimento social   107

IV Políticas públicas, cidadania e transformação social das famílias   111
  Políticas públicas e vulnerabilidade social   112

Sobre a cidadania e a sociedade civil   116
As famílias   119

Segunda parte

V   Discussões sobre o direito natural e direitos humanos   133
   1. O país dos poços   136
   2. Ideologias do Direito natural na conquista da América   144

VI   Direito contra direitos: a batalha do Direito natural   159
   1. Apresentação   159
   2. Direito natural: sobre a existência jurídica de direitos humanos   159
   3. O que é direito? A lei contra os direitos   172
   4. Jusnaturalismo individualista contra jusnaturalismo realista: um lugar para direitos humanos?   182

VII   Uma fundamentação letal para direitos humanos   199
   1. Nota preliminar   199
   2. O caráter do Estado e o governo no imaginário de John Locke   201
   3. O caráter da sociabilidade fundamental no imaginário de John Locke   210
   4. Excurso: crimes contra a humanidade   226
   5. Excurso segundo: a vontade da maioria e o poder despótico   231
   6. Excurso terceiro: uma discussão liberal estadunidense atual   235
   7. Contribuições de John Locke a direitos humanos   241

VIII   O apoio estatal de direitos humanos   245
   1. Apresentação   245
   2. Norberto Bobbio: gestação e caráter de direitos humanos   246
   3. A questão do fundamento de direitos humanos   266
   4. Direitos humanos ou fundamentais na teoria geral do garantismo de Luigi Ferrajoli   272
   5. Ferrajoli: o diálogo histórico do garantismo   280
   6. O garantismo e a questão filosófica: o ser humano   284
   7. Excurso sobre o juspositivismo   296
   8. O garantismo e a questão política: Estado e democracia   298
   9. Garantismo e direitos humanos   307

IX   Direitos humanos na América Latina: passar por outro lugar   311
   1. Notas sobre o discurso oficial   313
   2. O discurso filosófico latino-americano ou Adão antes do Paraíso   328

3. Da filosofia latino-americana como direção revolucionária   337
4. Teologia Latino-Americana da Libertação: como lutar contra os ídolos   349
5. Hinkelammert e sua análise sobre direitos humanos   356
6. Hinkelammert: a perda da rota em direitos humanos   359
7. Hinkelammert: a imagem ou "teoria" das inversões   369
8. Hinkelammert: procedimentos da profecia   378
9. Pablo Salvat e as luzes do pensamento crítico latino-americano   386

Referências bibliográficas   391

Introdução

Determinar direitos humanos como um fenômeno político significa radicá-los na sociedade humana, traçar seu fundamento sócio-histórico e integrador e, no mesmo movimento, estimar sua universalidade como projeto, irradiação e processo. Ao contrário, a apreciação mais difundida sobre esses direitos reivindica-os como inatos ou naturais, próprios da espécie e de cada indivíduo, e justifica-os pela dignidade inerente à condição humana. A diferença prática mais imediata entre esses diversos empregos, um por relações sociais, outro por valores e ideologias, é que se direitos humanos são produzidos e sustentados pelos seres humanos em sua história econômica, sexual, política e espiritual, portanto podem ser violados, revertidos e anulados por práticas de poder legais ou ilegais e por ações, institucionalizadas ou percebidas como ilegítimas por setores significativos da população que, em último caso, todavia, carecem da capacidade organizada para repelir e castigar essas transgressões. Construir uma cultura de direitos humanos exige, assim, um esforço político permanente, uma vez que não podem ser derivados de nenhuma condição inata ou da inércia das instituições.

Uma concepção sócio-histórica de direitos fundamentais explica, por isso, tanto a distância que existe entre o que as autoridades dizem e fazem em direitos humanos quanto a violação, postergação e invisibilização que sofrem, em relação às liberdades de primeira geração, às obrigações do Estado para com as condições de existência econômico-social e cultural das populações, assim como sua clara manipulação no trato internacional. A concepção sócio-histórica indica que o fundamento de direitos humanos está em outro mundo possível, derivado das lutas das diversas sociedades civis emergentes modernas, e na capacidade dessas lutas de conseguir a judicialização de suas demandas e a incorporação de sua sensibilidade específica ou peculiar na cultura dominante e na cotidianidade que se segue dela e potencializa sua reprodução.

A concepção sócio-histórica de direitos humanos os radica nas diversas e excludentes sociedades civis emergentes, configuradas virtual e politicamente pelas lógicas das formações sociais modernas, isto é, por sua matriz. Essencialmente, essas sociedades podem ser caracterizadas como de domínio burguês, trabalhador ou operário, de gênero e geração, étnico ou cultural e de responsabilidade histórica. Essas sociedades civis ou racionalidades não implicam uma sequência histórica, mas antes coexistem. Dito esquematicamente, suas mobilizações geraram as conquistas ou foros da propriedade privada orientada para o lucro e as conquistas dos cidadãos, direitos econômico-sociais e culturais, as reivindicações pela humanidade de mulheres, crianças, jovens, idosos, minorias sexuais e grupos vulneráveis, as reivindicações por autonomia dos povos colonizados e neocolonizados e suas culturas, a mobilização contra os mitos do progresso e o desenvolvimento capitalistas denunciados pelo ecologismo radical e, mais recentemente, a reivindicação de um *éthos* da responsabilidade perante o império de curto prazo do consumidor. A dinâmica das sociedades civis emergentes se deu de forma paralela ou relativamente paralela ao enfrentamento capitalismo/socialismo que dominou grande parte do século XX. Reivindicações fundamentais de cidadania plena, como as das mulheres com a teoria do gênero ou as dos imigrantes e dos jovens, ou pela legítima diversidade de culturas e o respeito ao *habitat* natural, não têm sido consideradas nem satisfeitas pelas formações sociais do capitalismo e do socialismo históricos. Agressões básicas, como a pobreza e a exclusão, que afetam um setor significativo da população mundial, não têm sido culturalmente reconhecidas como atentados contra a humanidade. Tampouco foi caracterizado como delito o discurso discriminador público da Igreja Católica contra as mulheres e os homossexuais. Modernamente, direitos humanos, e com eles a produção de humanidade, têm passado e *passam por outro lugar*.

Esse "outro lugar", em sua vertente positiva, constitui-se mediante as mobilizações e os movimentos sociais. Gerados a partir dos sentimentos, conceitos e imaginações construídos pela vivência social de experiências ou situações de contraste, no marco da modernidade capitalista do subdesenvolvimento, no caso da América Latina, as lutas por terra e moradia, contra os endividamentos e empobrecimentos, por cidadania efetiva, contra o genocídio e o terror de Estado, pelo reconhecimento da diversidade humana das mulheres, jovens e idosos, por uma espiritualidade sem ídolos, por reconhecimento e acompanhamento cultural, contra o racismo e o etnocídio, contra o menosprezo cultural, e pelas instituições que potencializam condições para a existência humana de todos, têm como referência a oposição, que pode ser antagônica, entre autoridade e autonomia. Direitos humanos devem ser compreendidos no interior de uma sensibilidade que questiona e recusa qualquer autoridade estrutural que alegue fundamentos naturais, e reivindica diante dela autonomia e responsabilidade, assumindo que a legitimidade das práticas de comando se desprende exclusivamente de seu benefício operativo ou funcional em empreendimentos humanos comuns, operatividade e sentido que, além disso, contêm seus limites e sanções. Nesse sentido primário, direitos humanos fazem parte da espiritualidade cultural aberta pelas formações sociais modernas. Eles constituem uma possibilidade ou promessa irrealizada, já que proibida, por essas sociedades.

As discussões que configuram este trabalho visam mostrar as dificuldades e impossibilidades que as diversas orientações do direito natural, do juspositivismo e do politicismo garantista possuem para compreender o fundamento social e, com ele, o efetivo alcance humanizador das reivindicações por direitos fundamentais. Com a crítica da autoridade estrutural, de gestação sagrada ou pública, recusa-se sistematicamente tanto a naturalização das lógicas e instituições humanas como o emprego, com base em valores, da compreensão de direitos básicos e de produção da humanidade, critérios que acarretam o esquecimento, o deslocamento e a subordinação da racionalidade econômica, libidinal, cotidiana e geopolítica que constitui todo direito com seus correlatos, para todas as sociedades com princípios de dominação, nas resistências e mobilizações sociais. A determinação de direitos humanos como condensação político-cultural de mobilizações sociais não os declara inúteis ou impossíveis. Ao contrário, enfatizando sua historicidade, ressalta sua fibra para desestruturar e revolucionar as formações sociais modernas. Por razões óbvias, as argumentações têm como referência as condições de existência da América Latina.

As discussões reunidas no livro *Teoria crítica: matriz e possibilidade de direitos humanos* foram geradas sobretudo em sessões de trabalho dos programas universitários sobre Direitos Fundamentais e Desenvolvimento da Universidade Pablo de Olavide, em Sevilha, na Espanha, de Educação para a Paz e os Direitos Humanos da Universidade Autônoma de Aguascalientes, no México, e do mestrado em Educação para a Paz e Direitos Humanos do Instituto de Estudos Latino-Americanos da Universidade Nacional, na Costa Rica. Devo a oportunidade de tê-las realizado a seus principais inspiradores: David Sánchez Rubio, Greta Papadimitriou Cámara, María Elena Ortiz e Irma Reyes Araya. Meus agradecimentos sinceros por seus convites e calor humano, e minhas felicitações por sua capacidade para conduzir esses programas com êxito. A dívida principal destes materiais continua a ser, sem dúvida, a que possuo com ativistas populares e defensores latino-americanos de direitos humanos.

Os trabalhos que dão forma a este volume têm dimensões diversas e dominam, além disso, diferentes âmbitos de informação. Para quem não está familiarizado com o tema, recomendo começar a leitura pela terceira apresentação da primeira seção. É coloquial e direta, e espero que sirva para animar a análise dos outros textos. Embora cada discussão possua autonomia própria, o conjunto expõe o universo do discurso.

Politicamente, este volume aspira contribuir com a configuração de um movimento social de direitos humanos na América Latina. Esse movimento ajudará, por sua vez, a dar um novo caráter às lutas populares e favorecerá a capacidade de nossas esquerdas de assumir novas formas de sua responsabilidade política. Nesse sentido, suas argumentações constituem desenvolvimentos específicos das formulações sugeridas em *Siglo XXI: militar en la izquierda* e *Siglo XXI: producir un mundo*. Como todos os meus trabalhos, este quer ser ponto de partida ou inflexão em processos de discussão.

Helio Gallardo,
janeiro de 2004

Primeira parte

I
FUNDAMENTO E EFETIVIDADE DE DIREITOS HUMANOS

1. Fundamento e eficácia em direitos humanos

Partimos da constatação de um fato: a *distância*, quando não o abismo, ou seja, a *ruptura*, entre o que *se diz* e o que *se faz* no campo de direitos humanos.

Essa constatação nos situa em um campo *político* muito distinto daquela que formulou, por exemplo, Norberto Bobbio, em 1964, em uma sentença que se transformou, para muitos, em lugar-comum: "[...] o problema grave de nosso tempo a respeito dos direitos humanos não era [é] o de fundamentá-los, mas o de protegê-los".[1] Talvez convenha estabelecer mais estritamente a relação entre a proposta do autor italiano e nossa aproximação.

A primeira referência é parcialmente positiva. Bobbio localiza a consideração sobre direitos humanos no âmbito político. Isso implica que ele transfere o sentido de sua discussão da atividade filosófica ou ética, por exemplo, para o plano da existência prática, *coexistência* em verdade, humana. Não se trata aqui de estabelecer uma oposição maniqueísta entre o campo da tarefa filosófica, que poderia ser entendida como "teórica" ou ideológica, e o espaço das práticas utilitárias, dentro das quais se situariam as instituições e lógicas políticas. A tarefa filosófica é também, em seu nível, uma prática "útil" e não parece adequado assumir o campo político sem suas dimensões "teóricas" e "espirituais". O que se indica aqui é um *deslocamento* do eixo ou matriz de sentido e, com isso, uma relocalização. Um *reposicionamento* e, com isso, uma *ressignificação*. Bobbio transfere a noção de direitos humanos

---

1 Bobbio, *Presente y porvenir de los derechos humanos*, p.61.

de seu âmbito tradicional, aparentemente fundacional, filosófico e ético, donde remete a "valores", situando-a no campo político, no qual lutam forças sociais. Esse deslocamento não faz desaparecer o conteúdo ético de direitos humanos, por exemplo, mas ressignifica-o.

Uma transferência da prática ideológica da filosofia para a prática material do político é, no entanto, e em particular no caso de Bobbio, inteiramente insuficiente. Assinalaremos algumas razões conceituais e sua eventual ressonância prática para o tema que nos ocupa, o da fissura entre o que se diz e o que se faz no campo de direitos humanos.

Em primeiro lugar, o campo político não pode ser aceito como um espaço sem *conflitos*, isto é, como uma substância única. Sem muita sutileza analítica, é possível distinguir no campo político, ou seja, onde impera a *razão de Estado*, as razões *politicamente subordinadas* (submetidas) a esse Estado e também as razões *antagônicas* a esse Estado, as forças políticas *alternativas* em sentido forte. No pensamento moderno, a "razão de Estado" sempre expressa uma tensão ou ruptura, porque supõe uma ou várias *dominações* (impérios) sobre quem constitui, ao menos enquanto indivíduos/cidadãos, como iguais, dominação que se estende a suas organizações. Logo, existe aqui uma conflituosidade socialmente inerente ao Estado e ao direito enquanto *aparatos de dominação*. Essa primeira conflituosidade que mencionamos torna ambígua a imagem e a prática de direitos humanos. Assim, por exemplo, Bobbio considera decisivo, já que universal e positivo, o acordo internacional entre Estados que formou a Declaração Universal dos Direitos Humanos de 1948.[2] Ele afirma:

> Com a declaração de 1948, começa uma terceira e última fase em que a afirmação dos direitos é a uma só vez universal e positiva: universal no sentido de que os destinatários dos princípios ali contidos não são somente os cidadãos deste ou daquele Estado, mas todos os homens; positiva no sentido de que põe em marcha um processo em cuja culminação não só seriam proclamados ou idealmente reconhecidos, mas também efetivamente protegidos, até contra o próprio Estado que os viola. Na culminação desse

---

[2] Redigida por uma comissão do Conselho Econômico e Social das Nações Unidas e proclamada por sua Assembleia Geral em dezembro de 1948. Sua adoção como pacto internacional pela mesma assembleia teve de esperar até o mesmo mês de 1966.

processo, os direitos do cidadão terão se transformado realmente, positivamente, nos direitos do homem.³

Reparemos que, para Bobbio, a Declaração dos Estados de 1948 é, a uma só vez, *fundamento* de um processo e *virtualidade*, não realidade efetiva, ao menos até que tenha sido assumida como direito positivo por todos os Estados do mundo.⁴ A proposta do fundamento, portanto, não desapareceu, mesmo tendo sido deslocada por teses filosóficas, usualmente jusnaturalistas, para o âmbito político de uma proclamação por um acordo ou consenso internacional entre Estados, primeiro, e, posteriormente, por um pacto que a codifica e judicializa. No entanto, a declaração de 1948 continua a ser um fundamento e uma *reivindicação* políticos, e não algo dado. Direitos humanos (por definição, universais) continuam a ser proposta ou exigência, *não algo que se tem, mas que se deveria ter*.

A razão para que este último ocorra deriva inicialmente de que o dispositivo estatal é um *aparato de dominação* (império) em pelo menos duas frentes diretas: sanciona o comportamento social e individual correto em seu interior (coerção e coação) e exerce pressão internacional *contra* outros Estados. Assim o faz sempre por uma prefiguração privativa do que deve ser a prática social e os seres humanos. O Estado moderno não é um aparato de compreensão universal e, portanto, se for considerado uma *unidade*, não pode ser fundamento de caracteres universais nem reconhecê-los, o que impede funções de dominação e a marca geopolítica⁵ das relações internacionais.

O claro-escuro ou ambiguidade do fundamento, seja filosófico (direito natural), seja político (acordo entre Estados e judicialização), tem importância para o que indicamos como o ponto inicial desta discussão: a distância ou abismo que se abre entre o que se diz e o que se faz em direitos humanos.

Ainda um pormenor. Quando Bobbio transfere o ponto do fundamento de direitos humanos a partir da afirmação filosófica para o âmbito do con-

---

3 Bobbio, op. cit., p.68. Para esse autor, as duas primeiras fases, em sequência, são as das declarações como teorias filosóficas (Locke, Rousseau) e sua incorporação positiva por Estados nacionais (França, Estados Unidos) (ibid., p.66-9).
4 Essa ideia já havia sido desenvolvida por Kant, ainda que de maneira ameaçadora, em *A paz perpétua* (cf. a segunda seção).
5 Uso o conceito de "geopolítica" para indicar que, ainda no século XXI, as relações internacionais se resolvem, em último caso, pela força. O ponto é mais dramático se repararmos que, hoje, essa força se exerce de maneira monopólica e unilateral.

senso político, *o critério metafísico que sustenta o embasamento permaneceu incólume*, ainda que o caráter absoluto do fundamento filosófico se expresse agora como processo político e como sua decantação em um aparato estatal, e não como natureza humana.

Existe ao menos um segundo nível de conflituosidade contido na noção de "âmbito político". Conceitualmente e nas sociedades modernas, esse espaço se diferencia e se separa da "sociedade civil", uma expressão que é também polissêmica. No entanto, a lógica da sociedade política não homologa diretamente os fatores e valores da sociedade civil, mas transpõe-nos, reconfigura-os. Um empresário, um indígena ou uma operária, todos legítimos indivíduos na sociedade civil, e com eles suas organizações, não existem como empresários, indígenas ou trabalhadoras na sociedade política, mas como *cidadãos*.[6] Inicialmente, um cidadão não tem ocupação econômica, não se limita a uma etnia e carece de sexo/gênero. Isso ocorre, basicamente, porque a lógica imaginária ou efetiva da sociedade política é o destino comum e o bem-estar (felicidade) da maioria, e nela todos os cidadãos são iguais (podem eleger e ser eleitos, e todos valem um voto) e a sociedade civil, ao contrário, é o campo dos interesses particulares, dos egoísmos, se se preferir, legítimos ou legais. A sociedade civil pode ser, portanto, um espaço de hierarquizações e discriminações, enquanto não violarem a lei. E só a violam quando uma ação é reivindicada, ou seja, pode ser reivindicada diante dos tribunais. Nesse jogo entre as lógicas das sociedades civil e política – uma invenção moderna, tal como direitos humanos –, abrem-se múltiplos espaços para a ambiguidade que impera a respeito desses direitos, claro-escuro que constitui um dos fatores, não o único nem o principal, para essa distância entre o que se diz e o que se faz, o que os poderes constituídos dizem e fazem, acerca deles.

Em síntese: a tese progressiva que propõe o consenso internacional entre Estados como ponto de partida (fundamento) da efetividade de direitos humanos, entendidos como processos, constitui parte do desafio levantado pelo abismo entre o que se diz e o que se faz em relação a esses direitos. Isso deriva do fato de que esses Estados não constituem nem em sua origem nem atualmente dispositivos de consenso, mas de dominação e fragmentação.

---

6 Do mesmo modo, os grupos de pressão deveriam se manifestar, no âmbito político, por meio dos partidos.

Enquanto tais, não podem fundamentar em si mesmos práticas e valores universais e integrais como o são (declaradamente) direitos humanos.

Para o que nos interessa aqui, o levantamento anterior é um aspecto ou exemplo da relação que existe entre uma fundamentação fraca ou ideológica de direitos humanos e a violação – até mesmo sistemática – deles. Exposta em termos positivos, essa tese indica que a compreensão do fundamento sócio-histórico de direitos humanos tem efeitos em sua inobservância ou constitui parte da brecha entre o que se diz e o que se faz em relação a direitos humanos. *A compreensão do fundamento de direitos humanos faz parte de sua eficácia jurídica.* Do ponto de vista do conteúdo, a tese indica que o fundamento de direitos humanos é sem dúvida político, mesmo que não exclusiva nem originalmente estatal, e eles derivam sócio-historicamente de *transferências de poder* sentidas como *necessárias* e expressadas como *possíveis* no interior das *sociedades civis emergentes*. Os valores pressupostos pela reivindicação de direitos humanos não se seguem inicialmente de consensos, mas nuclearmente de *resistências*, *mobilizações*, *lutas* ou *enfrentamentos*.

A partir da constatação que inicia este artigo, a saber, a distância entre o que se diz e o que se faz em direitos humanos, mostramos que essa brecha se liga, com outros fatores, ou ao esforço para unir seu fundamento a propostas filosóficas ou à vontade de assinalar que o que interessa é promovê-los, controlá-los e garanti-los, deixando de lado sua fundamentação, porque esta não passa de uma espécie de ilusão ou um ponto sobre o qual nunca existirá pleno acordo.[7] Defendemos aqui, ao contrário, que *a eficácia jurídica de direitos humanos*, questão cultural, política e social, *é inseparável de uma discussão abrangente sobre seu fundamento*. O "fundamento", por sua vez, não aparece como fator causal, mas como matriz. Direitos humanos possuem seu "fundamento", ou seja, sua matriz, na conflituosidade social inaugurada e desdobrada pelas formações sociais modernas.

2. O que se diz e o que se faz em direitos humanos

A expressão "o que *se* diz e o que *se* faz" oculta por trás do impessoal "se" práticas diferenciadas de poder. Nem todo mundo diz, nem diz da mesma

---

[7] Cf., no mesmo trabalho já citado de Bobbio, o ensaio *Sobre el fundamento de los derechos del hombre*.

maneira, direitos humanos. Alguns Estados e governos, por exemplo, denunciam outros Estados e governos por violar ou não promover adequadamente direitos humanos. No mesmo movimento, esses Estados repudiam a competência de uma corte penal internacional para julgar seus cidadãos, em especial políticos e militares, diante de eventuais violações de direitos humanos fundamentais, como a prática de tortura ou o genocídio. Alegam que isso levaria a uma politização indevida desses direitos. Esse discurso diz que a *segurança nacional* desses Estados, sem dúvida globalmente poderosos, pode exigir a prática da tortura e do genocídio e que esses crimes contra a humanidade devem ficar impunes em benefício de todos, ou seja, da mesma humanidade das pessoas contra as quais se pratica violência. Sem causar estranhamento mundial, os levantamentos anteriores, que poderiam ser considerados obscenos, são objeto de negociação por parte dos Estados civilizados, talvez politicamente menos poderosos, que aceitam a jurisdição, bastante limitada, da *corte penal internacional*.

Por outro ângulo, a burocracia da Organização dos Estados Americanos (OEA), por exemplo, vem sustentando que o principal problema de direitos humanos na América Latina é que não se concedem fundos suficientes para a organização de suas atividades. Nem uma palavra sobre a precariedade do Estado de direito no subcontinente, nem meia frase sobre as relações entre o modelo econômico orientado para a liberalização e a exportação, para o empobrecimento da população e a precariedade do trabalho, ou seja, sobre direitos econômicos e sociais, nem uma reflexão sobre os ancilosados, burocráticos e muitas vezes corruptos circuitos judiciais latino-americanos ou sobre a virtual ausência de defesa de emigrantes forçados e populações rurais, nada sobre os paramilitares colombianos, e menos ainda sobre as execuções extrajudiciais na Guatemala ou as rápidas condenações à morte de latinos nos Estados Unidos, ou a existência desumana de réus nos presídios de toda região. Evidentemente, nem uma queixa sequer contra a situação dos afegãos em seu presídio de Guantánamo, no qual residem como não pessoas, ou seja, sem nenhuma capacidade jurídica. Nada sobre a dominação de gênero com princípio patriarcal nem das matanças de crianças de rua ou do aumento da discriminação contra as populações e nações indígenas. Não desejo fazer aqui uma lista interminável. Apenas enfatizar que, na OEA e em sua Corte Interamericana de Direitos Humanos, fala-se desses direitos, e eles são praticados, de uma maneira muito curiosa. Como se a precária realidade humana dos latino-americanos não existisse ou passasse por um período de espetacular florescimento.[8]

Evidentemente, os ativistas independentes ou não governamentais de direitos humanos não falam deles, mas de sua *ausência e violação*. Mas, é claro, costumam ser considerados agitadores ou comunistas reciclados, e não são ouvidos. Seu discurso não é sustentado usualmente por instituições e lógicas com capacidade de repercussão pública. As diversas formas de dominação social podem considerar seu discurso perigosamente disfuncional e incluir esses ativistas e suas famílias entre aqueles que devem ser eliminados.

Certamente, as constituições e códigos "dizem" direitos humanos a seu modo. Contudo, nem toda população da América Latina tem acesso às instituições que administram esses códigos[9] e, se o tivesse, careceria da capacidade de conduzir-se nelas de maneira idônea, e, se conseguisse essa capacidade, é quase certo que as decisões judiciais de favorecê-los, questão improvável, não seriam eficazes, ou seja, não se cumpririam.[10] O mais grave não é que isso ocorra ou possa ocorrer, mas que latino-americanos e caribenhos aceitem isso como *natural*. Que faz um empobrecido reivindicando seus direitos diante da polícia e dos juízes!

Gostaria de narrar aqui três situações nada excepcionais na América Latina e que condensam apropriadamente a maneira como, entre os empobrecidos, direitos humanos são ditos e percebidos. Trata-se de exemplos da Costa Rica, ou seja, de um país do qual se costuma dizer que possui uma "política muito coerente em direitos humanos". A primeira situação é

---

8 Essa frivolidade não é exclusiva da burocracia da OEA. Eleita para ser uma das integrantes da Corte Penal Internacional, a jurista costa-riquenha E. Odio assinalou em suas primeiras declarações à imprensa que um trabalho "eficiente e profissional" da corte permitiria ganhar a confiança dos Estados Unidos, que qualificou, com a China e a Índia, como "países reticentes" (*La Nación*, 5 fev. 2003). Nenhuma palavra sobre a dimensão política e geopolítica da "reticência".

9 Ou seja, capacidade para reivindicar juridicamente seus foros: capacidade social para reivindicar suas capacidades legais. A primeira é a base de todo direito.

10 Ao permitir que os usuários apresentem seus pontos de vista, um Foro de Reforma do Poder Judicial da Costa Rica (2002) descobriu que as demandas básicas diziam respeito à sensibilidade dos juízes e a humanização dos processos. Mais especificamente, os usuários reclamaram de maus-tratos, falta de independência dos magistrados, ignorância e pouca destreza da parte destes, pouca divulgação de seus direitos e inexistência de prestação de contas dos diversos níveis do poder (*La Nación*, 12 fev. 2003, p.8A).

vivida por uma mulher hondurenha, imigrante forçada, cujo companheiro, também imigrante hondurenho e que trabalha como operário da construção civil, a espanca e ameaça de morte. A mulher vai a um posto policial próximo e denuncia formalmente a agressão e as ameaças. Faz sua acusação uma, duas, três vezes. Não consegue realizá-la pela quarta vez porque é assassinada por seu companheiro. Os policiais declararam aos jornais que não levaram a sério a mulher porque "as velhas são loucas. Vêm aqui reclamar e, quando vamos a seus domicílios, são as primeiras a defender furiosamente seus homens". A mulher condensava várias características que a transformava em não pessoa para os policiais. Evidentemente, era uma *imigrante pobre*. *Hondurenha*, por sinal, ou seja, uma centro-americana que costa-riquenhos depreciam como inferior. Também era uma "velha louca", isto é, uma *mulher*, alguém irracional. Que faz uma miserável hondurenha e louca procurando proteção na viril polícia branca? Pior do que essa empobrecida talvez apenas um travesti nicaraguense velho e empobrecido.

A situação patética e real possui, contudo, uma referência de esperança. *A hondurenha acreditou ou ao menos imaginou que tinha direitos e, por isso, apresentou-se à polícia*. Sua esperança não se cumpriu, mas isso não a eliminou. Essa esperança, que é social, não morre com ela.

A segunda situação é igualmente dramática, mas compromete outras instituições. Um menino humilde de cerca de 10 anos joga futebol com seus amigos em uma área semirrural. O proprietário do prédio, irritado, pega uma arma de fogo e dispara, ferindo-o e deixando-o paralítico para toda a vida. A polícia prende, julga e condena o homem. Alguns anos preso, e uma fiança de 25 mil dólares ao câmbio atual, por uma vida e uma família destruídas. Mas a sentença não é executada. O homem não vai preso por seu crime nem indeniza as vítimas. Os encarregados de fazer cumprir as decisões dos juízes declaram que o homicida "desapareceu no ar". Não pode ser encontrado, não possui bens, não tem família, não há registro de ter deixado o país. Simplesmente desapareceu. Devemos lembrar que se trata de alguém maior de 40 anos, que no momento do crime possuía bens imóveis, automóvel, certamente era casado etc. Mas desapareceu, dizem os responsáveis. Como se extraterrestres o tivessem levado. As sanções, portanto, não podem ser executadas. Na Costa Rica, a vida de um menino foi destruída impunemente e o sistema judicial não tem vontade nem capacidade para fazer cumprir suas mesquinhas sentenças. Mas se a vítima tivesse sido o filho de um empresário ou de um político importante! Evidentemente, ninguém pode desejar essa sorte para *nenhum* menino, mas tampouco aceitar como *natural* que essas coisas ocorram aos humildes. E, no entanto, elas são aceitas. E sem vergonha.

Não é preciso dizer que a família do menino nem cogita expor seu caso à Corte Interamericana de Direitos Humanos. Carecem de informação e recursos. A corte, com certeza, não atua de ofício.

O terceiro caso é mais recente, ocorrido em 2003. Duas meninas pequenas são atacadas e mortas por um cachorro. Eram filhas de um vizinho humilde que cuidava da propriedade do dono do animal. A fera as atacou sem motivo aparente. Pertencia a uma dessas raças criadas com instinto assassino. Na Costa Rica, até 2002, o proprietário desses animais não era legalmente responsável pelas ações do predador. Agora, é parcialmente. O dramático é que o pai, um vizinho muito pobre, não apresentou nenhuma queixa civil pela morte das filhas. Disse que o dono do animal era um homem bom e não tinha responsabilidade pelo acontecido, apesar de a negligência ser patente. O que não disse é que, se iniciasse uma ação judicial, além de ficar sem as filhas, acabaria para sempre sem seu modesto emprego de caseiro. Claramente, não existe a possibilidade de intervir de ofício nesses casos e a opinião pública talvez tenha lamentado o ocorrido, mas também aceitou, como se fosse natural, que duas meninas humildes fossem atacadas pelo cachorro que costumavam alimentar e que o assunto não chegasse, sob qualquer forma, aos tribunais. Também aceitou como "natural" a serenidade cidadã do pai, ou simplesmente desviou o olhar. Algumas pessoas consideraram até que o pai admitia sua culpa pelas mortes.[11]

Estamos falando de como *se* dizem e *se* fazem direitos humanos a partir de diferentes lugares sociais. Demos exemplos de situações extremas, em que esses direitos não se cumprem, *mas sustentam uma esperança*, formam parte de um horizonte. Como o caso da hondurenha assassinada por seu companheiro. No outro polo, a situação do humilde caseiro, para quem não existe esse fator de esperança. Esse trabalhador interiorizou uma cultura de discriminação social e indiferença que o leva a aceitar a morte das filhas

---

11 Essa última observação faz referência ao deslocamento imaginário de uma situação penal ou criminal, ou seja, social, por uma responsabilidade moral individual de inspiração religiosa (culpa).

como uma *fatalidade* que não podia ser evitada, cujo sentido é *misterioso*, e diante da qual carece de toda capacidade, isto é, não pode nem deve *iniciar ações*, porque delas se seguiriam males piores.

Ainda um último exemplo, de outro tipo. Entre as poucas resoluções em que a Corte Interamericana de Direito Humanos puniu um Estado por suas ações e omissões, inclui-se a condenação dos militares hondurenhos que *sumiram* (assassinaram) com nativos e estrangeiros durante a década de 1980, entre os quais há dois costa-riquenhos. A responsabilidade penal foi determinada e também se fixaram indenizações. Isso aconteceu há alguns anos e tenho entendido que o Estado hondurenho não cumpriu as sanções. O que se fez, ao contrário, foi exterminar (assassinar) aqueles que, residindo em Honduras, testemunharam contra o Estado durante o julgamento. *Não ficou ninguém vivo*. Mas é claro que a burocracia internacional continua a considerar Honduras um Estado de direito. E, mais importante, não se vê uma repulsa enérgica e maciça por parte dos cidadãos, do Estado e dos meios de comunicação de massa contra essas violações e injustiças. Na América Latina, e talvez no mundo todo, vivemos, como se fosse normal, um *simulacro* de direitos humanos.

Podemos tentar melhorar a qualidade dos conceitos. O simulacro de direitos humanos, como sabemos, diz-se de *diversos lugares sociais* e com diferentes conotações. Mas essa diversidade contém também distintos critérios analíticos de emprego e referências temáticas. *Diz-se* que possui um espectro amplo. No âmbito político, por exemplo, a *guerra permanente* por *prevenção*, decidida pelos Estados Unidos contra o terrorismo em setembro de 2001, representa, com o apoio dos meios de comunicação de massa, os terroristas e seus aliados não como seres humanos, mas como animais ou, pior, como não pessoas. É evidente que direitos humanos devem ser aplicados a Bin Laden, Hitler ou Bush, qualquer que seja a perversidade que atribuamos a suas ações. Os seres humanos são tão capazes de comportamentos perversos como de imaginar e institucionalizar direitos humanos. Em todo caso, o antigo truque de transformar os inimigos em seres que, por sua maldade, não preenchem o conceito de humanidade, continua vigente. Empregado por alguns ideólogos espanhóis no século XVI para desqualificar os indígenas durante a Conquista como "homúnculos", esse truque foi revitalizado pelas ditaduras empresariais/militares latino-americanas de segurança nacional durante o século XX. Uma das mais conhecidas, a chilena, declarava que não torturava e liquidava seres humanos, mas "humanoides". Na Costa Rica, sem ditadura, a imprensa e a polícia empregam o qualificativo "chapulines" [gafanhotos] para "insetificar"* os membros dos grupos delinquentes juvenis. *Homúnculos, humanoides, chapulines, terroristas* são ou espécie degradada ou feras selvagens. Para eles, portanto, não existem direitos humanos. De fato, para que esses direitos prevaleçam, os seres humanos verdadeiros ou efetivos devem rejeitar e aniquilar sem piedade aqueles que, fazendo-se passar por humanos, rebaixam a espécie. A argumentação moderna para essa necessidade de animalizar ou desumanizar aqueles que se deseja vitimar foi proposta com energia no século XVII por um dos apóstolos filosóficos ocidentais de direitos humanos, o inglês John Locke.[12]

A guerra pode se realizar, pois, violando todo direito humano, mas aduzindo que, em termos morais, é a única maneira de salvá-lo. Existe uma versão curiosa desse esquecimento do naufrágio da humanidade quando se vai à guerra, encenado por um autor hoje progressista, Joseph Stiglitz, ex-alto funcionário do Banco Mundial e atualmente crítico dos esquemas neoliberais e laureado do Prêmio Nobel de Economia em 2001. Ainda que Stiglitz reconheça que os custos de uma guerra não devem ser medidos unicamente em termos econômicos, seu argumento básico para questionar a agressão contra o Iraque é que esta seria um "mau negócio".[13] Poderíamos concluir que, se fosse um "bom negócio", os seres humanos liquidados biológica e espiritualmente são desculpáveis. A ideia aqui é de que a acumulação do capital e das empresas que a personificam tem um maior valor racional e moral, isto é, um maior direito a se promover do que as vidas humanas.

Politicamente, parece óbvio também que a segunda geração de direitos humanos, os econômicos, sociais e culturais, não é parte da cultura política das sociedades modernas, sejam elas opulentas ou subdesenvolvidas (terceiro ou quarto-mundistas). De fato, a sensibilidade dominante a respeito de direitos humanos distingue entre alguns, poucos, que seriam *absolutos* (como não ser objeto de escravidão ou tortura, por exemplo), outros que poderiam ser suspensos ou "congelados" de acordo com as necessidades da *razão de*

---

* O termo usado em espanhol é *insectificar*, que significa "transformar em inseto". (N. T.)
12 Cf. Locke, *Segundo tratado sobre el gobierno civil*.
13 Stiglitz, "Rumores de guerra", p.13.

Estado (como a liberdade de trânsito, associação e opinião, a segurança pessoal ou o direito de não ser detido arbitrariamente), enquanto os econômicos, sociais e culturais são caracterizados como "progressivos", o que significa que os Estados nacionais e a "comunidade" internacional deverão responsabilizar-se por eles somente se "existem recursos".[14] Quando existirão esses recursos *sociais* em economias/sociedades dominadas pela propriedade e apropriação privada? Obviamente, ou nunca, ou apenas se esses investimentos constituírem um "bom negócio", ou, na ausência de alternativa, se investir em condições sociais conseguir atenuar a catástrofe desses mesmos bons negócios. Mas, evidentemente, para a cobiça infinita ligada aos cálculos e rentabilidades sempre há "alternativas" contra o investimento em educação de qualidade ou saúde, ou para o gasto implicado por remunerações universais dignas ou pelas necessidades de previsão dos idosos. Assim, esses "direitos", proclamados e convencionados, não são nem sequer relativos ou congeláveis. Enquanto universais, são simplesmente *impossíveis*.

De fato, partindo das premissas anteriores, muitos autores, em particular católicos ortodoxos, ou seja, ligados a um tipo de doutrina de direito natural incompatível com direitos humanos modernos, falam de uma "inflação dos direitos do homem".[15] Essa inflação afetaria até mesmo a declaração de 1948:

> se tomamos como ponto de partida o indivíduo livre e autônomo, sem referência a uma ordem objetiva que o enquadre e determine, tudo aquilo que esse indivíduo estime considerar conveniente para seu bem-estar ou satisfação pessoal passará a converter-se inexoravelmente em um "direito humano". É assim que vemos que se escrevem e se reivindicam os "direitos dos homossexuais", o "direito à liberdade sexual", "ao aborto" (eufemisticamente denominado "interrupção da gravidez"), e a "Declaração Universal dos Direitos do Homem" (sic) proclamada pelas Nações Unidas estabelece o direito "a que reine, no plano social e no plano internacional,

---

14 *Pacto internacional de derechos económicos, sociales y culturales*, art. 1 e 2.
15 Villey, *Précis de philosophie du droit*, t.I, p.167, apud Massini, *El derecho y los derechos del hombre*, p.146. Na América Central, um professor de Filosofia faz um alarido correspondente e fala de "direitos da carta". Figuram nessa "carta", ao que parece impropriamente, crianças, pessoas deficientes, minorias étnicas, presos, idosos, povos indígenas, doentes, gerações futuras e animais (Mariasca, *Antropología y derechos humanos I*, p.527).

uma ordem tal que os direitos e as liberdades enunciados na presente declaração possam ter pleno efeito.[16]

Como se vê, para esse enfoque político existe antes um "excesso" de demandas de dignidade humana ou depreciados "direitos humanos à la carte". E aqueles que promovem esse despropósito pertencem ao catolicismo latino-americano, ou seja, a uma das principais e mais difundidas sensibilidades de identificação cultural do subcontinente.

Não parece conveniente abandonar esse ponto sem fazer ao menos uma observação. Já notamos que ao menos Massini carece de qualquer respeito pelos textos. Mostra a mesma frivolidade com relação aos campos temáticos que desqualifica. Escolhamos, posto que ele os coloca em evidência, os "direitos dos homossexuais". É evidente que essa demanda não é para que todas as pessoas sejam homossexuais, como quer acreditar Massini, mas inscreve-se na demanda de que *ninguém seja discriminado por sua opção sexual*. Esse ponto se insere, por sua vez, no reconhecimento de que a sexualidade é parte da existência dos indivíduos e constitui parte de seu *foro íntimo*. Também se apoia na tese de que homossexuais homens e mulheres têm uma opção "natural", ainda que minoritária (entre 10% e 12% de toda a população, em média) e a heterossexualidade é uma opção "natural" e majoritária. Para Massini, ao contrário, a sexualidade foi dada por Deus, este criou essenciais homem e mulher *naturais* e lhes deu genitália para procriar filhos. Qualquer comportamento que não seja heterossexual ou não tenda à procriação é, portanto, aberrante, ou seja, "antinatural". A posição de Massini nesse ponto está à direita do Vaticano, que aceita a *inclinação* homossexual, embora rechace as práticas homossexuais e assinale que um homossexual *casto* pode aproximar-se da *perfeição* cristã.[17] Roma adverte com clareza que o homossexual *tem* de ser considerado um ser humano com a potencialidade de ser casto para "não bloquear o ato sexual para o dom da vida". Onde Massini percebe uma aberração absoluta, Roma admite uma potencialidade. A dis-

---

16 Massini, op. cit., p.146. O nome correto da proposta das Nações Unidas é Declaração Universal dos Direitos Humanos. Massini a cita a partir de outros autores, que lhe são doutrinariamente afins, e talvez nunca tenha visto o texto original. A referência que faz do Preâmbulo também é arbitrária. A declaração, sem dúvida, é tributária do mito moderno do progresso, mas não afirma que os seres humanos alcançarão universal e efetivamente a plenitude.
17 *Catecismo de la Iglesia Católica*, Parte III, §2357-9.

cussão central é colocada pela pergunta: são seres humanos os homossexuais *enquanto homossexuais*? Massini e Roma respondem que não, ainda que com matizes diferentes. A sensibilidade moderna responde que sim, no sentido de que nenhuma opção sexual individual deve ser fator de discriminação, porque esse tipo de opção não agride nem a sociabilidade nem a humanidade, ou seja, não se caracteriza como crime. O ponto que se discute não é a opção sexual, mas o direito dos seres humanos de serem tratados como iguais (critério de não discriminação), quaisquer que sejam suas práticas sexuais enquanto estas não constituam crime. Se essa discussão parece frívola ou superada, lembramos que a pergunta sobre a humanidade dos homossexuais é equivalente à pergunta sobre a humanidade dos terroristas *enquanto terroristas*, ou sobre a humanidade dos pederastas *enquanto pederastas*. É claro que terrorismo e pederastia constituem *crimes*, mas constituem crimes precisamente porque quem os comete são seres humanos, ou seja, sujeitos de direito.

O espectro amplo com que se infringem e manipulam direitos humanos compreende também o *campo jurídico*. Direitos humanos costumam figurar nas constituições e códigos, mas não são cumpridos. Em primeiro lugar, porque podem ser suspensos por razões de Estado, ou porque as cortes internacionais carecem da força material e cultural para cumprir suas resoluções, como se viu em 2003 com relação à reivindicação do México a favor da vida de cidadãos mexicanos condenados à morte nos Estados Unidos sem ser submetidos ao devido processo. A sentença inicial da Corte Internacional de Justiça, organismo das Nações Unidas, favorável ao México, seria decidida de maneira unilateral e arbitrária pelos Estados Unidos, e se estes decidissem ignorar a ação da corte que ordena suspender as execuções (caso já ocorrido no passado), a "autoridade judicial" poderia apresentar uma queixa diante do Conselho de Segurança das Nações Unidas, no qual os Estados Unidos têm poder de veto.

Em segundo lugar, setores importantes da população cujos direitos são violados não têm acesso aos circuitos judiciais ou a experiência de acesso a eles é negativa. Lembramos aqui a espetacular libertação de Augusto Pinochet no Chile em virtude de seu estado de saúde, figura jurídica que nem sequer existia no país e frustrou as esperanças de milhares de famílias de desaparecidos e torturados que esperavam que sua dor fosse reconhecida legalmente e que os culpados fossem punidos. Na América Latina, não costumam existir instituições jurídicas adequadas para a dor social dos empobrecidos, *tampouco interesse e vontade política para que existam*. Os familiares dos camponeses brasileiros assassinados e baleados em Eldorado dos Carajás (1996) assistiram com raiva e dor a absolvição legal de quase todos os criminosos. A essas situações extremas, que estão relacionadas com a cultura política dominante, acrescentam-se os casos de descarada *corrupção institucional delinquencial*, como vimos anteriormente no caso do menino baleado, e também o desinteresse burocrático ou a *corrupção institucional*.

A *vivência moral* de direitos humanos também não parece ser um dado das sociedades latino-americanas ou de sua cultura política, e talvez possa estender-se às sociedades modernas. Desejo basicamente indicar que não existe um *éthos* sociocultural de direitos humanos. Isso quer dizer que sua vivência não é parte de uma sociabilidade global, nacional, local ou pessoal. Como não são vividos, *direitos humanos não são testemunhados*; ao contrário, costumam ser ensinados em aulas e programas que se caracterizam precisamente por não respeitar direitos humanos, em razão de sua organização vertical ou autoritária ou mesmo porque sua existência precária é um sinal da indiferença estatal para com o direito a uma educação de qualidade. Quando se "ensinam" direitos humanos que não são praticados, e esse ensino provém de "altas autoridades", como universidades, instâncias governamentais ou Igrejas, paga-se um alto preço moral, porque os valores fundamentais são adquiridos por imitação daquilo que se sente vivido (testemunhado) por outros e que, ao ser praticado, contém ou significa gratificação pessoal e social. Por exemplo, ensina-se e fala-se, os governos falam, as constituições falam, as Igrejas falam etc., do *respeito à vida* como um direito humano fundamental, *inerente à pessoa humana*. No entanto, a pena de morte existe na maioria das sociedades atuais, e é tão ou mais legal que a legislação que protege a vida. E não adianta acrescentar que ninguém pode ser privado da vida arbitrariamente, porque diante de uma capacidade inerente à pessoa toda intervenção externa é arbitrária, não somente a do delinquente assassino, mas também a do Estado. Falamos, então, de respeito à vida, mas ainda fazemos das execuções capitais um espetáculo, com convidados, e o governo russo ordena a suas tropas de assalto dar fim com tiros de misericórdia, com a desculpa de que se trata de terroristas, a chechenos adormecidos, mulheres e homens, sem que isso cause repulsa mundial e sem que se ordene um inquérito formal internacional contra o Estado e o governo assassinos. E, é claro, as sociedades modernas continuam a ver com euforia a guerra e a produzir armas, ao invés de estimular estradas, moradias, escolas, hospitais, saúde e livros. E o cinema e a televisão, em especial a estadunidense, fazem negócio promovendo a guerra e a violência, propagandeando-as como experiências humanas heroicas, patrióticas, sublimes, catárticas ou como diversão. E isso em sociedades que declaram o respeito à vida e a qualidade da vida como direitos fundamentais. E essa esquizofrenia entre o que se diz e o que se testemunha não merece um repúdio generalizado, uma mobilização permanente da população de cada país e mundial, nem que seja porque os que vão morrer e os que sofrem condições brutais de sobrevivência são a maioria, e os que os vitimam são a minoria.

Essa ausência de uma cultura de direitos humanos, portanto, tem também um sentido *moral*. E isso quer dizer que ela convoca nossa *responsabilidade*. O que não é o mesmo que pregar valores.

2.1. O que se diz e o que se faz: discursos éticos

Quando tocamos no ponto de vista moral, é inevitável mencionar que existem, hoje, discursos "éticos" modernos que racionalizam e legitimam a indiferença e a violação de direitos humanos. O mais divulgado atualmente é o discurso *geopolítico*, que se manifesta mediante as teses de *guerra permanente e preventiva*, formas atuais da conhecida "guerra justa". Preventivamente, um poder ou autoridade viola direitos humanos determinados para castigar uma intenção de violação a esses mesmos direitos que se proclamam universais ou legítimos,[18] ou para assegurar a estabilidade de uma região. Os direitos aparecem nesse discurso unilateral e arbitrário independentemente dos indivíduos que deveriam ser seus portadores. Por isso, os "direitos" são utilizados aqui como bandeira ideológica abstraída por um poder oficial cujos complementos são os indivíduos animalizados ou despersonalizados, isto é, os *terroristas*.

---

18 Uma discussão acadêmica no Primeiro Mundo, *Human Rights* (Ignatieff et al.), do início deste século, concentra-se na restrição de direitos (somente os de agência) para não interpretá-los como demandas e na necessidade de intervenção militar "humanitária" em países do Terceiro Mundo, onde "desapareceu toda ordem" e existem "interesses estratégicos" de uma potência. Trata-se da versão universitária da guerra global preventiva contra o terrorismo.

O fato de que "direitos humanos" possam ser empregados como uma bandeira abstrata, ou seja, um valor desligado de suas determinações sócio-históricas, permite entender por que podem ser aplicados a instituições, ou até mesmo ao movimento de acumulação de capital, independentemente de que as capacidades e foros dos indivíduos (as pessoas) sejam desrespeitados ou violados. Na realidade, na tradição jusnaturalista liberal de direitos humanos (Locke), existe tanto uma referência básica a um *tipo* de *indivíduo* enquanto portador natural de direitos como outra, também básica, que remete às instituições que se seguem do trabalho, o entesouramento e a acumulação privada. Quando as empresas capitalistas são condensações ampliadas do trabalho racional e produtivo de empresários privados, os direitos humanos destes últimos se transferem para as empresas e instituições capitalistas e também para a lógica de acumulação de capital. Os indivíduos sem propriedade capitalista (operários, assalariados) veem mediados ou negados seus direitos pelas instituições de acumulação de capital, mas isso se segue da ideologia que afirma que eles conseguem maiores benefícios por meio dessa subordinação, graças à mais alta produtividade proporcionada pela organização capitalista da existência.[19] A acumulação de capital pode aparecer assim como *a* matriz de direitos humanos, e as empresas individuais que personificam essa acumulação, ou seja, as que levam a cabo os melhores negócios, transformam-se em *portadoras de humanidade*. Por definição, os setores sociais e culturas que, consciente ou inconscientemente, criam obstáculos a essa acumulação e a essas instituições podem ser determinados, dentro da tradição econômica e filosófica liberal, como "inimigos do gênero humano". Agora, de acordo com a compreensão que aqui expomos, a acumulação de capital não pode ser matriz de direitos humanos universais por diversos motivos, dos quais indicamos três: contém uma *lógica de discriminação* que produz ganhadores e perdedores; *reifica mercantilmente* a experiência humana, reduzindo a plenitude possível dessa experiência ao consumo ou à opulência; propõe uma *ordem absoluta*, a partir da qual se pode agredir a diversidade humana ou suas experiências individuais diversas. Convém enfatizar também que a lógica ou a racionalidade inerentes ao

---

19 Sobre a relação entre maior produtividade da produção moderna e racionalidade humana pode-se ver o estudo de Macpherson, *Teoría política del individualismo posesivo*. Para Locke, quem quer viver do trabalho de outros não é humano nem cidadão, por isso carece de todo direito.

capitalismo apresentadas *como ordem objetiva* não fazem parte nem da "natureza" das coisas nem de uma eventual "natureza" humana e, por isso, não podem ser exigidas como homogeneidade diante da diversidade de culturas e povos.

Uma versão mais crua, e que não costuma ser declarada em voz alta, porque direitos humanos fazem parte, como moda, do pensamento político correto, é a de uma ideologia que nega a existência da sociedade como constitutiva da experiência humana e afirma a exclusiva realidade dos indivíduos competitivos mediados pelos dispositivos de mercado e amparados, como indivíduos, por normas legais que promovem os contratos (negócios) e resguardam irrestritamente a dinâmica de sua propriedade. Ao existir exclusivamente o interesse individual, desaparece a noção de humanidade que deve ser traduzida, para efeitos de direitos humanos, como *comunidade humana*. Para essa sensibilidade, dominante em alguns setores, esvaído o conceito/valor de humanidade, desaparecem também, como expressão sem sentido, os "direitos humanos", posto que as relações entre indivíduos são puramente exteriores, isto é, não são determinadas pelo reconhecimento nem pelo acompanhamento do outro (solidariedade). Falo, é claro, da adaptação latino-americana do neoliberalismo.[20]

Sem intenção exaustiva, convém lembrar, entretanto, outra proposta ética que distorce radicalmente o sentido moderno de direitos humanos ao transformá-los em *obrigações* para com a vontade de um Deus que as expressa por intermédio de uma lei natural[21] que determina uma ordem normativa objetiva absoluta, a qual, por sua vez, subordina e qualifica a autoprodução humana, que se considera irremediavelmente contingente ou "decaída".[22] Direitos humanos entendidos como *capacidades* morais e jurídicas (foros) dos *sujeitos* em face e contra a autoridade tornam-se *obrigações* morais e políticas objetivas, administradas por Igrejas hierárquicas e seus sócios políticos, que interpretam e adaptam a vontade divina, que

---

20 O principal texto básico de divulgação do neoliberalismo latino-americano é *El desafio neoliberal*, compilado por Levine.
21 Essas doutrinas entendem por "lei natural" as "proposições universais do entendimento prático que a razão humana formula a partir do conhecimento imanente na realidade das coisas" (Massini, *El derecho, los derechos humanos y el valor del derecho*, p.148).
22 O ser humano se relaciona assim com Deus por meio do *pecado*. Este sobredetermina sua liberdade.

também estabeleceu hierarquias imutáveis, às vicissitudes históricas. O ser humano como *sujeito aberto a sua própria autoprodução a partir de outros e com outros* (que é uma leitura possível da mensagem de Jesus) fica obrigado a aceitar a si mesmo como dependente e adaptar-se às hierarquias objetivas do mundo como deveres imutáveis. Trata-se de uma cosmovisão tributária do mundo antigo[23] com que certas formas de conservadorismo católico "ortodoxo" enfrentam com irritação, e muitas vezes com violência reacionária, as exigências de mudança social.[24] A formulação, por sua grosseria, não mereceria ser exposta se não constituísse uma ideologia vigorosa no interior da sensibilidade neo-oligárquica nas formações sociais latino-americanas.

Em relação ao que *se* diz sobre direitos humanos a partir da sensibilidade dominante, encontramos, portanto, critérios antropológicos, econômicos, políticos e geopolíticos, éticos e culturais, este último no sentido de etnocêntricos, que racionalizam sua relegação ou violação e inviabilizam a distância brutal entre o que se diz e faz acerca deles.

À inexistência de uma cultura de direitos humanos correspondeu, até agora, a *inexistência de uma disposição para fazer de direitos humanos um movimento social*, articulado, constantemente, com uma *teoria* de direitos humanos.

3. O fundamento de direitos humanos

Convém distinguir, inicialmente, entre fundamento, antecedentes e expressões (ideologizações) de direitos humanos. Os *antecedentes* são encontrados, a princípio e no que interessa à história ocidental,[25] nas dou-

---

23 Exposta na época por Agostinho de Hipona (350-430), que optou pela irresistível graça de Deus contra o livre-arbítrio humano, pela misoginia (o sexo era algo *baixo*) contra a convivência e a gratidão. E pela ordem que o Império Romano impunha contra os "bárbaros".

24 Essa mudança social é descrita, por exemplo, como própria de "uma concepção utópica, contraditória, irreal e egoísta dos 'direitos humanos', desorbitando-os de toda ordem objetiva, tornando-os ilimitados e, portanto, irrealizáveis, e criando uma expectativa falsa e enganosa naqueles que deveriam ser seus sujeitos" (Massini, op. cit., p.153).

25 Em outras culturas, antecedentes poderiam ser a tese de que o poderoso não abuse do fraco (Código de Hammurabi), a proposta egípcia do poder como serviço, a exigência do budismo de um proceder reto de todos os seres humanos e a igualdade primordial de todos os seres humanos proclamada pelo Islã.

trinas filosóficas, jurídicas e religiosas que reivindicaram ou promoveram a universalidade da experiência humana.[26] É costume mencionar aqui os filósofos estoicos, com sua ideia de uma realidade da qual os seres humanos participam moralmente mediante o emprego universal da razão. O ser humano não pertence exclusivamente à *pólis* (comunidade local ou nacional), mas à *cosmópolis*, isto é, a uma comunidade universal regida pela lei. O discurso evangélico cristão reivindica também uma universalidade da experiência humana como *comunidade de filhos de Deus* que se devem comportamentos de reconhecimento e acompanhamento. Apreciações semelhantes se expressam também em Roma, especialmente nos trabalhos de Cícero.[27] As representações romanas vão se manifestar sob as formas do *jus gentium* (direito das gentes), aplicável de início no trato com os estrangeiros, mas que acabou compreendendo princípios reconhecidos para toda a humanidade, homens livres e escravos, por exemplo, e que se assumem por razão natural, distinto do *jus civile*, que é próprio de uma cidade. Os mesmos romanos vão distinguir posteriormente entre esse direito das gentes universal e o direito natural que afeta todos os seres vivos. De sua parte, o cristianismo de Paulo de Tarso (10-62) traduz a aproximação ética aberta dos Evangelhos em doutrina autoritária, em que Deus nos faz seus filhos porque nos convertemos à fé verdadeira. Em sua Carta aos Romanos, ele indica que Deus não tem preferência por ninguém, judeu, grego ou romano, sempre e quando assumem a lei gravada em seu coração e a cumprem.[28] Essa lei "gravada no coração" é uma figura do *direito natural antigo*, nesse caso um tipo de *obrigação* universal que conduz à salvação.

Agora, esse direito natural antigo, seja de Tomás de Aquino (1225-1274), seja de Luís de Molina (1535-1600), antecede direitos humanos porque reconhece a existência de *uma* humanidade e a capacidade de cada qual reconhecer, instintiva ou racionalmente, as determinações justas, ou seja, *vinculantes*, da ordem do mundo, mas como antecedente não é fundamento, ou seja, matriz desses direitos. A *outra grande linha antecedente* de direitos humanos está nos processos de *individuação* próprios dos grupos

---

26 Sobre esse ponto, consultar, por exemplo, a conferência de F. Pietro Martinez, *Aproximacíon histórica a los derechos humanos*, que destaca a contribuição espanhola e em especial jesuíta desses antecedentes.
27 *De legibus* e *De Republica*. Singularmente, Cícero viveu entre 106 e 43 a.C.
28 Carta aos Romanos 10-5.

humanos, processos que se prolongam ideologicamente como discursos *individualistas*. Tal como no antecedente universalizante de vinculações humanas, encontramos esse individualismo na Filosofia grega antiga, em particular entre os sofistas. Protágoras (480-411 a.C.) assinalou que o *indivíduo* (homem) é a medida de todas as coisas, e outros sofistas foram precursores da tese romana e medieval de que a lei decorre do "desejo do rei", isto é, da *prática do poder*, e não de uma ordem justa trans-histórica. Na mesma Filosofia grega, o epicurismo, com sua crítica do temor dos deuses, ou seja, de uma ordem ou autoridade alheias ao prazer ou à dor dos indivíduos e suas experiências, prolonga o pensamento individualista de Protágoras. O cristianismo pode ser lido, e certamente falseado, em um tom individualizante graças a sua ênfase na responsabilidade da pessoa ou, o que dá no mesmo, pela manipulação clerical da culpa. A salvação por mera graça de Deus e não pelas obras sociais, aproximação calvinista do cristianismo, que pode levar ao repúdio da história e ao egoísmo e menosprezo dos outros, e a obsessão genital individualizante da moral católica, servem para exemplificar essa leitura.[29]

É conveniente fazer uma precisão a respeito desse último antecedente. A espécie humana, que só pode existir mediante a cooperação, ou seja, por meio de uma divisão social do trabalho, mesmo que esta implique violência, contém a necessidade e a possibilidade da *individuação ou particularização* e, com isso, da afirmação ou exaltação do indivíduo. Portanto, espécie, sociedade, particularização e indivíduo não constituem oposições irreconciliáveis, mas são aspectos diferenciados da existência humana, todos eles necessários.

Em contraste com o anterior, os *discursos individualistas* a que fazemos referência constituem *leituras ideológicas* dos processos de individuação sócio-históricos, ideológicos enquanto afirmam uma identificação individualizada que pode prescindir de suas relações sociais ou reduzi-las a uma função puramente utilitária, isto é, secundária. Esses discursos de singularização metafísica certamente remetem, em sua gênese, a *práticas de poder* efetivas ou imaginárias. Na economia libidinal dos patriarcas originários,

---

29 O movimento cultural do Renascimento, com seu antropocentrismo militante contra o teocentrismo da ordem política existente, pode ser considerado também o antecedente da figura do indivíduo moderno.

na opinião de Freud, um *indivíduo* dispunha de todas as fêmeas e também de todos os machos subordinados a seu desejo. Independentemente dessa leitura, as literaturas míticas épicas dos diversos povos, grego, judeu e maia, por exemplo, mostram a ação de lideranças personificadas e individualizadas, que, além disso, podem ser lidas como símbolos. A fórmula romana segundo a qual "tudo o que agrada ao príncipe tem vigor de lei" indica práticas de poder ligadas ao *status* individual derivado da guerra e da propriedade. Michel Foucault fez em algum momento a observação de que a interpretação dos sonhos como mecanismo de individuação e individualidade que *resiste à ordem imperante* foi desenvolvida por Artemidoro de Daldis no século II a.C. Entre os sonhos, Artemidoro distinguia os *contrários à lei* (politicamente impossíveis, na linguagem atual) e os *contrários à natureza* (não factíveis à experiência humana nas condições da época). O trabalho de Marsílio de Pádua, *O defensor da paz*, escrito no século XIV, mostra tanto a necessidade de *libertar a consciência individual* de imposições eclesiais quanto a laicização e a historização do Estado teorizada por Maquiavel dois séculos mais tarde.

Basicamente, e na transição das sociedades ou comunidades medievais para as sociedades modernas ou burguesas, a ideia de libertação do indivíduo das amarras feudais e monárquicas, e também do império de um Deus administrado monopolicamente pela instituição eclesial, toma a forma tanto de reivindicações *grupais* – cujas mais famosas são a Carta Magna (1215, Inglaterra) e o Bill of Rights, *lei inglesa* de 1689, a primeira favorecia os barões feudais e a segunda era mais geral – quanto de reivindicações *individuais* que possuem como matriz as necessidades de uma *economia comercial e monetária emergente* e um *resguardo contra o rei*. Deste último são expressões, em diversos planos, tanto as viagens de Marco Polo como as expedições de Cristóvão Colombo, a exigência de liberdade da consciência religiosa e de assembleias parlamentares, o caráter confrontador do protestantismo ascético ou as teses da razão individual (e universal) como constitutiva do mundo, imaginada por René Descartes (1596-1650). As propostas ideológicas de diferenciação e individualização autônomas *brandidas como reivindicações libertadoras* combinam, portanto, caracteres filogenéticos de raiz libidinal e mediações sócio-históricas ou culturais. Um texto crítico clássico sobre a produção imaginária e ideológica do indivíduo moderno expõe isso desta maneira:

O caçador ou pescador sozinhos e isolados, com que começam Smith e Ricardo, pertencem às imaginações desprovidas de fantasia que produziram as robinsonadas oitocentistas, as quais, diferentemente do que creem os historiadores da civilização, de modo algum expressam uma simples reação contra um excesso de refinamento e um retorno a uma vida natural mal compreendida. O *contrato* social de Rousseau, que por meio do contrato põe em relação e conexão sujeitos por natureza independentes, tampouco repousa sobre semelhante naturalismo. Este é somente a aparência, e a aparência puramente estética, das grandes e pequenas robinsonadas. Na realidade, trata-se mais de uma antecipação da "sociedade civil" que se preparava desde o século XVI e que no século XVIII marchava a passos de gigante para sua maturidade. Nessa sociedade de livre concorrência, cada indivíduo aparece como que desprendido dos laços naturais etc. que nas épocas históricas precedentes fazem dele parte integrante de um conglomerado humano determinado e circunscrito. Para os profetas do século XVIII, em cujos ombros ainda se apoiam inteiramente Smith e Ricardo, esse indivíduo do século XVIII – que é produto, de um lado, da dissolução das formas de sociedade feudais e, de outro, das novas forças produtivas desenvolvidas a partir do século XVI – aparece como um ideal cuja existência teria pertencido ao passado. Não como um resultado histórico, mas como ponto de partida da história. Segundo a concepção que tinham da natureza humana, o indivíduo aparecia como conforme à natureza enquanto posto pela natureza e não como produto da história.[30]

Visto assim, os *antecedentes* imaginários básicos de direitos humanos, a universalidade da experiência humana e a afirmação da individualidade originária e constitutiva, são contraditórios, de certa forma, e também complementares, de certa maneira. *Contraditórios* porque o assinalamento individualista exige que cada indivíduo contenha *toda* a experiência da humanidade, inclusive o Direito que se constitui, obviamente, por meio de uma relação social, o que faz do universalismo da espécie uma forma ou abstrata ou obliquamente determinada, com um valor sócio-histórico polêmico, e *complementares* porque a um universalismo formal e falso corresponde adequadamente, ainda que ideologicamente, um indivíduo

---

[30] Marx, *Elementos fundamentales para la crítica de la economía política*, p.3 e 4.

abstraído.[31] Essa fórmula, contraditória e complementar, é o que Bobbio considerou, por razões distintas daquelas aqui assinaladas, a ilusória afirmação ou busca de um fundamento absoluto para direitos humanos.[32] É claro que nenhuma produção humana possui um caráter absoluto, mas Bobbio confunde fundamento com expressões ou condensações filosóficas dos antecedentes ideológicos de direitos humanos. O *fundamento original desses direitos*, no sentido categorial de base sócio-histórica, e não no sentido da metafísica como causa necessária ou indutiva, não é nenhum discurso filosófico, mas uma *matriz*: a *formação social moderna* com domínio patriarcal, burguês e etnocêntrico.

Entre as *expressões e condensações* ideológicas que acompanharam o templo político/cultural que permitiu reivindicar e proclamar direitos humanos, convém lembrar o *jusnaturalismo* ou direito natural moderno, o *contratualismo* também moderno,[33] a *economia política burguesa* ou liberalismo econômico e o *antiestatismo* burguês.[34] Se observarmos essas representações ideológicas, veremos que todas afirmam a existência de indivíduos que, no exercício de sua liberdade, propriedade e racionalidade, e mediados por mecanismos "naturais", como o mercado, ou voluntários e artificiais, como o governo ou o Estado, fazem coincidir, como sendo naturais ou jurídicos, seus legítimos interesses singulares, com finalidades sociais ou apropriadamente (corretamente) "humanas". Em Locke (1632-1704), reconhecido por Bobbio como "o principal inspirador dos primeiros legisladores dos di-

---

31 Em observação inquestionável, Weber fala do "sentimento de inaudita solidão interior do homem" para referir-se a esse indivíduo na versão religiosa calvinista e reforça sua indicação com uma referência a Dowden, "The deepest community [com Deus] is found not in institutions or corporations or churches, but in the secrets of a solitary heart" ["A mais profunda comunidade [com Deus] é encontrada não em instituições ou corporações ou igrejas, mas nos recônditos de um coração solitário"] (Weber, *La ética protestante y el espíritu del capitalismo*, p.123 e nota 17. A obra de Dowden é *Puritan and Anglican*).
32 Bobbio, *Sobre el fundamento de los derechos del hombre*.
33 Aristóteles atribui a tese contratualista ao sofista Licofron (*Política*, III, 9) e esse contratualismo grego foi amplamente sustentado por Epicuro. Do contratualismo e das limitações ao uso do poder político medieval (supremacia da lei) se seguirá o constitucionalismo moderno em suas expressões jusnaturalistas, positivistas (garantismo) ou estatistas (Rechtstaat) e formalistas.
34 Obras básicas para introduzir-se nessas abordagens são *Segundo tratado sobre o governo civil*, de Locke; *Investigação sobre a natureza e causas da riqueza das nações*, de Smith; e *The Man versus the State*, de Spencer.

reitos do homem",[35] encontramos a imagem de que aquele que atenta contra a propriedade individual natural coloca a si mesmo em estado de guerra contra a humanidade e deve ser tratado como um monstro danoso. De modo que, para efeitos práticos, os cidadãos, naturalmente iguais, podem perder sua condição humana e ser perseguidos e aniquilados como feras em nome dos sagrados direitos da humanidade, representada pela ordem social e pelo Estado. Ao menos soa contemporâneo. Isso significa que o indivíduo natural, igual, racional, livre e proprietário proposto por Locke não é universalizável, exceto quando suas determinações sócio-históricas particulares, as do proprietário de terra e empresário, por definição não universalizáveis, são respeitadas como vinculantes e projetadas ideologicamente como "universais" ou "humanas". Em suma, a *natureza* humana não permite atentar, *nem sequer em pensamento*, contra a propriedade privada. De Adam Smith (1723-1790) já se sabe que ele metamorfoseia a opinião de Mandeville (1670-1733) no sentido de que a motivação egoísta do indivíduo econômico ("vícios privados"), mediada por um livre mercado providencial, traduz-se em utilidades coletivas e públicas autorreguladas, de modo que o Estado deve se limitar a assegurar a propriedade e os contratos. A motivação egoísta, individualista, aparece como uma capacidade (direito) "natural". Percebe-se em Smith que o universal é a lógica mercantil, a propriedade capitalista e suas instituições, não o ser humano que fica submetido a uma ordem providencial superior da qual não pode ser sujeito e na qual não pode expressar-se como tal. Assim como em Locke, a ausência do *sujeito humano* imanente bloqueia a possibilidade dos *sujeitos singulares* supostos ou propostos por suas formulações.

Ainda que o contratualismo e o constitucionalismo tenham sido empregados para justificar o absolutismo (Hobbes, Spinoza) ou a completa alienação do ser humano para obter direitos políticos como cidadão (Rousseau), sua utilização mais propriamente moderna foi para *limitar a ação do governo* (garantismo) e, por isso, pode ligar-se à tese da divisão de poderes própria do Estado burguês e à imagem da "lei por trás da lei", entendida em termos jusnaturalistas, assim como à generalização do cidadão como alguém que pertence por sua vontade a um âmbito político (regime de direito). Embora o texto único dessa forma do imaginário moderno seja

---

35 Bobbio, *El tiempo de los derechos*, p.106.

a produção calvinista *Vindiciae contra tyrannos* [Reivindicação contra os tiranos],[36] atribuída a Stephanus Junius Brutus (1579), a exposição mais ampla e sistemática do antiestatismo se encontra nos trabalhos de Spencer, reunidos no livro *The Man versus the State* [O homem *versus* o Estado], publicado em 1884, trabalho que foi precedido na França do *Curso de política constitucional* (1818-1820), de Henri Benjamin Constant.[37] A proposta de Spencer teve grande influência nos Estados Unidos na passagem do século e continua a ser parte do conservadorismo reacionário. Algumas de suas representações costumam ser reiteradas, embora não se conheça sua procedência, pelos promotores do neoliberalismo latino-americano. Spencer sustenta basicamente que as decisões políticas não devem interferir nos processos que favoreçam a sobrevivência do mais bem dotado e que esses "mais bem dotados" constituem a locomotiva do progresso humano, um tipo de desdobramento da evolução cósmica. Spencer ressalta que não é conveniente ocupar-se significativamente dos custos sociais do progresso porque o sofrimento é um curativo e preveni-lo é lastimar um remédio. Configura assim a tese de que *a melhor política social é não ter nenhuma*. Denuncia também o que hoje se considera "paternalismo estatal", porque com ele os indivíduos perdem a iniciativa e o espírito empresarial. Spencer rejeitava os programas de bem-estar social, julgando que conduziam ao socialismo e à escravidão. Via também uma ameaça no sufrágio universal, porque para ganhar as eleições os partidos se comprometiam a beneficiar seus eleitores. Para ele, o Estado inevitavelmente se burocratiza e prejudica os indivíduos empreendedores, adquirindo a forma de um poder abusivo, decadente e despótico. Segundo Spencer, o progresso humano deriva exclusivamente do desejo de incrementar o bem-estar pessoal, e, por isso, impedir que o poderoso exerça seu poder seria mais cruel e estéril do que entregar os empobrecidos à própria sorte. Como se nota, não é possível compatibilizar esse grosseiro imaginário doutrinal, em que os indivíduos

---

36 Trabalha os temas da objeção de consciência, das formas que deve assumir a resistência cidadã diante de um governo injusto, seja porque viola a lei de Deus, seja porque oprime e arruína a nação, e se é legítimo aceitar ajuda estrangeira para livrar-se da tirania. O tiranicídio é parte dos recursos para livrar-se de um governante ilegal e injusto. Na vertente positiva, os calvinistas fazem do povo a matriz do poder político.

37 Benjamin Constant (1767-1830) expõe um conceito individualista e empresarial/capitalista de liberdade que deveria ser protegido e promovido por uma democracia representativa, a separação de poderes e uma carta de direitos.

naturais que melhor se adaptam aos desafios da existência constituem o fundamento de todo direito, ainda que causem o sofrimento dos fracos, isto é, uma concepção em que o direito existe "naturalmente" *contra* estes últimos,[38] e a proposta universalizante de direitos humanos, fundamentais, políticos e econômicos/sociais. As teses do liberal e "naturalista" Spencer constituem uma boa condensação da tensão e da cisão que existem entre os antecedentes universalizantes e individualizantes sobre direitos humanos e seus prolongamentos ideológicos.

Algo similar, embora mais dramático, ocorre com o ascetismo calvinista, na descrição feita por Weber (1864-1920), em que um individualismo desiludido e pessimista aconselha a desconfiar até do amigo mais íntimo e da família, ao mesmo tempo que o dever de dar glória a Deus tira friamente do crente o compromisso da organização e da produtividade do mundo (ética do trabalho). Para esse imaginário, evidentemente, não seria possível *uma* humanidade.[39] Um autor atual descreve, com certo entusiasmo e motivação, os fatores e as dinâmicas desses processos cindidos:

> Essa imagem da sociedade individualista, como espaço em que todos os indivíduos exercem a política e perseguem livremente seus interesses como em um grande mercado, reflete a realidade parcial do que nasce na antiga Grécia, renasce na Itália renascentista e se desenvolve na Inglaterra dos séculos XVII e XVIII, alcançando seu apogeu nos ambientes estadunidenses. Nesses lugares e nessas épocas – os períodos históricos de *associação* que seguem os de *comunidade* –, os direitos individuais saem dos castelos e são desfrutados e defendidos por homens da rua – o Terceiro Estado –, que já podem lutar legalmente por seus interesses e exercer uma política burguesa e mercantil que em grande medida perdeu seu caráter aristocrático e elitista de intriga palaciana. Assim, encontramos alguns setores da população, compostos por cidadãos *comuns* – comerciantes e trabalhadores – e não

---

[38] Para esse imaginário, os indivíduos sem poder, empobrecidos ou derrotados são, ao mesmo tempo, *culpados* por não saber lutar ou adaptar-se.

[39] Weber descreve assim a impossibilidade de uma universalidade humana a partir do duplo critério da predestinação e o depreciativo enriquecimento nos negócios: "(Aristocracia) dos santos no mundo; predestinados por Deus de toda a eternidade, aristocracia que, com seu *character indelebilis*, estava separada do resto dos homens, condenados também de toda a eternidade, por um abismo insondável, tanto mais lúgubre quanto mais profundo e intransponível" (Weber, op. cit., p.56).

somente por aristocratas, nobres e cortesãos – guerreiros e sacerdotes –, os quais conseguiram certa influência privada nos assuntos públicos, assim como certa independência de ação e pensamento. Os filósofos analisados têm a sorte de pertencer a esses grupos sociais, cujo gozo da liberdade e outros direitos individuais indispensáveis para poder filosofar descansa, por certo, na exploração das massas populares majoritárias que carecem de filósofos, assim como de qualquer direito e qualquer liberdade – tempo e oportunidade – para filosofar. A percepção *a partir de baixo* da sociedade por essas massas populares foi decerto muito diferente da percepção *a partir de cima* daqueles que se situavam acima deles, sobre as cúpulas do espaço social, na "república dos sábios", um âmbito que podia ser descrito em termos individualistas, democráticos e liberais, mas que estava restringido a certas minorias privilegiadas.[40]

Portanto, indicadas ao menos esquematicamente as tendências genéricas e culturais que antecederam e nutriram a sensibilidade cultural de direitos humanos, e mencionadas algumas de suas precisões ideológicas, retornamos ao ponto central: *o fundamento, entendido como matriz, de direitos humanos é a formação social moderna*. Como matriz, o "fundamento" contém tensões, conflitos e cisões.

No entanto, a indicação anterior é somente uma designação indeterminada, embora valiosa, se comparada com as imagens que indicam que o fundamento de direitos humanos é filosófico ou um acordo entre Estados. Determinemos, portanto, da melhor maneira possível, o *lugar social* em que se fundamentam direitos humanos: é a *sociedade civil emergente* e moderna (mesmo que isso seja redundante) que fundamenta direitos humanos. O fundamento de direitos humanos se encontra na *sociedade civil*, em sua *dinâmica emergente libertadora* ou, o que é semelhante, em seus *movimentos e mobilizações sociais contestatórios*. Certamente, essa sociedade civil emergente, em formações humanas com princípios de dominação (de classe, de gênero,

---

[40] Pavón, *El individualismo y la política democrática tradicional ante la singularidad de los movimientos sociales*, p.6. Eliminei as referências bibliográficas a Bernal (*Historia social de la ciencia*), Olson (*The Logic of Collective Action: Public Goods and the Theory of Groups*) e Tonnies (*Comunidad y Asociación*). Também substituí "norte-americanos" por "estadunidenses". Evidentemente, os "direitos individuais" que saem dos castelos a que faz referência o autor eram *privilégios*.

étnicos, geopolíticos etc.) é internamente *conflituosa*, ainda que possa se expressar politicamente com a coerência relativa de uma força social.

4. A sociedade civil emergente e direitos humanos

A expressão "sociedade civil" é polissêmica. Não interessa aqui sua discussão. É empregada por nós no marco do imaginário moderno dominante. Para essa representação, a existência em sociedade compreende dois âmbitos básicos:[41] a *sociedade política*, em que se expressa o *destino compartilhado*, o bem comum, ou se busca com eficácia a maior felicidade para o maior número, e a *sociedade civil*, em que se manifestam os *interesses particulares* legítimos (isto é, lícitos). Cada um desses âmbitos possui lógicas específicas e independentes. No político, por exemplo, impera a *igualdade cidadã* (para cada cidadão um voto, ninguém deve ser discriminado, os direitos individuais não devem ser violados) e o *equilíbrio dos poderes*. Na sociedade civil, ao contrário, o lícito e desejável é a *hierarquização assimétrica* (um empresário não pode nunca ser confundido com um operário ou um trabalhador informal, nem um homem com uma mulher, nem um adulto com um jovem) e a *concentração de poderio* que é utilizada "racionalmente" contra os outros. Imaginada assim, a sociedade é claramente esquizofrênica. Contudo, trata-se de uma esquizofrenia operativa. Os determinados radicalmente como desiguais pelas formas de império que conformam e organizam a sociedade civil tornam-se cidadãos iguais por suas obrigações e capacidades jurídicas diante de um Estado que se põe "acima de qualquer suspeita".[42] Na América Latina, aos esfarrapados e miseráveis da cidade e do campo, aos analfabetos e alcoolizados por séculos de discriminação, a Igreja Católica dominante, um mecanismo de poder cultural, ofereceu secularmente "os melhores lugares no céu", em troca de sua humildade, isto é, de sua subordinação à ordem estabelecida. Evidentemente, a existência

---

41 Na realidade, os âmbitos são três: ao político e civil é necessário acrescentar o da existência individual privada ou existência familiar. Esse último âmbito foi politicamente visibilizado pelas lutas feministas da segunda metade do século XX. Cada um desses âmbitos é determinado por uma lógica independente.

42 A única coisa que permite "suspeitar" do Estado é que não seja eficaz na proteção da propriedade ou viole a lei natural que a torna sagrada.

não corrobora esse imaginário *esquizofrênico* nem na América Latina nem em parte alguma. Os humildes e discriminados[43] sabem que seu patrão, empregador ou senhor tem um acesso muito diverso às instâncias públicas, inclusive aos tribunais, e que certamente um de seus irmãos ou filhos é senador ou deputado, ou tem amizade com eles, e outro é bispo e um terceiro é comandante ou general. E que os acertos, as opiniões e as ocorrências de todos eles, e até um vasto repertório de mentiras sociais, têm uma ampla e incontestável expressão nos meios de comunicação de massa.[44]

Claramente, a utilização anterior burguesa de "sociedade civil" a supõe "bem ordenada". Os ladrões, assassinos e mendigos, como mostrou admiravelmente Locke em sua época, não fazem parte dela nem da humanidade. Por isso, é legítimo aplicar-lhes a pena de morte. Ladrões e assassinos ou servidores fraudulentos não possuem interesses particulares legítimos no marco dessa sociedade civil de proprietários, comerciantes e acumulação de capital, ainda que mostrem um sólido espírito empresarial privado em seus afãs.[45]

Contudo, aqui não interessa a sociedade civil como espaço de expressão de interesses legítimos, isto é, como sociedade burguesa "bem-comportada e ordenada", mas sim como *espaço conflituoso*, como âmbito dos *movimentos sociais emergentes*.

Com efeito, a "sociedade civil", produção moderna, nem sempre existiu nem foi sempre "bem-comportada". Foi gerada e constituída historicamente como espaço de ação de comerciantes de bens, dinheiro e influências, que contrariavam e desafiavam as instituições e o *éthos* sociopolítico dominante. A sociedade civil foi de início o espaço daqueles que residiam em vilas – mercadores, banqueiros, dirigentes religiosos, talvez artistas – e resistiam

---

43 Por seu gênero/sexo, idade, opção sexual, descrição étnica, incapacidades, ocupação ou lugar social etc.

44 No Chile, os católicos opulentos, sublevados em seus privilégios pela ditadura empresarial/militar de segurança nacional, pediram à hierarquia que estabelecesse que a eles correspondia também os primeiros lugares no céu. Para sua desgraça, o papa eliminou pouco depois o caráter de espaço físico do Reino.

45 Não se advirta nisto uma indelicadeza. O que se discute é se um assassino continua sendo humano como assassino. Em nosso enfoque, a resposta é sim, porque os seres humanos são capazes de violência e maldade, assim como de solidariedade e cordialidade. Nenhuma ação, por mais perversos que sejam seus efeitos, exclui os seres humanos de pertencer à humanidade. Que seus atos não gerem humanidade e possam ser tipificados como criminosos é outra discussão.

ou ao menos lamentavam o domínio feudal ou absolutista de senhores e sacerdotes, assim como o caráter fechado ou familiar das corporações. Por sua gênese, a sociedade civil foi inicialmente *contestatória*. A mítica narração da primeira viagem de Colombo mostra isso. A rainha empenhou suas joias e, com isso, transferiu o sentido da travessia e da Conquista a um prestamista (banqueiro). Colombo entendia sua viagem como algo comercial. Por trás de poder aparente e discricionariedade reais, moviam-se as forças da então cosmopolita sociedade civil emergente europeia. Essas forças não queriam o enraizamento senhorial, não aceitavam os impostos, exigiam liberdade de consciência religiosa para enviar Deus ao âmbito privado e restringir o poder político dos padres. Brandiam a necessidade do conhecimento e a razão como um mecanismo de poder para isolar a ignorância e a superstição parasitárias de nobres e ordens religiosas aristotélicas. A burguesia foi, por séculos, um *movimento social emergente*, até que pôde convocar forças suficientes para reconstruir o poder político à imagem e semelhança de seus negócios. Os manuais de história recordam a Revolução Francesa, mas os Países Baixos e a Inglaterra a precederam. Uma das bandeiras ideológicas que o movimento social burguês usou para convocar forças que lhe permitissem constituir *sua* sociedade bem ordenada foi a de *direitos humanos*. É por isso que, desde o início, eles são proclamados como universais, integrais, e como princípios constitucionais, ou seja, sagrados, dos Estados de direito (codificação e garantismo). A proclamação e a cautela constitucional de direitos humanos em sociedades civis *agora* bem ordenadas, isto é, após o triunfo burguês, identificam-se com sua universalidade. O Estado nacional, sua integração e estabilidade, no mesmo movimento, deve reivindicar-se como instituição "acima de qualquer suspeita", porque qualquer suspeita de "antinaturalidade" o deslegitimaria absolutamente. Ao fazê-lo, "naturaliza" também o *mercado* orientado para o lucro que o constitui e sustenta.

O fato de que direitos humanos tenham como fundamento uma sociedade civil emergente contestatória, que se deseja libertadora, tem alcance também para o caráter *subjetivo e individual* desses direitos. Com efeito, o que a burguesia emergente recusava como impedimentos legítimos era tanto a *ordem política objetiva* dos senhores quanto a da *realidade natural* imposta por Deus como uma *moral sagrada* (direito natural). Contra uma ordem objetiva social e cósmica, que tornava impossíveis o crescimento do comércio e a ampliação das experiências de humanidade, o único lugar a partir do qual se podia erguer a luta reivindicativa e revolucionária, contra toda ordem objetiva, era a *subjetividade do indivíduo*. Tornar a consciência racional independente da consciência moral vigente (autonomizar política e racionalmente a consciência humana de Deus) e propor a partir da subjetividade assim liberada e potencializada uma nova ordem política é algo que somente pode ser feito proclamando foros individuais subjetivos e declarando-os sagrados ou, em um movimento inverso e com seus próprios conflitos, secularizando ("desencantando") a história mediante o processo de expropriar os expropriadores. Não é estranho, portanto, que a demanda por liberdade de consciência *religiosa* anteceda, como mobilização social, a liberdade de consciência, e ambas se condensem tardiamente no *éthos* europeu do Iluminismo. Nas condições objetivas de dominação da antiga sociedade, o único espaço possível para fazer emergir uma ideologia revolucionária e libertadora era a da *subjetividade individual*, que teria de projetar-se como *humanidade devida*, isto é, *vinculante* ou *sagrada* (jusnaturalismo e, posteriormente, idolatria do mercado). Entende-se perfeitamente por que o direito natural antigo, com sua ênfase em *obrigações objetivas*, não pode constituir-se em matriz de configuração de direitos humanos modernos. *Esses direitos foram imaginados contra ele*. Ideologicamente, direitos humanos são uma reivindicação para livrar-se de um Deus público e cósmico, integral, administrado monopolicamente por hierarquias religiosas e políticas. Para o imaginário moderno, os indivíduos humanos produziram agora a partir de si mesmos, sem mais tutela do que sua universalidade ideológica, a história.

Existe ainda um corolário do fato de que direitos humanos encontrem seu fundamento em *mobilizações e movimentos sociais* em sociedades civis emergentes. Os movimentos sociais não só se movem contra a ordem das instituições, isto é, contra suas lógicas, mas também contra as *identificações* que elas procuram. Em oposição às identificações propiciadas pelo *status quo* como fator de reprodução de sua dominação, os movimentos sociais emergentes levantam a afirmação, ou da busca ou da produção, de sua *identidade* efetiva. Nesse sentido, a desqualificação que fazia Marx, no texto anteriormente citado, das robinsonadas oitocentistas como "imaginações desprovidas de fantasia" parece inadequada. Esse imaginário possuía um valor existencial fundamental para a incidência política do movimento social burguês. Era tão material como o juro que ele cobrava por seu dinheiro. Era condição, consciente ou inconsciente, de sua identidade política (primeiro procurada, depois afirmada como vinculante para toda a humanidade), de uma *nova maneira humana* de estar no mundo, de uma nova maneira de testemunhá-lo e *fazê-lo* (dominação), questão que pode ser sintetizada como *imanentismo* ou *secularização*.

5. Sociedades civis emergentes e "gerações" de direitos humanos

Os educadores de direitos humanos e também os historiadores das ideias e das figuras jurídicas costumam distinguir *gerações* entre as demandas e propostas de direitos humanos. Embora o tema seja discutível de diversos pontos de vista,[46] empregaremos sua taxonomia para exemplificar a categoria de *sociedade civil emergente* como *fundamento* ou matriz de direitos humanos.

Consideramos cinco gerações de direitos humanos. Na primeira, situam-se centralmente os direitos que costumam chamar-se *negativos* por constituir foros humanos ou cidadãos, *capacidades individuais* com relação às quais o Estado *não deve atuar*, exceto para reconhecê-las e protegê-las, uma vez que são prévias e superiores (por serem "naturais") a ele. Trata-se de âmbitos de liberdade (pessoal, de expressão, de trânsito etc.) com efeitos jurídicos como, por exemplo, os crimes contra a humanidade. Associa-se essa geração de direitos com a *sociedade civil emergente e revolucionária burguesa*.

A segunda geração é a de direitos econômicos, sociais e culturais, considerados *direitos positivos* pelo fato de que, em relação a eles, o Estado *deve atuar* para estabelecer sua eficácia. Esses direitos positivos resultam das

---

46 O primeiro documento (Carta Magna) contra os abusos do rei compreende reivindicações socioeconômicas e políticas. No século XX, o direito à segurança, ao emprego e ao salário faz parte da Declaração das Nações Unidas (art. 22 e 23), que alguns poderiam reconhecer como um texto da primeira geração. Os princípios das constituições francesas revolucionárias, liberdade, igualdade e fraternidade, têm, por esse último valor, um alcance social (de fato, geraram uma explosão de pequenos proprietários), ainda que tenham sido considerados compatíveis com a aprovação do sufrágio somente para nobres e ricos.

lutas e instituições sociais dos *trabalhadores organizados* em movimentos, sindicatos e cooperativas, e dos escravos, tanto nos países centrais como nas colônias, durante os séculos XVIII e XIX,[47] assim como de *concessões* utilitárias ou doutrinais dos governos e hierarquias com o intuito de produzir com eficácia uma ordem social questionada por conservadores, reacionários, socialistas, comunistas e anarquistas.[48] Isso significa que a demanda por esses direitos é gerada no marco da sociedade civil burguesa já relativamente estabelecida, mas como *contestação* social, política e cultural dos setores discriminados e vitimizados por essa ordem. No início do século XX, obtém com a Revolução Russa uma legitimação ideológica e política. A demanda por esses direitos anuncia (ainda que não seja bem-sucedida ou seus alcances não se façam plenamente conscientes) que "humanidade", na expressão dos "direitos humanos", deve levar em conta o *lugar sócio-histórico* dos grupos, nações e indivíduos, isto é, que sempre se é humano de uma maneira *particularizada*, e não numa forma universal/abstrata como se poderia deduzir da primeira proposta de direitos. Podemos caracterizar esse tipo de sociedade civil emergente como *popular*.[49] Essa última sociedade civil não apenas reivindica novos foros (segurança do emprego, por exemplo), mas também questiona a *universalidade* de direitos humanos, colocando-os em tensão com as *particularizações* que se seguem da divisão social do trabalho, da dominação de gênero, das peculiaridades geracionais, das diversidades culturais e raciais etc. Do mesmo modo, coloca-se em tensão a *integralidade* de direitos humanos ao evidenciar-se que, na organização capitalista da existência, o salário, para um assalariado, articula-se indissoluvelmente com a existência (direito à vida).

    A imagem de que não é possível ser humano, salvo em situações particularizadas que expressam condensações sociais (instituições, lógicas) locais, nacionais e internacionais, foi estendida como *cultura* de *libertação nacional*

---

47 A escravidão foi abolida nos Estados Unidos em 1868. Antes disso, um escravo não era cidadão e, por isso, não podia apresentar demandas jurídicas.

48 Nesse marco, surge, por exemplo, a Doutrina Social da Igreja Católica (*Rerum Novarum*, Leão XIII, 1891).

49 "Popular" é uma categoria de análise que designa e explica os setores sociais que padecem de uma assimetria (discriminação) estrutural nas sociedades modernas (por exemplo, operários, camponeses ou mulheres) e se organizam e mobilizam a partir de si mesmos para transformá-las.

durante o século XX. Trata-se das mobilizações civis, ou seja, políticas, contra o colonialismo e o neocolonialismo por parte dos povos africanos, asiáticos e, em menor medida, latino-americanos. As mobilizações e lutas compreendem desde a *não violência ativa* (Gandhi) até a *guerra popular prolongada* (Che Guevara) ou as declarações do *"black is beautiful"* e o modelo de *substituições de importações cepalino*. É o *Terceiro Mundo*[50] entendido aqui como sociedade civil emergente que busca na libertação nacional e no desenvolvimento econômico (e muitas vezes também em algum tipo de socialismo) suas possibilidades de realização histórica e humana. Essas mobilizações configuram as determinações da *terceira geração de direitos*, os chamados *direitos dos povos* expressos nas demandas da Declaração de Argel (1976)[51] e também das *nacionalidades e etnias*, como indica o Projeto de Declaração Universal sobre os Direitos dos Povos Indígenas (1990). Essa é uma sociedade civil emergente *empobrecida, colorida* e objetivamente *internacional*, criada pela expansão imperial do capital, incluindo o *apartheid*, e a geopolítica. Sua reivindicação de respeito e segurança para *sua* humanidade, a depreciada, foi extraordinariamente reunida na Segunda Declaração de Havana (1962):

> Com essa humanidade trabalhadora, com esses explorados sub-humanos, paupérrimos, conduzidos pelos métodos do açoite e do capataz, não se contou ou se contou pouco. Desde a alvorada da independência, seus destinos têm sido os mesmos: índios, gaúchos, mestiços, zambos, *cuarterones*, brancos sem bens nem rendas, toda essa massa humana que se formou nas filas da "pátria", que nunca desfrutou, que caiu em milhões, que foi despedaçada, que ganhou a independência de suas metrópoles para a burguesia, essa que foi banida da distribuição, continuou a ocupando o último escalão dos benefícios sociais, continuou morrendo de fome, de enfermidades incuráveis, de desatenção, porque para ela nunca chegaram os bens salvadores: o simples pão, a cama de um hospital, a medicina que salva, a mão que ajuda.

---

50 "Terceiro Mundo" é um nome próprio para designar as formações sociais e os povos que não alcançaram a industrialização no século XX (ou o fizeram de maneira induzida), tiveram um passado colonial ou sofrem uma realidade neocolonial. Hoje, fala-se de um "Quarto Mundo", assinalado espetacularmente pela miséria. O Haiti, na América Latina, é o mais próximo desse Quarto Mundo.

51 O Artigo 1 dessa declaração diz: "Todo povo tem direito a existir".

Mas a hora de sua reivindicação, a hora que ela mesma elegeu para si a vem assinalando, com precisão, agora, também de um extremo a outro do continente. Agora, essa massa anônima, essa América de cor, sombria, taciturna, que canta em todo o continente com a mesma tristeza e desengano, agora essa massa é a que começa a entrar definitivamente em sua própria história, começa a escrevê-la com seu sangue, começa a sofrer e a morrer. Porque agora, pelos campos e montanhas da América, pelos sopés de suas serras, por suas planícies e suas selvas, entre a solidão ou o tráfego da cidade ou nas costas dos grandes oceanos e rios, começa a estremecer esse mundo cheio de razões, com os punhos quentes de desejo de morrer pelo seu, de conquistar seus direitos quase quinhentos anos lesados por uns e outros. Agora, sim, a história terá de contar com os pobres da América, com os explorados e vilipendiados da América Latina, que decidiram começar a escrever eles mesmo, para sempre, sua história. Já os vemos pelos caminhos um dia ou outro, a pé, em marcha sem fim de centenas de quilômetros, para chegar até os "olimpos" governantes e reclamar seus direitos. Já os vemos armados de pedras, paus, facões, de um lado e de outro, cada dia, ocupando as terras, fincando seus ganchos na terra que lhes pertence e defendendo-a com sua vida; vemo-los carregando seus cartazes, suas bandeiras e suas ordens, fazendo-os correr ao vento por entre montanhas ou ao largo das planícies. E essa onda de estremecido rancor, de justiça reclamada, de direito pisoteado que se começa a levantar por entre as terras da América Latina, essa onda já não parará mais [...] Porque essa grande humanidade disse: "Basta!" e começou a andar. E sua marcha de gigantes já não será detida até conquistar a verdadeira independência, pela qual mais de uma vez morreram em vão. Agora, em todo caso, os que morrerem morrerão como os de Cuba, os de Playa Girón, morrerão por sua única, verdadeira, irrenunciável independência.[52]

Obviamente, a ênfase desse "direito reivindicado" é posta na emergência do *outro expulsado*, diferentemente do outro *explorado* ou subordinado, próprio das demandas dos trabalhadores. A exigência de direitos da terceira geração decorre da *sociedade civil local e internacional dos outros*, daqueles

---

52 Castro, "Segunda Declaración da La Habana", p.484-5.

que Franz Fanon (1925-1961) caracterizou objetiva e subjetivamente como *condenados da terra*.

Em relação à *emergência do outro*, ainda que se diferenciando em sua raiz dos movimentos de libertação terceiro-mundistas determinados pela Declaração de Havana, anuncia-se também o *movimento das mulheres* (feminismo) como *teoria de gênero*. Alertado por trabalhos como *O segundo sexo* (1949), de Simone de Beauvoir, o outro social discriminado e subordinado por excelência, a mulher, configura grande parte de seu novo discurso de sujeitificação e autoestima com as ideias da produção social do gênero e a afirmação da autonomia da feminilidade como plenamente humana. A *sociedade civil da legitimidade da diferença* e das necessárias *transferências de poder* até os diversos discriminados é a que reúne, ainda que seus protagonistas não se encontrem, essas lutas políticas de gênero e a busca da independência e da dignidade nacional, étnica e humana, na reivindicação da terceira geração de direitos. Do mesmo modo, a ideia de que um referencial universal como a "humanidade" deve *abrir-se para a experiência e a luta sócio-histórica*, isto é, trata-se de um conceito *aberto e em produção*. Ao contrário do caráter obliquamente abstrato e individualista que poderia ser rastreado nas demandas da primeira sociedade civil emergente, as novas demandas enfatizam o caráter *relacional* de direitos humanos, isto é, *sócio-historicamente situado e dinâmico*. Esses caracteres foram reunidos pelas diversas declarações sobre direitos humanos, dos povos e de diversos grupos, realizadas pela Assembleia Geral das Nações Unidas durante a segunda metade do século passado. Do ponto de vista epistêmico, já não parece possível produzir conhecimento sobre direitos humanos, mantendo-os no campo filosófico, afirmando-os diante de uma autoridade política "superior" ou os reduzindo a espaços nacionais, de classe ou cultura.[53] Direitos humanos se apresentam exigindo uma *teoria social* (ou várias).

A quarta e a quinta gerações de direitos estão vinculadas à primeira com uma *contrassensilbilidade cultural* que começou denunciando a poluição e

---

[53] Esse é o falso dilema em que Bobbio se encerra. Como efetivamente não parece possível dar um único fundamento filosófico a direitos humanos, ele sustenta que não interessa fundamentá-los, mas protegê-los, e atribui essa função aos Estados atuais (cf. Bobbio, *Presente y porvenir de los derechos humanos*) e às cortes internacionais. Contudo, nem Estados nem cortes podem ir além do que contém socialmente. E a coexistência moderna não contém direitos humanos, mas sim a luta por eles.

a desertificação (empobrecimento) da natureza e do planeta causadas pela atividade econômica humana até chegar, por intermédio de uma crítica da razão e do progresso modernos, a uma reformulação do ser humano no cosmos (ecologia cosmocentrada). Trata-se de entender e atender os seres humanos e a humanidade como processos nos quais suas práticas e instituições devem condensar e expressar *responsabilidade pelas condições de existência* (herança) dos que virão. A questão é constituída por uma demanda de uma sociedade civil emergente que rompe com a imediatez (fugacidade/esterilidade, secularização, mistificação) da sensibilidade burguesa e, no mesmo movimento, denuncia como ideológico seu mito fundante do "progresso" e "desenvolvimento". A luta pelo ambiente, natural e social, reivindica uma *humanidade como continuidade* que deve ser *politicamente sustentada*, porque sua existência não é espontânea nem natural ou orgânica. Ao mesmo tempo, faz da responsabilidade social um valor cultural transcendente.[54] A *sociedade civil da responsabilidade transcendente*, ainda que *histórica*, gestada no marco da formação social industrial e pós-industrial, gera essa quarta geração de direitos humanos, cujo imaginário integrador ou holístico, rupturista, mostra um perfil cada vez mais distante do esquizoide par sociedade política/sociedade civil com predomínio do indivíduo com que iniciamos esta descrição.

A quinta geração de demandas de direitos humanos está ligada à incursão das tecnologias de ponta no mapa genético da vida e, especificamente, na genética humana. O ponto tem seu antecedente nas discussões sobre ações e experimentos com o substrato biológico e a vida de indivíduos em circunstâncias peculiares (investigação farmacêutica, diagnóstico pré-natal de más-formações, aborto, doenças terminais e eutanásia, implante de tecidos e órgãos, comercialização da Medicina etc.). A investigação sobre o mapa genético desenvolvida na segunda metade do século XX fortaleceu a demanda para que se respeite tanto a autonomia das pessoas sobre seu corpo quanto sua individualidade peculiar. Obviamente, as questões centrais aqui são a clonagem humana, a eugenia, a reprodução dos recursos biológicos humanos pré-programados ou sua utilização como banco de órgãos para transplantes etc., e os efeitos negativos que isso teria na ma-

---

54 Emprego "transcendente" sem nenhuma conotação metafísica para indicar uma relação que contém diversos que não podem alcançar unidade ou identidade.

neira de ser humano em um mundo previamente determinado pela cobiça, pelo lucro, pelo etnocentrismo, pelo fundamentalismo, pelo racismo e pela dominação (sujeição) política e geopolítica. Como se nota aqui, o questionamento se faz às condições sociopolíticas e ao *éthos* em que se desenvolvem e têm efeito as tecnologias e as ciências. A questão foi indicada, ainda que insuficientemente, pela Declaração Universal sobre o Genoma e os Direitos Humanos (Unesco, 1997), em que se assinala que "o genoma humano em seu estado natural não pode dar lugar a benefícios pecuniários", e por acordos dos países mais avançados (Estados Unidos e Reino Unido), acordos que não fazem retroceder a suspeita sobre uma manipulação monopólica, econômica e geopolítica dos códigos genéticos humanos e não humanos que Estados e empresas poderiam cometer contra a humanidade, os indivíduos e o planeta. A resistência contra essa manipulação unilateral e humanamente descontrolada estende-se aos diversos níveis de "contaminação transgenética" (sementes geneticamente modificadas com fins comerciais), na medida em que essa tecnologia ameaça as áreas naturais, limita a liberdade de escolha de agricultores, produtores de alimentos e consumidores, acentua a insegurança econômica e cultural de setores campesinos não transgênicos e põe em perigo a saúde humana e do planeta. Esse tipo de *sociedade civil emergente* possui um claro *perfil cultural*, isto é, *humanizador*: demanda proteção pessoal e genérica contra as instituições socioeconômicas, políticas, culturais e geopolíticas determinadas pela cobiça. Denuncia seus efeitos sobre as tecnologias e ciências e tenta imaginar um mundo sem "frankensteins" sociais, onde a solidariedade, ilustrada ou gratuita, seja dominante.

Dessa esquemática verificação das gerações de direitos e suas respectivas sociedades civis emergentes, que não são mutuamente excludentes, convém destacar dois aspectos centrais: a *receptividade cultural* que eles despertam e o *conceito de humanidade*, inercial e agonístico, que projetam.

A primeira geração de direitos, reduzidos a suas manifestações fundamentais e cívicas, é parte da sensibilidade dominante atual, a tal ponto que os imaginários mais socializados identificam exclusivamente "direitos humanos" com tópicos como liberdade de expressão (sem seu referente, o direito à informação veraz) em sua versão empresarial, democracia (como epítome das liberdades individuais), recurso de *habeas corpus*, não ser reduzido à escravidão ou servidão ou sofrer tortura, ou não ser despojado de propriedade, antiterrorismo etc. Esse tipo de direitos humanos funciona atribuindo aos *indivíduos* caracteres genéricos universais que constituem, projetados como conceito e valor, a *humanidade*. Sua matriz imaginária é uma concepção *jusnaturalista* que faz do ser humano ou um indivíduo igual, livre, racional e proprietário, ou um ser dotado de uma dignidade metafísica especial. Mediante um processo de alteração ideológica, o conceito/valor *humanidade* domina esse discurso sobre direitos humanos, fazendo dos indivíduos uma manifestação da projeção ideológica. Um esquema mostra a matriz:

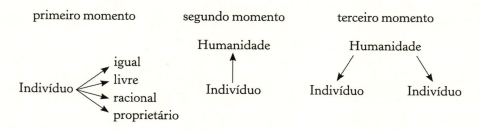

Efeitos óbvios dessa matriz ideológica ocorrem pelo fato de que indivíduos constituem direitos na *ausência de toda relação social*, ou seja, a racionalidade e a propriedade, por exemplo, carecem de toda determinação sócio-histórica significativa, e o conceito/valor de "humanidade" se constitui como um *universal fechado* (excludente) tanto a "novas" experiências de humanidade (a homossexualidade e o socialismo, por exemplo) como a um imaginário que faça da "humanidade" uma noção agonística ou conflituosa. Em suma, a óptica jusnaturalista elimina a sócio-histórica. Isso facilita aos discursos que o possuem como matriz condenar moral e politicamente e, se necessário, perseguir e destruir "outras" experiências de humanidade. Para isso, pode até mesmo utilizar os recursos judiciais, expressão privilegiada, enquanto monopólio estatal, do imaginário burguês sobre direitos humanos "fundamentais".

As lutas dos trabalhadores e outros setores sociais não burgueses por direitos humanos econômicos/sociais e culturais se expressam majoritariamente no interior da matriz dominante, ou seja, da ideologização burguesa, individual/abstrata e alterada, desses direitos. Isso quer dizer, na prática, que os trabalhadores aspiram mais a ser reconhecidos como "humanos" do que como "trabalhadores", ou melhor, não põem em disputa a relação conflituosa que existe entre ser assalariado e ser humano.[55] As aspirações marxistas e anarquistas do século XIX são insuficientemente críticas nesse sentido. A primeira porque assume que existe uma "natureza" humana, ainda que sócio-histórica, e a segunda porque tende a reivindicar o indivíduo como mônada. O custo de que as demandas dos trabalhadores se inscrevam centralmente no universo ideológico burguês é que elas se tornam reivindicações *jurídicas diante do Estado*, como se este fosse uma instância acima de qualquer suspeita, e não se orientaria para uma transformação das relações sociais, isto é, do caráter *antissujeito* contido na relação salarial e outras formas de dominação. Desse modo, as reivindicações sócio-humanas por direitos econômicos e sociais não passam a fazer parte de uma *cultura alternativa* (contra-hegemônica), mas satisfazem-se jurídica e ideologicamente no interior de uma sensibilidade burguesa em que esses direitos podem ser manipulados, subvalorizados e tornados ineficazes, já que a exploração e a discriminação inerentes à acumulação privada de capital continuam a ter prioridade sobre as necessidades e expressividades humanas dos trabalhadores *enquanto trabalhadores*. Em suma, os códigos reconhecem a existência juridicamente humana de todos, inclusive dos trabalhadores (e isso é resultado de uma luta feroz), porém não reconhecem esses trabalhadores como lugar social diferenciado e conflituoso, mas somente como "humanos".[56] Trata-se de uma noção insuficiente ou indeterminada de cidadania.

Convém fazer aqui uma precisão: a sociedade emergente burguesa se desenvolve de maneira complexa e vivaz em ligação com a economia monetária, configurando uma sensibilidade socioeconômica alternativa ou um mundo *antes* de buscar o controle político que assegurará seu domínio generalizado. Seu mundo está pré-avisado, existe materialmente na economia/sociedade *antes* de seus triunfos revolucionários. O controle político apenas o generaliza e torna dominante, ou seja, fator básico da constituição e reprodução sociais. O mundo operário existe, ao contrário, somente como parte subordinada ao mundo do capital ou como *experiência de contraste*,

---

55 A pergunta que determina esse problema não é: "São seres humanos os trabalhadores?", mas: "São os trabalhadores seres humanos *enquanto trabalhadores*?". Se se preferir: "Eles são tratados como iguais ou discriminados?".

56 "Humanos" quer dizer aqui como sujeitos de um Direito ineficaz para eles.

isto é, como desejo e sonho timidamente anunciados pela prática cooperativa ou sindical e pela luta como setor. No entanto, o mundo operário material, sua cultura alternativa, dominada pela *solidariedade gratuita*, por exemplo, existe unicamente como *ausência* ou detalhe isolado e provisório na ordem do capital e como virtualidade na matriz de formação social moderna. Existe, por isso, uma tendência inercial para expressar e reconhecer o valor dos trabalhadores no marco dos valores jurídicos burgueses como ampliação quantitativa, não como necessidade de uma transformação qualitativa, revolucionária, da noção de "humanidade". Esse é um dos fatores que facilitam caracterizar como *progressivos* esses direitos, explicando assim a facilidade com que são *inviabilizados* e transformados em algo politicamente *impossível*. Dito diretamente, os direitos econômicos, sociais e culturais não foram precedidos de processos de *transferências efetivas de poder social* (manifestadas mediante práticas generalizadas de existência e condensadas como cultura pela existência cotidiana), mas como protestos e resistências materializadas pelo sistema na forma, no melhor dos casos, de uma incorporação jurídica. Isso prejudica decisivamente sua eficácia.

Os direitos da *sociedade civil do outro*, ou terceira geração, tiveram destinos distintos. As lutas de libertação nacional se mostraram insuficientes ante o neocolonialismo econômico e geopolítico, as oposições e fragmentações internas[57] e o colapso das sociedades do socialismo histórico na transição da década de 1980 para a de 1990. O "outro" africano ou asiático, "de cor" ou "latino", islâmico ou confuciano, não logrou esmigalhar o racismo e o etnocentrismo pelo qual é rebaixado como bárbaro, sujo, traficante de drogas e hipócrita. O Terceiro Mundo continua condenado a empobrecer-se na imundice da história (Fukuyama), ou a ser submetido às armas por meio de uma "guerra de civilizações" (Huntington). Na realidade, quando são assassinados genocidamente dezenas ou centenas de milhares de pessoas no Iraque, em Ruanda ou no Burundi, a quem importam humanamente? Que peso têm diante dos 3 mil e pouco também assassinados em Nova York no 11 de Setembro? E em face destes mesmo, a quem importam as mortes por doenças curáveis de que sofrem os mais de 1 bilhão de empobre-

---

[57] Pense-se na fragilidade do mundo islâmico diante de uma guerra contra o Iraque, por exemplo. E isso apesar de ela ser, avisadamente, o início de sua "modernização" induzida, isto é, de sua destruição.

cidos estruturais do Terceiro e do Primeiro Mundo? O imaginário dominante supõe que eles não sofrem um brutal ataque geopolítico ou cultural. Não são *empobrecidos*, mas expressão da *pobreza mundial*.[58] Até mesmo o símbolo mais difundido do Terceiro Mundo, Che Guevara, exibe-se com uma modificação: é signo moral, lutador heroico, uma espécie de santo laico camusiano, um Cristo, não um empobrecido que faz de sua dor uma causa política, ou seja, *humana*.

Até o momento, tem sido diferente a situação do "outro" de gênero. Poderíamos dizer, no limite, que até a década de 1960 ele aparecia dominado e caracterizado pelas mobilizações anticoloniais. A partir dos anos 1970, em contrapartida, adquirem ressonância e proteção as *lutas da mulher como teoria de gênero* e os movimentos ecológicos. Enquanto as mobilizações terceiro-mundistas não conseguiam superar o etnocentrismo e o racismo inerentes à administração geopolítica e empresarial de direitos humanos, a vivência de opressão de gênero na relação conjugal e familiar ajudou a decodificar o mundo imperante como uma ordem generalizada de violações e violências. A dominação patriarcal e masculina agredia, evidentemente, as mulheres no âmbito "íntimo" do lar, mas também idosos, crianças e jovens. A interiorização do patriarcado pelas maiorias femininas (e jovens e idosas) fazia que as mulheres se vissem de fora de si mesmas, levando-as a torturar-se, transformar-se (ou, ao menos, pretender transformar-se) em objeto de sedução, de "encantamento". A *raiz libidinal* da violência e da sujeição foi talvez mais patente que a terceiro-mundista para romper a cultura falsamente universalista de patriarcas, homens e corporações, mas não conseguiu vinculá-la decisivamente à dominação geopolítica e econômica. Compreender e assumir que existe luta política *onde quer que se deem relações de dominação* e que direitos humanos se ligam a *tramas sociais que potencializam a autonomia e a autoestima de todos e de cada um* feriu, embora ainda sem conseguir contê-las, a cultura sexista dominante, a sexualidade genitalmente fixada e orientada tanto para a reprodução e criação (família nuclear heterossexual) quanto para a pornografia, duas formas de violência, a santidade unilateral da maternidade, a ideia de que os machos, e com eles a guerra, são imprescindíveis. Talvez sejam as *tramas libidinais* objetivas da sociedade moderna

---

58 Para esse imaginário, a pobreza cria os pobres, independentemente das relações sociais (cf. Gallardo, "Imaginarios sobre el pobre en América Latina").

que, como as tramas monetárias na Idade Média, configuram a *principal força* das *atuais* sociedades civis emergentes.

Algo semelhante, ainda que seu ponto de partida seja outro, ocorre com os *movimentos ecológicos radicais*. Eles comovem, impactam e rompem, ainda que não consigam transformar. Assim como no caso das mulheres e daqueles que lutam contra as discriminações de gênero, são não somente tolerados, como também temidos, combatidos, desqualificados e perseguidos. Constituem, sem dúvida, uma referência central a direitos humanos e a um conceito ampliado, aberto e libertador, por ser descentrado, de humanidade.

A quinta geração de direitos humanos encontra ainda limitações de expressão. Muitas de suas reivindicações podem ser associadas, com ou sem fundamento, com fundamentalismos religiosos e, portanto, com esquematismos autoritários próprios do direito natural. Falta ainda fixar sua reivindicação positiva na liquidação política de uma tecnologia/ciência (racionalidade) barbarizada pela cobiça e pelos lucros monopólicos e geopolíticos. O temor não é um motor para a transferência de poder que contenha todo o reconhecimento e exigência de direitos humanos. Não é a partir da ansiedade ou da crença na justiça divina ou cósmica, ou num sentimento metafísico de justiça, que se enriquece de forma libertadora a complexa prática de humanidade.

Talvez convenha concluir aqui esta primeira discussão sobre o fundamento de direitos humanos. Dissemos que:

a) tem razão quem assinala que discutir fundamentos absolutos em assuntos humanos, não somente filosóficos, é uma *ilusão*. Os fundamentos das práticas humanas são sempre sócio-históricos e, por isso, reversíveis. Isso significa apenas que se deve lutar sempre política e culturalmente para sustentá-los ou reconstruí-los quando considerados legítimos/ilegítimos;

b) ao contrário, não tem razão ou é indefensável quem, afirmando-se no ponto anterior, sustenta que este não é o momento de fundamentar direitos humanos, mas de protegê-los. A fundamentação é um aspecto constitutivo de sua compreensão e proteção. A proteção, uma função do fundamento e de sua compreensão. Fundamento e proteção de direitos humanos são aspectos diferenciados de uma tarefa política;

c) o fundamento de direitos humanos não se constitui mediante um fator, mas supõe uma *matriz*: a das formações sociais modernas. Esse fundamento matricial incorpora as determinações de *possibilidade* (virtualidade) e de *conflituosidade* a sua compreensão. Do ponto de vista de sua prática, o fundamento de direitos humanos se encontra, ostensivamente, em *sociedades civis emergentes*, isto é, em movimentos e mobilizações sociais que têm incidência política e cultural (configuram ou renovam um *éthos* ou sensibilidade) e, por isso, podem institucionalizar juridicamente e com eficácia suas reivindicações;

d) se o que afirmamos anteriormente for correto, direitos humanos são derivados, para todas as formações sociais com princípios de dominação, de *reconfigurações de tramas sociais* ligadas a *transferências de poder*.

O lugar em que isso ocorre é a *conflituosidade* própria e *plural* das *sociedades modernas*.

II
Sobre o fundamento de direitos humanos

1. Nota preliminar

Realizamos na primeira parte desta discussão básica as seguintes observações:

a) não parece conveniente, para remediar a primeira discussão, separar a consideração sobre o fundamento dos direitos humanos da eficácia das instituições que deveriam potencializá-los e protegê-los. A inviabilização da discussão sobre o fundamento tem um custo decisivo sobre a eficácia jurídico-política de direitos humanos e sua incidência cultural;

b) o fundamento de direitos humanos não deve ser buscado em uma proposta ou discurso filosófico; os argumentos filosóficos situam, condensam e expressam em seu nível, que pode ser ideológico ou analítico, desdobramentos sócio-históricos, ou seja, políticos;

c) o *fundamento*, no sentido de matriz e base, de direitos humanos é constituído pela *formação social moderna*,[1] por suas instituições e lógicas e, mais especificamente, por suas mobilizações e movimentos sociais ou constitutivos (momento burguês e patriarcal) ou reconfiguradores/revolucionários (momentos não burgueses, antipatriarcais e anti-imperialistas). Essas mobilizações buscam *transferências de poder social* e, com isso, estender e projetar a *autoestima* de seus

---

1 Somente as formações sociais modernas imaginam-se direitos humanos (capacidades subjetivas, integrais e universais que devem ser reconhecidas ou constituídas politicamente).

protagonistas mediante uma maior *autonomia* na produção de sua *identidade*. O conjunto, não necessariamente articulado ou consistente, dessas mobilizações e movimentos, nós o caracterizamos, para uma determinada fase sócio-histórica, como *sociedade civil emergente*. O fundamento de direitos humanos é constituído, assim, por sociedades civis emergentes próprias das formações sociais modernas;

d) a eficácia de direitos humanos se articula com a capacidade das mobilizações sociais emergentes de *transferir autonomia e identidade* a partir de suas necessidades sentidas, dar-lhes *institucionalidade jurídica* ou codificação e projetar (*legitimar*) constantemente tanto suas exigências quanto suas capacidades e institucionalizações no *éthos* ou sensibilidade sociocultural. A eficácia de uma institucionalização (legitimidade) nunca é absoluta.

Das formulações anteriores decorre a importância *política* de dar forma a um *movimento social dos* ou *por direitos humanos*. Entre outras características básicas, o movimento deve lutar *conceitualmente* e *todo o tempo* contra qualquer naturalização desses direitos.

2. Ruptura da formação social moderna

Quando falamos de formação social moderna (matriz) e sociedade civil emergente desencadeante como fundamento de direitos humanos, fazemos referência a uma *ruptura*. O fundamento de direitos humanos aparece imediatamente na forma de tensão, oposição, *conflito* e rompimento. Em termos elementares, trata-se de uma oposição entre *autoridade*, sentida ou estimada como ilegítima, e *autonomia*.

Em princípio, isso ocorre porque direitos humanos, e com eles qualquer outro valor, não parecem universalizáveis em uma ordem ou sistema em que a acumulação de capital contém relações de propriedade, informação, conhecimento e controle (poderio) estruturalmente assimétricas. É a fórmula cômoda, hoje "naturalizada" pelo discurso neoliberal, de que *sempre* houve ganhadores e perdedores.[2] Essa expressão indica que "um perdedor"

---

[2] Recorro ao ponto de um historiador de certa maneira progressista, P. Kennedy, que, ao resumir a época que se inicia na passagem do século, aponta: "[...] continuará o conto dos ganha-

não pode dar caráter ao conhecimento, por exemplo. O perdedor é, ao mesmo tempo, um imbecil. Expresso mediante uma imagem: a proposta moderna de direitos humanos universais supõe e reivindica um mundo onde não possam existir, *porque não podem ser produzidos*, perdedores estruturais. Dito com uma ilustração extemporânea: as representações de Agostinho de Hipona (354-430) sobre um pecado estruturante que os seres humanos não podem salvar por si mesmos, ou sobre a predestinação, são incompatíveis com o imaginário moderno de direitos humanos.

Por razão semelhante, nessas formações sociais modernas sob sua forma dominante, ou seja, burguesa, direitos humanos não podem ser aplicados integralmente a cada indivíduo, como reivindicam seus ideologemas, ou caracterizar generalizada e substancialmente as lógicas de suas instituições. Isso deriva inicialmente, ou seja, matricialmente, do fato de que essas sociedades são cindidas constitutivamente em sociedade civil e sociedade política, espaços a que é preciso agregar a esfera do âmbito privado íntimo. Nessas três áreas de cooperação social, imperam lógicas distintas, todas elas com princípios de *dominação* ou *submissão:* o âmbito privado se organiza mediante o *masculinismo* e o *adultocentrismo.* No âmbito econômico, regem a lógica de *acumulação de capital* e o *patriarcalismo.* O âmbito político sanciona essas e outras dominações mediante instituições obliquamente representativas e uma lógica que opõe *governantes* (políticos, militares, polícias, juízes, clérigos, meios de comunicação de massa), ou a classe política, e *governados* ou cidadãos comuns[3] por meio de instituições jurídicas e discursos culturais abstratos, falsamente gerais ou universais. Dessa maneira, para dar uma referência, um direito humano, para não ser discriminado por razões de idade ou sexo, deve ser reivindicado em tribunais e com procedimentos e finalidades adultocentradas e patriarcais, cuja sanção, melhor ou pior adequada ao caso efetivo, expressa sua eficácia em uma sensibilidade cultural que não reconhece autonomia a jovens e idosos ou mulheres, e por isso os inferioriza. Sob o patriarcado, uma sentença judicial que desculpa

---

dores e perdedores da História, mas dessa vez as comunicações modernas nos lembrarão da crescente disparidade" (Kennedy, *Hacia el siglo XXI*, p.288). Sem a intenção de discutir política e moralmente o ponto, convém lembrar que, hoje, os meios de massa comerciais não apenas nos informam acerca de "ganhadores" e "perdedores", mas apresentam estes últimos como *culpados* por sua derrota.

3 Na figura da "razão de Estado".

uma mulher que, em defesa própria e de seus filhos, matou um agressor doméstico pode ser socialmente lamentada pelo sentimento prejudicial de que *"ela teve culpa"*. Essa mulher, e de forma generalizada toda aquela que ocupa um lugar social feminino, é uma perdedora estrutural.

Os pontos de vista anteriores podem ser ilustrados com a dramática situação humana da Argentina no início de 2003. Segundo a imprensa, os campos argentinos produziram uma de suas melhores safras de grãos da história. Mas também, e ainda segundo essa mesma imprensa, nas regiões onde se produz esse alimento, a população passa fome e seus filhos morrem de inanição. Acredito que é patente aqui que a lógica de produção e distribuição não se orienta para a satisfação das necessidades humanas, mas para o cumprimento das pretensões de lucro das empresas que controlam a propriedade da terra ou produzem e comercializam os grãos. As famílias de empobrecidos (porque suas condições de trabalho e existência lhes foram hipotecadas ou alienadas) não comem porque a economia não é feita para elas e suas necessidades, mas sim para satisfazer uma lógica econômica. A abundância do fruto do trabalho desses empobrecidos apresenta-se a eles como acentuação de sua frustração e fome. Eles são perdedores estruturais e não podem apresentar sua demanda de alimentos diante dos tribunais. Devem fazê-lo diante do mercado (global e de classe; antes nacional e de classe) ou diante de instituições de caridade (esmola). É claro que também poderiam organizar-se para subverter essas condições de existência que os condenam a ser perdedores. Mas, desse modo, passariam a ser antissociais ou terroristas. E aqui, com sorte, isto é, se não parecessem vítimas do "gatilho fácil", seriam apresentados diante dos tribunais para receber sua condenação.

Se lembrarmos que o ponto de partida da discussão sobre direitos humanos é a distância entre o que se diz e o que se faz a respeito deles, concluímos que essa distância não é casual ou circunstancial, mas *estrutural* e está ligada à *organização* e à *reprodução* fundamentais das sociedades modernas.

Assim descrita, a gestão – e não o fundamento – de direitos humanos realiza-se em uma sociedade *mercantil* moderna que refuncionaliza a dominação *patriarcal*, gesta suas próprias formas de *adultocentrismo*, assume a natureza como campo de domínio para uma *razão instrumental* ou eficaz em curto prazo e valoriza o conhecimento humano não por seu valor de sabedoria, mas a partir da matriz:

$$^+[(\text{lucro-mercado})^+ \longleftrightarrow \text{indústria}^-] \longleftrightarrow [\text{tecnologia}^+ \longleftrightarrow \text{ciência}^-]$$

Trata-se, além disso, de uma sociedade etnocêntrica, racista, violenta, que não cuida de si mesma, mas termina, e começa, assumindo a dimensão moral como embonecamento e *espetáculo*. Existe uma relação entre a manipulação cínica – que os políticos costumam realizar – e a ignorante – que os meios de massa comerciais costumam ostentar – de direitos humanos e essa transmutação da moral pelo espetáculo.

A partir do ponto de vista da *cotidianidade*,[4] trata-se de uma sociedade em que o indivíduo estanque (uma produção ideológica) não é capacitado para reconhecer-se e assumir-se como *particular genérico*, isto é, como pessoa produtora de humanidade a partir de sua inevitável e consciente peculiaridade social. Com isso, não se pode interpretar nem acompanhar a singularidade (individualidade) irredutível de "outros", a não ser na forma sócio-historicamente abstraída do "ser humano" ou cidadão, público ou consumidor. A peculiaridade (mulher, criança, indígena, terrorista etc.) nesse universo individual, fragmentado, isolado ou estanque, ou seja, a singularidade humana e universal dos outros, pode apenas ser apreciada/depreciada como obstáculo ou meio (instrumento) para *meus* desejos, quer dizer, para os desejos de quem tem poder para alcançar suas metas *usando* os outros. Uma formação social cuja cotidianidade aparece determinada pela *cobiça* individual com relação ao outro apreciado/depreciado – cobiça que é sinal do desprezo por sua humanidade genérica e por toda a humanidade – é incompatível com uma sensibilidade propícia a direitos humanos.

Na ideologia filosófica, essa fórmula de homogeneização/diferenciação excludente da existência cotidiana foi materializada classicamente pelo *jusnaturalismo* que extrapola como natureza humana certa peculiaridade dominante (a proprietária e empresarial), faz dessa extrapolação uma humanidade cega e fechada e a devolve às situações sócio-históricas como *vinculação moral natural* para a sociedade civil (economia política) e o âmbito privado, como *ordem jurídica* sancionada pelo Estado, como *necessi-*

---

4 Para Heller, a existência cotidiana se configura pelas atividades que caracterizam as reproduções particularizadas (identificações sociais), instrumentalizadas pela necessidade global e permanente da reprodução social (Heller, *La revolución de la vida cotidiana*, p.9). Seguimos aqui sua temática, mas não sua conceituação.

dade e virtude culturais e como critério de *juízo ideológico* sobre as práticas *geopolíticas*.

Em oposição a esse panorama dominante, mencionamos as *sociedades civis emergentes*, quer dizer, a história das contestações, mobilizações e movimentos sociais nas formações modernas.[5] Considerados a partir destes, direitos humanos têm uma capacidade de *convocatória* política e genérica. Direitos humanos aparecem aqui como *expectativa particular e peculiar*, como demanda ainda não judicializada, e configurando ao mesmo tempo um *horizonte humano*, ou seja, genérico, *de esperança*. É apenas nesses últimos sentidos que podemos traduzir positivamente a fórmula que faz da sociedade moderna "o tempo dos direitos". Do ponto de vista da dominação, em contrapartida, essa sociedade se caracteriza como "o tempo dos empobrecidos", ou seja, como uma época negativa para aqueles que desejam ser autônomos a partir de suas diversidades e ganhar sua autoestima (cuidar de si para aprender a querer-se com outros) a partir de uma livre – já que social – produção/apropriação de identidade. Marshall Berman, em um estudo clássico, descreve a vida moderna da seguinte maneira:

> a industrialização da produção, que transforma o conhecimento científico em tecnologia, cria novos entornos humanos e destrói os antigos, acelera o ritmo geral da vida, gera novas formas de poder coletivo e luta de classes; as imensas alterações demográficas, que separaram milhões de pessoas de seu *habitat* ancestral, lançando-as a novas vidas através de meio mundo; o crescimento urbano, rápido e com frequência caótico; os sistemas de comunicação de massas, de desenvolvimento dinâmico, que envolvem e unem as sociedades e os povos mais diversos, os Estados cada vez mais poderosos, estruturados e dirigidos burocraticamente, que se esforçam constantemente para ampliar seus poderes; *os movimentos sociais maciços de pessoas e povos, que desafiam seus dirigentes políticos e econômicos e se esforçam para conseguir certo controle sobre suas vidas*; e, finalmente, conduzindo e mantendo todas essas pessoas e instituições, um mercado mundial sempre em expansão e drasticamente flutuante.[6]

---

5 Essas contestações têm reivindicado direitos fundamentais e políticos, econômicos, sociais e culturais, nacionais e comunitários, ambientais, de gênero, para as gerações futuras, todos eles relacionados à exigência de autodeterminação.

6 Berman, *Todo lo sólido se desvanece en el aire*, p.2; itálicos nossos.

Essa expectativa, esperança e luta dos diversamente empobrecidos para *conseguir certo controle sobre suas vidas* no âmbito das sociedades modernas é o fundamento prático ou material de direitos humanos efetivos. Deveríamos ter interesse em contribuir para transformar essa expectativa humana em decisiva força política material.

3. Instituições acima de qualquer suspeita e direitos humanos

A sociedade moderna, que exige cooperações assimétricas em economia e proclama o domínio de uma libido super-repressiva, patriarcal, adulto-centrada e possessiva, bloqueada com relação à generosidade e à ternura, gesta também imagens de instituições "acima de qualquer suspeita", mas que constituem fatores a partir dos quais são sustentados, enquanto universais e integrais, falsos direitos humanos e, por isso mesmo, violados desde a sua raiz. Citemos quatro, entre as quais há duas referidas por Berman: o *Estado*, que garante a generalidade e a eficácia do Direito; o *mercado*, dispositivo autorregulador das cooperações assimétricas, fragmentárias e anárquicas; o *sexismo* genitalmente obsessivo, tendência autodestrutiva porque não repousa nem no reconhecimento nem no acompanhamento humano e porque esboça a felicidade (gratificação) com a fórmula do "use-o, descarte-o", isto é, como frustração, desengano e culpa, a gratificação instintiva como exaustiva carreira individual sem fim nem finalidade, como signo de uma generalizada *ausência humana de sentido*. Finalmente, o *indivíduo* estanque não solidário e também autodestrutivo, cuja liberdade e direitos cidadãos terminam, segundo a imagem mais do que conhecida, onde começam os direitos dos outros. Esse indivíduo, como assinalamos antes, é resultado de ações empíricas *pontuais* e *exteriorizadas*, que configuram o cárcere de uma interioridade empobrecida e solitária; esta permite apreciar nos outros somente indivíduos abstratos, massas ou indivíduos utilizáveis ou descartáveis, a quem se tem despojado de humanidade.[7]

---

[7] Na passagem dos séculos, uma referência dramática desse indivíduo radicalmente empobrecido, mesmo quando milionário, que não pode estabelecer relações humanas com os outros porque não as pode manter nem consigo mesmo, é Michael Jackson, certa vez rei do *pop*.

Na América Latina, o Estado tem sido reiteradamente descrito como *patrimonialista* e *mercantilista*, isto é, como um dispositivo que funciona em benefício de interesses particulares. Patrimonialismo e mercantilismo, que necessitam estender-se inevitavelmente como *clientelismo*, são caracteres e tendências incompatíveis com um Estado de direito que é referência, por sua vez, da generalidade e legitimidade do Direito e da capacidade (autonomia) da comunidade jurídica para pactuar convenções com outros Estados. Deterioradas essas potencialidades em sua base pelas práticas patrimonialistas, mercantilistas e clientelistas, que supõem políticas e ações discriminatórias consumadas pela *impunidade*, e às quais devem articular-se pressões geopolíticas potencializadas por sua fragilidade social interna, o Estado na América Latina não pode ser interlocutor legítimo de uma demanda por direitos humanos e muito menos pode ter o monopólio de sua promoção e proteção.[8] A essa situação básica devem ser acrescentadas, ademais, duas dinâmicas de gestação diversa, mas que contribuem para aquilo que pode ser determinado como *corrupção do âmbito político* nas formações sociais latino-americanas e caribenhas. A primeira é precisamente essa tendência à *degradação* do caráter e da função de Estados que se independentizam tanto das necessidades sociais de seus habitantes como das demandas cidadãs das diversas minorias que se expressam como maiorias eleitorais fragmentárias. Sobre essa degradação, mais estendida no tempo, operam a *transnacionalização* e a *internacionalização* das decisões políticas, próprias da globalização neoliberal e da configuração de um império planetário em curso.[9] Esses processos fazem do Estado nos países da periferia, e no melhor dos casos, *um* dos fatores de decisão de política interna, não o fator principal ou preponderante. A situação piora porque a transnacionalização e a internacionalização atuais contêm e institucionalizam, a partir da matriz jusnaturalista liberal de direitos humanos, exigências e foros jurídicos para o livre fluxo de capitais e para as empresas monopólicas ou oligopólicas, em detrimento das necessidades da população e do caráter social e natural da

---

8 Apresentei uma ampla discussão desse ponto em "Ausencia y presencia de derechos humanos".
9 Geopoliticamente, nesse momento, as intervenções imperiais mais agudas no subcontinente ocorrem na Colômbia, com a desculpa da narcoguerrilha, e na Venezuela, para "defender a democracia". Completada a anexação do Iraque, contudo, a geopolítica irá ao encontro dos tratados de livre comércio.

produção e do consumo. Os direitos integrais das pessoas e do meio natural não valem, como mostramos no caso argentino, diante dos direitos da acumulação global de capital, ou são refuncionalizados a partir desta e das corporações que a personificam, enquanto os direitos fundamentais e políticos se tornam também função de uma geopolítica declarada em mobilização permanente (e eterna?) contra a ameaça (suspeita) de terrorismo.[10]

Existe um reforço mútuo, em relação à invisibilização de direitos humanos fundamentais, sociais e culturais, entre a combinação de "bons negócios" globais *situados acima de qualquer suspeita* mediante as regulações da Organização Mundial do Comércio (OMC), os tratados de livre comércio e outros pactos, e os Estados patrimonialistas que se independentizaram das necessidades humanas e cidadãs das pessoas sob seu domínio administrativo. Enquanto os "bons negócios" invisibilizam, deterioram e desprezam as capacidades das pessoas em função da captação de investimentos, o livre fluxo de capitais e o crescimento econômico (racionalidade do capital do qual se seguem *seus* direitos "humanos"), o Estado, *sequestrado* e administrado por minorias de políticos e tecnocratas (a ralé política) cada vez mais fortemente transnacionalizados, aumenta sua independência diante dessas mesmas pessoas e da cidadania em busca de uma estabilidade macroeconômica que se realiza mediante ajustes "técnicos" para atenuar o déficit fiscal, liquidar a inflação e privatizar mercantilmente, como se fosse algo necessário para os "bons negócios", em detrimento do investimento público em educação de qualidade, saúde e segurança social. Mercado e Estado aparecem, na conjuntura, como *inimigos explícitos de direitos humanos*, deslocados pela busca de um crescimento que beneficia minorias e discrimina tanto setores majoritários da população (em particular setores rurais, mulheres, jovens e idosos) como as condições de reprodução do *habitat* natural. As lógicas complementares do Estado e do mercado mostram-se assim, estruturalmente, como explícitos *núcleos e dispositivos de violência*.[11] A violência sistêmica contra direitos humanos, como se nota,

---

10 Uma apresentação semelhante a essa abordagem foi feita por Medici, "Garantismo global de los derechos humanos vis a vis globalización neoliberal".

11 A essas renovadas formas de violência estrutural acrescentam-se as históricas, ligadas à configuração de classes, ao sexismo e à discriminação étnica e social. E, em relação com ela, expressam-se as circunstâncias, como a repressão militar, o abuso policial, a perseguição de minorias sexuais, o abandono rural etc.

não é privativa na América Latina das ditaduras nem dos regimes de segurança nacional.

A *administração social da sexualidade* é talvez, ao lado da linguagem, o mais extenso e complexo dispositivo de controle (império) social. Na América Latina, aparece solidamente arraigado na família nuclear tradicional e em suas ideologias, na escola, na ação cultural da Igreja Católica e no mercado e em seus meios de comunicação de massa, em particular a propaganda, a partir da qual flui e incide agressivamente como *sexismo*.[12] Fundamental para a produção imaginária estereotipada do gênero (feminino/masculino), a administração social da sexualidade se articula com discriminações específicas, masculinas e adultas no espaço familiar, patriarcais e sociais no âmbito econômico, machistas e ilustradas no plano político/cultural. Os discriminados a partir do estereótipo masculino autoritário/paternal/violento/"intelectual" dominante são as mulheres, as crianças e os jovens, os idosos e os homossexuais femininos e masculinos, mas também as pessoas com deficiência,[13] os indivíduos de "raças" inferiores (não importa o que isso signifique na América Latina) e suas culturas "atrasadas" ou "atávicas". Também os empobrecidos socioeconomicamente, os habitantes de áreas rurais, os praticantes de religiões ou fiéis de Igrejas "não verdadeiras",[14] os civis, para as ditaduras de segurança nacional, e, hoje, os "losers" [perdedores], isto é, quem não alcança um êxito chamativo em suas atividades ou, de maneira mais trivial, não aparece nem sequer como *loser* na televisão. Um "loser" é, na realidade, alguém que as relações sociais determinam como *vulnerável*.

---

12 Chamo "sexismo" não a inferiorização das mulheres pela sensibilidade masculina, mas a prática que fixa sexualmente os indivíduos e suas relações mediante a focalização estereotipada nos órgãos genitais (pênis, nádegas, vagina) ou que se associam ao acasalamento humano (seios, lábios, gestuais etc.). Em muitos lugares, por exemplo, a propaganda de cachorros-quentes ou sorvetes põe em primeiro plano mulheres que simulam sexo oral. Na Costa Rica, a "melhor" maneira de divulgar o poder de tração do maquinário agrícola é mostrá-lo com uma mulher seminua e de nádegas vigorosas. A cotidianidade é hoje fortemente sexista, isto é, excita a busca, imaginária ou efetiva, da cópula permanente. O sexismo é uma forma de violência e degradação.

13 Que hoje começa a incluir quem possui pênis pequeno, seios pouco desenvolvidos ou um apetite sexual considerado baixo.

14 Por exemplo, os chamados "ateus" são considerados, até por crentes cultos e progressistas, deficientes morais e, em última instância, suspeitos.

A administração social da sexualidade nas formações sociais latino-americanas funciona segundo duas lógicas que, embora contrapostas, parecem finalmente complementares ou integradoras de um mesmo sistema *super-repressivo*. A primeira liga sexualidade à necessidade "natural" da procriação e da criação e projeta o estereótipo de uma moral natural e sagrada cujo principal apologista é o catolicismo conservador. O catecismo dessa Igreja constrange a sexualidade a uma finalidade estritamente reprodutiva e determina as "identidades"[15] sexuais como fatos *naturais*, dados e complementares em uma instituição também *natural*, a família nuclear heterossexual:

> Cabe a cada um, homem e mulher, reconhecer e aceitar sua *identidade* sexual. A *diferença* e a *complementaridade* físicas, morais e espirituais estão orientadas para os bens do matrimônio e o desenvolvimento de sua vida familiar. A harmonia da relação humana e da sociedade depende em parte da maneira como a complementaridade, a necessidade e o apoio mútuos são vividos entre os sexos.[16]

Os propósitos comunicativos são óbvios: a complementaridade domina a diferença, determina uma harmonia "natural" e desejada por Deus tanto da família como da sociedade, e o casal unido em matrimônio é o resultado de uma "necessidade" mútua. A complementaridade, institucionalizada como casal matrimonial com filhos, anula a individuação (social) de mulher e homem, individuação para a qual também poderia reivindicar-se um ou vários relatos bíblicos, isto é, mensagens produzidas por contextos ferozmente patriarcais:

> Disse Deus: "Façamos o ser humano à nossa imagem e semelhança. Que comande os peixes do mar e as aves do céu, as feras, as forças selvagens e os répteis que rastejam pelo solo.
> E criou Deus o ser humano à sua imagem. À imagem de Deus ele o criou. Macho e fêmea ele os criou.[17]

---

15 Trata-se, na realidade, de identificações.
16 *Catecismo de la Iglesia Católica*, §2333.
17 Gênesis 1,26-7.

Se detivermos a citação aqui, é possível destacar a *igualdade*, enquanto criações divinas, de fêmea e macho, sua *diferenciação* e *individuação* pessoais. Mulher e homem, cada um separadamente, *autonomamente*, é "criação de Deus".[18]

Da continuação do texto bíblico citado, tampouco se segue a complementaridade *forçada* de fêmea e macho humanos como criações divinas: "Deus os abençoou, dizendo-lhes: 'Sejam fecundos e multipliquem-se'".[19]

No entanto, os seres humanos, fêmea e macho, são "imagem de Deus" em primeira instância, ou seja, *criadores e livres*. Logo, podem ser fecundos e multiplicar-se, de acordo com o desejo divino, mediante sua criatividade e não um acasalamento forçado. E também poderiam, livremente e por discernimento, resolver o chamado a multiplicar-se como relativo à espécie humana e não a cada um de seus integrantes. Essa interpretação tem ao menos o mérito de não recortar o texto bíblico como faz o catecismo.[20]

O que se assinala é que a versão clerical católica da sexualidade "natural" parece *restritiva e super-repressiva*, na medida em que focaliza e privilegia a atividade genital e reprodutiva sobre a gratificação libidinal própria da energia instintiva, que compreende todo o corpo e suas relações com os outros e o mundo;[21] ao mesmo tempo, ela a submete à matriz reprodutiva e de criação da relação heterossexual com princípio de dominação masculina. Masturbação, erotismo, homossexualidade masculina e feminina, a sexualidade como busca e produção de identidade e como espírito de gratificação

---

18 Uma leitura profana diria que Deus criou a mulher com clitóris de modo que sua vida erótica pudesse ser singular e nitidamente diferenciada de sua vida reprodutiva. Esta última aparece como opção para uma comunidade familiar, da qual também se pode tirar satisfação erótica.
19 Gênesis 1,28.
20 No segundo relato do Gênesis sobre a criação do ser humano, que é o mais socializado, Adão domina Eva (surgida de sua costela e destinada a entretê-lo) antes da "queda", porque a nomeia (determina sua natureza), e depois dela, já que Deus a condena: "[...] necessitarás de teu marido e ele te dominará" (Gênesis 3,16). O catecismo pula esse texto patriarcal, certamente porque a dívida das mulheres foi saldada por Jesus de Nazaré. Contudo, esse cancelamento da fatura não possibilita que as mulheres possam ser, por exemplo, ordenadas sacerdotes ou sacerdotisas. De modo que as mulheres continuam submetidas aos maridos.
21 Para o catolicismo, a energia libidinal não foi criada por Deus. Assinalando que Jesus veio para restaurar a criação em sua pureza originária, cita-o certamente a partir de um apócrifo sermão da montanha: "Todo aquele que olha uma mulher desejando-a, já cometeu adultério em seu coração". Disso se segue que aquele que, já casado, desfruta um pôr do sol, comete "adultério" e aquele que o imagina e pinta, ou cria uma sinfonia inspirado por ele, "comete adultério em seu coração".

e cuidado de si são declarados "antinaturais", e sua prática voluntária é condenada como atos intrínseca e gravemente desordenados, porque se realizam à margem "da relação sexual requerida pela ordem moral, aquela relação que realiza o sentido íntegro da entrega mútua e da procriação humana no contexto do amor verdadeiro".[22]

A valorização católica da sexualidade e *de suas possibilidades e direitos* discrimina a realização livre das pessoas mediante sua dominação por um "amor verdadeiro", que somente prosperaria no matrimônio e, em último caso, se orientaria para Deus. Nesse imaginário – que contém uma versão especialmente empobrecida do sexismo, entre outras coisas porque remete a libido à sua purificação no "amor de Deus" –, as relações aparecem invertidas: o "amor verdadeiro", isto é, gratuito e gratificante, poderia dar-se *também* no matrimônio se a administração social clerical dominante da sexualidade não a constrangesse à genitalidade reprodutiva e aos sentimentos de criação, condenando as múltiplas e muito diversas outras formas de gratificação pessoal, libidinal e sexualmente inspiradas, à angústia do *pecado* e à solidão da culpa e do *remorso*. Em vez de articular-se com gratificação, plenitude e gratuidade, a libido aparece nessa versão clerical sobredeterminada por uma *violência e culpabilidades* culturalmente desnecessárias e super-repressivas. Particularmente violadas são a sexualidade e a emocionalidade juvenil, a dos casais que não desejam filhos, a das idosas que já não podem procriar, a dos homossexuais e das pessoas sozinhas. Nessa escuridão moral, a libido individual, em vez de associar-se à busca, ao cuidado e à afirmação de si, e de projetar-se como autoestima social e erótica, desemboca na certeza niilista do estigma, da culpa e do pecado autodegradantes.[23]

A linha católica de administração parental da sexualidade encontra-se em aparência adversa pelo obsessivo *sexismo* dos "bons negócios". Aqui as formas do imperativo e a sugestão social acerca da sexualidade concentram-se na imagem de "copular sempre", ou, na de inspiração sadiana mais clara, "inserir o pênis ou qualquer outro objeto fálico em qualquer buraco ao alcance", ou então, nas de inspiração política e mercantil, "copular como prática de poder e símbolo de êxito" – copular como *domínio*. A degradação

---

22 *Catecismo de la Iglesia Católica*, §2352.
23 Evidentemente, isso se aplica sobretudo a laicos e laicas. Com seus funcionários homens (sacerdotes e bispos), a Igreja Católica mostrou ser muito mais permissiva. A linha do terror não pode aplicar-se à autoridade que o exerce.

libidinal é brutal. A sexualidade não se liga aqui ao cuidado de si, gratificação e abertura erótica a outros e ao mundo, mas sim ao consumo: *use-o e descarte-o*. O violento e permanente estímulo social para usar, sempre que não se estiver em guerra,[24] o pênis, a língua, a boca, o clitóris, a vagina, o ânus, os seios e as mãos, para penetrar, lamber, esfregar, molhar com gozo epidérmico e sem memória, completa a violência da sexualidade clericalmente administrada. A primeira faz do sexo uma manipulação utilitária e estéril, sem sabedoria. A segunda bloqueia a informação e o conhecimento acerca da dimensão humana pessoal e gratificante da sexualidade e, com isso, potencializa a ignorância e o temor respectivo de si mesmo e do mundo. As violências da condenação clerical pelo pecado e da exaltação do consumo sem interioridade nem compromisso humano, como fruição sexoide ou espetáculo, reforçam-se mutuamente para bloquear a integridade e abertura da experiência libidinal humana em sua busca de felicidade pessoal e social. E isso se faz com a sexualidade, uma dimensão que mulheres, homens e sociedades não podem eludir ou evitar.

Essa sexualidade recortada, super-repressiva, acentua a violência inerente a uma produção mercantil que coisifica e pauperiza os seres humanos *enquanto humanos* e submete seu gozo possível e legítimo, vital, à lógica sacrifical do mercado e à vontade "amorosa" de um Deus parental e familiar, para o qual o prazer parece antinatural. Não acredito ser necessário discutir o peso dessa constatação em relação à inexistência de uma cultura de direitos humanos.

Apesar disso, é possível fazer ao menos uma observação. A libido metamorfoseada em autocensura, culpa e consumo destrutivo articula-se admiravelmente com as tendências de uma economia de mercado global que discrimina, *usa e descarta* a força de trabalho. O "êxito" dos bons negócios fundados na discriminação e na exploração (violência) é reforçado pela satisfação libidinal de uma existência instintiva orientada para a autodestruição e morte. Por outro ângulo, os trabalhadores, formais e informais, mortificados no processo de trabalho pelas condições desse mesmo trabalho, a insegurança laboral e os baixos salários, podem achar "natural" uma

---

24 Trata-se de uma referência a um dos símbolos dessa sensibilidade sexoide: James Bond, cujo campo de operações ou mundo se reduz a dois segmentos: o dos inimigos, a quem aniquila com sua tecnologia, e o das mulheres, as quais consome com seu pênis.

libido sórdida, que os acompanha como obscura morte ou velhice prematura, no violento lar paterno, na escola, no centro de trabalho e na cantina, em sua vida sexual, construída em fragmentos e mediante a transformação/ destruição da noiva doce ou tímida em matrona deformada que cuida da casa e acompanha, entre silêncios e gritos, um lar que não possui nenhuma das características brilhantes e nítidas (físicas, humanas) que mostram a televisão e os anúncios da propaganda. Da mesma maneira que a guerra, a vida laboral e sexual desses trabalhadores os ensina na prática que o mundo não lhes pertence. *Ele passa por outro lugar.* A constatação, por meio da ativa denúncia das mulheres, de que o espaço "familiar" exaltado pelas Igrejas se constitui mediante múltiplas *lógicas de agressão*, que têm como vítima principal as crianças, é um sinal de que direitos humanos exigem uma refundamentação das instituições imperantes ou inerciais.

Estado, mercado, sexualidade. Instituições e lógicas que se desejam *acima de qualquer suspeita* em relação a direitos humanos. E o criador delas, livre, empresário, racional, sem raízes, dedicado ao mundo, o *indivíduo*. No imaginário moderno dominante, cada indivíduo condensa e expressa toda a humanidade, o conceito, e também toda a humanidade, a prática. Na realidade, considerado metafisicamente, nada poderia privar de sua humanidade cada indivíduo, exceto, é claro, as práticas de poder. Existem indivíduos humanos, portanto, definidos por suas práticas de poder, e indivíduos não humanos, determinados por sua vulnerabilidade absoluta ou relativa, isto é, pelas condições que demandam seu empobrecimento ou impotência. Bin Laden, por exemplo, é um indivíduo não humano absoluto desde o 11 de Setembro de 2001. Antes, como resultado de sua fortuna em dólares, sua opção islâmica e sua disponibilidade geopolítica, era um indivíduo humano relativo. George Bush filho é, ao contrário, um indivíduo humano absoluto e, por isso, todas as suas ações e palavras são redondamente humanas, bênção moral, certeza indubitável. A individualidade humana absoluta se prova porque se pode agredir, perseguir, modernizar e matar outros em nome da generosidade, dos direitos humanos, da paz, das instituições democráticas, da segurança humana mundial ou, mais estritamente, da dignidade inerente a cada ser humano. Bush é como um bispo católico que ama até mesmo com seu ódio. Nesse sistema de soma zero, os indivíduos humanos absolutos e suas instituições acima de qualquer suspeita (como a Otan) destroem indivíduos não humanos absolutos ou parciais, porque os primeiros possuem uma *responsabilidade moral*. A destruição é uma forma de cura. Era de se esperar que os discriminados, os empobrecidos, esses indivíduos/obstáculo para a verdade moral, não humanos absolutos ou humanos parciais, agradecessem sua destruição, saudassem seus algozes, honrassem suas instituições e lógicas, e as recomendassem calorosamente a seus descendentes e amigos.

A ideologia do indivíduo é fator constitutivo das formações sociais modernas, as mesmas que criaram, porque necessitavam, direitos humanos. O *individualismo* filosófico moderno tende a propor o indivíduo, um ponto de chegada sócio-histórico, como ponto de partida ideológico, como fim *perfeito* em si mesmo, cuja necessária *autonomia* e gratificação é constituída por uma lei natural que deve ser reconhecida e protegida pelos códigos positivos.[25] A humanidade se manifesta aqui mediante indivíduos isolados ou atômicos dotados de *foros*. A humanidade, isto é, direitos humanos, faz-se apesar ou *contra* a sociedade, ou melhor, da comunidade e da comunicação, matriz, na realidade, de todo direito. Bobbio, comentador político de direitos humanos, indica inescrupulosamente: "Convém desconfiar de quem sustenta uma concepção anti-individualista da sociedade. Através do anti-individualismo têm passado mais ou menos todas as doutrinas reacionárias".[26]

Na realidade, o individualismo, não a individuação, que é um processo psicossocial e genérico, conforma-se mediante um dispositivo filosófico/ ideológico e é em relação a esse dispositivo que se constituem as oposições "concepção individualista contra concepção orgânica" da sociedade e "individualismo contra anti-individualismo". Que o indivíduo resulte das tramas sociais que o constituem (Marx) não implica uma relação de exclusão entre relações sociais e individualidade, mas sim uma relação de potencialização: pode-se ser tão indivíduo humano, no sentido de *sujeito*, quanto possibilitem e promovam as tramas sociais, ou seja, uma objetividade social inevitável, mas que se pode transformar. Vimos, por exemplo, que o mercado e sua geopolítica potencializam *winners* [vencedores], mas também *losers*

---

25 Assim, encontra-se no jusnaturalismo, o contratualismo, o economicismo liberal e seu antiestatismo clássicos. Nos séculos XIX e XX, esse individualismo, agora ligado ao sensualismo e ao empirismo, expressou-se como utilitarismo (Stuart Mill) e pragmatismo subjetivado (W. James).
26 Bobbio, "La Revolución Francesa y los derechos del hombre", p.147. Discuti com alguma amplitude o individualismo defendido por este texto em *Individualismo y antiindividualismo: un dilema falso en la discusión sobre derechos humanos y democracia*.

[perdedores], indivíduos absolutos e indivíduos não humanos ou parcialmente humanos. É-se indivíduo tanto pela lógica potencializadora de determinadas tramas sociais como pela resistência às lógicas unilaterais de suas práticas de dominação. Em uma família nuclear, por exemplo, "as crianças", indiferenciadas pela dominação adulta paternal, adquirem nome específico (Joãozinho, Manoelzinho etc.) tanto pela designação benevolente de papai e mamãe como pelas travessuras dos menores, que aqui interpretaremos, para efeitos de exemplo, como *ações de resistência libertadora de autoprodução de identidade*. Ambos os tipos de individuação, identificações quando provêm dos pais, identidades quando são próprias da autonomia infantil, supõem a matriz social da família, não a excluem.

Na outra referência de oposições indicadas por Bobbio, uma concepção orgânica da sociabilidade (comunidade ou sociedade) repousa na noção de funcionalidade; assim, coração e pulmões são funções da existência biológica de um corpo humano e um não está *submetido* ao outro, porém é possível também vincular a sociabilidade a formas de cooperação *submetidas por práticas de domínio* ou assimetrias que são "funcionais" em relação à constituição e reprodução dos impérios, mas que não o são, objetiva e subjetivamente, em relação à sorte dos diversos setores sociais que configuram o "organismo" ou de seus diferentes indivíduos potencializados/empobrecidos. Ao contrário da concepção orgânica, na qual não existe oposição nem separação entre coração e pulmões, essa última representação e explicação acerca da dinâmica social como matriz de cooperação não necessariamente voluntária remetem à noção de *experiências de contraste e conflito* e, com ela, à necessidade e possibilidade de potencializar-se como *setor social singular* (particularização) e *indivíduo* (individuação/liderança) em relação às situações de submissão sociais, sempre e quando, evidentemente, se deseja *transformar politicamente as relações de dominação* que se padecem.

O dispositivo filosófico que constrói e coloca o indivíduo como oposto ao coletivo e às tramas – econômico-sociais, libidinais, culturais, políticas – que o ligam inevitavelmente aos outros, no sentido de que o indivíduo viria ontológica e hierarquicamente "antes" das relações sociais,[27] mostra assim

---

27 Autor insuspeito acerca do valor da individualidade, Stuart Mill diz: "Todo aquele que recebe proteção da sociedade está em dívida com ela por esse benefício" (Mill, *Sobre la libertad*, Cap. IV, p.115). Para ele, indivíduo e sociedade não se opõem, mas implicam-se.

sua opacidade em relação a uma compreensão daquela figura que afirma e deseja defender, a *individuação sócio-histórica*, única existente. A individuação é sempre resultado de processos sociais particulares e encontra neles seu caráter. Como poderia algo querer ser indivíduo se carece de referência social? O indivíduo resultante dos diversos processos de individuação nunca constitui ponto de partida para uma compreensão sócio-histórica do direito e de direitos humanos. O fundamento de direitos humanos, reiteramos, constitui-se mediante as *tramas ou relações sociais* de grupos subordinados/emergentes que, por meio da institucionalização jurídica e incidência cultural, perseguem e conseguem espaços potencializadores de sua autonomia e autoestima, ou seja, formas específicas, particulares, de libertação para encarnar com legitimidade o sujeito humano. Tudo isso na matriz das formações sociais modernas.

O individualismo se expressa mediante um Direito falsamente social que supõe que os direitos ou caracteres subjetivos de *certos indivíduos*, caracteres e direitos que se estendem a suas práticas,[28] antecedem o Direito objetivo, isto é, as obrigações legais que decorrem de uma coexistência humana conflituosa e de suas aspirações como coletivos (comunidades ou sociedades). O Direito objetivo surge assim como função do primeiro. O Direito em seu conjunto, isto é, o Estado e a sociabilidade "bem ordenada", pode aparecer, nessa representação, orientado para o fim fundamental de proteger e sancionar os *direitos individuais* de cada um, em particular os de *propriedade* (segurança jurídica),[29] ao mesmo tempo que assegura a necessária "eternidade", por *natureza*, das leis, em especial as que reconhecem os *contratos* como expressões de uma *autonomia absoluta* de *vontades* individuais *livres* (irretroatividade da lei). Um Direito que potencializa e sanciona a cobiça capitalista (jusnaturalismo) pretende ser, ao mesmo tempo, expressão de direitos humanos universais. Como enfatizamos, é um Direito que faculta a alguns explorar outros por meio de uma relação contratual "livre", ou discriminá-los como não pessoas porque não existe contrato com os discriminados, e que afirma

---

28 Como a acumulação por tipos de propriedade, que já não decorrem do trabalho próprio nem se articulam positivamente com as necessidades dos coletivos humanos.

29 Leia-se: o direito de propriedade absoluto, não o direito à propriedade, proposto, contra o primeiro, pela Declaração Universal dos Direitos Humanos de 1948 em seu Artigo 17: "Toda pessoa tem direito à propriedade, individual e coletivamente". Devo a observação a Novoa (cf. *El derecho como obstáculo al cambio social*, p.164).

direitos humanos tanto para o trabalhador como para o empresário não enquanto trabalhadores e empresários, ou seja, como condensações humanas de determinadas tramas sociais assimétricas, com ganhadores e perdedores estruturais, mas sim como "seres humanos" iguais. Trata-se de uma igualdade "filosófica" e jurídica que, por meio de um contrato voluntário, assegura a exploração e a discriminação.

A ideologia jurídica do indivíduo constitui a lógica de um Estado que sanciona um mercado (global/local) que contribui para a reificação focalizada de uma sexualidade super-reprimida e, por isso, autodestrutiva. Todos os fatores desse sistema se articulam para determinar a *impossibilidade do sujeito humano*, sua *ausência* e, com ela, a impossibilidade sócio-histórica de direitos humanos, exceto em formas aleatórias ou de horizonte de esperanças e demandas, melhor ou pior penetradas ou por lutas de resistência ou por ações singulares preventivas ou reivindicativas que aspiram, as primeiras, a *transferências de poder* e, as segundas, a utilizar as possibilidades jurídicas de uma institucionalidade disposta para que o sujeito humano, condensação plural e conflituosa de relações sócio-históricas, seja, *enquanto pretensão universal*, impossível.

Quando falamos de sociedades modernas e de suas conflituosidades, ou de suas instituições "acima de qualquer suspeita", estamos nos referindo em particular a sua capacidade/necessidade de *bloquear a autoprodução do sujeito humano* sócio-histórico ou, o que é o mesmo, à incapacidade estrutural desse *establishment* para universalizar direitos humanos. Independentemente da repressão ou violência direta, um dos mecanismos ideológicos recorrentes para o posicionamento de instâncias *acima de qualquer suspeita* é sua *naturalização*. Assim ocorre, por exemplo, com a família, o Estado e a lei, o mercado ou a orientação individual para o lucro. Enquanto o humano é *autoprodução*, direitos humanos contrariam toda "naturalização" da coexistência ou da convivência necessárias.

4. Regime democrático e direitos humanos

Na existência diária, costuma-se fazer uma associação quase espontânea entre direitos humanos e democracia. É pouco provável que esse vínculo imediato esteja ligado à influência ou socialização do Artigo 21 da Declaração Universal dos Direitos Humanos, que, em seus distintos incisos, estabelece como direitos a participação no governo, a igualdade de acesso às responsabilidades públicas e a vontade popular como fundamento da soberania, o sufrágio universal e secreto e as eleições periódicas. O mais provável é, ao contrário, que a associação imediata entre ambos os termos seja um dos efeitos da sensibilidade política e geopolítica dominante, em que "democracia" e "direitos humanos" são termos eulógicos, isto é, benditos pela necessidade de representar e exaltar a ordem de coisas existente e suas instituições.[30] Convém, portanto, introduzir uma discussão crítica sobre essa relação.

A noção de *democracia* em seu emprego moderno é portadora ao menos de dois vieses significativos. O primeiro se vincula à identificação ou sinonímia entre "democracia" e "processos de democratização". O segundo, à representação do regime democrático como aquele que se apoia na soberania popular, isto é, "a" democracia como *"governo do povo"*, em que "povo" faz referência ao conjunto dos cidadãos.

Na realidade, o *conceito/valor democracia*, como todo conceito ou categoria, faz parte de um discurso ou discursos e é nesse(s) discurso(s) que adquire seu sentido ou sentidos. "Democracia" não é a mesma coisa para o discurso de Platão, em que designa um *sistema político* corrupto ou injusto, porque se constitui como o comando de uma maioria ignorante e ávida, e costuma ser a antessala da tirania;[31] ou para Hobbes, em que designa uma *forma de governo* na qual se confia o poder soberano ao povo;[32] ou, contemporaneamente, para Robert Dahl, para quem a democracia, em sua forma de *poliarquia*, é fundamentalmente um procedimento para substituir

---

30 Assim, por exemplo, a agressão contra o território e o povo do Iraque, realizada em março de 2003, é levada a cabo, segundo o discurso, para eliminar uma "tirania sangrenta". Isso supõe que estão em jogo "a" democracia e "os" direitos humanos.
31 Embora tenham mais de um discurso sobre "democracia", Platão e Aristóteles a opõem basicamente como forma de Estado corrupto ou enfermidade da *pólis*, a "politeia", governo da maioria ajustado a leis. Cf. Platão, *La República*, Livro VIII, 562e-564c, e início do Livro IX, ou Aristóteles, *Política*, livros VI e VII, embora este último considere a democracia a menos perversa das corrupções.
32 Hobbes faz distinção entre posse da soberania (Estado) e prática do poder (governo). Assim, um rei pode governar democraticamente e uma soberania popular pode fazê-lo despoticamente (de maneira absoluta e arbitrária). A distinção entre posse da soberania e forma de governo é atribuída a Jean Bodin (ou Bodino) (1530-1596).

ou confirmar governos.[33] Da mesma maneira, o conceito "democracia" tem um sentido bastante diverso se empregado em um discurso que o considera mais pelo que previne[34] do que pelo que cria ou reforça (por exemplo, a *autonomia* humana).

No pensamento inglês, costuma-se distinguir, por isso, entre a teoria democrática e a democracia efetiva, com elogios para a primeira e distanciamento para a segunda.[35] Neste texto, distinguimos "democracia" como conceito/valor, próprio de um discurso, de *processos de democratização* que se plasmam em instituições e lógicas democráticas, isto é, em regimes políticos democráticos ou formas de existência democráticas. Trata-se de dois planos diversos de realidade que, para efeitos de pensamento, não podem tornar-se sinônimos ou intercambiar-se.

O segundo viés é a representação generalizada de que "democracia" remete, de acordo com sua etimologia, a *governo do povo*, entendendo este em seu alcance liberal de todos os cidadãos, ao mesmo tempo que se invisibiliza o assento da soberania, isto é, da matriz de sociabilidade a partir da qual se pratica o poder político. Nas escolas, costuma-se repetir a indefinida proposta de Abraham Lincoln: "Governo do povo, pelo povo, para o povo".[36] Contudo, essa democracia foi pensada e vivida contemporaneamente como *poliarquia*, ou seja, como democracia *defeituosa* (Dahl),[37] porque nas grandes sociedades de grandes números o povo não pode governar diretamente, mas tem de fazê-lo por meio de seus *representantes*. O democrático se reduz, então, a um *procedimento* para confirmar ou mudar governos. A redução procedimental da prática democrática prolonga e revigora uma redução prévia: nas sociedades modernas, "democracia" se referia a princípio a

---

33 Para esse autor, as instituições indispensáveis para sustentar uma poliarquia são: o controle das decisões governamentais corresponde, constitucionalmente, a funcionários eleitos. Estes são eleitos pacificamente em eleições periódicas. O direito de sufrágio tende a ser universal. A maioria de adultos pode aspirar a cargos públicos. Existe liberdade de expressão, especialmente de crítica política. A cidadania tem acesso a diversas fontes de informação. Existe liberdade de associação (Dahl, *La democracia y sus críticos*, p.280-1).

34 Nesse sentido, pode-se entender a fórmula atribuída a Churchill: a democracia é a pior forma de governo, com exceção de todas as demais.

35 Cf. Honderich (org.), *Enciclopedia Oxford de Filosofía*, p.241.

36 Sartori examina essa fórmula em sua *Teoría de la democracia* (t.1, p.58 et seq.), porém, ao não inseri-la em um discurso específico, limita-se torpemente a verificar sua polissemia.

37 Estritamente, Dahl não é responsável por uma redução procedimental das instituições democráticas, porque entende sua poliarquia como um processo, não como consumação.

um estilo de existência[38] e não apenas a uma forma de governo. Essa dupla consideração foi abandonada em benefício de sua redução politicista: democracia passou a significar exclusivamente uma forma de governo. Sobre essa redução opera a constrição poliárquica: agora a prática democrática para o cidadão comum consiste basicamente no *exercício do sufrágio*.

A fala comum, e mesmo a acadêmica, consagra então dois fatores ideológicos acerca do regime democrático: o primeiro é a existência *da* democracia nas instituições e lógicas democráticas que, na realidade, são produções e decantações sócio-históricas, ou seja, sociais e políticas; o segundo remete à noção de soberania popular quando o regime operante é o poliárquico, que, por definição, anula a soberania (discricionariedade) popular. A essa manipulação ideológica acrescenta-se o substrato de um mito: o de que a sociedade moderna, industrial ou pós-industrial, e a modernização (ocidentalização) se orientariam necessariamente para instituições democráticas e republicanas. Esse mito invisibiliza as tendências autoritárias e totalitárias, subjetivas e objetivas, que contém a formação social moderna e que foram analisadas até mesmo por autores conservadores.[39]

Introduzidas ao menos essas precisões, assinalamos que as instituições democráticas no âmbito político, sejam elas o regime de partidos, o sufrágio, a responsabilidade política ou outras, como o exercício da cidadania, são funções de um *Estado de direito sólido*. Se esse Estado de direito não existe, ou é frágil, as instituições "democráticas" serão particularmente enganosas. Casos extremos na América Latina são México, Colômbia e Guatemala, que tiveram instituições democráticas (isto é, foram reconhecidas assim), sem nem sequer sinal de Estado de direito. É evidente que na prática, sem esse Estado, não existem direitos humanos, quaisquer que sejam os valores, líderes e organizações que disputem as eleições periódicas. Sem Estado de direito sólido, não é possível reconhecer nem promover direitos humanos, sua declaração é puramente retórica e seu cumprimento (?) é aleatório. Devemos lembrar também que o aparato estatal latino-americano foi reiteradamente descrito como *patrimonialista* (Hernando de Soto, insuspeito de esquerdismo, caracteriza-o como "mercantilista"), o que indica que sua juridicidade pode ser discutida como *simulacro*.

---

38 Rousseau, Jefferson e também Stuart Mill.
39 Cf., por exemplo, Germani, "Democracia y autoritarismo en la sociedad moderna".

A esta discussão elementar devemos acrescentar as considerações sobre o Estado nas formações sociais dependentes e suas relações com a geopolítica global, a economia transnacionalizada de mercado e a administração econômica/política da libido, feitas nos parágrafos anteriores.

Se deixarmos de lado a questão do Estado, que é por si mesma definidora, é possível discutir a relação entre instituições democráticas em sentido amplo, ou seja, como instituições que abrangem toda a existência social[40] e direitos humanos. O que se sustenta aqui, centralmente, é que uma formação social cujas tramas sociais *potencializem o sujeito humano* na família, na escola, nas relações econômicas (propriedade/trabalho, apropriação), na sexualidade, na produção espiritual, na cotidianidade etc., ou seja, em todos os espaços e lógicas sociais, gerará pessoas com maior vontade e capacidade para incidir com *autonomia*, direta e indiretamente, na gestão, no caráter, no sentido e no controle dos espaços públicos estatais e governamentais. Ao contrário, uma sociedade que potencializa e sanciona a *ausência de sujeito* (participação autônoma responsável), mediante tramas generalizadas de dominação sancionadas pelo costume e pela lei, tenderá a bloquear ou enviesar a participação autônoma do cidadão como indivíduo ou parte integrante de organizações. As formações sociais não podem cindir-se esquizofrenicamente em múltiplos espaços privados e públicos cujas lógicas unilaterais de império lesam ou impedem a autonomia humana e um espaço estanque de participação democrática e republicana, imaginários estes em que se manifestaria eleitoralmente um cidadão autônomo. Entre outros aspectos, essa consideração permite a compreensão da cisão não apenas entre o que se diz e o que se faz em direitos humanos, mas também a separação entre direitos fundamentais, direitos políticos e direitos econômicos, sociais, culturais e dos povos.

O tema, mesmo que com enfoques e objetivos diferentes, foi discutido por C. B. Macpherson em seu estudo sobre a democracia liberal.[41] A questão que examina é se *a liberdade de mercado é compatível com a liberdade*

---

40 Com esse critério, elimina-se a redução politicista que faz das instituições democráticas somente uma forma de governo.
41 Macpherson, *La democracia liberal y su época*. Macpherson entende por "democracia liberal" a gestada por um imaginário filosófico do século XIX (utilitarismo) que aceita a fórmula de "um homem, um voto", a partir de sua concepção de um indivíduo burguês maximizador generalizado, que sempre defenderia a propriedade privada, e pela interiorização da boa ordem natural burguesa (cotidianidade e identificações burguesas) nos grupos submetidos.

para o desenvolvimento da própria personalidade. A resposta é negativa. O mesmo ocorre com um autor também insuspeito, como Robert Dahl:

> Agora, se a renda, a riqueza e a posição econômica das pessoas são também recursos políticos, e se esses recursos não estão distribuídos de forma equitativa, como poderiam os cidadãos ser iguais no plano político? E se não podem sê-lo, como pode existir a democracia? Inversamente, se a democracia há de existir e os cidadãos hão de desfrutar de igualdade política, não se requererá algo distinto de uma economia de empresas privadas orientadas para o mercado, ou ao menos uma modificação bastante drástica desse sistema?[42]

O que Dahl discute é o conflito que existe entre autodeterminação cidadã, que supõe *igualdade*, e liberdade econômica mercantil, que supõe *desigualdade*, por intermédio da distribuição de renda. Certamente, pode-se resolver o conflito chamando de "democráticas" as instituições de governo que não o são e de "democrática" uma cultura que não permite a autodeterminação como valor substancial. A "questão democrática" pode ser resolvida na forma de simulacro ou mediante o artifício de identificar todo discurso sobre a democracia com as instituições efetivamente imperantes.

A preocupação de um autor como Dahl é séria, porque o regime de participação democrática, inclusive em sua forma poliárquica, ou um Estado republicano supõem o desenvolvimento *autônomo* da personalidade (Stuart Mill).[43] As tramas sociais capitalistas e sua articulação com uma sexualidade super-repressiva, com domínio de gênero e adultista, constituem um cárcere que impede a configuração de espaços políticos democráticos. Esse tipo de discussão ou análise mostra que existe continuidade e coerência entre a vulnerabilidade perseguida ou desejada do sujeito humano no trabalho determinado pela relação salarial e as vulnerabilidades sexuais, por exemplo, e um regime *poliárquico* entendido como um procedimento em

---

A partir daí, começa a falar-se do regime democrático como se fosse compatível com uma formação social dividida em classes.

42 Dahl, op. cit., p.391-2. Como se nota, Dahl recusa e mantém ao mesmo tempo a cisão entre âmbito político e âmbito socioeconômico da sociedade. Como é comum, identifica um discurso conceitual sobre a democracia com processos e instituições democráticas.

43 Para Stuart Mill (1806-1873), a única limitação que pode ter a autonomia ou liberdade é o dano que ela pode ocasionar a outros.

que os *cidadãos não podem alcançar nunca a estatura de sujeitos*, nem sequer em seu restrito sentido eleitoral.

Destacamos, como exemplo e extensão desse enfoque, o que costuma ocorrer nas sociedades latino-americanas e caribenhas. Nelas, produz-se uma tendência à *autarquia* da classe política. Esta se constitui e reproduz por nascimento, matrimônio ou cooptação. O único mecanismo institucional de oxigenação desse agregado são os partidos. No entanto, os partidos aparecem dominados *de cima* por *caudilhos* ou *alianças*, de modo que não é possível ascender no interior deles sem participar de sua corrupção. A autarquia do setor político potencializa seu *monopólio* da oferta eleitoral. Candidatos e agendas eleitorais são resolvidos por esse monopólio de maneira inteiramente independente das atividades das pessoas e dos desejos da cidadania ou por meio de uma manipulação, usualmente grosseira, desses desejos. Dessa maneira, *as pessoas indicam*, porém *não elegem*. A fraude eleitoral se produz antes do dia das eleições, porque não é necessário falsificar votos ou queimar urnas. A *matriz política* e o *procedimento ajustado ao direito* constituem a fraude contra a cidadania.[44] Se lembrarmos que a noção de "poliarquia" remete a uma democracia defeituosa, por ser procedimental (eleitoral, representativa), veremos que na América Latina esse procedimento restritivo, ou seja, a poliarquia, tem sido duplamente falseado por uma classe política autárquica, que monopoliza o mercado eleitoral. Nessas condições, "a" *democracia* (suas instituições falseadas) *simulada* acaba sendo inteiramente compatível com *direitos humanos inexistentes*, mesmo que reivindicados socialmente por sua ausência e também demandados jurídica e ideologicamente, ainda que com resultados aleatórios, porque foram proclamados e codificados.

Ao menos na América Latina, portanto, as instituições e lógicas poliárquicas (democracia moderna, "representativa") são inteiramente compatíveis com a inobservância jurídica e cultural de direitos humanos, ou com sua atenção aleatória ou simulada. É o que temos caracterizado em outros

---

44 Obviamente, descrevi aqui um "modelo" ideal, para o qual tive em mente as experiências da Costa Rica (onde resido), México, República Dominicana, Colômbia e Argentina. Emergências eleitorais como as de Salvador Allende no Chile, Hugo Chávez na Venezuela ou Lula no Brasil não invalidam o modelo ideal. Para a sensibilidade dominante, eles "não deveriam" ter ganhado as eleições (entre outros fatores, não são competentes). O exercício desses emergentes é visto inicialmente com desconfiança, que logo se transforma em práticas sediciosas.

estudos como *democracias restritivas*.[45] A associação *espontânea* entre democracia e direitos humanos ensina assim seu caráter ideológico no sentido marxista original (Marx/Engels), ou também na mais recente crítica da existência cotidiana (Lefebvre, Heller)

5. À guisa de conclusão

Se retomarmos o texto em que Berman descreve a modernidade, podemos destacar agora os seguintes pontos, tendo sempre como referência sua indicação sobre "os movimentos sociais de massa de pessoas e povos, que desafiam seus dirigentes políticos e econômicos e se esforçam para conseguir *certo controle sobre suas vidas*":

- as novas formas econômicas e financeiras de poder coletivo, derivadas da industrialização tradicional ou informatizada (economia do conhecimento), são fortemente assimétricas, geram diferenciação e segmentação da força de trabalho, pauperização ante o universo de mercadorias e fluxo de valores, precariedade e provisoriedade laborais, informalização e exclusão. Dessa maneira, não podem manifestar-se como fatores de apropriação de direitos humanos universais e integrais, porque desenvolvem as lógicas de uma matriz que constrói, acentua e reproduz *vulnerabilidades*;
- as *migrações não desejadas*, geradas pelos empobrecimentos locais e regionais, determinam um novo tipo de exclusão cujo eixo é a cidadania (anteriormente uma referência "universal") que separa as populações entre cidadãos e indivíduos não reconhecidos como tais ou aceitos como cidadãos de segunda ou terceira categorias, sob cláusulas transitórias ou de exceção. Esse fenômeno não é apenas latino-americano e caribenho, mas compromete também os países centrais, onde se institucionalizam novas formas práticas de negar direitos humanos;
- as *grandes cidades* se constituem como microespaços de conflitos e agressões múltiplas, como *guetos*, na medida em que não são anima-

---

45 Cf., por exemplo, Gallardo, *Globalización, lucha social, derechos humanos*.

das por uma sensibilidade de reconhecimento e acompanhamento indispensável para o desenvolvimento de uma cultura de direitos humanos. Em particular, nelas agudizam-se as violências *sexoides* e *sexistas* (ligadas às dominações de gênero), *adultistas* (que massificam a exploração de crianças e adolescentes e o desprezo pelos idosos), *rapaces* (ligadas à cobiça exacerbada por uma cultura da ganância), *raciais* (centradas no medo e no etnocentrismo) e de *desamparo* (uma condensação negativa de múltiplas solidões e agressividades);
- os *meios de comunicação de massa*, sobredeterminados pela economia mercantil e pelo sexismo, tornam-se aparatos de propaganda da fragmentação e degradação sociais; a economia da informação não é acompanhada de uma cultura do conhecimento, e menos ainda do cuidado de si próprio, exceto o cosmético. O auge das superstições e ignorâncias, muitas vezes propiciadas desde a escola, lesa o empoderamento possível e necessário dos sujeitos;
- os *Estados*, ainda situados na *luta geopolítica*, e ao mesmo tempo *burocratizados* e enredados em constelações corporativas de poder, tal como as empresas privadas, aumentam seu poderio relativo mediante a destruição da resistência das pessoas (inclusive seu horizonte de esperança) e também do *habitat* natural; trata-se de um movimento de independência burocrática não interpelável por necessidades da população e do planeta;
- na América Latina, o desapego oligárquico e militar tradicional a direitos humanos, a luta feroz para impedir uma melhoria no acesso ao excedente econômico dos setores populares empobrecidos e o desprezo cultural pelos *sem status*, são reforçados e redinamizados pelos processos que caracterizam a globalização neoliberal. A acentuação sem esperança da dependência, por intermédio da dívida externa e da ausência de arrocho interno, transforma os Estados e os governos, sempre nas mãos de minorias poderosas, tecnocratas e burocratas, em fatores de uma constelação transnacionalizada e internacionalizada de poder, e isso faz desses países pontos opcionais de investimento privilegiado. A previamente rompida sensibilidade cultural torna-se violenta ignorância compartilhada entre os desalentos dos condenados a perder e o desapego social e humano dos incorporados nos circuitos transnacionalizados de consumo, nos quais o ser humano

e a humanidade são impossíveis. A acentuação da exploração da força de trabalho barata, em particular a feminina, as migrações forçadas, a deterioração ambiental, a brutal transferência de riqueza, a destruição das tramas de solidariedade, a constante deterioração da qualidade de vida e a intensificação das violências estrutural, institucional, delinquente e familiar, conformam ensimesmamentos suicidas, banalizados por meios de comunicação de massa comerciais que transformam essa feroz degradação em negócio e espetáculo por trás da máscara caricatural da liberdade de expressão e do "entretenimento", o primeiro foi algum dia um direito humano de primeira geração e o segundo um sucedâneo de massas para a felicidade.

Nesse contexto de intensificação de vulnerabilidades, aqui apenas esquematizado, direitos humanos somente aparecem como *expectativas e demandas* e em relação com *lutas de movimentos sociais*, não só por transferências de poder, mas também pela *transformação do caráter desses poderes que matam*. Nessa luta social, muitas vezes dispersa ou errática, que parece não acumular, está o embrião e a esperança de uma cultura planetária de direitos humanos e por suas novas instituições e lógicas sociais.

III
NOVA ORDEM INTERNACIONAL, DIREITOS HUMANOS E ESTADO DE DIREITO NA AMÉRICA LATINA[1]

Gostaria de organizar minha apresentação desta manhã referindo-me a quatro aspectos que, sem dúvida, estão inter-relacionados, mas que aqui, por razões de tempo, serão apresentados separadamente. Estou certo de que sua experiência lhes facilitará estabelecer articulações.

Os quatro aspectos são:

1) uma aproximação muito elementar da imagem da "nova ordem" que figura na convocatória;
2) algumas lembranças da América Latina antes da "nova ordem";
3) a América Latina na "nova ordem";
4) e direitos humanos como mobilização e movimento social.

1. Introdução à discussão sobre a "nova ordem"

Sobre a *imagem* da nova ordem, estimo que seja necessário tomar cuidado com duas associações imediatas, talvez espontâneas, porém pouco prudentes.

A primeira é a que o termo "ordem" estabelece com "harmonia". A segunda, a identificação da "ordem" com seus protagonistas ou atores mais importantes.

---

[1] Este texto reproduz uma palestra realizada no 15º Curso de Educação para a Paz, Direitos Humanos e Equidade de Gênero, na Universidade de Aguascalientes, no México, em agosto de 2003.

Gostaria de contrastar essas associações, eventualmente próximas, com outra imagem. Representemos a seguinte situação: uma senhora retorna de seu dia de trabalho e encontra seu companheiro absorto em um jogo de futebol na televisão, concentração que acompanha com algumas cervejas, enquanto as crianças e o cachorro bagunçam ardorosamente com suas brincadeiras a casa, que obviamente já não é um lar. O desastre leva rapidamente a mulher de cansada a irritada. Por isso, ela grita: "Temos de pôr ordem nesta casa!". E faz isso desligando a televisão, justo no momento em que se cobrava um pênalti a favor do time de seu companheiro, e, furiosa, ordena que ele e as crianças primeiro coloquem no lugar as coisas que não se quebraram, limpem e, finalmente, vão para seus quartos. Ao cachorro, o elo mais frágil, começa cortando-lhe os testículos.

Se não simpatizam com a narração anterior (com certeza, ao menos para o cachorro, ela parece cruelmente injusta), lembrem-se de quem são aqui os professores que muitas vezes decidem (e se sentem satisfeitos quando conseguem) "pôr ordem" na classe. É disso que estamos falando.

Essas imagens, a do lar e a escolar, mostram o seguinte:

a) a criação, a constituição ou o restabelecimento de uma "ordem" podem ser vistos também como *violência*, injustiça e desordem por quem sofre a ordem; por isso, parece pouco prudente associar de imediato ordem a harmonia.

Por exemplo, em 1974, a Assembleia Geral das Nações Unidas fez uma declaração acerca de uma Nova Ordem Econômica Internacional (Noei).[2] Nela, referia-se a um novo conceito de desenvolvimento que compreendia necessidades e desejos de todos os seres humanos da Terra, a necessidade de reconhecer o pluralismo das sociedades e ressaltar o equilíbrio que deve existir entre o ser humano e a natureza. A Noei procurava erradicar as causas básicas da pobreza, da fome e do analfabetismo, da contaminação, da exploração e da dominação. Quem poderia ver violência e desordem nessa declaração? Em são juízo, ninguém... exceto alguns Estados poderosos, que sabem que suas lógicas e práticas de poder são ao menos concausa da pobreza, da fome, do analfabetismo, da destruição ambiental, da exploração e

---

[2] Autores europeus a citam, consciente ou inconscientemente, como Nova Ordem Econômica Mundial (Noem). Com isso, eliminam o pluralismo e levantam a bandeira da hegemonia. (Cf., por exemplo, Hein, "El fin del Estado-nación y el nuevo orden mundial".)

da discriminação que hoje imperam no planeta. De modo que se sentiram violentados, como o cachorro do conto, pela proposta dessa nova ordem. E alguns assentiram. Mas nunca a apoiaram. Decerto, esse é um conto mais lúgubre do que o do cachorro. Entretanto, mostra ao mesmo tempo como é difícil a prática efetiva de direitos humanos.

Voltemos ao ponto central. A imagem do lar nos mostra que:

b) a senhora que impõe a ordem se sente intérprete da "ordem das coisas". Existe, para ela, uma *lógica* ou espírito *próprio do lar*, que ela personifica ou protagoniza, mas a ordem *está nas coisas*, deriva de relações necessárias entre as coisas, relações *objetivas*, que supõem um hierarquia "natural". Essa lógica ou espírito, se preferirem, *transcendente seus atores* e determina a ordem. Por isso, não é prudente, por exemplo, associar a nova ordem meramente a decisões geopolíticas ou econômicas dos Estados Unidos, por mais vigoroso que seja seu protagonismo. Do mesmo modo, não seria prudente, para efeitos de compreensão, estimar que o autoritarismo na aula se deve ao caráter neurótico da professora ou professor.

A "ordem" pode ser entendida como um sistema *objetivo*, que possui uma *lógica de império e dominação*. Obviamente, contém ao mesmo tempo sujeições, cuja dor ou sofrimento devem ser aceitos, e até celebrados, porque decorre "da ordem das coisas". É coerção inevitável. Necessária. Violência "boa".

Então, o que aparece escamoteado na imagem da nova ordem que está no título da discussão que hoje nos convoca é que essa ordem nova contém *práticas de poder*, práticas de poder que podem ser de *dominação*.

Agora, um sistema de dominação, ou seja, de *violência contra os sujeitos* – e vocês dirão se a nova ordem apresenta a si mesma como sistema de dominação e império legítimos –, *não potencializa nem permite direitos humanos*.

Logo, que a ordem possa ser associada a "harmonia" é algo discutível.[3] E que essa ordem seja objetiva, isto é, politicamente necessária ou insuperável, também é.

---

[3] No castelhano, "ordem" faz referência tanto a uma distribuição hierárquica das coisas e à coordenação de suas funções como à localização das coisas no lugar que lhes corresponde, de modo que tenham harmonia entre si. As raízes do termo são provavelmente sânscritas e chegou até nós a partir do grego e do latim. Em todos os casos, designa uma totalidade adequadamente concertada. Por isso, "desordem" é a alteração do concerto de uma coisa. E também demasia e excesso. A "nova ordem" poderia talvez ser considerada uma desordem.

2. A América Latina antes da nova ordem

Certamente, América Latina é um nome cômodo, que designa realidades diferenciadas e complexas.[4] Portanto, assinalo que tem um alto grau de abstração.

O que havia *antes* da nova ordem? Em primeira instância, é possível ao menos datar três inícios para essa nova ordem, e isso nos daria três diferentes "antes".

a) A nova ordem teria começado em fins da década de 1970, com a crise do preço do petróleo e o impacto econômico global de tecnologias de ponta, como a informática, reforçados pela inconvertibilidade do dólar estadunidense (governo Nixon), o que abriu espaço para uma reconfiguração da economia mundial ou uma mudança de época.

b) O discurso sobre a nova ordem[5] teve particular ressonância no fim do governo de George Bush (1989-1992), ligada tanto à primeira agressão contra o território e a população do Iraque quanto à liquidação da experiência socialista histórica das populações do Leste da Europa e à autodestruição da União Soviética (1991). Seu imaginário correspondia ao desaparecimento da tensão Leste/Oeste, ao estabelecimento das soberanias nacionais, à proposta de acabar com a "ajuda estatal para o desenvolvimento" e à manipulação de direitos humanos como desculpa para as "intervenções humanitárias". Alguns, otimistas ou ingênuos, proclamaram que essa "nova ordem" teria como eixos as cooperações Norte-Sul e Sul-Sul.

c) A terceira data está mais próxima e corresponde ao 11 de Setembro de 2001, data dos ataques artesanais e letais contra o território

---

Ou entre todos colocamos as coisas onde deveriam estar, de modo que não façam violência entre si?

4 O alcance dessa observação óbvia é que do discurso não pode seguir-se nenhuma aplicação direta a uma realidade latino-americana específica, nacional, regional ou local. Para isso, devem ser realizadas discussões específicas, que podem ou não estar situadas dentro de um discurso básico sobre a "América Latina".

5 Em 1974, como dissemos antes, os países terceiro-mundistas conseguiram aprovar na Assembleia das Nações Unidas uma declaração sobre a necessidade de configurar uma *nova ordem econômica internacional*, que potencializasse o desenvolvimento do Terceiro Mundo. Certamente, a declaração não conduziu a nenhuma política internacional efetiva, mas a muitos discursos, poses e eventos.

e a população dos Estados Unidos (Nova York e Washington), que abriram a possibilidade de o governo estadunidense declarar uma "guerra preventiva, global e total contra o terrorismo". Essa data é importante porque acaba com o paradigma geopolítico construído depois da Segunda Guerra Mundial. Já ampliaremos essa última observação.

Se observarmos essas três datas a partir de um dos ângulos para os quais fomos convocados esta manhã, por exemplo, o do Estado latino-americano, depararemos com práticas patéticas em relação ao valor da paz e ao respeito de direitos humanos. Não menciono a equidade de gênero porque a nova ordem ou desarmonia é "naturalmente" patriarcal. Cito uma dessas práticas não ao acaso, para que seja lembrada: o exercício sistemático do *terror de Estado* pelos regimes latino-americanos de segurança nacional, terror que liquidou aos milhares os dissidentes ou suspeitos de terrorismo, exilou, deslocou de seus territórios, torturou, roubou e transferiu seus filhos pequenos... questões que permaneceram até hoje, e no mais fundamental, legalmente impunes e que moralmente não motivaram arrependimento, nem individual nem social. Para não ser omisso, e em relação às relações internacionais, quero lembrar também a invasão do Panamá (1989) pelos Estados Unidos, em nome de direitos humanos e dos valores democráticos.

Nesse período, encontramos também subversões, repressões e guerras como a que ainda comove a Colômbia, ou a chamada guerra de baixa intensidade (?), que triturou a América Central na década de 1980. E a violência situacional e estrutural contra todo tipo de direitos humanos, fundamentais, econômicos, culturais, ambientais, que até a hierarquia católica havia denunciado em seus Documentos de Medellín (1968). Nesse tempo, dizia-se que a "injustiça clamava ao céu". Pois continua clamando.

É certo também que, no longo prazo, deparamos com práticas de oxigenação, como os processos de democratização, com maior ou menor conteúdo cidadão, que afetam até mesmo o México, onde a eleição do senhor Fox no fim do século passado acabou com o exclusivo controle governamental do Partido Revolucionário Institucional (PRI). Que os resultados não tenham sido os que os mexicanos esperavam e necessitavam é outro assunto. E que os processos de democratização tenham se decantado em *democracias restritivas* e destaquem hoje desafios de governabilidade também é outro assunto.

No entanto, sempre em relação ao Estado e nesse período longo, encontramos uma constante: o Estado latino-americano tem se mantido como um aparato patrimonial (*mercantilista*, dizem os neoliberais) e clientelista. Por isso, é ineficaz em relação aos requerimentos da ordem jurídica, como, por exemplo, o do acesso aos tribunais,[6] ou às necessidades que o padrão econômico deve resolver, como emprego, crescimento, desenvolvimento, ou às necessidades de integração e equidade que são questões tanto sociais como culturais. Assim, o Estado latino-americano serve para enriquecer alguns, e muito, ao mesmo tempo que constitui e sanciona uma ordem que produz pobreza e discriminação social e cultural. Se quisermos agravar essa descrição, "nossos" Estados, que nunca foram da cidadania, estão em processo de delegar e perder soberania. Não a perderam por acaso os mexicanos com o Tratado de Livre Comércio da América do Norte? Não foi o que teve de reconhecer o presidente Fox?

Por isso, estamos falando de um Estado *patrimonial*, isto é, que serve para aumentar a riqueza de quem o controla, direta ou indiretamente, *clientelista*, ou seja, que transforma as eleições e a administração do aparato estatal em um negócio, e *precário do ponto de vista da cidadania*, porque as minorias dominantes e governamentais transferem soberania a empresas estrangeiras e organismos internacionais, para os quais os interesses dos cidadãos mexicanos (ou dos latino-americanos) não importam, muito menos suas necessidades humanas.

Então, suponhamos que estejamos afirmando: "Como vamos mal na nova ordem!". Sim, talvez.

Mas devemos reconhecer que, na ordem antiga ou antecedente, também não íamos muito bem em relação a direitos humanos fundamentais, políticos, sociais, econômicos, culturais ou ambientais, por exemplo. Nesse campo, em que o Estado é decisivo, encontramos:

---

6 O segundo informe sobre desenvolvimento humano na América Central e Panamá (2003), de responsabilidade do Programa das Nações Unidas para o Desenvolvimento (PNUD), indica, por exemplo, que recorrer aos tribunais nessa região é uma possibilidade remota em virtude das barreiras geográficas, socioeconômicas e étnicas (o PNUD discretamente não menciona as políticas; por "étnicas", deve-se entender "racistas"). A referência mais patética é a debilidade dos sistemas de defensoria pública. Na Nicarágua, existe um defensor público para cada 372 mil habitantes; no Panamá, um para cada 73 mil; na Guatemala, um para cada 39 mil. Os mais prejudicados são os pobres e os moradores das zonas rurais. Os tribunais e os procedimentos jurídicos foram feitos para setores poderosos e citadinos.

a) violação sistemática de direitos humanos de todas as gerações,[7] violações que até hoje permanecem impunes. Pior, muitas vezes nem sequer são reivindicados diante dos circuitos de justiça. Não me refiro nem ao custo moral e cultural dessa impunidade;
b) uma ostensiva manipulação de direitos humanos com finalidades particulares, partidárias, estatais, governamentais, eclesiais, midiáticas etc. Apenas um exemplo: muitos mexicanos e latino-americanos parecem gostar de futebol. Bem, as pessoas devem entreter-se e, oxalá, gratificar-se com alguma coisa. Contudo, os jogadores profissionais que disputam em campo são escravos modernos, alguns muito bem pagos, e a federação internacional que os rege, tanto eles como os escravocratas que estão nos clubes, se autolegitima como uma ordem jurídica paralela, em que nunca se ouviu falar de direitos humanos. Com isso, não estou pedindo a vocês que não vão ao estádio no domingo, mas mostrando nossa pouca sensibilidade cultural para direitos humanos. Como vocês sabem, os jogadores profissionais de futebol são seres humanos (assim como os árbitros), até mesmo quando são escandalosamente derrotados;
c) uma dupla cisão articulada entre o que se diz e o que se faz no campo de direitos humanos, e entre os direitos políticos e os econômico-sociais, culturais e ambientais. E isso não quer dizer que os chamados de "primeira geração", usualmente privilegiados, se cumpram para todos. Quer dizer, basicamente, que não se pode tocar nem na vida nem nas propriedades dos "cidadãos acima de qualquer suspeita", o que me parece correto. Agora, dos outros, depende de quem mexe com elas. Acredito que, no México, vocês têm isso muito claro. Recentemente, houve o caso de Digna Ochoa, que deveria envergonhar o Estado mexicano e os meios de comunicação de massa.[8] Mas não. Não acontece nada. Ou melhor, acontece de tudo.

---

7 Embora o ponto seja discutido, costuma-se falar de cinco gerações de direitos: fundamentais e cívicos ou políticos, econômicos/sociais e culturais, dos povos e setores "diferentes", das futuras gerações (ambientais) e de controle sobre o próprio corpo, e a organização genética de cada qual.
8 Digna Ochoa, ativista de direitos humanos (advogada da Organização Miguel Augustín Pro) e religiosa, foi encontrada em seu escritório, em 19 de outubro de 2001, com a cabeça destroçada. Tinha 37 anos e havia denunciado muitas vezes ameaças de morte. Além da bala que destroçou sua cabeça, havia outra em sua perna. A investigação judicial concluiu por

Gostaria de ampliar essa última observação com uma situação ocorrida na Costa Rica. Uma filha pequena de pessoas humildes foi assassinada de forma particularmente cruel e imbecil. Ela foi assassinada por um vizinho. Como esses casos vêm proliferando e a imprensa descobriu que pode tirar proveito comercial deles, setores da opinião pública têm reagido com indignação, e alguns pedem que seja imposta pena de castração a quem violar crianças. A Casa Aliança, uma ONG de origem canadense, acredito, apoia esse procedimento que, segundo se diz, foi muito eficaz na Dinamarca. Ignoro o que ocorre na Dinamarca ou no Canadá, porém me parece difícil imaginar que na América Latina se castrem religiosos e religiosas que abusam de crianças, ou que se castrem militares delinquentes de alta patente, ou filhos de políticos e opulentos, ou policiais. Com camponeses, desempregados, indígenas, emigrantes, pobres e opositores políticos, gente assim, sem dúvida. Mas não acho possível que se castrem bispos ou gente "importante". E não exatamente porque essa gente "educada" não inclua pedófilos e violadores.

Quero acrescentar que, pessoalmente, não me parece adequada a pena de castração masculina ou feminina, embora eu condene as agressões sexuais materiais, psicológicas e culturais contra qualquer ser humano, criança, jovem, adulto ou idoso. A meu ver, ambas as situações, a castração como pena e a agressão sexual como fato social, são incivilizadas, bárbaras. Evidentemente, em todas as suas formas devem estar tipificadas como delitos.

O que quero ressaltar com essa visão resumida, e quem sabe arbitrária, sobre direitos humanos e violência "antes" da nova ordem é que, nem antes nem agora, apesar de luzinhas como este curso, que condensa um programa mantido durante quinze anos, nós, os latino-americanos, não criamos nesse período longo, nem potencialmente criaremos, uma sensibilidade cultural para direitos humanos na América Latina.[9] Não soubemos nos dar instituições econômicas e sociais que facilitassem ou obrigassem o Estado nessa tarefa. Antes, fomos muito deficitários. E talvez, agora, sejamos ainda mais, como veremos na próxima seção, para a qual quero passar rapidamente.

"suicídio" e caracterizou Ochoa como uma neurótica obsessiva e paranoica, que escrevia ameaças para si mesma e, além do mais, em algum momento teve um caso com um homem casado. Em síntese, uma doente cuja infância foi cruel. Caso resolvido.

9 A Corte Interamericana de Direitos Humanos, que depende da OEA, não possui independência política nem força para cumprir nem sequer a função de instituição precursora ou fundadora nesse campo.

3. A América Latina na nova ordem

Como estamos indo na nova ordem?

Das possibilidades apresentadas para situar essa nova ordem, elejo a década de 1990, entre outros fatores, porque a década anterior foi batizada pelos sempre impecavelmente ataviados funcionários da Cepal como "década perdida" e de "doloroso aprendizado". E, é claro, nenhum desses qualificativos é muito propício à paz social ou militar (lembremo-nos da crueldade das guerras centro-americanas, por exemplo) nem a direitos humanos. E tampouco o balanço em equidade de gênero e *habitat* sustentável é favorável. Outra razão para eleger a década de 1990 é que, nela, um setor dos atores centrais dos regimes de segurança nacional, as Forças Armadas, vê-se obrigado a abandonar a cena política aberta e agora exerce seu poderio corruptor nos bastidores. Não é o melhor, porém evita muitas mortes e desaparecimentos. Infelizmente, como assim experimentam os mexicanos, não evita todas. Basta lembrar os assassinatos maciços e impunes de mulheres na Ciudad Juárez. Na década de 1990, concretizaram-se também os acordos de paz na América Central, embora a construção social da paz não tenha sido produzida.

Já que elejo a década de 1990 para falar da nova ordem, devo por obrigação distinguir duas fases nesse período:

a) a etapa dos "bons negócios compartilhados", que pode ser associada com o governo Clinton;

b) a etapa, quase recém-iniciada, da guerra preventiva e global contra o terrorismo, posta em circulação em 2001.

Acredito que se trata de períodos diferentes.

No primeiro, levam-nos em conta, como se diz, nos tratados de livre comércio, por exemplo. Negociam conosco. Os mexicanos têm isso muito claro. Também têm claro que a coisa não vai bem para muitos, em particular para os pequenos produtores agrícolas, com o tratado que firmaram com os Estados Unidos e o Canadá. E logo se inteiraram de que, mesmo indo mal, o tratado é irreversível. Eterno. Ainda que se retirem voluntariamente. Imagino que isso ocorra para que aprendam a transformação da ideologia liberal acerca dos contratos, quando se pratica o monopólio e o oligopólio e quando se negocia com um mais frágil.

Em resumo, com que contribuímos nós, latino-americanos, para esses bons negócios compartilhados? Evidentemente, com recursos naturais e matérias-primas. Mão de obra barata. Emigrantes ambiguamente não desejados. Transferências de recursos mediante pagamentos de dívida externa, propriedade intelectual, interesses bancários e zonas francas. O México é praticamente um modelo dessa situação. O que obtemos? Dividamos a pergunta. O que deveríamos obter, segundo essa doutrina? Deveríamos obter *crescimento sustentado*, que deveria ser sustentável. Também deveríamos conseguir *competitividade primeiro-mundista*. Deveríamos alcançar até a desejada *modernização*. Vocês dirão se isso foi alcançado no México, depois de quase dez anos de "bons negócios compartilhados", ou ao menos se veem sinais ou signos de que esteja sendo alcançado.

O que obtemos, segundo uma teimosa realidade? Nem crescimento contínuo nem sustentável.[10] Ao contrário, acentua-se uma polarização social (poucos ganham mais e muitos recebem cada vez menos) que torna impossíveis o crescimento nacional efetivo e o desenvolvimento. O que aumenta são as migrações não desejadas. Tudo isso, aliás, dificulta ainda mais uma integração cultural dos diversos – isso, é claro, supondo-se que fosse desejada. Vocês conhecem a situação do México profundo, a situação de seus povos, nações e comunidades indígenas. Também suspeitam que o México dos bons negócios, o México das minorias dominantes, não aposta na integração dessas outras minorias, porque na nova ordem elas são "perdedoras" clássicas. Também conseguimos desafios de governabilidade democrática que quer dizer mais ou menos, para o que nos interessa, que os governos eleitos não conseguem os meios (o que, se calhar, é uma sorte) para administrar a gestão pública, ainda que os consiga, sim, para aplicar os planos econômicos, porque esse tipo de decisão se tornou independente e tecnocrática. Conseguimos aumentar as migrações não desejadas, como no México e na Nicarágua, e, às vezes, uma brutal explosão de empobreci-

---

10 A América Latina continua produzindo pobreza e desemprego no século XXI. Suas economias mais dinâmicas, segundo a Comissão Econômica para a América Latina e o Caribe (Cepal), são "aquelas com tipos mais competitivos ou que concentram investimentos e recursos naturais não renováveis", ou seja, aquelas que se empobrecem social e naturalmente. A pobreza afeta um pouco menos de 50% da população. O desemprego ronda os 9%. Por isso, a Cepal descobre – em janeiro de 2003! – que o capitalismo latino-americano "deve aprender a autofinanciar-se" (*Tiempos del Mundo*, 14 ago. 2003, p.29).

mento e fome, como na Argentina. Em muitos países, evidentemente nos centro-americanos, o envio de dinheiro pelos emigrantes empobrecidos ocupa um dos primeiros lugares de entrada de divisas desses países.[11] E o bom negócio é feito pelas companhias que transferem eletronicamente esse dinheiro, porque ficam com uma parte substancial desse tráfico entre hipernecessitados![12]

Conseguimos também enfraquecer ou perder soberania nacional, porque, sem contar com nosso permanente subdesenvolvimento cidadão e republicano, além da camisa de força dos tratados de livre comércio, da legislação da OMC e da tutela neoliberal do FMI, somos ameaçados ano a ano de figurar entre os que lavam dinheiro, violam direitos humanos, não praticam a democracia, ajudam o terrorismo global, não respeitam o meio ambiente, migram indecentemente, põem travas ao livre comércio, ou de eleger governantes que não são aceitáveis para os bons negócios das empresas estadunidenses, como Lula, Kirchner ou Chávez. Com Fox não há problema. Quem tem problemas com Fox é a maioria dos mexicanos.

Ao nos abrir comercialmente sem cautela, como exigem que façamos, conseguimos também uma grande vulnerabilidade financeira, isto é, sofremos gravemente pelas más condutas, condutas especulativas de capital em qualquer lugar do mundo. Não existe vontade política global para controlar esses capitais. Seria terrorismo!

Voltemos às remessas que os emigrantes não desejados enviam a suas famílias em seus países de origem. Quem faz esse grande negócio é a Western Union, entre outros, pelas porcentagens leoninas que cobra pela transferência desse dinheiro! E estamos falando, muitas vezes, da realidade dos mais empobrecidos. De que é sinal esse bom negócio *à custa dos mais humildes e*

---

11 Os emigrantes latino-americanos enviaram divisas a seus países de origem no valor de mais de 32 bilhões de dólares (cifras do Banco Interamericano de Desenvolvimento) em 2002. Estão à frente dos migrantes mundiais com mais de 30% dos retornos. Em termos absolutos, México encabeça a lista com 10,502 bilhões, seguido pelo Brasil com 4,6 bilhões. Contudo, quando se considera a porcentagem do Produto Interno Bruto que esses retornos representam, a lista é encabeçada por Haiti, com 26%, Nicarágua, com 15,2%, e El Salvador, com 13%. Em alguns países, esse retorno é a principal entrada de divisas. Em El Salvador, as remessas cobrem 80% do déficit comercial.

12 Os mercenários mais impiedosos chegam a cobrar até 30% pela intermediação. No entanto, a média é 15%. O Banco Interamericano de Desenvolvimento estima que em 2002 cerca de 3 bilhões de dólares enviados pelos emigrantes ficaram nos bolsos dos agentes financeiros.

de seu trabalho que faz a Western Union? *De que a lógica dos "bons negócios" subordina à lógica de direitos humanos*, no sentido de que, se existe uma oportunidade de obter benefícios, se existe uma demanda no mercado,[13] não importa o sofrimento humano, não importa a realidade social.

Na fase dos bons negócios, os direitos, como *capacidades*, pertencem às empresas ou corporações, aos investimentos, às fusões, aos fluxos de capitais, e não aos cidadãos, e muito menos às necessidades humanas da população! Na fase dos "bons negócios compartilhados", os cidadãos latino-americanos, que são, na realidade, produtores/consumidores em desvantagem estrutural, têm obrigações, não direitos: devem ser eficientes e competitivos.

E essa é a cara "boa" da nova ordem para a América Latina. Uma em que nos "levam em conta" para os tratados de livre comércio e nos convocam para o Consenso de Washington! Os eleitos como governantes nos consolam, dizendo que pior seria se nos ignorassem. Talvez. Mas o problema é que por alguma razão, com certeza somos cativantes, não nos ignoram. Simplesmente, os bons negócios compartilhados nos admiram tanto que nos assassinam como nações e povos. E, não exatamente de passagem, devastam nosso *habitat* natural e nossos recursos.

Não acredito que seja necessário falar de direitos humanos e de Estado nessas condições. E uma ordem de exploração e violência institucionais deve ser considerada patriarcal, ainda que estas sejam dirigidas por mulheres.

A *segunda fase* dessa nova ordem é a da guerra preventiva e global contra o terrorismo, declarada pelo presidente Bush em 2001.

Esse período mais recente contém a *ruptura com o paradigma geopolítico que dominou a maior parte do século XX*. Vocês lembrarão que, depois da Segunda Guerra Mundial, emergiram como vencedores Estados Unidos e União Soviética. Os jornalistas estadunidenses assinalaram que, depois da vitória, os Estados Unidos se mostraram generosos. Não se apropriaram da parte da Europa que lhes correspondia, mas cooperaram com sua reconstrução e foram fundamentais para a criação das Nações Unidas, organização

---

13 O volume de remessas enviadas dos Estados Unidos pelos latino-americanos cresce sustentavelmente, e seu incremento é muito maior que o do conjunto da economia. Projeções indicam que em 2012 alcançará 300 bilhões de dólares. Arrancar uma parte substancial dos pobres é um grande negócio!

internacional que se encarregaria de manter a paz e a segurança mundiais.[14] Para o que nos interessa, podemos oferecer essa versão da "generosidade" estadunidense com a Europa, generosidade que, em todo caso, nunca foi aplicada a este hemisfério. O que importa é que a Assembleia Geral das Nações Unidas é composta de Estados nacionais *autônomos e iguais entre si*, isto é, que podem dialogar como iguais, concordar como iguais, aliar-se como iguais. Na Assembleia Geral, cada Estado vale um voto, seja o de Belize ou o do Reino Unido, seja o de El Salvador ou o dos Estados Unidos. Como proposta, a Assembleia Geral constitui um fator civilizatório, porque se apoia no imaginário de que o planeta poderá alcançar a paz, ainda que existam culturas diversas, formas econômicas diversas, governos diversos, Estados diversos, sempre e quando esses diversos se reconheçam como legitimamente humanos, ou seja, não delinquem, e concordem entre si. É um imaginário belo, ainda que tenha sido sequestrado por um classista e geopolítico (e potencialmente delitivo) Conselho de Segurança. Cada Estado, um voto. Cada povo, um igual. Cada cultura, uma expressão legítima de humanidade. E a obrigação de escutar, dialogar e negociar.

Essa bela Assembleia Geral é a que votou a Declaração Universal dos Direitos Humanos em 1948. Foi discutida no Conselho Econômico e Social desse mesmo organismo. Trata-se da declaração histórica que se adotou como convênio internacional na década de 1960.

Bom, foi esse imaginário que se interrompeu e se rompeu para sempre.

O *paradigma da guerra preventiva* afirma a capacidade e a obrigação (moral, legal) *unilateral* dos Estados Unidos e alguns sócios de castigar os Estados, povos, nações, regimes políticos, culturas e indivíduos que o próprio país Estados Unidos considera que ameaçam ou poderiam ameaçar em algum momento sua segurança nacional.

---

14 Para quem, por razões de existência cotidiana, tenha esquecido, as Nações Unidas têm como objetivos institucionais manter a paz e a segurança internacionais, desenvolver relações de amizade entre os povos e suas culturas, promover a cooperação internacional para o desenvolvimento e fomentar o respeito pelos direitos humanos e pelas liberdades fundamentais. Evidentemente, o que fizeram em quase sessenta anos de existência foi administrar as guerras, procurando o benefício das grandes potências que mantêm seu Conselho de Segurança como refém e gerar uma burocracia clientelista indiferente e ascética em relação às necessidades humanas da população mundial. Ainda assim, como conceito, as Nações Unidas são uma instituição civilizatória.

Como toda guerra preventiva, essa modalidade de violência e agressão é *eterna*. Hoje, estão na lista, segundo declarações do presidente Bush, sessenta ou mais "lugares obscuros do mundo".

A declaração de guerra preventiva significa, em suma, que a agenda de interesses dos Estados Unidos se sobrepõe a qualquer outra agenda, e que sua própria agenda está dominada pela geopolítica caracterizada como ameaça militar e repressão. A essa agenda agregam-se hoje, com oportunismo, países títeres como os da antiga Europa do Leste, Reino Unido, Espanha e, cinicamente, Rússia. Isso quer dizer que essa "nova ordem" tenta desestabilizar até mesmo a União Europeia.

A América Latina não tem capacidade nem vontade política para criar essa capacidade, para criticar essa agenda que, com apenas um golpe, transforma o paradigma de relações internacionais vigentes. O novo paradigma proclama adequada a desigualdade entre Estados, de acordo com sua capacidade militar, e o direito e a obrigação moral dos Estados mais fortes de agredir unilateralmente territórios e liquidar populações dos Estados mais frágeis, aproveitar suas riquezas, instalar governos e modernizá-los de modo que os assaltantes façam bons negócios, dessa vez, como se nota, não necessariamente compartilhados. Em termos estritos, a guerra preventiva torna desnecessários os "acordos" de livre comércio e a OMC. E ainda que a ideologia de direitos humanos continue servindo para justificar as agressões, aparece diminuída pela ênfase na segurança. A violência armada e letal é justa porque propõe dar segurança à população dos Estados Unidos e do mundo. Essa ideologização se encontra no clássico escritor jusnaturalista de direitos humanos do século XVII, John Locke,[15] e também no agradável filósofo republicano do século seguinte, Immanuel Kant.[16]

Vocês estão familiarizados com a doutrina de guerra global preventiva. Agressões brutais contra os territórios, populações e governos do Afeganistão e do Iraque, ambas justificadas, a última espetacularmente, com mentiras. Ameaças a Irã, Síria, Coreia do Norte, Cuba, esta última pelo simples fato de existir. Campo de concentração em Guantánamo, onde os prisioneiros são não pessoas naturais e jurídicas e, como tais, são desprezados, torturados e maltratados. Nem sequer são considerados animais. Jazem

---

15 Cf. Locke, *Segundo tratado sobre el gobierno civil*.
16 Cf. Kant, *Sobre la paz perpetua*.

em um limbo ontológico, aí, sim, de mãos atadas e encapuzados. Como a guerra preventiva contra o terrorismo é um bom negócio, o governo dos Estados Unidos avisa que os tratados de livre comércio passam a ser parte de sua estratégia de segurança. Mau momento para direitos humanos! Mau momento para a humanidade! Quando aparece uma luzinha, como a Corte Penal Internacional, Estados importantes a rechaçam, os Estados Unidos castigam os Estados e povos que a apoiam e exigem, para fazer parte dela, ficar fora de sua jurisdição. Se isso fosse aceito, a corte, com suas limitações e potencialidades, teria nascido juridicamente morta.[17]

O paradigma da guerra global preventiva não apenas rompe com o imaginário que quis dominar as relações internacionais durante a maior parte do século XX. Como contrapartida, quem impulsiona esse paradigma busca enraizá-lo na realidade humana e cidadã dos habitantes dos Estados Unidos, deseja que tenha força e coesão internas para uma mobilização de guerra infinita e, dada a desproporção de meios, covarde e selvagem. Escreve um "intelectual" de direita desse país, glosando Bush Júnior:

> Agora, cada estadunidense deve saber qual é seu dever. Os pais têm o dever de educar bem seus filhos. Os professores têm o seu, que é representar seu país e ensinar os estudantes com o devido respeito.
> As corporações têm o dever de funcionar honestamente e com total transparência. Os beneficiários da Seguridade Social têm o dever de buscar trabalho. Os viciados em drogas e álcool têm o dever de se arrepender e retribuir à sociedade. E os sacerdotes, pastores e rabinos têm o dever de ser um exemplo vivo de Deus. A era do "se gosta, faça" acabou, tal como acabou o tempo de se limitar a observar os regimes terroristas. A ação tomou o lugar da apatia e o patriotismo tem uma nova causa. E as sedutoras teorias do relativismo moral, em que certas verdades são consideradas meras construções culturais, deveriam ser rapidamente enterradas.[18]

---

17 Convém enfatizar uma situação que pode parecer truculenta. O governo dos Estados Unidos celebrou festivamente a morte de dois dos filhos de Saddam Hussein, Udai e Qusai, e provavelmente um neto (julho de 2003). Observe-se que festeja a liquidação de indivíduos num massacre, não a realização de objetivos militares. É um sinal de que a guerra é dirigida por gângsteres. A guerra, por si mesma, é um fenômeno negativo. Mas se o exército estatal com maior capacidade destrutiva da história humana é dirigido por gângsteres, parece imprescindível pensar uma alternativa ao crime que se apresenta como ordem e começar a construí-la agora.
18 Bennett, "Un llamamiento a la dignidad".

Nessa segunda fase, a nova ordem, como se vê, é o tempo das *obrigações*, não das capacidades e faculdades humanas. A nova ordem traz com ela sua própria Idade Média. Estruturalmente, então, não é tempo de direitos humanos. É tempo de "segurança", não de aposta e compromisso.

A que corresponde o tempo do "se gosta, faça", execrado por Bennett? Ao das mulheres, por exemplo, que exigiam controle sobre seus corpos e suas relações, que queriam ser olhadas a partir de si mesmas para ganhar autoestima efetiva. Esse tempo acabou. Cabe a elas, com sua natureza, ter filhos e cuidar da casa.

Também correspondia ao tempo em que se embebedar às vezes ou com frequência não era delito nem podia ser penalizado, exceto se o porre incluísse ofensas juridicamente tipificadas. Agora, é preciso se arrepender de beber.

O desempregado tem a obrigação moral de se empregar, ainda que a economia não cresça nem produza empregos de qualidade humana. Vá se assalariar, cacete!

A nova ordem é, aqui, o tempo das *obrigações objetivas, lidas a partir da autoridade*, isto é, a partir das práticas do poder. É Moisés revivido, descendo do monte. Ou seja, adeus direitos humanos, inclusive em sua restrita versão cidadã. Adeus modernidade.

O mais confuso disso é que os cidadãos estadunidenses aceitam mudar direitos cívicos por segurança improvável, porque está baseada na agressão, na exclusão e na guerra. E autorizam que sua correspondência seja revistada, que a imprensa se autocensure; admitem sem dizer nada as revisões e as pressões cotidianas; celebram um pressuposto para um novo sistema totalitário de segurança nacional; exultam com novidades tecnológicas que facilitarão a espionagem, o controle e a manipulação dos cidadãos durante toda a sua existência;[19] contribuem para a consolidação de um ambiente de terror político que selará os terrores econômico, social e libidinal que lhes antecedeu. E isso no país que tinha orgulho – ou era somente um estereótipo? – do exercício irrestrito de suas liberdades individuais.

---

19 Uma revista para executivos e empresários destaca as dez tecnologias emergentes que mudaram o mundo. Destas, quatro (redes de sensores sem fio, computação Grid, nanoimpressão litográfica e engenharia de tecidos injetáveis) podem ser empregadas para eliminar a privacidade das pessoas. Outras tornam franqueável a informação dos poderosos (criptografia quântica). (Cf. *Summa*, jun. 2003, p.20-7.)

Internacionalmente, a doutrina da guerra preventiva faz retroceder a geopolítica à Primeira Guerra Mundial. A única *pequena* diferença com relação a essa época é que, agora, essa geopolítica jovem se expressa em um mundo em que muitos Estados possuem armamento nuclear, em que outros podem tê-lo e, sobretudo, em que ninguém renunciará a possuí-lo e a desenvolver tecnologias que permitam utilizá-lo,[20] porque é a garantia atual de sobrevivência. Como contrapartida dessa capacidade letal para destruir o planeta, os Estados desejam possuir um *domínio total* sobre sua população para orientá-la *contra outras populações*. E neste momento, que é crucial, a cidadania estadunidense decide mudar direitos juridicamente vigentes por segurança improvável. Vocês podem imaginar o que acontecerá no resto do planeta se os diferentes delírios estadunidenses atuais conseguirem prosperar.

Para o planeta, é importante que George Bush, Donald Rumsfeld, Condoleezza Rice e sua camarilha não sejam reeleitos. Um novo período de governo poderia permitir um tal avanço de seu projeto que as administrações estadunidenses posteriores talvez não possam nem sequer revertê-lo. E é um projeto em que a cidadania e a humanidade não têm lugar e a espécie pode desaparecer. Essa observação lúgubre abre passagem para o próximo ponto.

4. Direitos humanos como mobilização e movimento social

Vistos de qualquer ângulo, este é um mau momento para direitos humanos. Contudo, muitos poetas de diferentes culturas escreveram que a noite nunca é mais escura do que quando está para amanhecer. A diferença é que a noite e o amanhecer não precisam ser produzidos (mas significados), porque resultam da rotação do planeta, enquanto direitos humanos exigem tanto ser produzidos quanto significados.

Se este é um mau momento para direitos humanos, isso quer dizer que esses direitos exigem ser diagnosticados, revalorizados ou ressemantizados,

---

20 O ponto a se discutir em relação à posse de armamento destrutivo de massa não é se um país o possui, mas se pode utilizá-lo militarmente em um confronto. A imprensa favorável à guerra e a propaganda estadunidense (é difícil distingui-las) escamoteiam sistematicamente essa questão.

para que o trabalho político com eles e a partir deles seja convocador para as maiorias sociais. Sem alarde, da possibilidade de criar uma sensibilidade política e moral para direitos humanos, uma cultura efetiva de direitos humanos, depende hoje a sobrevivência *humana* da humanidade. Esse desafio era importante *antes* da nova ordem, porém, hoje, é decisiva. Devemos nos orientar *para a criação planetária de uma cultura de direitos humanos*.

Para isso, devemos mudar nossa compreensão de valor e classe das instituições jurídicas, bem como do Estado. Devemos analisar e discutir seu caráter sócio-histórico e assumir que em um mundo sem transcendência mística, como deveria ser o moderno, não pode existir uma moral universal ou global que não passe pela ressignificação planetária das instituições jurídicas positivas e, com isso, de direitos humanos, ressignificação que devemos fazer a partir das necessidades e particularidades sentidas e demandadas como libertadoras pelas maiorias, ainda que estas se apresentem como múltiplas minorias. *Direito alternativo* pode significar *ressignificação social* ou *popular* dos códigos e procedimentos existentes, ou formulação de novos códigos e *procedimentos* a partir de sua ressignificação popular, feminina, de classe, ambiental; ou também *liquidação do monopólio jurídico* nas mãos do Estado ou *radical recaracterização do Direito*, de suas instituições e procedimentos a partir de sua compreensão sócio-histórica, ou seja, política. A moral comunitária não pode ser substituída pelo Direito, mas este é o único que, gestado multitudinária e republicanamente, popularmente,[21] em sua particularidade, a partir de sua particularidade, pode apontar para a produção coletiva do ser humano, para a potencialização de um ou muitos sujeitos libertadores e libertados, particulares e genéricos, coexistentes em unidades administrativas, mas também, se se potencializam para reconhecê-las e assimilá-las, articuladoras de experiências de universalidade humana ou humanidade. Nos tempos modernos, uma administração politicamente libertadora, por sua gestação e compreensão, pode alcançar a longo prazo a classe de uma *moral planetária básica*.

Elejo como experiência fundadora para essa transformação do Direito a luta por direitos humanos, por seu fundamento sócio-histórico, por sua

---

[21] Não compartilhamos, para América Latina, a distinção entre "multidão" e "povo", que atribui ao primeiro conceito a fluidez de um feixe de relações e congela o segundo em uma unidade homogênea, que se expressa como soberania material abstrata. (Cf. Hardt e Negri, *Imperio*, p.104.)

proposta universal e integral em tensão com necessidades diferenciadas e particularizadas, por potencializar articulações humanizadoras entre diversos, por sua proteção utópica, por seu requerimento para institucionalizar-se, sem guerra, como Direito positivo planetário. Essa luta demanda estudos e análises, mobilizações mais frequentes e constantes para denunciar tanto violações circunstanciais e sistêmicas como deturpações e utilizações ideológicas e igualmente para resgatar esses direitos, ressignificá-los, defendê-los e promovê-los como bandeiras e procedimentos de luta popular e coletiva.

Falo a professores. Uma cultura de direitos humanos demanda também uma profunda transformação de nossas práticas e concepções educativas. Educar não é ensinar, mas testemunhar para contribuir para a produção de *aprendizagens*, ou a necessidade de aprendizagens, coletivas. A educação não consiste em uma aula ou em textos escolares, mas em todas as instituições sociais: na família, no bairro, na diversidade dos processos econômicos, na relação com o Estado e o governo, na produção simbólica e na utilização/apropriação de suas mediações e alcances. Vista assim, podemos exigir de toda "aula" o constituir-se politicamente como espaço potencializador da *autonomia de sujeitos*. A família, espaço potencializador ou empoderador; a cotidianidade do bairro, espaço potencializador de sujeitos; a atividade econômica, espaço potencializador; a igreja, a responsabilidade cidadã; a escola, os meios de comunicação de massa. Levar a sério a educação para que o ser humano seja possível como *sujeito particular e individual* (criança, mulher, indígena, trabalhador, cidadão etc.) *com projeção universal*, como projeto de humanidade, contém a *revolução política da educação* e ela não é apenas nem exclusivamente tarefa de professores, ainda que professores como vocês sejam indispensáveis para gestar essa luta e irradiá-la.

Necessitamos de um movimento social centrado em direitos humanos entendidos sócio-historicamente, isto é, como *transferências de poder social e pessoal* que possibilitam práticas produtivas de *autoestima legítima*. Um movimento que tenha como eixo articulador a produção de uma cultura de direitos humanos, de uma sensibilidade de reconhecimento, acompanhamento e solidariedade humana. De uma cultura que aposte no risco de assumir o diferente que se empenha em crescer de maneira libertadora, como referência de aprendizagem e humanidade, como estímulo para crescer vital e socialmente a partir de carências próprias. Que todo o planeta seja uma aula! Que toda relação humana seja uma aula para gratificar a criatividade e a vida! Que cada cultura e cada povo sejam uma aula! Que a relação com um mesmo seja uma aula! Sonho, sem dúvida! Mas toda política libertadora demanda horizontes, sonhos, multitudinária produção do desejo de esperança.

Empenhar-se e testemunhar uma cultura de direitos humanos, mesmo sendo minoria hoje, é uma experiência civilizadora. A essa enorme tarefa política, reconstrutora das experiências de humanidade na história, chama este curso modesto e limitado, porém infinito por sua intensidade e proteção.

Aguascalientes, agosto de 2003.

IV
Políticas públicas, cidadania e transformação social das famílias[1]

Nesta viagem a Guadalajara, encontrei em um aeroporto e em um dos voos uma mãe e sua filha pequena, esta provavelmente de dois anos. A mãe, vestida com roupas humildes, beliscava rudemente a menina, retorcia suas orelhas e também batia em sua cabeça com a mão fechada. Queria que a menina não se mexesse, que permanecesse sentada, que não se aproximasse das vitrines.

No avião, queria que ela não tivesse medo e ficasse quieta. No aeroporto, enquanto os viajantes esperavam a chamada de embarque, a mãe falava a um público formado por todos nós. Repetia, satisfeita: "Vou castigar você de novo". Manifestava assim seu poder sobre a criatura. Acossada, a pequena chorava sem nenhuma civilidade, como um animal. Logo, fatigada pelo pranto, recostava-se na mãe e chamava-a "mamãe".

A apresentação que se segue é alimentada pela lembrança da relação entre essa mãe e sua filha. Gostaria que a mulher, por algum acaso, qualquer que fosse, transformasse seu medo, insegurança e rancor em vontade para aprender com sua filha e crescer com ela. E gostaria que a menina possuísse uma memória mágica, que lhe permitisse esquecer e conseguir cultivar um coração generoso e caloroso, que a abra para o amor e a autoestima.

---

1 Esta comunicação deveria ter sido lida no II Congresso Internacional da Família (Guadalajara, México, 6-7 de fevereiro de 2006). Por razões pitorescas e patéticas, não ficou conhecida. A versão aqui transcrita é um pouco mais detalhada que a apresentação original.

Políticas públicas e vulnerabilidade social

As políticas públicas podem ser vistas da perspectiva da Ciência Política, da administração pública ou do pensamento social. Este último significa da perspectiva das *necessidades das pessoas*. Estas surgem pelo caráter ou caracteres que têm as relações sociais que constituem essas pessoas. As famílias podem ser entendidas como uma decantação de tramas sociais que determinam instituições animadas por lógicas ou espíritos.

O enfoque desta tarde se faz a partir das necessidades da pessoa ou pessoas. E isso quer dizer que a perspectiva da exposição se concentra no mote da "transformação social das famílias". A transformação das famílias contém mudanças nas lógicas ou espíritos que as animam.

Existe uma razão básica para selecionar esse enfoque a partir das pessoas e das mudanças nas relações sociais que as constituem. Os critérios politológicos e administrativos sobre políticas públicas *pressupõem* o Estado, dão-no como certo. Para o pensamento social, e em particular para o pensamento social latino-americano, o Estado é uma *discussão*. Ou seja, algo sobre o qual é preciso chegar a um acordo. Trata-se de uma discussão tanto conceitual como prática.

Acredito que bastará uma observação para especificar o que se procura mostrar quando se afirma que o Estado é uma discussão ou está em debate. O que se quer dizer é que não se dá como certo que México ou Colômbia, por exemplo, ou seja, sua gente, conta com um Estado de direito porque existem no México ou na Colômbia "políticas públicas". Em uma casa ou sob teto comum, pode existir um contrato matrimonial, práticas conjugais e parentais, e até de bairro e vizinhança, e não existir um lar. De modo semelhante, um Estado não existe porque possui uma Constituição, leis e regulamentos, ou jogos de governo-oposição ou partidos políticos e eleições, mas porque uma institucionalidade legítima se ocupa do projeto coletivo que pressupõe o bem-estar das pessoas e a segurança jurídica de sua cidadania. O Estado de direito existe, por exemplo, se, nas relações que se estabelecem entre as pessoas, as práticas de discriminação (por idade, cor, etnia ou cultura, sexo-gênero, idade etc.) são ilegais, ou seja, são punidas efetivamente como delitos. Isso é assim porque, para os Estados modernos, a condição de cidadão é universal, o que significa que ninguém enquanto tal pode ser discriminado. E é por isso que não pode haver bem-estar para todas as pessoas, universal ou generalizado, se existem práticas de discriminação, no acesso à educação ou de sexo-gênero, por exemplo, que não são legalmente perseguidas e juridicamente punidas.

Certamente, um Estado pode achar-se em processo para constituir-se como Estado pleno de direito. O México, por exemplo, ou alguns setores de mexicanos imaginaram que, quando houve a alternância de partidos no governo, já estavam em uma democracia. Hoje, talvez considerem que a alternância no governo – hoje uns, amanhã outros e corretamente eleitos – é condição de institucionalidade democrática, porém isso não basta, e a institucionalidade democrática deve ser entendida como *processo*: hoje queremos a alternância, amanhã isso não será suficiente e quereremos, por assim dizer, participação cidadã responsável. Do mesmo modo, um Estado de direito pode ser entendido como um processo. Hoje, *segurança*, no sentido de prevenção e punição do crime, para todos, urbano e rural, opulento e empobrecido, criança, idoso, adulto, mulher. Mas, amanhã, a segurança jurídica, a segurança da vida e das distintas formas de propriedade, se forem alcançadas, não bastarão, e então quereremos, por exemplo, que *não exista discriminação de gênero* e que, por isso, sejam punidas como criminosas as doutrinas e práticas de discriminação, as práticas patriarcais, e a ideologia machista, esteja onde estiver. Assim, o Estado pode ser entendido como uma *polêmica* prática e conceitual, mas também como um *processo*. Contudo, o que alimenta esse processo, para que vá de menos a melhor, ou para que estanque ou retroceda e vá de menos a pior, são as práticas das pessoas, as práticas libertadoras das pessoas.

Quando falamos de famílias aqui, nós as entendemos como espaços *de necessidades das pessoas* e também como práticas que fazem das *famílias espaços de libertação*, ou seja, *de reconhecimento e gratificação*. Hoje, para que as famílias sejam um espaço de pessoas, devem ser constituídas como espaços e *fatores de resistência*. Mas falaremos especificamente disso mais adiante.

Retornemos um momento à ideia inicial. Dissemos que é possível ingressar na consideração das políticas públicas a partir da Ciência Política, da administração pública ou do pensamento social, cujo referencial são as necessidades das pessoas. Um acadêmico poderia dizer que o objetivo final da política pública consiste em conseguir um grau razoável de coesão social, isto é, de *cooperação*. Mas, como vimos, a cooperação sob um teto comum, a casa familiar ou um negócio pode conter *dominação* ou, o que é o mesmo, discriminação e violência. Pode-se dizer o mesmo da cooperação em uma sociedade tão complexa como a do México. A vontade de alcançar um "grau razoável" de coesão social, que são tarefas estatais e de governo, pode conter discriminação e violência. Agora, aqui, o melhor não é perguntar ao Estado, à Igreja ou "à" família se existem práticas de discriminação e violência ligadas às leis, aos cultos e às lógicas religiosas, às relações parentais e de sexo-gênero, mas às possíveis vítimas. *Perguntar às vítimas*. Vítimas não são quem personifica o poder, mas quem o sofre. As pessoas, como se nota, tornaram-se as vítimas e aqueles que as vitimaram, um tipo de dialética. E o tema é: quando se fala de políticas públicas na América Latina e no México, e talvez em todo o mundo, convém perguntar e escutar as vítimas: nas famílias nucleares e ampliadas, as mulheres, os idosos, as crianças e os jovens; na escola, os educandos; na fábrica, os assalariados; na rua, o cidadão que volta do trabalho e é assaltado, ferido e roubado etc.

Talvez seja útil acrescentar uma categoria conceitual: quando se fala de políticas públicas da perspectiva do Estado (e, com mais razão, da administração), pensa-se em cindir para manter o *equilíbrio* ou a *estabilidade* do *sistema social*, independentemente das vítimas que esse equilíbrio e sua reprodução produzam. Quando se fala, ao contrário, do ponto de vista das vítimas, pensa-se nas dores sociais particulares geradas por dominações ou carências, em conflitos estruturais, e como é possível avançar a partir das pessoas, e especificamente das vítimas, na resolução dessas dores, para que cessem, e como avançar a partir da dominação (que supõe discriminação) para formas libertadoras e mais gratificantes de organização da existência. As vítimas constituem um tipo de avaliação, o melhor tipo de avaliação, sobre a *eficácia e a legitimidade* das políticas públicas. Uma medida de sua precariedade e do que poderiam e deveriam ser. Ou seja, um critério que enfatiza as debilidades ou carências, que usualmente não se quer reconhecer, da *autoridade*, seja estatal, governamental, clerical ou familiar. Mencionemos somente um exemplo: nas famílias nucleares e ampliadas, é comum que a autoridade se pratique sob o desvio do *autoritarismo*.

Dito isso, advertimos que estamos já bem longe de entender as políticas públicas como ações que desencadearam celebrações pomposas, comemorações, discursos oficiais, inaugurações, estátuas, presença de altos funcionários, magistrados, senadores, bispos, militares, jornalistas, pompa e, infelizmente, muitas vezes, hipocrisia. Toda política supõe uma *autoridade*, e esta pode ser altamente ineficaz e ilegítima. E, em nossas sociedades estruturadas com diversos princípios de dominação, as políticas públicas podem produzir e reproduzir vítimas.

Bem, por esse tipo de razões, que talvez não sejam suficientemente boas ou aceitáveis para todos, é que preferimos o enfoque a partir das pessoas e achamos que o Estado é uma discussão ou polêmica e, com isso, também o é a cidadania. "Cidadania" é o nome que recebem as pessoas de carne e osso quando consideradas juridicamente a partir do Estado. Quando consideradas com apetite a partir dos partidos, ou a partir de *certos* partidos, chamam-se *clientela eleitoral*. Quando consideradas a partir da administração pública, chamam-se *públicos* ou usuários, e é muito comum na América Latina e no Caribe que, nessa última condição, sejam desprezadas e maltratadas de diversas formas (burocratismo, indiferença, manipulação, clientelismo etc.). As famílias costumam ser usuárias de políticas públicas.

Em muitos países latino-americanos, quando alguém sofre de uma doença séria ou o tratamento da doença implica um grande gasto, essa pessoa e sua família recorrem, se a lei o faculta, à Seguridade Social. Ali, às vezes, não lhe é dada grande atenção, não é atendido como merece sua condição de pessoa doente e grupo familiar. Infelizmente, a situação de doente, à qual se pode acrescentar idade, condição rural, sexo feminino, costuma converter socialmente as pessoas em *seres vulneráveis*. Isso significa que *convocam a agressão*. Na Costa Rica, por exemplo, que é onde resido, ocorre um fenômeno curioso e triste durante as celebrações de fim de ano: algumas pessoas internam seus parentes idosos em hospitais públicos, dizendo que sofrem de algum mal. E, ao deixá-los, dão de propósito informações erradas sobre residência, telefone, identificação etc. Elas não estão internando esses idosos. Estão abandonando. Um idoso costuma ser determinado, por alguns grupos sociais e por diversas causas, como alguém que ocupa um espaço social de altíssima vulnerabilidade. Não pode tomar conta de si mesmo, depende dos outros. E pode ser que esses outros não tenham nem capacidade nem vontade para praticar com eles, com seus idosos, a compaixão, a misericórdia, o respeito ou o acompanhamento. Faço essa menção porque pode ser que as famílias no México (e em outras partes) sejam espaços de alta vulnerabilidade e convidem a que em seu interior se manifeste a violência e se produzam vítimas. Pode ser que o fato de ser mulher seja considerado um tipo peculiar de "doença", de desvalorização, que somente pode ser "endireitada" ou amenizada com restrições ou punições. E, é claro, na maioria das famílias costumam existir espaços para que sejam ocupados por uma ou várias mulheres.

Portanto, não é a mesma coisa ser um cidadão em cuja vida incidem as políticas públicas, quando se ocupa um espaço de altíssima, alta ou média vulnerabilidade social, e ser um cidadão que ocupa espaços sociais não invulneráveis, porque estes provavelmente não existem, mas de baixa ou pouca vulnerabilidade. As políticas públicas, por ação ou omissão, podem produzir espaços de alta vulnerabilidade social (como a do idoso pobre na Costa Rica ou da operária migrante em Ciudad Juárez, no México) e até procurar, também por ação ou omissão, sua reprodução. As políticas públicas podem constituir e legitimar espaços sociais, instituições e lógicas que produzem pessoas em situação de altíssima vulnerabilidade social (uma chefe de família sem instrução, por exemplo, um homossexual masculino ou feminino, um indígena) e explicá-las ou justificá-las dizendo que "a vida é assim", ou "cada um tem o que merece", ou "não há dinheiro para todos", ou "Deus proverá, porque só Ele sabe o que faz". As políticas públicas, consideradas a partir das necessidades das pessoas, podem ser apreciadas como fator constitutivo de problemas para essas mesmas pessoas, com as quais se supõe que elas devem cooperar como fator para sua melhoria.

Assim, a partir do ponto de vista da vulnerabilidade, isto é, de sua característica social de atrair agressões, temos cidadãos de diferentes tipos, segundo a vulnerabilidade dos lugares sociais que ocupam e também por sua pouca ou muita capacidade para questionar, a partir desses lugares, a eficácia e a legitimidade da "ordem" (que, para eles, pode resultar em desordem) social. Quando falo de políticas públicas, eu as associo à produção de vulnerabilidade social.

Sobre a cidadania e a sociedade civil

Detenhamo-nos um momento na noção de *cidadania* que ganhou notoriedade no México nas últimas décadas na forma de "sociedade civil".

A cidadania é o nome que recebem as pessoas quando suas práticas são reguladas por um Estado e essas pessoas aceitam ser reguladas, porque isso gera segurança, satisfação, alegria ou, pelo menos, diminuição de suas penúrias. Se é assim, então, dizem os professores, há entre as pessoas "obediência cívica". A obediência cívica se expressa na vida cotidiana: por exemplo, as pessoas não jogam restos na rua, mas em latas de lixo, específicas, que foram convenientemente colocadas por alguma autoridade ou instância delegada; as pessoas, ou seja, os cidadãos, não dirigem embriagadas, não são indiferentes à violência criminosa nas ruas, pagam seus impostos e multas com honradez, não se aproveitam de sua posição oficial para roubar, traficar e enriquecer, rechaçam indignadas a violência contra as crianças, as mulheres, a discriminação contra os indígenas e, em cada caso, demandam justiça, ainda que não tenham sido agredidas diretamente etc. A obediência cívica se expressa como uma *cultura política*, que remete a um consentimento tácito ou explícito sobre a eficácia e legitimidade do sistema social vigente, de suas instituições e das lógicas que a animam. Se existe essa obediência, que é função da eficácia e legitimidade do sistema e de sua governabilidade, então "cidadania" e "sociedade civil" querem dizer "pessoas bem-comportadas". Pessoas que se comportam de acordo com o Direito e apreciam e enriquecem as instituições e as lógicas (sociais) na medida em que se relacionam com os outros.

Ao contrário, se as pessoas passam as baratas (ou seja, a imundície) do seu quintal para o do vizinho, se não querem pagar impostos e os sonegam com todo tipo de desculpas e truques ilegais, se admitem a violência nas ruas e, quando podem, a praticam, se rechaçam os funcionários públicos não porque estes roubam, mas porque não lhes permitem roubar, e desejam, além disso, impunidade para seus crimes, como há para os outros, os poderosos, e por isso comemoram as agressões que ficam impunes, se os processos eleitorais as deixam indiferentes porque "todos os políticos são iguais", então a cultura política e a cidadania são de mentira e se expressam na forma de um *simulacro*. As pessoas não acreditam na ordem social nem em suas lógicas, mas fazem como se acreditassem, quando alguém que tem poder está de olho nelas ou quando acham que seus crimes serão punidos porque não têm dinheiro para subornar a autoridade corrupta. Nesse tipo de cidadania e sociedade civil, existe uma tendência à anomia, à decomposição social. No México, por exemplo, certa imprensa destaca que os jovens (cidadãos entre 18 e 34 anos) não desejam votar. A abstenção nessa parcela da população chega a 70%. No início do século, quando Vicente Fox foi eleito, essa abstenção era um pouco superior a 40%. Em cinco anos, cresceu trinta pontos. É uma cifra que expressa um comportamento preocupante, porque questiona por parte dos jovens a eficácia e a legitimidade não apenas do governo e dos processos eleitorais, mas também do sistema social. Agora, não acreditam que essa situação afeta somente os mexicanos. A tendência à perda de uma cultura do público, de valores republicanos, de desinteresse pela gestação de governos é um fenômeno que atravessa toda a América Latina, evidentemente com as peculiaridades de cada caso.

Existem práticas e lemas latino-americanos que expressam algumas das facetas dessa decomposição social. Os argentinos inventaram e gritaram em coro: "Vão embora todos". Muitas mexicanas e mexicanos humildes e trabalhadores preferem, com grande pesar, ir embora eles.

Assim, temos uma cidadania e uma sociedade civil bem-comportadas e uma cidadania e uma sociedade civil de mentiras, que vive um simulacro e possui tendências centrífugas, ou seja, de decomposição.

Existe, ou melhor, *pode existir*, além disso, uma cidadania e uma sociedade civil *emergentes*. Esta não é "bem-comportada", porque reconhece tanto a pouca eficácia da autoridade (e, com isso, sua ilegitimidade) quanto a responsabilidade que têm nessa pouca eficácia da autoridade cidadãos e setores sociais (mulheres, indígenas, trabalhadores, empresários, estudantes, famílias etc.), seja porque não estão organizados ou estão mal organizados, seja porque não se dão capacidade para conseguir incidência transformadora, libertadora. Ou seja, passar, ao menos, do pior para o ruim, do ruim para o regular e do regular para o bom ou excelente (e tudo isso aprendendo durante o caminho, crescendo). Essas sociedades civis emergentes foram responsáveis por tudo aquilo de positivo que as sociedades modernas podem mostrar: prestígio da ocupação científica e auge das tecnologias, direitos humanos, Estado de direito, lógicas republicanas e democráticas, soberania popular, autodeterminação dos povos, vontade de autoconstituição de sujeitos, lutas de mulheres para ter controle sobre sua existência, cuidado e cura ecológica, para citar alguns de alcances diversos e diferentes épocas. Essas sociedades civis e cidadanias emergentes se expressam como mobilizações e movimentos sociais libertadores (a expressão mais apropriada é "populares", mas talvez ela leve alguns de vocês a associações equívocas). Essas mobilizações e movimentos, de cientistas, mulheres, famílias (isso não existe ainda), camponeses, indígenas etc. são *testemunhais*, ou seja, manifestam com suas práticas uma cultura ou sensibilidade *alternativa*.

Assim, temos três tipos de cidadania e sociedade civil: a "bem-comportada", a simulada ou hipócrita e a emergente. Em uma determinada comunidade, e também em cada indivíduo, podem coexistir as três. Os seres humanos e suas instituições são assim: complexos. Agora, se nossa sociedade oferece grandes desafios, com muitas vítimas e criação de espaços de alta vulnerabilidade, convém pensar em criar ou reforçar a sociedade civil emergente. Quando lutou pela alternância no governo, o México fez isso.

Também aqui uma indicação conceitual: nesta introdução à sociedade civil e à cidadania, utilizo sempre ambos os termos (e realidades) articulados. Não que, por um lado, ou âmbito, exista sociedade civil e, por outro, cidadania. Interesses particulares legítimos e existência pública não se dão nas pessoas separadamente. Podem constituir-se como uma *tensão*, mas são sempre articulados. Somos e vivemos como camponeses, operárias, empresárias... e também como jaliscienses, chihuahenses ou chilangos e mexicanos. Quero dizer que é possível imaginar que ser um bom ou uma boa jalisciense seja uma expressão específica de ser um bom mexicano e autoconstituir-se como um maravilhoso ser humano, como alguém que produz, à maneira mexicana, humanidade.

O efeito prático de entender as coisas dessa maneira é que, sendo pai, devo comportar-me também como um jalisciense em relação às minhas filhas e filhos, e isso quer dizer que parte da minha responsabilidade é criar as condições, no meio familiar, para que eles desejem ser bons jaliscienses, e também bons mexicanos, onde esse Jalisco e esse México, enormes, plurais, complexos, sejam entendidos como empreendimentos coletivos de um processo mais amplo, que é o de produzir humanidade. Em relação a nosso tema específico, isso quer dizer: devemos imaginar nossas famílias, e cada um de nós nelas, como fatores de *produção de humanidade*. O usual é que isso não seja assim. E o usual ou comum não é assim porque costumamos ver nossas famílias como "naturais", e não como espaços de aprendizado coletivo, crítica, resistência e organização.

As famílias

Muito bem. Agora, sim, chegamos às famílias.

A primeira coisa em que devemos reparar aqui é que não existe "a" família. Melhor, provavelmente nunca existiu. Quando se fala de família, por efeito de uma cotidianidade fortemente religiosa, costumamos imaginar o pai, a mãe e os filhos. A chamada família nuclear. Essa família, além disso, a hierarquia da Igreja Católica a constitui oficialmente pelo vínculo indissolúvel do matrimônio. Chega-se à família pelo casamento monogâmico. Essa foi e sempre será a vontade de Deus. Essa família é a célula fundamental da sociedade, porque nela ocorre a procriação das novas gerações e também sua socialização primária, o que mais ou menos deveria significar que, nela, os filhos interiorizam seu mundo moral, gestam seus valores, no marco de um reconhecimento interpessoal querido e proposto também no mundo por Deus.

Essa visão "da" família que acabo de descrever é daquela que já não existe socialmente (e é desafiada), ou existe unicamente como ideologia, enquanto alguns a sustentam como a única legítima. Socialmente, costuma-se reconhecer que não é a única, porque, por exemplo, uma família não se constitui necessariamente pelo matrimônio e tampouco é um espaço em que se realiza a socialização primária das crianças, ou pelo menos não é o único espaço nem muitas vezes o mais importante (se o entendermos como interação com os pais). E, como é notório, também não existe uma moral única (comportamento devido), mas muitas, desde que suas práticas não constituam crimes. E que Deus, com seu amor, esteja amparando essa única ou variada(s) família(s) é muito discutível.

Vejamos alguns aspectos dessa transformação do nosso conhecimento sobre a família e sua transformação em "famílias".

a) Além da família nuclear, há a família extensa, a família reconstituída, a família uniparental (no México, existem ao menos 2 milhões de mães solteiras, e cerca de 10 milhões de mexicanos vivem em famílias chefiadas por mulheres solteiras, divorciadas ou abandonadas); há as famílias de parentes, a avó com o neto, por exemplo, e as famílias constituídas por pessoas de mesmo sexo, homossexuais, ou de idade parecida, como as de grupos de jovens (*maras*) que veem a si mesmos como uma família. Em povoados profundos ou indígenas da América, a família pode ser expressada como uma comunidade ou articulação de vizinhos.

Todas essas famílias, as quais devemos acrescentar sua variedade socioeconômica e cultural, seu caráter urbano ou rural, a qualidade de sua exposição aos meios de comunicação de massa, têm necessidades diferentes. As políticas públicas e a legislação deveriam atender a essas necessidades diferentes. Por exemplo, promover emprego estável e digno na cidade e no campo e evitar que os meios de comunicação de massa propaguem como único estilo de vida o tráfico mercantil e o consumo, punir duramente o domínio patriarcal e um de seus efeitos: o império e a violência masculinos, o machismo, no lar. No último exemplo, que o companheiro ou companheira homossexual seja herdeiro legítimo de todos ou de alguns bens daquela ou daquele que acompanhou e cuidou em vida.

b) Nem todo mundo constitui um lar ou família pelo matrimônio; de fato, a tendência hoje é que o número de casamentos diminua (e os divórcios aumentem). Hoje, muitas pessoas simplesmente se unem ou se juntam. E às vezes fazem isso para ter filhos, ou não, porque não podem ou não querem (embora possam adotá-los); hoje, a família já não se entende exclusivamente como um espaço de procriação de novas gerações. Paternidade e família podem dissociar-se, ou seja, separar-se.

Se isso é assim, devemos reconhecer a existência de famílias e lares cuja finalidade não é ter filhos e socializá-los, mas sim unir adultos que se reconhecem e se acompanham como seres humanos, sem outro propósito além da gratificação e do compartilhar de uma experiência amorosa e íntima de vida. Evidentemente, a que causa mais polêmica, legal e moral, é a família homossexual, seja de mulheres ou de homens. Mas um casal heterossexual também pode decidir não ter filhos e isso em si não diminui sua permanência e legitimidade como família; o que mudou – e, nesse último caso, para melhor – é a ideia-valorização de ser mulher, que pela primeira vez na história não aparece "condenada" a ser mãe. Não é negativo ser mãe, mas também não é obrigatório; e também não deveria ser considerado obrigatório ser pai (dentro e fora de uma relação familiar) para ser homem.

c) A função da socialização primária nos "bons valores" (que deveriam ser proporcionados por adultos com alguma responsabilidade familiar) é hoje afetada (melhorada, distorcida, anulada etc.) por muitos fatores: em primeiro lugar, a pobreza e a miséria socioeconômicas e culturais, assim como a opulência de outros; o fato de que ambos os pais na família nuclear ou todos os componentes na família ampliada trabalhem fora do espaço familiar; a ausência ou migração de alguns deles; a escolarização precoce ou a ausência de escolarização; o impacto da televisão e outros meios de comunicação de massa.

Talvez, hoje em dia, a televisão, a imprensa, o bairro, a realidade social e outros adultos tenham mais peso na socialização primária que os pais biológicos, com os quais se compartilha não um lar, mas um teto. Isso pode gerar uma maior tensão entre os pais e os filhos, e entre os educandos e quem deveria ser professor deles na escola. Em uma pesquisa informal com os catorze, ou algo assim, candidatos à Presidência da Costa Rica, todos reconheceram que seus conhecimentos sobre sexualidade não se produziram nem no lar nem na família nem na igreja, mas na rua, com amigos ou outros.

d) Foi brutalmente revelado aos latino-americanos nas últimas décadas do século XX que a cordial família era seio significativo de *violência intrafamiliar aberta* e também oculta ou *estrutural*. Esta última é a violência de sexo-gênero, o império patriarcal, que violenta a mulher em sua existência mais íntima, como companheira, como mãe, como ser humano ou pessoa, sem necessidade de agredi-la fisicamente, ainda que se possa fazê-lo, mas que estabelece uma lógica de violência cuja sordidez alcança com diversos matizes e força as crianças, os jovens e os idosos, e pode voltar-se contra os homens que a praticam.

Logo, as famílias, como o Estado, constituem-se hoje como instituições socialmente plurais e polêmicas, tensionadas e rompidas, que expõem necessidades variadas. Desses desafios, que muitos propõem como crise, escolhemos, por razões de tempo, apenas dois.

O primeiro é a questão das lógicas de império ou autoritárias que podem constituir o "espírito" de um ou vários tipos de família. Lembramos que, epistemologicamente, "família" provém do osco, uma língua itálica: "famel" significava "servo" e, em latim clássico, passou a ser "famulus", ou seja, o servo que vive sob dependência de um senhor no que diz respeito à habitação, vestimenta e alimento. Isso significa que ele deve o núcleo de sua existência a um amo. Constituía família quem convivia sob um mesmo teto, *sob o império de um senhor*.

A partir dessa base, configuraram-se as ideologias sobre a família. A mais difundida entre nós é a cristã católica tradicional, que faz dessa associação para a reprodução humana e a produção econômica um desígnio divino, destinado sacramentalmente ao exercício da castidade conjugal que, por sua vez, é orientada para a reprodução e a socialização ou criação dos filhos como serviço, em última instância, a Deus. Para essa ideologia, as inevitáveis tarefas no interior da família, o trabalho doméstico, carecem de valor econômico, porque são portadoras de amor devotado, ou seja, caracterizado pela *oferenda* e pelo *sacrifício*. Um dos efeitos dessa maneira de ver as coisas, em sociedades determinadas pelos valores econômicos de uma troca que potencializa o ganho individual, é que o trabalho doméstico e suas personificações (empregadas, esposas, filhos, jovens, idosos) são vistos e tratados como *inferiores* em relação ao *trabalho lucrativo fora do lar*, cujo renda em dinheiro (salário, ganho) é básica para a manutenção (e permanência) da família. Ocorre assim um conflito entre um espaço familiar sem valor mercantil, onde deveria reinar a gratidão amorosa, e os espaços exteriores à família, onde reinam a competitividade, a eficiência e a luta pela existência. No entanto, também "fora" da intimidade amorosa do espaço familiar estão o futebol, o sexo orgástico, a diversão alcoólica, o espetáculo, a política, a guerra. A televisão "soluciona" em parte essa tensão, trazendo o mercado, o sexo, a violência, o espetáculo para debaixo do teto que abriga a amorosa intimidade dos pais e seus filhos.

Obviamente, trata-se de um sarcasmo. A televisão comercial não "soluciona" nada nem pretende "solucionar". Em sociedades de competitividade mercantil, sexismo, consumo e violência, as famílias expressam a sua maneira essa realidade e seu "espírito". Trazem-na do trabalho para debaixo do teto comum o pai ou a mãe, do bairro e da escola os filhos. A televisão, o disco, a imprensa. Os meios de comunicação, por exemplo, não constroem notícias para o bem-estar da família, mas para vender seu produto e atrair anúncios. Nenhuma emissora de televisão tem em mente as necessidades de amor e respeito familiares, quando exibe novelas, séries, jornais, anúncios, futebol. Tudo isso é parte do seu negócio. É feito para ganhar dinheiro. Qualquer outro objetivo é indireto e midiatizado.

As famílias teriam de fazer um esforço consciente, e o Estado teria de ajudá-las, para não reproduzir em seu interior a violência da realidade ou de seu mundo. Teria de dedicar tempo de qualidade e em quantidade para conseguir que a família permanecesse como espaço de gratidão amorosa e íntima, como espaço de respeito e crescimento compartilhado, orientado, sem ironia, para sobreviver fora, na violência do mundo mercantil, sexista, bélico.

Evidentemente, esse tempo quantitativo e qualitativo não existe, e as políticas públicas aspiram, no melhor dos casos, a que *sob o teto comum* mulheres, homens e crianças reponham energias físicas para retornar ao mundo de verdade: o do trabalho, da exploração, do sexismo e da violência generalizados. Alguém poderia se perguntar: "A utopia da família pode existir em uma sociedade dominada pela competitividade, violência, falta de comunicação, discriminação e suas contrapartidas: o medo, a insegurança, a ausência de autoestima efetiva? São possíveis, hoje em dia, as crianças?".

Mencionei, há pouco, a "violência generalizada". Embora as diversas famílias não se constituam, hoje, necessariamente pelo sacramento do matrimônio, existe um tipo de espírito ou lógica que parece alimentar a todas. Trata-se do espírito que decorre do *império patriarcal*, que é um tipo de dominação ou violência que percorre estrutural ou politicamente todos os espaços sociais e, obviamente, concorre nas instituições familiares. Não ouvi muito sobre essa violência estrutural neste II Congresso Internacional. As vítimas principais e imediatas do domínio ou império patriarcal são as mulheres. Nas famílias, quem ocupa um lugar socialmente determinado como feminino atrairá autoritarismo e violência estrutural ou império, que pode prolongar-se como violência situacional (surras, maus-tratos psicológicos etc.).

Mas por acaso não é a mãe, a "chefe do lar", a "rainha" ou a "imperatriz" que manda na casa-família? Não é honrada até como "santa"? Sim, porém o homem adulto, o macho, continua sendo, como declara a canção, "o rei".

A autoridade da mãe tradicional na família é uma autoridade delegada pelo rei. A mãe é o eixo do lar sempre e quando reproduz nesse tipo de família a autoridade patriarcal. Se falhar, o rei intervém para anular a ação. Nos lares mais tradicionais, nuclear e ampliado, a mãe administra, *enquanto mãe*, o domínio patriarcal, é uma funcionária ou delegada desse império. Como tal, assegura, com maior ou menor consciência, sua vigência e perpetuação sociais. Sem dúvida, o império patriarcal deve ser combatido em todos os âmbitos sociais e de muitas diferentes maneiras, mas se não for combatido no interior da família "tradicional", não se avançará na conquista de uma cultura sem discriminação.

Uma cultura sem discriminação não admite o patriarcado, considera-o crime e persegue legalmente suas práticas e ideologias como ofensas que castigam a humanidade. A discriminação contra as mulheres, ou de sexo-gênero pelo império masculino, é declarada *crime de lesa-humanidade*. Como a tortura, a escravidão e o genocídio. Parece forte e bom. Contudo, deve-se incluir aí a luta pela transformação libertadora da família. E esta não pode ocorrer sem a transformação do papel que até o momento julgou a mãe como administradora privilegiada, usualmente inconsciente, da ordem patriarcal. Essa é uma das tarefas deste movimento social que ainda não existe: o das famílias.

Minha segunda referência fala do valor civilizatório da família. Alguns autores acreditam que a instituição familiar não só está em crise, como se encaminha para seu fim. Evidentemente, poderiam estar se referindo, no melhor dos casos, à tradicional relação pais-filhos e à socialização autoritária destes últimos. Mas, na realidade, "família", como conceito, não indica necessariamente essa relação autoritária, de via única, que forma as novas gerações tanto na dominação sexo-gênero quanto na valorização da criança e do jovem como um "menor", e não como um sujeito com capacidades, direitos e responsabilidades. Aqui, queremos entender "família" como um espaço de reconhecimentos e solidariedades gratuitos e íntimos entre seres humanos diversos, mas todos com vocação e responsabilidade de *sujeitos*. O pai como um sujeito humano que ajuda a mãe a ser sujeito humano. A mãe como um sujeito humano que ajuda o pai a crescer humanamente. Os filhos reconhecendo e acompanhando os pais. Os pais reconhecendo e acompanhando os filhos, não os julgando segundo uma superioridade da qual carecem. A família como uma instituição que faz sua a tese de que quem não tiver falta ou erro que jogue a primeira pedra. A família como produtora de humanidade e humanidades.

Tal coisa, alguém dirá, não existe. As famílias, como discutimos aqui mesmo, não podem subtrair-se de seu entorno e se este é competitivo, violento, sexista, as famílias também serão, a sua maneira (e como podem), grosseiras, violentas, sexistas. Agora, porém, não estou falando do que existe, mas do conceito "família" e de seu valor como *referencial utópico*, daquilo que nos alimenta como *esperança para viver*. Do ponto de vista do conceito, não de sua prática, a família como articulação gratuita de produção de humanidade já existe. Quero dar dois exemplos conceituais de suas raízes e sentido.

A primeira referência é o que vou chamar de família globalmente tensionada e fragmentada, configurada pelo emigrante ou pela emigrante que abandona sua terra, seu lugar, e se radica, muitas vezes depois de um itinerário cruel, em outra região ou país onde tem emprego e renda constante.

O que a imprensa e os políticos chamam comodamente de "globalização" parece decompor e desagregar muitas famílias humildes, tanto no México como na América Central e outras regiões do Terceiro Mundo. Mas também sabemos que muitos desses emigrantes enviam, economizando seus salários humildes, dinheiro para suas mães, filhos, avós, tios, para que possam viver com sua casa, sua roupa, sua comida, sua escola, em seu lugar de origem. As entradas por esse conceito, o envio de dólares por emigrantes humildes, representam neste momento a segunda maior entrada em dólares no México, somente atrás do que é ganho com a exportação de petróleo. E isso quer dizer que o emigrante mexicano, mulher ou homem, de origem urbana ou rural, ainda que tenha outro companheiro sexual em sua nova terra (e talvez filhos), recompõe com seu trabalho e sua poupança esforçada, a família original, à distância, acompanha avós, honra esposa e filhos. Essa família globalmente tensionada constitui uma *experiência de aprendizagem*.

O que podemos aprender com essa família globalmente tensionada, que se esforça para continuar uma família? Evidentemente, *solidariedade*. Basta compará-la com aqueles que se casam por meio de um contrato que assegura que os ganhos de um dos cônjuges não possam ser tocados pelo outro, quando as coisas ficam difíceis ou vão mal. Mas também a vontade de recomposição, morosa e fatigante, de tramas sociais, quando parece tão cômodo para muitos divorciar-se. Se desejarem, efetiva a entrega, o amor devotado, tão unilateral na doutrina católica. Responsabilidade, autoestima. O emigrante é mais familiar, porque vê e aprecia suas raízes mesmo nas condições mais hostis e sob o trato mais duro. Quanto amor e calor humano, quanta generosidade para aprender e crescer nas famílias reconstituídas pelas remessas das e dos emigrantes. E são gente humilde.

Essa primeira referência talvez lhes tenha parecido simpática por ser emotiva e heroica. A segunda referência talvez lhes pareça mais polêmica. Lembrem-se, contudo, de que falo do *conceito*, não da prática, do que efetivamente se vive. Eu dizia que a família como articulação gratuita de produção de humanidade já existe. Uma de suas presenças está na *família homossexual*. Do ponto de vista do conceito, esse tipo de família vincula intimamente adultos que voluntariamente desejam e procuram ser reconhecidos e acompanhados em suas necessidades e capacidades para crescer como seres humanos. Não aspiram ter filhos nem criá-los. Procuram sem egoísmo, ainda que sua referência seja sexual, e com honestidade, a plenitude humana e a autoestima que possam produzir como casal que empreende uma empresa comum. Já sei que essa não é a forma comum de entender a relação homossexual. Mas falo do conceito. E vista assim, a família homossexual se apresenta como uma instituição culturalmente mais estimulante do que a família heterossexual tradicional (que, hoje, também não é obrigada a ter filhos) poderia aprender. Em suma, o que aprenderia? Evidentemente, *humildade*: necessitamos dos outros. Não é o "eu posso", mesmo que pisoteando os demais, ou submetendo-os, mas sim o "com os outros, podemos". Aprenderia a *horizontalidade*. A relação homossexual ensina uma vocação universal do sujeito: nenhum é mais do que o outro, cada qual na relação oferece e cresce em autoestima para compartilhar. Este último é o valor da *gratuidade*. *Testemunhar* gratuidade. Oferecer a identidade ou subjetividade mais íntima por gratuidade. Tão diferente do "se você não me der alguma coisa, eu já não lhe quero". Ou "eu que investi tanto (dinheiro, amor) para educar você, e agora você vai embora com o primeiro conferencista que aparece", que é o que se costuma censurar às filhas quando elegem como amor de suas vidas alguém que a mãe ou o pai acham inferior, um "inútil". Humildade, sem perda de autoestima legítima; horizontalidade, um dos fundamentos de direitos humanos; entrega gratuita e valente como critério para crescer em humanidade produtiva e generosa que sempre se aprende. *Confiança. Fé antropológica.* Não lhes parece que, já não uma família, mas uma sociedade mobilizada assim, com esse *espírito*, seria de se admirar por ser amável, solidária, por carecer de terror em sua inevitável relação de valente aceitação dos outros? Pois que essa sociedade humana específica e universal não será possível sem uma transformação radical das identidades que se constituem dia a dia nas famílias de todos nós (que, diga-se de passagem, são também construídas e reproduzidas por todos nós). Falo de uma transformação radical que exige migrar de nosso espírito conformista e assumir a família como um desafio, como uma luta social, como uma aposta no êxito com que nos comprometemos e nos fazemos responsáveis.

Para aqueles a quem essa referência parece remota, pensem nas atuais sociedades latino-americanas. Saturadas, do Chile ao México, de discriminações brutais e odiosas, que nos colocam uns contra os outros, que nos obrigam a emigrar ainda que permaneçamos no mesmo lugar, e que nos fazem sonhar com uma segurança impossível para nossas famílias e nossos filhos. O ataque pode vir de qualquer lugar: do assassino, do estuprador, do patrão, do padre, da polícia, do magistrado, do vizinho, do futuro. Do conferencista. Entre tantas incertezas, a cobiça e a precariedade nos assaltam o desejo. Em má hora, esse desejo é pecado ou implica agressão, cobiça. Satisfazemos o desejo porque acreditamos que nele está a vida, ou por qualquer outra razão. E então experimentamos culpa, remorso, solidão. E se não satisfazemos esse desejo, ficamos frustrados e amargurados, bebemos, sentindo-nos miseráveis. Com sorte, podemos nos refugiar na intimidade de nossa família. Ali há uma avó, ou uma tia, ou um primo, ou uma criança de dois anos que sempre nos acolhe ou reconforta. Talvez a memória de um de nossos mortos. Na realidade, esses que nos querem têm pena de nós ou se solidarizam conosco de maneira instintiva. Construímos sociedades de insegurança, culpa, pecado, cobiça e compaixão, mas poderíamos construir, ao contrário, sociedades amáveis, generosas, calorosas, que irradiam autoestima. Minha opinião é que estas últimas falam bem das *necessidades e desejos das pessoas*, de sua subjetividade mais íntima, em especial das mais humildes.

Alguém poderia objetar: se as sociedades, ou seja, os poderes existentes, não mudam, como as famílias poderiam mudar? Tem razão. Contudo, não foram os poderes dominantes no México que mudaram seu sistema eleitoral, de modo que as eleições fossem mais limpas e seguras. *Vocês mudaram o sistema na forma de um tenaz movimento social cidadão*. E qual é o âmbito mais próximo que vocês têm como filhos, esposos, pais, amantes, parentes, para exercer poder libertador tenaz, se não o de suas relações familiares? Se as famílias das pessoas sensíveis, das vítimas, não entreveem e preparam novas sociedades, é quase certo que os proprietários, empresários, padres, cientistas, esportistas famosos, artistas, militares e suas empresas não as constituirão. Esse é o tema de um *movimento social pela reivindicação social e humana das famílias*. O tema das políticas públicas, visto a partir das necessidades das pessoas. Como se nota, ele não tem nada de clerical. É um empenho político e cultural. Soberbamente humano.

Hoje em dia, esse empenho soberbo parece obrigatório, já que o século XXI assiste provavelmente ao desaparecimento da espécie humana, autodestruída pela cobiça e pela estupidez. Quem primeiro empregou o termo "família", na antiga Itália, representava-a como um espaço de servidão inevitável. Hoje, é possível e necessário imaginá-la como espaço de autoprodução de seres humanos, de *sujeitos*. O sujeito mulher, o sujeito homem, o sujeito jovem, o sujeito criança, o sujeito idoso. Em sociedades que cultivam a servidão assalariada, a servidão de sexo-gênero, a servidão cultural, que fala e entende um discurso único, a servidão de quem só aspira a ser incluído (mesmo que seja na selvageria da guerra), aparece a necessidade e a possibilidade (porque de alguma maneira depende de cada um de nós) de transformar de maneira *libertadora*, e para tarefas de libertação, as *famílias*.

Não é estranho que as políticas públicas que expressam o Estado e administram os governos não estimulem famílias libertadoras que deem poder a cada um de seus membros como efetivos seres humanos. Seu espírito não seria funcional para esse mundo de sórdido brilho mercantil, de luxuosa violência, de brutais discriminações. Contra eles, e interpelando um Estado que potencializa ou autoriza condições para interpelá-lo, afirmo o movimento social pela reivindicação das famílias como espaço de aprendizagem e crescimento coletivo e de autoprodução de humanidade. Contra eles, e *a favor de todos e de cada um*, a produção da família humana que, articulada com outras lutas, pode nos tornar indivíduos gratificados e responsáveis, jaliscienses, mexicanos com estatura de efetivos seres humanos. Em que pese sua inegável dificuldade, essa tarefa e esse compromisso estão aqui, em nossas mãos. Nas suas.

Segunda parte

V
DISCUSSÕES SOBRE O DIREITO NATURAL E DIREITOS HUMANOS

A expressão *Direito natural* é utilizada aqui como um termo genérico que compreende tanto o Direito natural clássico ou antigo como o jusnaturalismo que acompanha a elaboração do imaginário das sociedades modernas. A aproximação mais ampla dessa expressão a designa como uma *ordem justa por si mesma*, que é matriz e referencial de todo Direito positivo, quer dizer, da normativa legal que se encontra codificada. O Direito natural possui validade e eficácia jurídica por si mesmo, manda, proíbe e tem efeito vinculante para o ser humano, porque decorre da *ordem natural das coisas* ou de uma *natureza do indivíduo humano* e da *humanidade*. Um fator indispensável para o Direito natural consiste em uma *razão humana universal*, ou seja, igual para todos, capaz de conhecê-lo e assumi-lo, e que é *idêntica para todos os tempos e lugares*.[1] Nenhum ser humano pode, por isso, desculpar-se por ignorar esse Direito. Em face de sua autoridade, sempre se é *culpável*.

---

1 Os manuais de Filosofia do Direito costumam distinguir três grandes acepções para a expressão "Direito natural". Em sentido estrito, seria o que determina a natureza como critério para um Direito intrinsecamente válido, constituindo "natureza" ou uma totalidade objetiva ou o desenvolvimento próprio de uma coisa. O Direito natural formal considera a razão medida fundamental do Direito. O terceiro, o Direito natural em sentido amplo, indica que o critério para determinar a validade intrínseca de uma norma jurídica é o conjunto de normas éticas que regem as condutas externas dos seres humanos. O primeiro tipo foi exposto pelos sofistas na Grécia Antiga e também por Platão e Aristóteles, que influenciaram o pensamento de Agostinho de Hipona e Tomás de Aquino para configurar um dos referenciais básicos do imaginário cristão e católico. A segunda forma aparece em autores distintos, como Hobbes (razão instrumental) e Kant (razão prática). Na terceira, encontraríamos também Kant e sua doutrina da estimativa jurídica. (Cf. Vecchio, *Filosofía del Derecho*, ou Rojas, *Filosofía del Derecho*. Ensaios mais específicos são os de Papacchini, *Filosofía y derechos humanos*.)

O parágrafo anterior torna possível separar, inicialmente, algumas referências básicas. Em primeiro lugar, existe uma relação de hierarquia entre Direito natural e Direito positivo. O segundo deve resultar ou ser expressão do primeiro. Caso contrário, não seria justo e, portanto, não seria vinculante ou devido. Um segundo aspecto consiste no fato de que o Direito natural pode aparecer como *obrigação* derivada da natureza do mundo e de sua ordem apropriada. Essa ordem apropriada, única, poderia ser conhecida por uma *cosmologia* ou *teologia*. Também poderia ser associada a um *sentimento de justiça* ou *jurídico*, próprio da experiência humana, ainda que seja por contraste, ou da humanidade. Um terceiro aspecto concerne ao fato de que, inicialmente, podemos diferenciar em linhas gerais dois tipos de Direito natural: um antigo ou clássico, *centrado nas obrigações* ou *deveres*, e o jusnaturalismo moderno, que enfatiza as *forças e capacidades dos indivíduos* diante dos impérios religiosos ou monárquicos.

Do último alcance resulta que apenas o jusnaturalismo moderno, e não em todas as suas versões, oferece um critério positivo, ainda que parcial e discutível, para propor direitos humanos. Ao direito natural clássico apresenta-se um obstáculo interno, sua ênfase nas *obrigações* de ordem natural ou real do mundo objetivo, seguindo-se então uma ética racional "natural", para suportar sem conflito foros e capacidades subjetivas e subjugáveis do ser humano. Bobbio afirma:

> Uma verdadeira e própria doutrina dos direitos naturais não aparece pela primeira vez até os escritores do século XVII, a começar por Hobbes, com sua célebre distinção entre *lex*, entendida como fonte de obrigações, e *jus*, entendido como liberdade de toda a obrigação. Bem considerado, o passo da doutrina tradicional do Direito natural para a doutrina moderna dos direitos naturais é um passo interno no sistema do jusnaturalismo, e é um passo rico em consequências.[2]

Aqui, porém, não interessa diretamente discutir as características e tipos de discursos que historicamente configuraram a posição ou a doutrina do

---

2 Bobbio, *Igualdad y dignidad de los hombres*, p.40. Bobbio utiliza "jusnaturalismo" como sinônimo de Direito natural. Neste trabalho, reservamos esse termo para qualificar apenas a doutrina moderna dos direitos naturais.

Direito natural, mas apenas examinar algumas de suas expressões em relação a direitos humanos para mostrar como o imaginário que os sustenta e organiza, um imaginário de *transcendência*,[3] torna impossível ou manipulável a *eficácia jurídica* de direitos humanos. Sobre esse cumprimento jurídico, que possui elementos legais e culturais, como veremos mais adiante, pronunciou-se, ainda que lhe outorgando outro sentido, um ardente defensor da necessidade do Direito natural, Giorgio del Vecchio:

> Mas tal reação [a derivada dos métodos pseudo-históricos] é injustificável e irracional se [...] pretende negar a validade do Direito natural entendido no sentido puramente deontológico, como ideia racional. De fato, não se pode deduzir a inexistência do Direito natural, como exigência ou como ideal, da circunstância de que não exista ou nunca tenha se realizado como fenômeno. A observação dos fatos não basta para comprovar a subsistência ou a insubsistência de um Direito, assim como não basta, ao contrário, aduzir um Direito para provar que aconteceu ou não um determinado fato.[4]

O que se discute nesse ponto, contudo, não é senão o "deontológico", ou seja, não o *devido* para que o ser seja *perfeito*, exista, mas se existe como um sucesso, evento ou fenômeno da transcendência. Se existisse em tal condição, ele seria negativo para a eficácia jurídica e projeção cultural de direitos humanos. Evidentemente, a expressão "eficácia jurídica" supõe a existência da norma positiva, acesso aos tribunais, processo legal, sanção adequada às leis, cumprimento da sanção e reconhecimento cultural da "justiça" do atuado. Não se pode falar de "eficácia jurídica" se essas ações nunca tiveram lugar na história social humana e existem unicamente, de um ponto de vista metafísico ou ideológico, como referência a uma "perfeição do ser" impossível na história. Certamente, "existir ideológica ou metafisicamente" também não se traduz como não existir. As produções metafísicas ou ideológicas possuem fundamentos e alcances sócio-históricos, ou seja, são elaborações humanas. O que se afirma neste trabalho não é sua inexistên-

---

[3] Emprego "transcendência" em um sentido amplo, como aquilo que está fora ou além de toda experiência humana, ou mesmo do ser, e também para indicar uma articulação de diferentes que não podem chegar a uma unidade ou identidade. O oposto a essas transcendências religiosas metafísicas é a imanência sistêmica, embora conflituosa, da produção sócio-histórica.

[4] Vecchio, op. cit., p.524.

cia, mas sua projeção negativa para a eficácia sócio-histórica e jurídica da afirmação, constituição e reivindicação de direitos humanos.

E, sem mais, consideremos as características de um primeiro tipo de discurso que expressa os caracteres do Direito natural em relação aos direitos humanos. Trata-se de um texto didático dos autores Antonio Botana e Félix López, adaptado para o *Manual de apoyo para la educación en derechos humanos para secundaria y bachillerato*,[5] editado em Puebla, no México. O título é "El país de los pozos" [O país dos poços].

1. O país dos poços

Na edição do manual, o texto tem três páginas, nas quais se delineia a seguinte situação: era o país dos poços, mas poços secos e distantes entre si, porque entre eles sempre havia terra seca: "Os poços falavam entre si, mas a distância; sempre havia terra no meio. Na realidade, o único que falava era o bocal, aquilo que se vê rente ao solo. E dava a impressão de que, ao falar, soava oco. Porque, é claro, vinha de lugares ocos".[6]

A narração sublinha que os poços (grandes, pequenos, ricos, pobres, bonitos ou feios) queriam preencher seu vazio colocando coisas nele: objetos, ruídos, sensações e "até livros e sabedoria". Aquele que tinha mais coisas em seu bocal e estivesse mais na moda era mais respeitado e admirado. "Mas, no fundo, nunca estavam satisfeitos com o que tinham. O bocal estava sempre ressecado e sedento."[7]

De quando em quando, alguns dos poços remexiam seu fundo e sentiam em seu interior algo misterioso, experimentavam uma sensação rara, que a muitos deu medo, de modo que não quiseram voltar a senti-la. Outros, cansados da dificuldade que implicava passar entre as coisas entesouradas para chegar ao fundo, decidiram esquecer "aquilo". "Também se falava – na superfície – daquelas 'experiências profundas' que muitos sentiam.

---

5 Responsabilizam-se por esse manual a Anistia Internacional, o Instituto Interamericano de Direitos Humanos, a Comissão Estatal de Defesa dos Direitos Humanos de Puebla (México) e o governo do Estado de Puebla. Trata-se de um volume extenso, de 362 páginas, editado provavelmente em 1998 ou 1999 (não há data na edição).
6 Botana; López, "El país de los pozos", p.43. Bocal é o muro em parapeito que pode ter um poço.
7 Ibid.

Mas muitos riam e diziam que tudo isso era ilusão... Que não havia mais realidade que o bocal e as coisas que entravam em seu vão."[8]

Mas um dos poços insistiu em olhar para dentro e querer chegar ao fundo. Estava entusiasmado com o que sentia. Como as coisas que havia juntado no bocal o incomodavam, jogou-as para fora. E eliminou o ruído, até ficar em silêncio. No silêncio do bocal, escutou o borbulhar da água lá embaixo... e sentiu uma paz enorme, uma paz viva, que vinha das profundezas.

Então, o poço experimentou aquilo que, justamente, era sua razão de ser: ali, no fundo, sentia-se ele mesmo. Até então, havia acreditado que o poço [sic] [ser poço] era ter um bocal muito grande, muito rico e adornado, bem cheio de coisas.

Assim, esse poço descobriu que o melhor de si mesmo estava nas profundezas e que era "mais poço" quanto mais profundidade tinha.[9] "Feliz com a descoberta, tentou comunicá-lo aos demais e começou a tirar água de seu interior. A água, ao ir para fora, refrescava a terra seca e a tornava fértil e logo nasceram flores ao redor do poço."[10]

Diante da notícia, diz o texto, as reações foram variadas: indiferença de alguns, nostalgia de outros por aquilo que no fundo eles também percebiam, desprezo por aquela fantasia poética. Houve quem a qualificasse de perda de tempo, mas a maioria resolveu não fazer caso, pois estavam muito ocupados enchendo seus bocais.

No entanto, outros tentaram também a experiência. E depois de se livrar das coisas que os preenchiam, encontraram água em seu interior. A partir daí, a surpresa foi crescendo: comprovaram que, por mais água que tirassem de seu interior para espalhá-la, não se esvaziavam, mas antes se sentiam mais frescos e renovados. E aprofundando cada vez mais seu interior, descobriram que todos os poços estavam unidos pela água, sua razão de ser.

Começaram assim uma comunicação *a fundo*, porque suas paredes deixaram de ser os limites intransponíveis. Comunicavam-se em profundidade, sem se importar como era o bocal de um ou de outro, já que isso não influía no que havia no fundo. Isso, sim, cada poço tinha água de sabor característico. Contudo, o mais significativo ainda estava por vir:

---

8 Ibid., p.44.
9 Ibid.
10 Ibid.

a descoberta mais sensacional veio depois, quando os poços que já viviam "sua profundidade" chegaram à conclusão de que a água que lhes dava vida e era sua "razão de ser" não nascia ali mesmo, em cada um, mas vinha para todos de um mesmo lugar... e investigaram seguindo a corrente de água... e descobriram o manancial![11]

O manancial estava na grande Montanha "que dominava o país dos poços", cuja presença mal haviam percebido, mas que estava ali, majestosa, e com o segredo da vida em seu interior. A Montanha sempre esteve ali, vigilante, dando conta de tudo o que ocorria em seu entorno. Mas os poços estavam empenhados em adornar seu bocal e mal se davam o incômodo de olhar para a Montanha. O texto termina assim:

> A Montanha também esteve sempre ali, na profundidade de cada poço, porque seu manancial chegava até eles, fazendo que fossem poços. Desde então, os poços que haviam descoberto seu ser esforçavam-se para tornar maior seu interior e aumentar sua profundidade para que o manancial pudesse chegar com mais facilidade até eles [...] E a água que tiravam de si mesmos embelezava a terra e a transformava em paisagem.[12]

Até aqui, trata-se da organização textual. Evidentemente, encontramos uma primeira oposição: o período em que os poços enchiam seu bocal de coisas e ruídos e vangloriavam-se de estar na moda ou de sua riqueza – período que pode ser considerado de *alienação* ou *estranhamento* – opõe-se frontalmente ao período em que *descobrem seu ser*, *natureza* ou *essência* de poços e, deleitados, entregam-se a ela. O texto descreve então a ordem alienada do ruído, a secura e a falta de comunicação, e a ordem natural e essencial, *recuperada*, da comunicação (comunidade) e da vida.

Existe, porém, um detalhe nessa oposição, centrada na noção de "natureza" como condições próprias (e, por isso, boas) do desenvolvimento de uma coisa, nesse caso os poços. Seja em sua atitude desnaturalizada, preencher os bocais com coisas e ruídos, seja na atividade própria de sua natureza e *dignidade*, brindar com água, os poços sempre *se entregam*, insa-

---
11 Ibid., p.45.
12 Ibid.

tisfeitos ou eufóricos, a uma ordem ou sistema *que os supera em hierarquia e cujo sentido não podem recaracterizar ou ressignificar*. Em um caso, entregam-se de maneira vaidosa, negligente ou insatisfatória, à falsa ordem da alienação. Em outro, tomam seu lugar satisfeitos e quase misticamente em uma ordem que os transcende enquanto sua superior, a grande Montanha, um *ente cuja essência é existir*, que não é um poço nem pode ser identificado com eles. A submissão, mais perigosa quanto mais satisfatória e mística, é tanto ao sistema (ordem natural) como ao superior ou protagonista do sistema: a grande Montanha (símbolo do primeiro motor, da vida ou de um deus pessoal). Em suma, os poços *nunca são sujeitos*, exceto em uma ordem que não podem recaracterizar sem falseá-la. A natureza, tanto a da ordem quanto a deles, transforma-se em *obrigação*. Os poços não se autoproduzem. Não são sujeitos em relação a si mesmos. Carecem, nesse sentido, de direitos. Eles possuem *obrigações* naturais diante da água, da Montanha e seu sistema de irrigação e dos outros poços. Também têm *deveres* em relação a sua *própria dignidade natural*. Isso, obviamente, não é o imaginário que constitui direitos humanos. Para direitos humanos, uma produção moderna, os indivíduos humanos têm *foros naturais com independência relativa de todo sistema transcendente* (jusnaturalismo racional), porque sua individualidade expressa toda a espécie, ou porque constituem esses direitos mediante sua autoprodução (trabalho), ou porque os seres humanos são fins em si mesmos e não meios (funções) para outra coisa, ou por sua disposição natural à maior felicidade da maioria. Por isso, em todos esses casos, são *sujeitos*, ainda que essa determinação tenha diversos alcances. Cícero disse: "antes de tudo, a liberdade, que não se estriba em ter um bom amo, mas em não o ter". De modo peculiar, o texto sobre o país dos poços foi incluído, no manual ao qual nos referimos, na unidade sobre a *liberdade*. A grande Montanha é aqui o bom senhor, em oposição ao senhor desnaturalizado (alienação). Mas em nenhum caso os poços são autônomos, isto é, livres para criar suas opções autodeterminadas.[13]

Interessa aqui avançar um critério estético sobre o texto. Nele, as coisas acontecem e o narrador as conta. Mas elas não são explicadas. Não nos

---

13 Para Stuart Mill, por exemplo, a liberdade está ligada ao sentimento individual de cada um por seu valor e dignidade, graças ao qual ele soluciona as coisas por si mesmo. (Cf. Stuart Mill, *El utilitarismo*, e também, *Sobre la libertad*.)

é dito, por exemplo, como se produz a alienação, o entontecimento dos poços. Isso simplesmente aconteceu. É um dado que pode ser narrado. Do mesmo modo, a natureza dos poços não se ressente substancialmente dos processos de alienação. Essa natureza também é um dado que está aí, *esperando para ser recuperada*. A ação inicial para recobrá-la parece assinalar uma ação individual livre, porém essa liberdade não consiste em produzir contextos próprios de opção, mas livrar-se de obstáculos para *reencontrar a substância eterna por trás dos fenômenos*. A realidade está aí, à frente e ao fundo, todos podem vê-la com seu peso ontológico objetivo, com sua carga moral (que pode – ou deve? – ser traduzida como desfrute). Não podemos explicá-la. Podemos apenas indicá-la ou descrevê-la. Esse realismo transforma o sujeito em um mero portador de significados, não em um ressignificador. Agora, direitos humanos supõem a capacidade dos seres humanos para ressignificar. A recorrência a uma mística objetiva que decorre das coisas não condiz com a sensibilidade sociocultural de afirmação do sujeito para "arrancar" da vida social os *natural rigths* [direitos naturais] colocados em tensão com a *natural law* [lei natural] (Hobbes). Direitos humanos supõem uma ressignificação social do mundo. Eles não se encontram nas coisas nem podem ser "descobertos" nelas. Por isso é que também devem ser explicados e justificados. E também por isso é que podem ser perdidos ou revertidos.

Incorporemos outro plano. Entre os interessados defensores atuais "da" liberdade,[14] apontam-se como desvalores em relação a ela *o medo*, porque ninguém pode agir livremente se está submetido ao temor de ser punido, censurado ou abusado (arbitrariamente, supõe-se, não legalmente), à *ignorância* e ao *conformismo*. Este último deveria ser descrito como uma autolimitação àquilo que "se é", sem tratar de ir "mais além", tornando assim improváveis a emoção e o valor de ser livre.[15] Se repararmos no medo, a ordem (ou aberração) alienada dos poços não lhes infundia medo. O texto

---

14 O discurso propagandístico neoliberal sentencia que a liberdade é indivisível: à inteira liberdade econômica corresponde a inteira liberdade política (democracia) e cultural. Mas isso, sim: somente podemos ser capitalistas, a democracia é unicamente uma forma de designar governantes e a cultura ocidental desencantada é a mais racional de todas. Se isso não tivesse efeitos devastadores e cruéis, poderia ser considerado com ternura por tanto fanatismo.

15 Tomo essa literatura de lugares-comuns de um folheto semanal sobre valores que, sob os auspícios de banqueiros privados, publica algo mais conservador do que o principal jornal da Costa Rica. Utilizo o que apareceu em 10 de setembro de 2003.

diz que a existência alienada deixava alguns contentes, outros vaidosos e alguns insatisfeitos. Ao contrário, ainda que o texto não diga, encontrar a verdadeira natureza do mundo, assim como a sua própria – a grande Montanha, o dever de dar água, ou seja, vida, ter sentimentos místicos etc. –, é uma experiência em que podem ocorrer (como de fato ocorrem) tanto o medo moral de *não estar apto* ou de *pecar* quanto o *autoritarismo* moral e político: haverá poços que se considerarão mais poços (expressam melhor a possibilidade) que outros. Vista assim, a ordem "natural" dos poços não parece estimular a liberdade, mas antes promover o autoritarismo e o medo. Evidentemente, nem esse último sentimento, constante na existência, nem as instituições autoritárias promovem sujeitos ou direitos humanos.

É claro que um defensor da ordem objetiva das coisas e dos valores (naturalismo ético) dirá que nenhum poço falhará em relação a sua essência ou natureza. Sua dignidade de poço pertence à ordem real das coisas e não pode se perder ou falhar. Por isso, podem alienar-se sem perder (nem lesar) seu *fundo*, natureza ou substância. Contudo, além de tal argumento não se apoiar razoavelmente em nenhuma experiência histórica, ele possui dois alcances pouco agradáveis: se a dignidade (natureza) dos poços existe sempre, quaisquer que sejam as vicissitudes experienciais das quais padeçam os poços, então não importa o que os poços façam a um deles, por exemplo, torturá-lo. O poço torturado continuará, *no fundo*, a manter sua dignidade intocada. Se os que o torturam também são poços, naturalmente dignos, então também não perderão sua dignidade (natureza) ao torturar. *Eles a conservam no fundo.*[16] O que se segue é um corolário: se o poço torturado experimenta que perdeu sua dignidade (essa é uma das finalidades explícitas da tortura), sentirá vergonha moral, fará uma violência moral contra si

---

16 Esse argumento, infelizmente, pode ser aplicado às disputas ideológico-teológicas que animaram a conquista espanhola da América. Contra a opinião de que os índios eram "cães sujos", Bartolomeu de Las Casas se ergue para reconhecê-los como substancialmente humanos e sublinhar que deveriam ser evangelizados sem violência. O problema é que, se os índios eram "naturalmente" tão ou mais humanos do que os espanhóis, não poderiam perder sua humanidade de maneira alguma, tampouco os espanhóis depredadores e ladrões poderiam tirá-la deles. O máximo que se lhes poderia imputar era que estavam em pecado ou praticavam a tirania. A situação seria outra se, em vez de apresentar argumentos ideológicos sobre os índios ou tentar experiências sociais "progressistas" pontuais, Las Casas os tivesse organizado politicamente, para que, mediante a guerra, os espanhóis os temessem como verdadeiramente humanos, tão cruéis e brutais quanto eles próprios. (Cf. Hanke, *Estudios sobre Bartolomé de Las Casas*.)

mesmo. O poço torturador, ao contrário, recuperará no decorrer da tortura a sua essência, que está no fundo, e voltará satisfeito para casa, onde sua família o espera.

Esse distanciamento entre natureza imutável e fenômenos (a categoria da *separabilidade*), sem dúvida metafísico, tem também o efeito de que os poços nunca se comuniquem a partir de si mesmos, não cooperem mediante um trabalho comunitário, mas sempre como indivíduos semelhantes ou iguais relacionados exclusivamente pelos efeitos de sua natureza: as flores ou a vida que proporcionam ao dar água. Estritamente falando, nenhum poço ajuda o outro. A "pocidade", estabelecida pela grande Montanha, torna-os autossuficientes. *Não existem relações sociais entre eles*, ou são *prescindíveis*. Por isso mesmo, não existe entre eles, porque não é necessário, o direito. *Apenas a obrigação moral* para com sua natureza ou para com a natureza. E eles nem sequer podem explicá-la, exceto na forma de uma satisfação mística (sentimento de justiça). Encontrar sua substância (natureza) equivale a reencontrar o paraíso católico ou o Nibbana budista. Estes são, sem dúvida, resultados interessantes, mas escassamente relacionados com direitos humanos. E que podem até mesmo implicar uma clara negação, acompanhada, dessa vez, de uma justificação.

Com efeito, suponhamos que um dos poços, por razões geográficas, mecânicas ou outras, não consiga dar água, o que é devido segundo *disposição* ou lei da grande Montanha. O imaginário "natural" dos outros poços considerará isso, primeiro, uma disfunção e tratará de remediá-la com medicina "poçal" (orações à grande Montanha, por exemplo, ou jornadas obrigatórias de educação moral). Como o poço anômalo não se corrige, considerarão seu comportamento escandaloso (por ser antinatural) e o isolarão dos outros poços, em particular dos jovens. "É uma vergonha", murmurarão. Se o poço isolado persistir em viver sua existência diferente, isso passará a ser considerado, mais do que uma provocação, uma aberração anticultural, um desafio insuportável à ordem natural (dos poços e cósmica), ele será perseguido como ser imoral ou terrorista e será morto. Os poços cometerão essa crueldade *contra o diferente* em nome da ordem objetiva devida e também dos direitos, ou seja, das obrigações dos poços. E celebrarão alvoroçados, como se fosse uma festa, sua morte. Evitarei exemplificar o que aconteceria se o poço diferente "escolhesse" ser diferente: poço homossexual, poço muçulmano, poço socialista, poço emigrante não desejado ou poço envenenador. Em todos os casos, por intermédio ou não de sua vontade, ele será considerado uma provocação, isolado, forçado a reeducar-se ou eliminado. E isso se fará em nome das obrigações morais (quer dizer, dos direitos) dos poços e da "pocidade".

Consideremos outra situação. Um setor dos poços decide organizar uma cooperativa para melhorar o serviço de água e vida. Assim, o país se divide entre os poços cooperados, cuja produtividade "natural" é mais alta em razão da associação, e os poços isolados. Essa maior produtividade se traduz, por exemplo, em mais flores e flores mais bonitas, mais pasto e mais verde. Depois de algum tempo, os poços individuais são atraídos "naturalmente", por causa de sua menor produtividade, como trabalhadores de poços cooperados. Com essa convocação, o país dos poços prospera como nunca. Em época alguma expressou-se melhor a "naturalidade" dos poços. Nunca houve tanta água e vida à disposição. Assim como, por conseguinte, nunca a autoestima dos poços foi tão alta. Mas ocorre que os poços cooperados guardam exclusivamente para si a contemplação aberta dos prados mais verdes e das flores mais numerosas e belas. Os trabalhadores não cooperados se dividem, ao contrário, entre os que podem, com autorização prévia e hora marcada, espiar esses lugares de posições incômodas e os que não podem, por qualquer motivo, apreciá-los. O critério para essa normativa seletiva pode ser a lealdade para com a cooperativa ou pode simplesmente ser arbitrário. Da natureza racional da atividade natural dos poços podem decorrer também, como se vê, *práticas de discriminação*. E certamente, em algum momento, um poço Moisés pode ir até a grande Montanha e lhe pedir que o primeiro mandamento da existência devida dos poços seja: "Terás uma só cooperativa e a amarás e respeitarás como a tua natureza". Esse mandamento sancionaria a discriminação. E faria isso em nome da igualdade natural dos poços.

Devemos observar que, nessas duas situações, os poços *se relacionam* como se fossem uma comunidade ou sociedade de poços e têm uma *história*, não como um mero agregado de poços individuais. Quando são introduzidos relacionamentos e história, a "natureza igual" se torna critério de perseguição e discriminação. E isso significa que os discursos centrados na natureza das coisas toleram mal a história. Contudo, e isso é decisivo, ocorre que o fundamento de direitos humanos é sócio-histórico.

Como não se trata aqui de um discurso final, retomemos os valores da liberdade, que, na avaliação dos editores do manual em que figura "O país dos poços", estariam ilustrados nesse texto. Já vimos que, a não ser que a liberdade seja entendida como sujeição moral natural, o texto fala exatamente do contrário. Segundo os autores do folheto de educação social em valores, entre os obstáculos à liberdade encontra-se o conformismo. Mas "conformismo" quer dizer ajustar-se à forma própria ou natural. Isso, como sabemos, é o que fazem os poços. Inquietos com sua alienação, e intuindo e recuperando sua forma natural, que é individual/universal, são felizes com sua "razão de ser" ou finalidade, que consiste tanto em "proporcionar água" como em se submeter à lógica que emana da grande Montanha. Se olharmos a conformação política de direitos humanos (Estados Unidos, França, século XVIII), notaremos que eles possuem como parte de sua sensibilidade a *desconformidade*. Não desejam ser colônias, mas sim seres humanos livres em Estados *autônomos*. Estadunidenses e franceses revolucionários não desejam ser servos, cortesãos ou laicos, mas seres humanos livres, empresários e cidadãos. A mensagem do país dos poços se insere em outra sensibilidade. Uma sensibilidade que a linguagem popular condensou em uma brutal sentença sobre o destino social: *quem nasce para cangalha não dá para cela*. Dentro dessa sensibilidade fatalista não é possível pensar apropriadamente direitos humanos modernos. E se não é possível pensá-los, tampouco se pode justificá-los. E se ambas as coisas são negadas, com maior razão nega-se praticá-los juridicamente de um modo tal que se tornem instituições culturais.

2. Ideologias do Direito natural na conquista da América

Pode-se pensar que a literatura contida em um manual patrocinado pela Anistia Internacional, pelo Instituto Interamericano de Direitos Humanos e por um Estado mexicano, orientado para professores e jovens do secundário e do bacharelado, é esquemática ou branda e não faz justiça ao Direito natural. Na realidade, para emitir um juízo crítico nesse sentido, teríamos de examinar todo o volume de 362 páginas. Além disso, o objetivo de introduzir a análise de "O país dos poços" não era pronunciar-se a respeito do manual, mas pôr em relevo, com um texto aparentemente sensível e amável, o imaginário de um Direito centrado em "naturezas" objetivas para comprovar que em sua disposição *não cabem direitos humanos*. Isso se entendermos esses direitos como *foros* e *capacidades* individuais e sociais subjetivos e universais, que limitam ou vinculam juridicamente as autoridades, já que o tipo de liberdade natural apresentada em "O país dos poços" enfatiza *obrigações por autoridades* derivadas da determinação tanto de uma natureza objetiva do mundo como de uma (devida) natureza (função, fim) humana. Ser humano, ou poço, envolve orientar capacidades prefiguradas para um mundo moralmente obrigatório. Esse tipo de proposta pode ser interessante ou mesmo verdadeiro, mas não constitui uma matriz adequada para pensar ou praticar modernamente a liberdade ou os direitos humanos, porque tende a diminuir ou eliminar a *autonomia* (produção de suas condições de existência) dos sujeitos humanos.

Entretanto, e de forma gratuita, podemos conceder que "O país dos poços", apesar de sua finalidade educativa, ou seja, formadora, é um texto ligeiro para um assunto tão sério, ainda que óbvio: mostrar que o imaginário do Direito natural clássico não é adequado para pensar direitos humanos e isso tem um custo para sua eficácia jurídica e sua vigência cultural. Um corolário institucional de peso desse alcance, por exemplo, é que a Igreja Católica deveria reconfigurar seu imaginário para que caibam nele direitos humanos. Ela pode não fazer isso, é claro (de fato, é quase certo que não o fará). Mas sua omissão tem custos decisivos em sua sensibilidade para apreciar esses direitos, observá-los e testemunhá-los como fatores culturais que comprometem o que deveria ser seu testemunho evangélico. Como a existência social é complexa, essas precariedades não impedem que, em conjunturas determinadas, essa Igreja (ou outras instituições semelhantes) se destaque na defesa de direitos humanos. Mas sua abordagem é circunstancial e não resulta de seu imaginário básico.

Já que estamos discutindo um assunto importante, coloquemos em relação "O país dos poços" com o *Tratado sobre as causas justas da guerra contra os índios*, de Juan Ginés de Sepúlveda (1490-1573), autor que foi interlocutor de Erasmo de Roterdã, confessor do imperador Carlos V, preceptor do príncipe Filipe, que depois foi o rei Filipe II (1527-1598) e exerceu seu poder sobre territórios da Europa, África, América e Ásia e criou a tragicômica Armada Invencível. Não se pode negar, portanto, o *status* do dominicano Ginés de Sepúlveda, embora quem o admire assinale que sua obra e sua memória foram desfiguradas pelas maquinações que montou contra ele o também famoso Bartolomeu de Las Casas (1484-1566). Posta em cena a importância desses atores: imperadores, teólogos, bispos, humanistas, cronistas autorizados da época, demos uma olhada no *Tratado sobre as justas causas da guerra contra os índios* (ou *Segundo Demócrates*), de Ginés de Sepúlveda. O objetivo desse exame não é tanto o Direito natural, mas as ideologias que resultam dele e as propostas práticas que se seguem delas no que concerne às relações entre, de um lado, índios, povos e nações indígenas da América e, de outro, conquistadores espanhóis durante o século XVI. A esse respeito, tanto quem admira como quem combate as opiniões de Ginés de Sepúlveda o consideram um referencial clássico ou paradigmático. É assim que se expressa Marcelino Meléndez y Pelayo, seu tradutor:

> Sepúlveda, peripatético clássico [...] tratou o problema com toda a crueza do aristotelismo puro tal como se expõe na *Política*, inclinando-se com mais ou menos circunlóquios à teoria da escravidão natural. Seu modo de pensar não difere muito, nesse aspecto, daquele dos modernos sociólogos empíricos e positivistas que proclamam o extermínio das raças inferiores como necessária consequência de sua vitória na luta pela existência.[17]

Por sua vez, o comentarista espanhol que faz a introdução da edição mexicana de 1941 do trabalho de Ginés de Sepúlveda situa o autor como expressão de um conflito que teria arrastado a Filosofia medieval: o que encerra um Direito natural sem deus pessoal, que se resolve, portanto, no Estado (Aristóteles), e um Direito natural cristão escolástico, com deus pessoal, cuja finalidade é a Igreja enquanto representante do Céu.[18]

Em todo caso, ninguém duvidou que Ginés de Sepúlveda se inscreveu no imaginário próprio do Direito natural. Suas fontes foram, ao que parece, primariamente aristotélicas, às quais tratou de conciliar com a tradição

---

[17] Menéndez; Pelayo, "Advertencia". In: Sepúlveda, *Tratado de las justas causas de la guerra contra los indios*, p.VIII e IX. Menéndez deseja separar Sepúlveda do pensamento católico e, para isso, remete-o a Aristóteles. Ginés de Sepúlveda foi autor em sua época de uma tradução muito celebrada da *Política* de Aristóteles e, por isso, considerava-se um especialista. No entanto, sua compreensão do autor grego foi posta em dúvida já no século XVI por Gaspar de Recarte e as próprias ideias de Aristóteles sobre a escravidão natural foram consideradas pouco claras e inadequadas para a realidade multiétnica da América (Cf. Hanke, op. cit., p.9 e 226).

[18] García-Pelayo: "Introducción". In: Sepúlveda, op. cit., p.42.

teológica cristã (Agostinho e Tomás de Aquino), inclusive bíblica, fontes que são ideologicamente condicionadas por sua autoidentificação nacional espanhola e sua posição social cortesã.

Segundo García-Pelayo, a abordagem conceitual de Sepúlveda ao Direito natural se realiza mediante uma referência a um texto clássico de Cícero, que reproduzimos aqui por inteiro:

> Há, por certo, uma lei verdadeira, uma razão correta conforme à natureza difundida entre todos, constante, eterna, que com sua ordem chama ao dever e com sua proibição desvia da fraude [...] Não é lícito fazer modificações a essa lei, nem tirar-lhe nada, nem anulá-la em seu conjunto [...] Não será diferente em Roma ou Atenas, ou de hoje para amanhã, pois como única, eterna, imutável lei governará todos os povos e todos os tempos e uma só divindade será guia e cabeça de todos, ou seja, a que chegou a encontrá-la, que elaborou e sancionou essa lei, e quem não lhe obedecer fugirá de si mesmo, por ter renegado a própria natureza humana; deverá expiar as penas mais graves, supondo-se ainda ter esquivado o que geralmente são denominados suplícios.[19]

Na proposta de Cícero, encontramos também os fatores que nutrem "O país dos poços". O Direito natural é efetivamente *direito*, ou seja, é juridicamente vinculante. É eterno, imutável e universal. Tem alcance objetivo e também subjetivo (de identidade). É transcendente às ações humanas. Infere-se que é superior aos direitos positivos ou às legislações humanas. E também Cícero marca explicitamente um aspecto que não figurou em "O país dos poços": sua violação acarreta castigos ferozes. Mais uma razão para atender a suas *obrigações*.

Desse Direito natural, Sepúlveda deriva uma regra básica, ou *princípio de existência* "natural", que parece copiar de Aristóteles: "[...] que o perfeito deve imperar e dominar o imperfeito, o excelente dominar o contrário".[20]

---

[19] Apud Abbagnano, *Diccionario de Filosofía*, p.295. A ideia provém de Aristóteles, que em sua *Ética a Nicômaco* mostrou que o direito natural é o melhor e sempre o mesmo.

[20] Ginés de Sepúlveda, op. cit., p.83. Nem no estudo de García-Pelayo, que coteja os textos em colunas paralelas, nem na tradução de Marías e Araujo (Instituto de Estudos Políticos) que tenho em mãos, aparece literalmente a fórmula aristotélica que deveria aparecer na *Política* e nos textos seguintes. Trata-se de uma inferência de Ginés de Sepúlveda.

A partir desse princípio *hierarquizador* do Direito natural, ele continua, agora, sim, repetindo Aristóteles:

> Por isso, o homem impera sobre a mulher, o homem adulto sobre a criança, o pai sobre os filhos, ou seja, os mais poderosos e mais perfeitos sobre os mais débeis e imperfeitos. Isso se verifica entre uns e outros homens; havendo alguns que são senhores por natureza, outros que por natureza são escravos. Os que excedem aos demais em prudência e talento, ainda que não em forças corporais, estes são, por natureza, os senhores; ao contrário, os lerdos e preguiçosos de entendimento, ainda que tenham forças corporais para cumprir todas as obrigações necessárias, são, por natureza, escravos, e é justo e útil que o sejam, e ainda vemos isso sancionado na própria lei divina. Porque está escrito no livro dos Provérbios: "Aquele que é ignorante servirá ao sábio".

Aqui é conveniente ressaltar, independentemente dos conteúdos, outra diferença entre Aristóteles e Ginés de Sepúlveda e "O país dos poços". Neste último, os poços se relacionavam como iguais, apesar de suas peculiaridades, porque cada um se identifica, sem necessidade de fazer nada em comum, com a "pocidade" (sua essência natural). Em Sepúlveda, introduz-se um critério de hierarquização para uma *comunidade* humana. Nesta, os superiores por natureza têm domínio sobre os inferiores (e também sobre os vencidos, mas estes são escravos não por natureza, mas pelo direito das gentes ou civil). Isso mostra que "O país dos poços" inscreve parte de seu imaginário no jusnaturalismo moderno ou manuseia alguns de seus elementos, enquanto Aristóteles, Sepúlveda e o livro dos Provérbios fazem isso no clássico ou antigo.[21]

O que importa é que Aristóteles não vê indivíduos, mas uma *empresa humana* (família, povo, *pólis*) e, nessa relação social, distingue naturezas

---

21 Imagino que existam muitíssimas traduções da Bíblia. Nas que tenho presentes, a referência aos Provérbios que faz Sepúlveda tem uma letra e um sentido distintos: "Que o sábio escute e aumentará seu saber e inteligentemente saberá dirigir os demais" (Biblia latinoamericana, Pr 1,5). "Dirigir" não equivale a "dominar". Na versão eletrônica, o texto sublinha: "O sábio que escutar essas parábolas se tornará mais sábio; e as que entender lhe servirão de timão*". O asterisco remete a um esclarecimento: "para saber governar". Ainda que Sepúlveda tenha manuseado outra versão da Bíblia, o livro que menciona, como conjunto, não apoia sua tese, porque tende a recusar a violência.

diversas, entre as quais se estabelece uma relação hierárquica natural *irreversível* para que a empresa prospere ou alcance seus fins:

> Com efeito, em tudo aquilo que consta de vários elementos e chega a ser uma unidade comum, seja de elementos contínuos ou separados, aparece sempre o reitor e o regido, e isso acontece nos seres animados enquanto pertencentes ao conjunto da natureza, porque também no inanimado existe certa hierarquia como a que implica a harmonia.[22]

Modernamente, diríamos que Aristóteles converte as diversas funções que auxiliam para fazer lograr uma meta em uma empresa ou totalidade complexa em um *sistema de dominação* (hierarquia) *natural*. Assim, a ordem ou a harmonia, naturais ou sociais, contêm uma hierarquia naturalizada (essencial) que exige chefes e subordinados. Em um exemplo, a instituição eclesiástica católica, para alcançar seus fins, quaisquer que sejam, organiza-se hierarquicamente segundo tipos de crentes: bispos, religiosos diocesanos, leigos e leigas e, no último escalão, leigas jovens. Nem Aristóteles nem a Igreja hierárquica compartilham o critério da não discriminação entre os seres humanos em razão de suas diferenças de condição, sexo/gênero ou idade, porque traduzem essas diferenças como "naturezas" irreversíveis em uma empresa com princípio natural de dominação. Evidentemente, desde Aristóteles tem-se sublinhado que esse império se exerce *em benefício dos dominados*: "Todos aqueles que diferem dos demais, tanto como o corpo da alma ou o animal do homem [...] são escravos por natureza, e para eles é melhor estar submetidos a essa classe de império, do mesmo modo que para o corpo ou o animal".[23]

Talvez essa afirmação seja razoável. Mas esse imaginário de hierarquias naturais não reconhece o critério de não discriminação (*todos os seres humanos nascem iguais*), próprio das declarações de direitos humanos.

Sepúlveda vai além de Aristóteles. Depois de afirmar que "aquele que é ignorante servirá ao sábio", estende esse critério a outros povos e culturas (Aristóteles escrevia tendo como referência um único povo ou raça, porque apenas em comunidade de costumes existe a amizade). E, não satisfeito

---

22 Aristóteles, *Política*, Livro 1, 5.
23 Ibid.

com essa extrapolação, arremata que se os povos e culturas naturalmente inferiores e destinados a servir aos perfeitos e poderosos resistirem ao trato heril (próprio do senhor), ou seja, a perder o controle sobre suas existências, então se deve fazer guerra contra eles, impondo-lhes a escravidão por meio de armas:

> Tais são os povos bárbaros e desumanos, alheios à vida civil e aos costumes pacifistas. E será sempre justo e conforme ao direito natural que tais povos se submetam ao império de príncipes e nações mais cultas e humanas, para que, graças a suas virtudes e à prudência de suas leis, deponham a barbárie e se reduzam à vida mais humana e ao culto da virtude. E se recusam tal império, este lhes pode ser imposto, e tal guerra será justa, segundo exige o direito natural.[24]

Sepúlveda dá outras razões, apoiando-se em Agostinho de Hipona, Tomás de Aquino e a Bíblia, para fazer da violência algo justo, ou seja, bom. Para o caso da guerra contra as populações originárias da América e a usurpação legítima de suas propriedades, porém, ele expõe a seguinte: a *superioridade cultural*, que contém a barbárie indígena e a primazia dos espanhóis. Sobre o primeiro, Sepúlveda, que nunca viu um indígena em sua vida, adere à representação que os considera "cães sujos". O propagador dessa ideia foi Gonzalo Hernández de Oviedo, que descrevia os índios como preguiçosos, melancólicos, covardes, mentirosos, sacrílegos, idólatras, sodomitas, luxuriosos, "cujos crânios eram tão grossos e duros que os espanhóis tinham de tomar cuidado para não golpeá-los na cabeça ao guerrear, senão suas espadas rachavam".[25] Os espanhóis, em comparação, são descritos por Sepúlveda como ilustres no governo, fortes, destros e valentes na guerra, moderados no comer e no sexo, e profunda e piedosamente cristãos. Termina assim um longo parágrafo de elogios: "E o que direi da mansidão e humanidade dos nossos, que ainda nas batalhas, depois de obtida a vitória, põem grande solicitude e cuidado em salvar o maior número

---

24 Ginés de Sepúlveda, op. cit., p.85. Hanke aponta que, com tais apreciações, Sepúlveda realiza o primeiro intento (em seu caso, etnocêntrico, eurocêntrico e espanhol) por estigmatizar toda uma "raça" como inatamente inferior. Antes do século XV, a Europa não se dividia em "raças", mas em cristãos e infiéis (Hanke, op. cit., p.303).
25 Oviedo, *Historia general y natural de las Indias*, apud Hanke, op. cit.

possível de vencidos e protegê-los da crueldade de seus aliados?".[26] E no parágrafo seguinte emprega um de seus termos favoritos para referir-se aos "bárbaros indígenas" da América: "Compare agora esses dotes de prudência, engenho, magnanimidade, temperança, humanidade e religião com os que têm esses *homenzinhos* [homúnculos], nos quais apenas encontrará vestígios de humanidade".[27]

Como se nota, nessa versão espanhola, etnocêntrica (e moderna nesse ponto) do Direito natural do século XVI, os seres humanos (suas culturas e instituições) se dividem em homenzinhos e seres humanos propriamente como tais. Existe uma natureza homúncula e uma natureza humana. A natureza humana deve dominar os indivíduos homúnculos como senhores dominam escravos. E se em sua barbárie os homúnculos resistem a essa dominação, os humanos devem combatê-los com guerra e torná-los escravos.[28]

Estritamente, um homúnculo (cultura homúncula, nação homúncula) não é humano. Outro texto famoso e bastante contemporâneo de Sepúlveda nos põe em relação direta com essa ausência efetiva de condição humana:

> com perfeito direito os espanhóis imperam sobre esses bárbaros do Novo Mundo e ilhas adjacentes, os quais em prudência, talento, virtude e humanidade são tão inferiores aos espanhóis como as crianças aos adultos e as mulheres aos homens, existindo entre eles tanta diferença como a que vai de pessoas frias e cruéis a pessoas clementíssimas, dos prodigiosamente intemperantes aos contidos e temperados, e com isso quero dizer de macacos a homens.[29]

---

26 Ginés de Sepúlveda, op. cit., p.105.
27 Ibid.; itálicos nossos.
28 Na segunda metade do século XX, a ditadura empresarial/militar dividiu a população em "humanoides" (abarcava qualquer um que fosse considerado "comunista") e seres humanos. Os militares assinalavam que nunca violaram direitos humanos. Perseguiam, torturavam, assassinavam e faziam desaparecer apenas humanoides e seus familiares. Se empresários e militares tinham algum tipo de inquietude histórica, esta era causada por homúnculos. Humanoides e homúnculos carecem de todo direito, exceto daquele que os condena à servidão e à morte nas mãos dos poderosos e de suas instituições.
29 Ginés de Sepúlveda, op. cit., p.101. Não se acredite que os espanhóis tinham a exclusividade desses sentimentos. Os puritanos que colonizaram a América do Norte consideraram negros e índios selvagens malditos, que podiam ser exterminados e escravizados sem consideração. Grande parte de seu etnocentrismo e racismo se materializava segundo sua ideologia religiosa: "Não sabemos como nem quando os índios se tornaram os primeiros povoadores deste rico continente, mas sabemos que o Demônio há de exterminar essa mesnada de selvagens para que o Evangelho do Nosso Senhor Jesus Cristo não seja vilipendiado por eles" (Hanke,

Já se vê até onde pode conduzir o Direito natural clássico ou antigo e sua *ética natural* quando combinado com o adultocentrismo, o patriarcalismo, o etnocentrismo e o racismo. Convém acrescentar, entretanto, que o grande adversário de Ginés de Sepúlveda em sua época, Bartolomeu de Las Casas, coincidia com o critério do Direito natural de que existiam "homenzinhos" por natureza escravos, mas diferia de Sepúlveda na medida em que não aceitava que isso podia se aplicar aos índios da América, que eram, em muitos aspectos, segundo seu juízo, "superiores" aos espanhóis. Em seu benefício, acrescentemos que esse não era seu argumento doutrinal mais forte. Las Casas afirmava a universalidade da experiência humana com critério evangélico mais do que de Direito natural:

> Todas as nações do mundo são homens [...] todos têm entendimento e vontade, todos têm cinco sentidos exteriores e seus quatro interiores, e movem-se pelos objetos deles; todos se jubilam com o bem e sentem prazer com o saboroso e alegre, e todos desejam e abominam o mal.[30]

Não acho que seja muito difícil advertir qual sensibilidade cultural (a de Sepúlveda ou a de Las Casas) se aproxima mais do texto que proclama que "todos os seres humanos nascem livres e iguais em dignidade e direitos e, dotados de razão e consciência como são, devem comportar-se fraternalmente uns com os outros".[31]

Mas estamos agora nas ideologias que podem surgir do Direito natural clássico. Sepúlveda julga que à superioridade humana e cultural dos espanhóis sobre os homúnculos indígenas da América deve acrescentar-se como causa de guerra que estes cometem pecados, impiedades, inabilidades "tão nefandas e abominadas por Deus" que este até enviou contra eles o dilúvio universal, do qual só se salvou Noé e uns poucos inocentes.[32] A justiça na-

---

op. cit., p.62). Estranhamente, os puritanos se consideravam um "povo eleito", em aliança com Deus.
30 Las Casas, *Historia de las Indias*, Livro 2, Cap. 58, apud Hanke, op. cit., p.224.
31 Nações Unidas, *Declaración universal de derechos humanos*.
32 Ginés de Sepúlveda, op. cit., p.113. Ele atribui a versão a um tal Beroso, que afirmou que houve o dilúvio porque: "Eram antropófagos, procuravam o aborto, e juntavam-se carnalmente com suas mães, filhas, irmãs, assim como com homens e brutos". É de supor que Beroso foi testemunha ocular do dilúvio, porque o Gênesis não entra nesses detalhes e, além disso, Deus se arrependeu de ter castigado os seres humanos (Gênesis 8,21).

tural da guerra de conquista por razões étnicas se amplia agora com o apoio de uma vontade divina que abomina os "gentis adoradores de ídolos":

> a esses bárbaros contaminados com torpezas nefandas e com o ímpio culto dos deuses, não apenas é lícito submetê-los à nossa dominação para trazê-los à saúde espiritual e à verdadeira religião por meio da produção evangélica, como se pode castigá-los com a guerra mais severa.[33]

À necessidade que se segue da superioridade cultural, Sepúlveda acrescenta o dever moral de ser o *braço armado* de Deus:

> Por conseguinte, se diferimos o castigar desses crimes, com os quais Deus tanto se ofende, provocamos a paciência da Divindade, porque não há coisa que ofenda mais a Deus do que o culto dos ídolos, segundo o próprio Deus declarou, ordenando no Êxodo que em castigo de tal crime se pudesse matar seu irmão, seu amigo e seu próximo, como fizeram os levitas.[34]

É um imperativo moral, segundo a lei natural divina, impedir as maldades dos pagãos como coletivos, por exemplo, sua *cultura* homossexual. Em seu apoio, ele cita Agostinho de Hipona, que teria escrito: "Ninguém pode ser obrigado a receber a fé, mas pela severidade ou antes pela misericórdia de Deus, costuma ser castigada a perfídia com o açoite da tribulação". Tanto a misericórdia como a astúcia divina recomendam também, segundo o mencionado patriarca, não matar os hereges, mas despojá-los de seus bens para que compreendam seu sacrilégio, abstenham-se dele e livrem-se da condenação eterna. Como se nota, a ideologia da superioridade cultural permite escravizar os homúnculos e a do dever moral e religioso confiscar (roubar?) as propriedades dos pagãos homúnculos. A complementação é perfeita: os espanhóis não precisam trabalhar e podem ficar com todas as riquezas do Novo Mundo produzidas pelo trabalho escravo. É evidente que isso não resulta necessariamente do Direito natural, e houve em sua época outros expositores do Direito natural que apresentaram opiniões diferentes,[35] mas

---

33 Ibid., p.117.
34 Ibid., p.121.
35 Francisco de Vitoria e Bartolomeu de Las Casas, por exemplo.

Ginés de Sepúlveda argumentou a favor desse "direito" e muitos conquistadores e encarregados o praticaram segundo seu entendimento.

A terceira razão que justifica fazer guerra, submeter e confiscar os indígenas, segundo Sepúlveda, é auxiliar aqueles que, sendo também indígenas, ou seja, homúnculos, sofrem os atropelos da autoridade homúncula. Esse argumento não decorre do Direito natural, mas da ética do próximo de Jesus de Nazaré: "Aquele que podendo não defende seu próximo de tais ofensas comete tão grave delito como aquele que as faz".[36] Infelizmente, nesse caso, o ideologema é fraco, já que, sendo as vítimas homúnculos, ou macacos, segundo estabelece Sepúlveda, então não são próximos e não haveria ofensa para castigar. Mas a trama ideológica não tem por que ser coerente e Sepúlveda conclui: "Aquele que fere os maus naquilo em que são maus e tem instrumentos de morte para matar os piores é ministro de Deus".[37]

Como se nota, sempre se privilegiam as obrigações em relação aos foros, e essa grande Montanha está muito longe de ser benévola. Como Deus ordena, não se pode excitar sua paciência dizendo: "Não matarei índios, nem os escravizarei, nem me apoderarei de suas propriedades". Ao contrário, o sentimento de justiça objetivo (a ordem das coisas) e a razão humana natural que atendem ao mandato divino *obrigam* ao crime, ao roubo e ao exercício despótico do poder contra outros. Além disso, o assunto pode santificar-se com uma ética do próximo que também é "natural". Pode ser que tudo isso seja legítimo, e até que algum deus queira que seja assim, mas não parece compatível com o imaginário de direitos humanos. Contudo, mais adiante, advertiremos que essa não é uma situação que afeta exclusivamente o Direito natural antigo.

Sepúlveda acrescenta ainda que a guerra etnocêntrica que escraviza, rouba e impõe sofrimento aos diferentes é justa e boa porque é natural e foi autorizada pelo papa, "que faz as vezes de Cristo":

> Porque se as guerras que com a autoridade do próprio Deus foram empreendidas [...] também temos de considerar justas as que são feitas

---

36 As ofensas são basicamente sacrifícios humanos e canibalismo. Os espanhóis não faziam isso. Em compensação, batiam nos índios, cortavam seus narizes e orelhas como castigo menor, amarravam as mães grávidas nas árvores e abriam seu ventre para arrancar seus filhos e esquartejá-los diante de seus olhos... mas não se via nisso motivo de escândalo. Essas práticas eram "civilizadas" na Europa da época.

37 Ginés de Sepúlveda, op. cit., p.131.

com o consentimento e a aprovação do sumo sacerdote de Deus e do senado apostólico, especialmente as que visam cumprir um evangélico preceito de Cristo [...].[38]

Os que têm direitos, entendidos como capacidades no sentido de privilégios, são Deus, sua lei divina, a lei natural que a acompanha e a autoridade (moral, religiosa, mística) que faz parte da ordem natural objetiva das coisas. A quem o indígena escravizado, roubado, destroçado poderia apresentar um *recurso de amparo* se, sustentando a "ordem" que o perseguia e condenava, estava a força moral de Deus e a força, um tanto mais material, de seus agentes naturais romanos e espanhóis? Nessas condições, seu recurso de amparo poderia ter sido considerado satânico e uma forma hipócrita de "prática nefanda". Sem dúvida, isso lhe teria causado mais dores. Não lhe restava mais do que render sua existência aos virtuosos privilégios naturais que o injuriavam e destruíam.

Não parece que esse "espírito" do Direito natural antigo, que remete a uma ética natural e ao privilégio ou prerrogativa da autoridade sobre os súditos "naturais", pode ser positivamente associado à sensibilidade moderna de direitos humanos, mesmo em sua versão jusnaturalista, uma forma "progressiva" do Direito natural. E quanto à capacidade desse Direito, que derivava não de sua evidência, mas de sua articulação com o poder político, para apresentar-se como juridicamente vinculante, vale a observação sobre o "direito imperfeito" de Bobbio:

> A lei natural, na concepção do jusnaturalismo tradicional, era uma regra de conduta que tinha sobretudo como destinatários os soberanos, aos quais se impunha a obrigação de exercer o poder respeitando alguns princípios morais supremos. Era duvidoso que a esse dever dos governantes correspondesse um direito correlato dos súditos, pretendendo que os mesmos governantes respeitassem o dever; os súditos tinham sobretudo o dever de obedecer também aos maus soberanos, ao menos segundo as doutrinas que representavam as opiniões mais comuns. Quem tinha um direito sobre os governantes era, em última instância, apenas Deus, diante do qual os governantes eram responsáveis por suas próprias ações, e não diante do

---

38 Ibid., p.135.

povo. O que supunha que, em comparação com os súditos, a obrigação dos governantes pertencia à categoria do *jus imperfectum*, isto é, a obrigação à qual não corresponde uma exigência legítima de seu cumprimento.[39]

Esse direito imperfeito era um privilégio: não existia uma instituição para julgar uma autoridade que procedia de maneira condenável. Portanto, o assunto não era jurídico, mas religioso/metafísico: sua maldade ou injustiça seria cobrada no dia do Juízo Final. Visto assim, obviamente, o Direito natural utilizava a expressão "direito" para indicar um *privilégio sócio-histórico*, um tipo especial de vinculação unilateral de dominação entre os seres humanos, não uma regra geral de convivência.

Esse último aspecto ganha destaque nos argumentos que Sepúlveda apresenta para justificar a entrega do papa à Espanha, e não a outra nação europeia civilizada, da dominação sobre os "bárbaros". A questão é resolvida pela imagem do "direito menor". A Espanha possui essa característica porque é "mais prudente, mais justa e mais religiosa". Também porque *ocupou* a América, considerada "terras desertas" (esse é direito de gentes) e, finalmente, porque o papa concedeu à Espanha esse *privilégio*, fazendo uso de sua capacidade, por Direito natural, "de apaziguar as dissensões entre os príncipes cristãos, evitar as ocasiões que as propiciam e estender por todos os caminhos racionais e justos a religião cristã. O sumo pontífice, portanto, deu esse império a quem entendeu conveniente".[40]

A vontade do rei, nesse caso a do papa, faz a lei. O Direito natural, vontade divina, tem assim um intérprete privilegiado: as autoridades dominantes e reinantes. Não é surpreendente que direitos humanos não tenham lugar nessa trama. Pois tais direitos resultam de *mobilizações sócio-históricas dos dominados* ou *secessionistas*. Constituem esforços para limitar as instituições do império, como o papado ou o reinado de Filipe II, sob o qual viveu Sepúlveda. De fato, por exemplo, a liberdade de consciência religiosa se expressa como guerras de religião, uma das quais, a dos Países Baixos (1566-1598), significou a transferência de uma boa parte da riqueza obtida pela Espanha na América para o que normalmente se designa como Holanda. Os direitos sociais, em outro exemplo, decorrem das lutas dos trabalhadores. Por

---

39 Bobbio, op. cit., p.41.
40 Ginés de Sepúlveda, op. cit., p.153.

isso é que o "intérprete" privilegiado de direitos humanos são os setores sociais que os *exigem*, as instituições jurídicas que os sancionam e o *éthos* sociocultural que lhes concede legitimidade ou eficácia. *Direitos humanos não dependem unilateralmente de ninguém*, apenas de sua história social.

Ressaltemos, por fim, que, embora tenha uma "origem" divina, o Direito natural clássico pode apresentar incoerências e contradições internas. Sepúlveda reconhece isso quando aceita que o direito de fazer guerra contra os inimigos, escravizá-los e apoderar-se de seus bens (direito das gentes) entre em conflito com o princípio do Direito natural, que afirma a liberdade original de todos os seres humanos.[41] O problema é resolvido, alega Sepúlveda, pelo critério de que, em caso de conflito entre duas leis, devemos preferir aquela que tem menos inconvenientes. Isso é definido por *homens sábios*, ou seja, aqueles que o sistema do império constituiu como seus trabalhadores intelectuais. No caso específico da conquista da América, esses "sábios" assinalam que é justo privar os índios de suas posses e liberdades em uma guerra justa, sem matá-los:

> para que com essa cobiça prefiram os homens salvar a vida dos vencidos [...] em vez de matá-los: por onde se vê que esse gênero de servidão é necessário para a defesa e conservação da sociedade humana [...] O que é necessário para a defesa da sociedade natural, há de ser justo pela lei da natureza, segundo testemunham os homens mais sábios.[42]

A lei eterna e justa do Direito natural mostra aqui grande parte de seu mais secreto esplendor. Os sábios que a *interpretam*, e representam um regime sócio-histórico de gente cobiçosa, mas que não deseja trabalhar, declaram como mais apropriado fazer guerra contra os bárbaros, alienálos de seus bens e utilizá-los como escravos como um aporte ou benefício à sociedade natural, ou seja, para a Europa paternal e para a Humanidade. Uma *interpretação* estimulante, sem dúvida, para os espanhóis conquistadores, mas que ensina o fundamento terreno e mesquinho do Direito natural clássico. Ao menos a grande Montanha do país dos poços se limitava a reinar sobre a realidade natural objetiva, sem interpretá-la. Com esse traço, mostrava seu caráter transcendente. Ou seja, a-humano.

---

41 Ibid., p.161.
42 Ibid., p.163.

VI
DIREITO CONTRA DIREITOS: A BATALHA DO DIREITO NATURAL

1. Apresentação

A posição doutrinal mais conservadora em relação aos direitos humanos não é a que nega sua existência, pois esta seria reacionária, nem a que os restringe para que possa operar a magia da propriedade privada, pois esta seria utilitarista, mas a que procura submetê-los ao império de uma *lei natural objetiva* que, em última instância, é expressão de Deus ou do ente único cuja essência consiste em existir. Essa última doutrina é a do *Direito natural clássico ou antigo*. Para afirmar-se, esse tipo de pensamento autoritário deve combater, entre outros, o jusnaturalismo moderno, que constitui, para muitos, a sustentação filosófica/ideológica de direitos humanos. Apresentamos aqui alguns aspectos relevantes da investida dessa interessada justificação pré-moderna, sem perder de vista que o sentido de direitos humanos é sócio-histórico, mas reconhecemos também que, em relação ao Direito natural clássico, o *jusnaturalismo* moderno (uma das ideologias da modernidade) é progressivo, ainda que insuficiente.

2. Direito natural: sobre a existência jurídica de direitos humanos

Anteriormente, fizemos a distinção analítica entre Direito natural clássico e jusnaturalismo moderno. A justificação filosófica e as principais versões ideológicas de direitos humanos se devem inicialmente a este último. Contudo, os ativistas do primeiro reclamam que o jusnaturalismo, que costumam qualificar de *jusnaturalismo individualista*, levou tanto a uma perversão dos costumes como à desnaturalização do significado do Direito. Um ponto de acesso a essa última situação é observado por aqueles que consideram haver uma *explosão* das declarações de direitos:

> No mundo moderno ocorreu uma proliferação de declarações de direitos: existem declarações de direitos *"à la carte"*, para todos os gostos e todas as classes de destinatários: direitos das crianças, direitos dos incapacitados, direitos das minorias éticas, direitos dos presos, direitos das pessoas da terceira idade, direito dos povos indígenas, direitos dos doentes, direitos das gerações futuras, direitos dos animais etc. Sem dúvida, ocorreu uma "inflação" de declarações de direitos.[1]

Essa proliferação de declarações de direitos ou de direitos humanos, questão que não é idêntica, conduz tanto a sua transformação em tópico quanto a sua manipulação ideológica. Um professor argentino, Carlos Ignacio Massini, cujas opiniões examinaremos com algum detalhe neste trabalho, estima que:

> encontramo-nos, no caso dos "direitos humanos", diante de uma noção utilizada ideologicamente, quer dizer, como arma de combate em benefício de um projeto político concreto. E é precisamente esse uso ideológico que turvou seu conceito, tornando-o unilateral, exaltado, polêmico e simplista: dividiu-se o mundo de modo maniqueísta, entre quem defende e quem viola os "direitos humanos": é evidente que quem efetua a divisão se encontra, invariavelmente, do lado de quem os defende.[2]

---

[1] Marlasca, "Antropología y derechos humanos I", p.528. Ainda que constate essa "inflação" de declarações de direitos humanos, esse autor as considera "não apenas úteis, mas também necessárias", porque tais direitos foram "um dos inventos mais importantes do mundo moderno". Portanto, ele não se encaixa na concepção que se autodenomina "jusnaturalismo realista" que examinamos aqui. Talvez convenha recordar que não existem "os" incapacitados, mas pessoas com alguma incapacidade. Talvez esta última seja uma condição da espécie humana.

[2] Massini, *El derecho, los derechos humanos y el valor del derecho*, p.136. O autor considera que essa confusão insuportável a respeito de direitos humanos (ele os escreve entre aspas para enfatizar sua bastardia) começou com a administração de James Carter, presidente dos Estados Unidos entre 1977 e 1981. Curiosamente, no mesmo ano em que Carter assumiu,

TEORIA CRÍTICA   161

A indicação – ou queixa, no caso de Massini – de manipulação ideológica de direitos humanos é um aspecto do principal desafio que afeta estes últimos: o abismo entre o que se diz e o que se faz acerca deles, mas no enfoque do professor argentino a reclamação atribui essa cisão a sua demanda incontinente e sem controle, e até mesmo por algo (direitos humanos) que carece de entidade específica. Assim, a pergunta: "Existe uma realidade que responda ao significado pela locução *direitos humanos?*"[3] contém um questionamento pela *entidade* desses direitos, não apenas pela ambiguidade, desmesura ou manipulação que se atribui a sua exigência.

No extremo negativo dessa disputa inicial podem situar-se aqueles que negam simplesmente a existência jurídica de direitos humanos e que, portanto, pedem para excluí-los da fala, considerando-os um setor específico dos "direitos subjetivos" que carece de qualquer entidade jurídica. Assim, Massini cita Alf Ross:

> Ao conceito de direito subjetivo não corresponde de modo algum uma realidade que apareça entre os fatos condicionantes e as consequências jurídicas, o que deve ser aplicado aos "direitos humanos" por serem estes uma espécie do gênero "direito subjetivo".[4]

Contudo, seria forte e contracultural para a sensibilidade moderna eliminar por decreto, baseando-se em questões de linguagem ou de critério jurídico unilateral, tanto as "liberdades públicas" como os "direitos fundamentais" e "direitos humanos", reconhecidos constitucionalmente desde

---

a Comissão Argentina de Direitos Humanos denunciou a ditadura empresarial/militar liderada por Jorge Rafael Videla às Nações Unidas por 2.300 assassinatos políticos, por 10 mil prisões também políticas e pelo desaparecimento de 20 mil a 30 mil argentinos. Embora Massini publique seu artigo em 1983, e incorpore-o a um livro de 1987 (a ditadura argentina terminou em 1983), ele não faz nenhuma referência direta a essas situações dolorosas. Em compensação, dedica um artigo de dezessete páginas à "demonstração" de que os comunistas não podem reclamar seus direitos humanos porque sua visão de mundo marxista não os aceita. Como se nota, a metafísica ou teologia realista do professor argentino não pode ser associada a nenhuma ideologia.
3 Pergunta citada por Massini, op. cit., p.137.
4 Ibid., p.138. Distingue-se aqui a citação de Ross da contribuição de Massini. A negativa em reconhecer direitos subjetivos, independentemente de questões semânticas, possui como pano de fundo a disputa sobre a necessidade moderna de libertar-se do império de um Direito natural monopolizado por reis absolutos e administrado por religiosos ou cortesãos.

os séculos XVIII e XIX, proclamados e pactuados internacionalmente no século XX, e entre os quais se encontram o direito à vida e à integridade física e moral, a liberdade de consciência, religiosa e de culto, a igualdade e a não discriminação em todos os âmbitos sociais, a liberdade de expressão, o direito à associação ou a um processo público etc.,[5] valores e práticas que, ainda que possam ser incompreendidos ou confusos, fazem parte do imaginário da modernidade e, com isso, de uma simpatia ideológica generalizada pelo "progresso" no interior de suas formações sociais, e que admitem para seu debate, e para a compreensão de sua natureza e alcance, perspectivas jurídicas e históricas tanto jusnaturalistas (Locke, Rousseau, Kant) como juspositivistas (Jellinek, Santi Romani, Kelsen) e sócio-históricas.[6]

Menos forte seria, ao contrário, sustentar que os homossexuais, *enquanto homossexuais*, não podem reclamar direitos, ou que as mulheres e os homens que desejam acompanhá-las não deveriam demandar que se descriminalize o aborto. Essas últimas situações tocam em "questões morais",

---

5 Costuma-se qualificar como direitos e liberdades propriamente ditos o seguinte: vida, integridade física e moral; liberdade ideológica, religiosa e de culto; liberdade e segurança; igualdade e não discriminação; honra, intimidade pessoal e familiar, autoimagem; inviolabilidade de domicílio e segredo das comunicações; liberdade de residência e movimentos; liberdade de expressão, liberdade de produção e criação literária, artística, científica e técnica, liberdade de cátedra, liberdade de informação; direito de reunião; direito de associação; direito de participar de assuntos públicos e ter acesso, em condições de igualdade, a funções e cargos públicos; direito à tutela efetiva de juízes e tribunais; direito ao juiz ordinário predeterminado pela lei, à defesa e à assistência do letrado, direito do acusado de ser informado das imputações formuladas contra ele, direito a um processo público sem dilações indevidas e realizado com todas as garantias, a utilizar os meios de prova pertinentes para sua defesa, a não declarar contra si mesmo, a não se confessar culpado e à presunção de inocência; direito à educação, liberdade de ensino; liberdade sindical, direito de greve; direito de petição. Dentro dos direitos dos cidadãos consagrados nas constituições, cabe citar também: direito a contrair matrimônio; direito à propriedade privada e à herança; direito de fundação; direito à negociação coletiva laboral entre os representantes dos trabalhadores e empresários. Os textos constitucionais fazem referência também, ocasionalmente, a direitos econômicos e sociais. Nesse campo, cabe falar das seguintes questões: proteção da família, filhos e mães; distribuição equitativa de renda; regime público de seguridade social; direito à proteção da saúde; direito à cultura; direito a um meio ambiente adequado; direito a desfrutar de uma habitação digna.

6 Cf., por exemplo, Ferrajoli, *Derecho y razón*, Cap. 14. Jellinek (1851-1911), por exemplo, considera os diversos estados que o cidadão contém em relação ao Estado: de sujeição, de autonomia, de civilidade e de cidadania ativa. Os três últimos configuram diversas formas de direitos subjetivos cujo cumprimento recai sobre o Estado, que deve problematizá-los para o "bem comum". São ou liberdades públicas ou direitos fundamentais. Discutirei com alguma amplitude os critérios jusnaturalistas no corpo central deste trabalho.

ou seja, *deveres objetivos e universais* sobre os quais alguns acreditam que os seres humanos não devem ter autonomia, e essa opinião, que na realidade é privada, conta, por inércia cultural, com algum ou muito respaldo social. Massini, por exemplo, escreve:

> se tomarmos como ponto de partida o indivíduo livre a autônomo, sem referência a uma ordem que o delimite e determine, tudo aquilo que esse homem considerar conveniente para seu bem-estar ou satisfação pessoal passará a se converter inexoravelmente em um "direito humano". É assim, como vemos, que se escreve e se reclama pelos "direitos dos homossexuais", pelo "direito à liberdade sexual", "ao aborto" [...] e a "Declaração Universal dos (!) Direitos do Homem" proclamada pelas Nações Unidas estabelece o direito "a que reine, no plano social e no plano internacional, uma ordem tal que os direitos e as liberdades enunciados na presente declaração possam ter pleno efeito". É evidente que isso que Villey chama de "inflação dos direitos do homem" acaba sendo, em certos casos, afrontador e, em outros, declaradamente utópico.[7]

Aqui já não se nega a entidade de "direitos humanos". Apenas se considera "inflada" sua realidade, e essa inflação doentia contém "afrontas" e "utopias", ou seja, são impossíveis. Será preciso reduzir e conduzir esses direitos *a seu lugar*, isto é, a sua *posição natural devida*. Mas antes de nos ocuparmos desse deslocamento desinflador que Massini propôs, vamos dar uma olhada em sua literatura jornalística.[8] Massini se injuria, por exemplo, que se reclamem "direitos dos homossexuais". Se olhasse com mais atenção, advertiria que o solicitado é que ninguém seja discriminado por sua opção sexual pessoal. Existe uma sexualidade heterossexual majoritária, e sua prática pessoal *livre* pelos adultos não é discriminada nem ofendida, exceto por seitas, entre as quais se encontra a Igreja Católica. A sexualidade feminina também é discriminada pelas instituições e lógicas do domínio masculino e patriarcal. Modernamente, as práticas sexuais dos indivíduos

---

7 Massini, op. cit., p.145-6. O autor confunde, por ignorância ou de propósito, demandas e declarações, expectativas de direito, norma jurídica e concreção cultural da norma jurídica.
8 Chamo jornalística a informação ou preocupação enviesada pelo aspecto superficial, dogmática por seu *status* e propósito, e também comercial. Deve existir outro tipo de jornalismo, mas na passagem do século ninguém mais se recorda dele.

adultos, nas quais se deve incluir a dominação de gênero, pertencem a sua vida pessoal, autônoma, própria. Ao lado da prática sexual majoritária, *não discriminada para os adultos e em especial para os homens*, existe uma prática homossexual constante ou ocasional de *minorias* (uns 10% ou 12% de toda a população, segundo aqueles que estudam essas realidades). Qual seria a razão para discriminar a opção homossexual? Essa é também de uma decisão pessoal, própria da esfera privada, na qual nem a sociedade civil nem o Estado devem se intrometer, exceto quando se configure em sua realização algum tipo de ofensa legal (contravenção ou delito). Mas isso vale igualmente para a prática heterossexual. Um casal heterossexual que copule ruidosamente no cinema pode ser detido e punido por ofensa. É igual quando se trata de um casal de homossexuais masculinos. Ou se um casal de lésbicas decidisse praticar *fist* em uma loja do McDonald's. A pergunta aqui é a seguinte: são humanas as práticas homossexuais *enquanto homossexuais* ou devem ser discriminadas como *menos humanas e, com elas,* discriminados *aqueles* que praticam a homossexualidade? A resposta moderna pareceria óbvia e de senso comum: a opção por uma determinada prática sexual (casamento heterossexual, noivado homossexual, masturbação, fetichismo, travestismo etc.) é uma decisão pessoal e privada e não pode conduzir à discriminação, ainda que admita, sob condições gerais, ou seja, para homo e heterossexuais, ser tipificada como ofensa ou delito se realizada em uma via pública, por exemplo. Quem discrimina os homossexuais *por sua prática homossexual* viola, por isso, um direito humano. Também os viola quem nega trabalho às mulheres ou por serem virgens ou por serem casadas e não terem filhos. Ou quem as demite por se casarem e terem filhos.

Como é possível que alguém se sinta injuriado porque *outros* desfrutem homossexualmente de sua sexualidade e lutem para não ser discriminados? Demos uma resposta parcial a um assunto complexo: na América Latina, domina um *éthos* cultural católico cuja moral ordena que a sexualidade se realize no matrimônio e com a finalidade de procriar.[9] Essa disposição

---

9 Cito relativamente ao acaso do último catecismo católico: "A *luxúria* é um desejo ou um gozo desordenado do prazer venéreo. O prazer sexual é moralmente desordenado quando é buscado por si mesmo, separado das finalidades da procriação e da união" (§2351). Evidentemente, essa prescrição moral pode ser atinada ou desatinada, mas modernamente só é obrigatória aos católicos, uma vez que a "desordem sexual" inerente à masturbação, ao sexo oral ou às beijocas de pés entre adultos que os consentem não configura delito.

moral pode parecer bela e virtuosa porque se liga a uma idealização "da" família, mas não pode se impor a todos porque o exercício da sexualidade nas sociedades modernas pertence a cada pessoa, é parte de seu foro íntimo, enquanto não constituir delito. A penetração anal mutuamente consentida, por exemplo, é uma ação privada e não acarreta qualquer efeito jurídico.[10] Uma *violação* vaginal, oral ou anal, ao contrário, é um delito, qualquer que seja a opção sexual de quem a pratique. Todavia, não é um delito por ser "imoral" ou uma "prática nefanda", mas porque incorre em coação (violência) ilegítima contra um sujeito de direito, segundo o caracterizou alguma lei (*nullum crimen sine lege*, sentenciaram os romanos). Pode um católico sentir indignação moral ante a prática homossexual? Sem dúvida. Mas o que se discute é se essa indignação faculta que ele murmure socialmente contra ela ou negue trabalho ou não promova o homossexual ou quem vive em união livre ou quem se masturba compulsivamente, por suas práticas sexuais e não por seu rendimento ou capacidade como empregado ou trabalhador. Se fizesse isso, incorreria em discriminação e deveria poder ser levado diante dos tribunais. De modo que os homossexuais reclamam antes os seus direitos a não ser discriminados enquanto homossexuais, e este é um dos primeiros direitos humanos: o da liberdade e igualdade, não o da homossexualidade, como parece crer Massini.[11] Se os católicos se irritam com a "prática nefanda", o que devem fazer não é discriminar, mas organizar uma misericordiosa prática pastoral, ou seja, amorosa e fraterna, para *salvar*, no marco de suas crenças, aqueles que não utilizam "naturalmente" sua sexualidade com fins reprodutivos.

Resolvida a indignação, ilegítima do ponto de vista da cidadania, contra os homossexuais e seus direitos, convém destacar um segundo aspecto da reclamação de Massini, porque também afeta uma compreensão básica de direitos humanos. Assim como o afronta que os homossexuais se organizem para reclamar direitos humanos, parece-lhe *utópico*, ou seja,

---

10 Uma coisa é a prática homossexual, outra é a relação de casal ou família homossexual. Esta última deveria estar juridicamente protegida.

11 O primeiro artigo da Declaração Universal de Direitos Humanos assinala: "Todos os seres humanos nascem livres e iguais em dignidade e direitos [...]". Isso vale para mulheres, homens, bissexuais, homossexuais, transexuais, travestis, velhos, crianças, jovens, e vale contra qualquer seita moral que tente discriminar práticas humanas que não configuram delitos.

ilusório,¹² que as Nações Unidas proclamem direitos e liberdades econômicas e sociais, ou seja, os chamados de segunda geração. Mais adiante, ele especifica que se esses direitos não são adequados às circunstâncias, transformam-se em elemento de perturbação e injustiça social. Ele exemplifica isso com duas referências. Na primeira, afirma que em um país empobrecido não é possível levar o bem-estar a todas as famílias sem provocar o caos. Aparentemente, a ordem natural das coisas mostra que algumas famílias, muitas ou poucas, devem ser miseráveis. A segunda é a de uma nação tribal da África à qual não se poderia dotar de educação universitária ou materializar "a livre participação de cada um na vida cultural da comunidade", porque isso generalizaria o descontentamento, "sem jamais tornar possível a efetiva vigência desses direitos". Massini recomenda, portanto, a respeito de direitos humanos econômicos, sociais e culturais, o valor da *prudência*. "Sem a prudência em sua aplicação às circunstâncias, os 'direitos humanos' terminam enlouquecendo e transformando-se em elemento da dissolução social ou despotismo."¹³

Essa última explicação não é senão uma versão do velhíssimo dito conservador de que aspirar à utopia (ilusão impossível) produz o caos. F. Hayek refletiu sobre o anátema em *O caminho da servidão* (1944), mas pertence antes ao lírico alemão Friedrich Hölderlin: "O que sempre fez do Estado um inferno sobre a terra é precisamente que o homem tentou fazer dele um paraíso". Como se nota, é proibido sonhar politicamente (ou seja, revolucionariamente), porque isso acarreta o inferno, quer dizer, a perda do todo. Para uma concepção naturalizante das coisas ou da ordem do mundo, tentar mudá-las é aberrante e só pode produzir o caos (desnaturalizam-se, ofendendo a lei eterna e divina). Uma percepção mais explicitamente política nos diria, ao contrário, que tentar reivindicar o sujeito humano nas socie-

---

12 O qualificativo "utópico" não é unívoco. Mais próximo da referência pedestre à novela de Thomas More em que se designa um lugar que não existe geograficamente, mas sim politicamente, "utópico" pode designar tanto um modelo ideal que se presume impossível, porque não é acompanhado de uma prática eficaz (Marx/Engels), como uma representação regulativa (Comte), um fundamento imaginário da transformação social (Mannheim) ou a aposta na liquidação do politicamente impossível (Marcuse). Como nesse ponto Massini redige epidermicamente, imaginamos que utiliza "utopia" com o estreitíssimo e inadequado sentido de "quimera".

13 Massini, op. cit., p.148.

dades modernas, em particular nas latino-americanas, atrai tal fúria cruel das neo-oligarquias e impérios dominantes que, com efeito, esses transformadores viverão um inferno. Mas aqui esse inferno (desestabilização, bloqueio, conspiração, golpes militares, guerras civis, anátemas religiosos, guerra midiática, intervenção imperial direta etc.) não é derivado de uma lei qualquer da história, mas de *vontades humanas*, algumas imperiais, outras de resistência ou libertadoras, em disputa.

Retornando ao ponto central, parece que, para Massini, em matéria de direitos econômicos, sociais e culturais, o melhor é a *prudência*. Curiosamente, esta também anima a declaração das Nações Unidas de 1948, proposta que ele considera utópica, atrevida e impossível. O texto completo, que Massini cita descontextualizado de uma obra de Villey, não do original, afirma:

> A *Assembleia Geral proclama a presente Declaração Universal dos Direitos Humanos* como ideal comum pelo qual todos os povos e nações devem esforçar-se a fim de que tanto os indivíduos quanto as instituições, inspirando-se constantemente nela, promovam, mediante o ensino e a educação, o respeito a tais direitos e liberdades, e assegurem por medidas progressivas de caráter nacional e internacional seu reconhecimento e sua aplicação universais e efetivos [...].[14]

Se Massini, com atenta calma, tivesse consultado o texto completo, em vez de citá-lo fragmentado pelo trabalho do senhor Villey, teria reparado que a Assembleia Geral escreve *"ideal* comum", o que deve ser traduzido como uma *proposta* ética e política, não como uma norma legal vinculante, e acrescenta também a *prudência* recomendada por Massini na fórmula "medidas *progressivas"*, que, em um mundo orientado para o lucro privado, sempre deve ser entendido como o *ideal* dos direitos econômicos, sociais e culturais e se normalizará apenas quando existirem as condições ou *quando for possível*. De modo que essa reclamação específica de Massini teria se resolvido simplesmente com a leitura do texto que ele comenta.

---

14 Assembleia Geral das Nações Unidas, *Declaración universal de derechos humanos*, Preâmbulo. Cito o texto a partir de sua reprodução completa em Barba, *Educación para los derechos humanos*, p.131-7.

Se deixarmos de lado a ignorância elementar, a indicação de Massini conduz, infelizmente, a outro tipo de desafio. A proposta de valores comuns que demarcam um horizonte regulativo para a economia, a sociedade e a cultura, possui ao menos uma dupla face: insere-se obviamente no mito moderno do *progresso*, mas apaga a questão do *caráter* desse progresso e se este pode ser universalizado ou "planetarizado" mediante o dispositivo capitalista de acumulação privada. Até o momento, entrado o século XXI, a história diz que não foi factível. E existem ideologias que declaram indesejável um progresso planetário, como o neoliberalismo, por exemplo. Desse modo, temos a acentuação de uma *ruptura* no interior dos direitos humanos: enquanto alguns são considerados fundamentais ou absolutos e parece que poderão ser perseguidos já em tribunais internacionais (crimes contra a humanidade, como o genocídio), os econômicos, sociais e culturais se declaram progressivos (prudentes), o que é uma maneira de considerá-los relativos. Assim, enquanto o direito à vida se torna *aparentemente* independente da acumulação privada de capital, o direito a uma remuneração digna é considerado *função* dessa mesma acumulação e não pode ser reclamado diante de um tribunal, senão na forma de salário legal, ou seja, na matriz não da condição humana, mas do lucro privado. O assunto é mais complexo, mas basta essa indicação. Para simplificá-lo, digamos que também deveríamos recomendar "prudência" ou moderação humana à acumulação do capital, ou a suas personificações.

O segundo aspecto é corolário de um fator do primeiro. Quando direitos humanos econômicos, sociais e culturais, como, por exemplo, o direito ao trabalho e ao seguro social, ou o direito a participar da vida cultural, são propostos como *progressivos*, quer dizer, que passam de uma quantidade menor para uma maior, ou de menos intensidade (qualidade) para mais intensidade, estão definindo um sentido para a existência social e, provavelmente, para a história. A matriz desse sentido é a do progresso ou evolução, a do desenvolvimento do menos perfeito para o mais consumado, ou também o da acumulação. Exposto assim parece não oferecer problemas. Mas estes surgem se se dão conteúdos à matriz. Por exemplo, podemos considerar que ir do mais ao menos significa sociedades e populações que consumiam pouco ou frugalmente e agora consomem muito e compulsivamente. Nas revistas de negócios e administração, em que se defende o trabalho escravo ou semiescravo de crianças e adolescentes africanos, argumenta-se que esses dois ou três dólares diários pagos pelas empresas constituem uma notável melhoria para lugares miseráveis, em que antes essas crianças não contribuíam economicamente com nada. Podemos discutir se é melhor ou pior ser frugal ou compulsivo, ou se ter mais renda familiar é sempre algo positivo. É provável que as opiniões se dividam. Mas a questão aqui é se esse tipo de processo pode ser considerado desenvolvimento ou progresso. Esses conceitos, polemizáveis, parecem conter uma dimensão *qualitativa* quando se aplicam aos seres humanos. "Progresso" não designa o mesmo quando se refere a reconstruir um motor, por exemplo, ou quando se refere a uma pessoa humana, um grupo social ou uma sociedade. Quando um mecânico reconstrói um motor, seu progresso *humano* consiste em reafirmar e ampliar seu controle sobre sua ocupação, trabalho ou profissão, em *ser mais sujeito* (crescer) profissional e humano durante o processo e ao finalizá-lo. Por isso, ao concluir seu esforço, terá mais autonomia e possuirá uma autoestima legítima mais integrada para acompanhar os outros e ser acompanhado não apenas como mecânico, mas como ser humano (cidadão, pai, filho etc.). A atividade humana pode ser entendida como uma aprendizagem (crescimento) constante. De modo que, nos seres humanos, o "progresso" mostra a necessidade de uma adequação entre meios e fins. Não é a mesma coisa, portanto, alcançar de qualquer maneira os fins. E o trabalho *humano* do mecânico não termina quando ele entrega a fatura ao cliente.

Podemos retomar a situação do trabalho infantil escravo. Os dois ou três dólares diários que conseguem com essa ocupação não configuram um estágio para sair da miséria, mas antes a confirmam. Os três dólares precisariam ter *outro* caráter ou inscrever-se em *outro* sistema social produtivo e de sentido. Esse é o desafio do *caráter do progresso humano*, questão que, por infelicidade, é constantemente adiada porque, ao que parece, implica hierarquizar valores. Estamos, assim, diante de uma discussão política. Neste ponto, é possível propor um critério político: se, em relação ao progresso humano, é inadequado separar meios e fins, progresso só pode referir-se a processos que acentuem a *individuação* ou *subjetivação* (fazer-se sujeito) dos envolvidos. Essa individuação e essa subjetivação são tendências que se manifestam como capacidades para *produzir novos contextos de opção*, ou seja, que permitam exercer a *autonomia* como capacidade efetiva de optar. Essa última forma de prática individual e social operacionalizaria a noção de *liberdade* e daria parte de seu sentido aos processos sociais e políticos de libertação.

Quando Massini escreve que, "desvinculado das condições reais da vida, a demanda por direitos humanos pode conduzir a males piores dos que os realmente existentes",[15] não adverte (ou, se adverte, é pior) que, por trás desse aparente chamado à prudência, esconde-se uma vontade conservadora que percebe ou intui "males piores" porque as mudanças lesam o *status quo* de opressão ou sujeição. Nesse sentido, a noção de "prudência" proposta por Massini não é idêntica à noção de "progressivos" assinalada pelas Nações Unidas. Estes últimos se inscrevem em um *horizonte de esperança* que pode ter conteúdos libertadores. A primeira admite ser lida e praticada como consagração do *status quo*. No que interessa centralmente, a expressão "direitos humanos econômicos, sociais e culturais" sempre designou modernamente um *horizonte de esperança* aqui na terra. Um horizonte que abrange todos nós. Esse "horizonte de esperança", essas talvez "luzinhas vislumbradas ou desejadas como a possibilidade do fim de um túnel", constitutivas de declarações e pactos e da entidade sociocultural de direitos humanos, podem ser postas *fora da história*, como *transcendência* (outra vida no céu, um ingresso na ordem cósmica etc.), pelo direito natural clássico ou antigo, ou podem adotar uma forma mais terrena, ainda que sempre metafísica, no jusnaturalismo moderno, mas em todos os casos em que se desarraiguem de sua história privam direitos humanos de sua vertente política progressiva. As "condições reais da produção da existência social" são exatamente as que empobrecidos de diversos tipos aspiram a mudar.

De fato, que a nação de negros africanos proposta por Massini tenha de *esperar com prudência* até que existam as condições para satisfazer suas necessidades básicas, isso supõe descartar a ideia de que *esses africanos* protagonizem um processo político que venha a criar as condições para que as necessidades da população negra possam ser satisfeitas. Esse último processo, que intui direitos humanos e os protagoniza, é resolvido pela circunspecção conservadora ao estilo de Massini como "imprudente", quer dizer, *impossível*. Mas "impossível" em política designa o que um *sistema de dominação* dado constitui, reproduz e propõe como impossível: nesse caso, que os negros em cooperação, por exemplo, sejam protagonistas autônomos de um processo de libertação política. A dominação ocidental, branca e capitalista declara isso impossível. Mas o que quer dizer é que esse

---
15 Massini, op. cit., p.148.

protagonismo negro prejudica a dominação europeia, branca, capitalista e corporativa com lucro privado. Acabar com essas dominações e seu sistema não é impossível (pode-se tentar ao menos), a não ser que os postulemos como eternos porque decorrem da ordem natural das coisas ou de uma verdadeira "natureza" ou "razão" humanas. Insistimos: para essa situação, é o *protagonismo negro* que constitui direitos humanos (subjetivação, satisfação, autoestima), não a realização imediata da liquidação das mortes por fome, por exemplo. Como a proposta de direitos humanos, o projeto de liquidar social e culturalmente a fome, em uma sociedade de empobrecidos, constitui uma determinação sociocultural de seu horizonte.

No campo de direitos humanos, que é um campo político, isto é, de luta, a "prudência" convida os seres humanos dominados (negros, indígenas, mulheres, assalariados, cooperativistas, jovens etc.) a abandonar a tentação e satisfação de ser *protagonistas*, ou seja, *sujeitos políticos*, que é uma forma, pode-se discutir se obrigatória ou vinculante, de ser *humano*. Modernamente, o convite a essa moderação é inaceitável, porque as declarações de direitos humanos, de cobertura universal obrigatória, não são apenas realizações, mas também luzinhas. Ou seja, utopias no sentido de que ajudam a erguer-se, caminhar e *ressignificar* o sentido da existência. Na realidade, não existe um "verdadeiro alcance dos direitos fundamentais" fora da luta das pessoas para alcançar sua mais plena estatura humana. E se "impossível" designasse o que, na realidade, não é factível de nenhuma maneira atual para a experiência humana, questão que não é capaz, ainda assim, de dar testemunho de sua condição humana, esses negros africanos de que fala Massini deveriam tentá-lo, *porque assim o sentem*. E os outros, que não são nem negros nem africanos, deveriam acompanhá-los, respeitá-los, lamentar suas derrotas, festejar suas vitórias e crescer com eles. Essa é a parte da sensibilidade heroica e bela de direitos humanos. E, certamente, ela rejeita a moderação, ainda que demande sabedoria.

Terminamos esta seção indicando que, para anular ou limitar o alcance político da proposta moderna de direitos humanos, pode-se alegar ou sua absoluta falta de sentido ou buscar incorporá-los a algum lugar imaginário do Direito natural clássico. O professor argentino Massini realiza essa última tarefa inicialmente com uma sucinta discussão sobre o alcance de "humanos" na expressão *direitos humanos*. Particularizada, sua argumentação procede da seguinte maneira: a) todo direito subjetivo é humano, por isso em "direitos humanos" o segundo termo, se tem significado, deve indicar certos direitos subjetivos que são "mais humanos" que outros direitos subjetivos; b) esse *plus* que admite o termo "humanos" designaria faculdades estabelecidas não por norma estatal, mas por um princípio que *transcende* o direito positivo. Esse princípio seria jusnaturalista (que em Massini designa tanto o Direito natural clássico como o jusnaturalismo moderno; ele defende o primeiro). Por isso, só podem falar com propriedade de "direitos humanos" aqueles que aderem aos critérios do Direito natural clássico, que Massini chama de "jusnaturalismo realista" ou "jusnaturalismo clássico-cristão". O exame mais detalhado de seu argumento a favor do direito natural clássico-cristão e contra o "jusnaturalismo individualista" corresponde à próxima seção deste trabalho.

3. O que é direito? A lei contra os direitos

Sem dúvida, a expressão "direitos humanos", enquanto parte inevitável de um discurso, assinala um sentido, ou vários, tanto em relação ao termo "direitos" como a "humanos". A existência ou não existência e o caráter desses direitos humanos dependerá, assim, ao menos para efeitos de disputa ideológica e doutrinária e de seus alcances para a ação social, ou seja, políticos, desse sentido. Desse modo, em relação à sua compreensão e alcance existencial, os diversos discursos sobre direitos humanos remetem, em primeiro lugar, a uma compreensão do que deve ser entendido por direito. Certamente, essa compreensão não é a atitude ou o enfoque do indivíduo do povo. A pessoa comum acredita que tem direito a não ser assaltado e roubado ou a se casar, por exemplo, porque pode demandá-lo a um policial ou exigi-lo nos tribunais. Se pensar um pouco, associará esses direitos à sentença dos juízes. Se refletir um pouco mais, poderá congratular-se imaginando que esses direitos são "coisas" que lhe pertencem por sua condição de cidadão. Esse tipo de "coisas" responde à necessidade de uma "boa ordem" social. Alguém dirá ainda que o roubo ou o impedimento de se casar, uma vez que tem tal direito, é indignante, ou seja, atenta contra sua dignidade humana. E, ainda, alguém sentirá que apropriar-se de algo alheio, sem retribuição ou reparação, e que a lei e os juízes deixem o ato sem o castigo devido, atenta contra a justiça. Podem existir outras opiniões e sentimentos, mas em quase todos os casos essas pessoas imaginarão que falam em um mesmo sentido de direito. Ou seja, que o direito é uma coisa que está aí. E que tem um só sentido e este é "bom". Por infelicidade, ou por sorte, não é assim. "O" direito pode ser apreciado e entendido de diversas formas. E nem todas concedem um lugar igual a direitos humanos.

Tomemos como primeira referência a adscrição, aparentemente inofensiva, que Massini receita aos "direitos humanos". Ele nos disse que esses direitos pertenceriam ao rol mais amplo dos "direitos subjetivos". Mas por direitos subjetivos, inicialmente, entendem-se assuntos muito diferentes. Os *direitos fundamentais*, mediante os quais cada indivíduo expressa sua liberdade, isto é, sua *vontade livre* de toda coerção ou coação, ou seja, um campo onde *toda autoridade exterior* (governo, Estado, pais, Igrejas, Exército etc.) é *em princípio* ilegítima, *fazem parte dos direitos subjetivos* ou, em outras palavras, do *sujeito*/indivíduo humano ou da *pessoa* e de sua autonomia para atuar, e constituem um campo onde a autoridade *não deve intervir*. É comum denominá-los, por isso, direitos *negativos*. Exemplos clássicos são a liberdade de consciência e a liberdade de expressão, mas também o direito à vida. Esses direitos opõem liberdade individual a autoridade social, foram formulados no marco do liberalismo e da burguesia emergente,[16] e *obrigam* o Estado a reconhecer essas capacidades e foros individuais, não lesá-los, protegê-los, promovê-los e punir suas violações como delitos ou inconstitucionalidades. Podem também, em um marco de Estado de direito, ou seja, *republicano*, quer dizer, de soberania cidadã ativa, regular esses direitos tendo como referência o bem-estar coletivo ou o interesse da maioria.

Mas outros direitos humanos, como o direito a uma remuneração satisfatória (Artigo 23, Inciso 1, da Declaração das Nações Unidas), não constituem direitos negativos que o trabalhador ou o empregado tenham por si mesmos ao nascer. De fato, *ninguém deveria nascer trabalhador ou empregado*, de modo que não se acede à vida (direito fundamental) da mesma maneira que se acede ao trabalho sazonal de trabalhador agrícola para uma exportadora de frutas. A demanda por uma remuneração satisfatória exige *intervenção* do Estado na distribuição da renda e na forma de emprego do excedente econômico, de modo que todas as remunerações sejam "satisfatórias". Trata-se de um *direito positivo*, ou seja, que exige a ação do Estado, obriga-o a fazer, isto é, criar condições desejáveis de sociabilidade que não

---

16 De outro ângulo, são os direitos considerados de "primeira geração".

existem "por natureza". Por exemplo, uma remuneração satisfatória não decorre da "ordem" de uma economia determinada pela propriedade privada orientada para o lucro, a não ser que na natureza humana se encontre a característica de "receber um *salário* digno", o que implicaria elevar a característica "natural" a relação salarial (que não pode ser universalizada para todos os seres humanos porque haverá sempre necessidade de que alguém contrate força de trabalho e pague salários). Esses "direitos humanos" não têm, portanto, o mesmo caráter que os direitos subjetivos individuais ou pessoais, já que não opõem o indivíduo, ao menos não todos, contra a autoridade, mas obrigam a autoridade política a atuar *contra outras autoridades*, o poder econômico ou a lógica econômica nesse caso, na medida em que elas não favorecem o bem-estar comum ou de cada indivíduo, ou o lesam. Trata-se de *Direito positivo*[17] e este, em último caso, remete ao caráter e sentido do *poder político*, e de seus conflitos, em uma sociedade determinada.

Luigi Ferrajoli, por exemplo, adverte não apenas a falta de transparência conceitual dos "direitos subjetivos", mas também sua duvidosa transferência doutrinal e política na história do Direito:

> A categoria agora criticada de "direito subjetivo" – que abrange equivocadamente tanto o direito de liberdade quanto o de propriedade, tanto dos não poderes quanto dos poderes – é uma construção moderna, fruto da doutrina dos "direitos naturais", desenvolvida nos séculos XVII e XVIII. Sua sistematização dogmática foi levada a cabo, no entanto, pela ciência jurídica do século XIX, que injetou nela uma segunda operação; a qualificação dos direitos fundamentais dentro da categoria mais ampla dos "direitos públicos subjetivos", já não mais fundantes, mas fundados pelo Estado.[18]

---

17 Entendo por direito positivo as normas coercitivas, bilaterais, externas e heterônomas dotadas de obrigatoriedade pelo Estado e cuja juridicidade deriva desses caracteres.
18 Ferrajoli, op. cit., p.912. No original, "Estado" não está maiúscula. Ferrajoli acredita ser necessário distinguir entre um poder com caráter jurídico, como o de propriedade, e um direito fundamental, como a igualdade ou a liberdade, que remete a valores sócio-históricos. Ainda assim, considera que o que se consideram "direitos fundamentais" são ambivalentes: constituem princípios axiológicos de justificação do Estado e, por isso, são fundantes, ainda que não normas, e, uma vez incorporados às constituições, convertem-se em normas jurídicas de classe constitucional (ibid., p.915). O fundamento de direitos humanos seria então inteiramente político ou sociopolítico.

No texto de Ferrajoli, notamos um esforço decisivo em relação a direitos humanos enquanto expressão de uma oposição entre liberdade e autoridade, quer dizer, enquanto "direitos subjetivos" ou *sujeitivos*. No século XIX, pelo menos na Alemanha, tentou-se *cooptá-los*, de modo que fosse o Estado que os constituísse na forma de direitos públicos subjetivos. Dessa maneira, não eram fundantes ou justificadores do Estado, enquanto princípios culturais dele, mas ficavam sob seu controle como *direitos do Estado diante dos cidadãos*, seja no interesse do "bem comum", seja no interesse da preservação do aparato estatal que agora aparecia como base cultural e *éthos* da existência coletiva. Em vez de instrumento de direitos gestados por práticas sociais, o Estado apareceu como *finalidade* em si mesmo.

Logo, a gestação de direitos humanos tem como referência a oposição moderna de *liberdade contra autoridade*. Como esta é uma oposição *política*, devemos esperar uma *resistência da autoridade* em sentido lato. Assim, contra direitos humanos, sem negá-los em termos absolutos, produzem-se esforços de *cooptação* para "amansar" seu sentido libertador dentro de um ou vários sistemas de autoridade. É possível reconhecer dentro dessa luta os esforços para "capturar" direitos humanos dentro de um sistema de autoridade *sagrado* ou *eclesial* (esse é o esforço que Massini realiza), familiar, estatal ou, mais recentemente (mas com raízes no século XVII), para torná-los função da acumulação de capital e dos interesses das corporações multinacionais. Essa oposição política, mas que se manifesta como luta doutrinária no interior do Direito, é chamada de enfrentamento da lei (sagrada, constitucional, econômica, geopolítica) contra os direitos. A batalha doutrinária expressa, em seu nível, lutas sociais.

A forma que essa luta toma em Massini é relativamente simples. Já vimos como ele procurou inferir – partindo do lugar-comum de que "todos os direitos são humanos" porque apenas remetem a interações entre esse tipo de seres – que "humanos" na fórmula "direitos humanos" deveria ser qualificada então em relação a um princípio de Direito natural clássico, entendendo por isso a existência e a primazia de uma ordem *transcendente*, ou seja, distinta e superior ao estabelecido pela legislação positiva.[19] É evidente que, mediante esse enfoque, "direitos humanos" deixam de expressar a oposição sociopolítica liberdade/autoridade que os constitui e passam

---
19 Massini, op. cit., p.139.

a constituir uma vinculação moral (sujeição a uma autoridade religiosa). Para apreciar esse movimento reposicionador ou "filosófico", devemos examinar o que Massini entende por direito. Seus argumentos se orientam no sentido de cooptar os direitos subjetivos que resenhamos e problematizamos anteriormente.

Massini reconhece que o "direito" se diz de muitas maneiras, mas que os objetos ou realidades que se designam com essa palavra/conceito possuem complexas relações entre si e, além disso, se configuram mediante a *primazia* de um deles; essa primazia é a que possui o "direito" que designa:

> aquele agir humano que tem a qualidade de ser objetivamente justo e que, por isso, se opõe ao "agravo" ou ao "agir distorcido"; derivativamente, por metonímia ou extensão da linguagem, chamam-se também "direito" todas aquelas realidades que se encontram em vinculação, mais ou menos direta, com a conduta justa [...].[20]

O problema consiste agora em saber quais atos são *justos*. Massini, seguindo outro autor, G. Kalinowski, resolve a questão mediante um exame da relação entre a conduta jurídica e a norma. Esta pode ser uma norma do Direito natural ou do Direito positivo. Em ambos os casos, a conduta justa, ou seja, "jurídica", é determinada por uma regra (dever ser) *preexistente*. O "agir justo" é indicado por uma norma. Esta se transforma, na versão de Massini, em *causa exemplar* da conduta. Diferentemente de outras formas de causalidade (como a causa final, por exemplo), a causa exemplar se determina porque a ação (justa) *imita* o exemplo ou modelo, tenta *ajustar-se* a ele, no limite, procura "ser" como ele, obviamente sem conseguir. "A conduta real [...] *deve* se ajustar ao plano ou modelo exemplar previsto no juízo normativo. Sua retidão jurídica dependerá, como é óbvio, do ajuste ao modelo exemplar da norma."[21]

---

[20] Ibid., p.51. Massini deseja fundar suas formulações sobretudo em Tomás de Aquino e Aristóteles. A metonímia (transnominação) abrangeria normas, mandatos, saberes, poderes etc., em que uma ação humana compromete a um outro. A astúcia ideológica está escondida na expressão "objetivamente justo", que não pode ser preenchida de uma só maneira pela experiência humana. O que lhes dá inexorável conteúdo, isso sim, são os poderes existentes.

[21] Ibid., p.53. Os itálicos são do original. O autor segue aqui Ferrer, *Filosofía de las formas jurídicas*, p.338.

A causa exemplar introduz a noção de *transcendência* que domina a juridicidade (justiça) da norma na forma da necessária adaptação da conduta à norma e desta a sua causa exemplar, isto é, *transcendente*. Mas a subordinação do comportamento justo à forma exemplar e à transcendência não é puramente formal, a causa exemplar é também um *paradigma*, ou seja, um *mandato* material. "Vemo-nos em uma relação de mando", escreve Massini, ou seja, de obediência aos cânones (coerção) determinados pela norma em sua relação modeladora:

> A lei é um princípio de obrigação [...]: ela constrange o agir individual para que seja conformada a suas prescrições; manda as vontades produzirem atos e produzi-los segundo as condições que requerem sua solidariedade. Ela move moralmente à execução de certos atos que concretamente se tornam direito. Como princípio formal, faz que o agir leve tal ou qual determinação; como princípio eficiente, a lei faz que o direito se realize.[22]

Assim, a conduta jurídica (ou seja, "reta", apegada à justiça) e a norma aceitam ser esquematizadas da seguinte maneira:

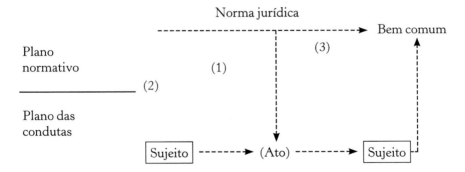

Onde (1) designa a relação de causalidade exemplar, (2) a relação de causalidade eficiente moral e (3) a relação de causalidade final do bem comum.[23] Massini agregou ao esquema a noção de "bem comum", sublinhando que é evidente que, se a conduta jurídica é determinada pela lei e esta se orienta para o bem comum, então também a conduta terá de adequar a esse

---

22 Massini, op. cit., p.54. O autor segue aqui Lachance, *El concepto de Derecho*, p.191.
23 Esse esquema e o seguinte pertencem a Massini, op. cit., p.55 e 57.

bem (*societas perfecta*) que tem um caráter transcendental como é toda relação de efeito com sua causa. Salta à vista que o quadro deve ser lido precisamente a partir do conceito que se acrescentou aos argumentos anteriores: a *obrigatoriedade* (moral) de que o comportamento jurídico (ou seja, justo) se oriente para o *bem comum*. Este aparece então como *autoridade incontestável*. Talvez seja bom que o seja. O que se discute aqui é se uma autoridade incontestável permite imaginar e praticar adequadamente direitos humanos.

Entretanto, falta ainda dar outro passo no argumento de Massini acerca de qual é a relação entre norma jurídica e ação humana. Para isso, devemos observar o esquema a seguir, calcado no anterior, mas no qual os sujeitos são qualificados como titulares de um direito e devedores dele:

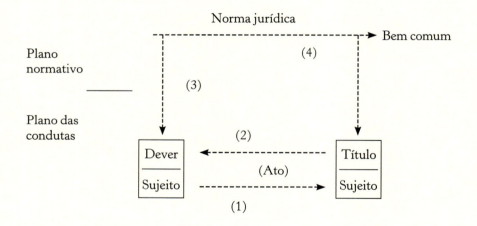

Nesse esquema aparece a estrutura moral e de alteridade (referida a outros) da norma jurídica: (1) indica a relação de obrigação ou dívida; (2) a relação de poder jurídico ou "direito subjetivo"; (3) a imposição do dever jurídico; (4) a atribuição do título jurídico. Isso quer dizer que os títulos (capacidades) jurídicos *decorrem do sistema*. Não existem tais títulos que possam ser portados por indivíduos isolados. A expressão "direito subjetivo" não remete a indivíduos prévios ao sistema das normas, ou fora delas, mas a uma ação entre "sujeitos" *sujeitados a normas* (preexistentes), como mostra o esquema.

A regulação jurídica [...], diferentemente da que foi criada por normas de outra espécie, não é simplesmente imperativa, mas imperativo-atributiva. Enquanto as regras convencionais e os preceitos da moral obrigam, mas não facultam, aquela regulação faculta e obriga a um só tempo, pelo que certamente se disse que os deveres que dela emanam não são apenas deveres, mas dívidas.[24]

Disso decorre que as ações humanas são *sempre* regidas por normas e o sujeito titular que elas constituem consiste na possibilidade de reclamar e exigir o cumprimento do agir contido por sua relação de pertencimento a essa norma: é isso que se conhece, na opinião de Massini, como "poder jurídico" ou "direito subjetivo". Portanto, sempre que existir um sujeito jurídico (ou seja, orientado para a justiça), pessoal ou grupal, ao qual pertença um determinado poder jurídico (capacidade de exigir), existirá um "direito subjetivo": "[...] o que chamamos de 'direito subjetivo' consiste em um poder deôntico ou moral, em relação de possibilidade ou *habere*, perante outro ou outros sujeitos jurídicos, estabelecida pela norma".[25]

Nessas faculdades deônticas (possibilidades devidas) derivadas sempre da lei, Massini distingue entre os direitos subjetivos ativados pelo titular de um direito permitido pela lei (trata-se, nesse caso, dos *direitos de liberdade*) e os direitos atribuídos pela lei objetiva mediante uma vinculação de pertencimento *ou direitos a...* uma prestação. Contudo, essa distinção é puramente analítica. Em todo direito subjetivo entendido assim, existe um elemento de permissão facultado pela lei e outro de pertencimento, também dispostos pela lei, em que "lei" tem um referente moral. Sem permissão, não se pode falar de "direito". Toda atividade lícita "pertence" de certa maneira, ou seja, como obrigação ou dívida, ao sujeito titular. Massini arredonda sua exposição com a seguinte síntese: 1) o direito subjetivo consiste em uma relação de permissão ou pertencimento; 2) essa relação deriva imediatamente de um título jurídico; 3) o fundamento desse título é uma norma (ou lei); 4) a relação de direito subjetivo existe diante de outro sujeito jurídico a quem a norma impõe um dever. Os "direitos subjetivos" não resultam, então, de caracteres dos indivíduos, como determina o jusnaturalismo moderno, mas *da lei*:

---

24 Ibid., p.58. O autor segue aqui Máynez, *Filosofía del Derecho*, p.245-6.
25 Massini, op. cit., p.59; itálico e ênfase no original.

Para a concepção realista, à realidade primigênia na ordem jurídica é o direito objetivo ou obra justa; dela, de sua existência atual ou deonticamente necessária, deriva o poder de outro sujeito jurídico de realizar uma conduta, exigir o cumprimento do que é imperado pela lei. O direito subjetivo não é senão uma relação de permissão ou pertencimento que decorre de que uma conduta seja devida – deonticamente necessária – em virtude do estabelecido pela lei. É, portanto, uma realidade derivada, secundária, que se segue como consequência – necessária, mas consequência em relação a um fim – da qualidade de devida ou obrigatória de uma conduta jurídica; em consequência, não é fundamento ou realidade primeira, mas que se explica e define apenas a partir do agir humano justo imperado pela lei.[26]

É necessário, portanto, distinguir entre a existência histórica da expressão "direitos subjetivos" e a realidade jurídica que designam e o "subjetivismo jurídico" proposto pela Filosofia moderna. Massini resume essa última posição imprópria mediante citações de Suárez e Grócio: "Segundo o último e mais restrito significado de 'direito' [...] costuma-se dar com certa propriedade esse nome a certa faculdade moral que cada um tem sobre o que é seu ou sobre o que se lhe deve" (Suárez). Grócio, segundo Massini, define o direito como "a faculdade de agir ou fazer qualquer coisa que resulta do poder sobre si mesmo, do poder sobre outro, do poder sobre as coisas".[27] Reconhecer o conteúdo objetivo da expressão "direito subjetivo" não equivale, então, a subscrever-se no subjetivismo que Massini atribui a Suárez e Grócio. Ao contrário, se os direitos subjetivos são apenas efeitos da função exemplar das normas jurídicas (entendidas como dever de atuar direito ou justo, ou seja, moralmente), os direitos subjetivos serão "naturais" se resultarem de uma lei natural. Uma expressão que se pretende fundante como "dignidade da pessoa humana" mostra então seu caráter derivado de uma lei natural efetivamente fundante que confere uma digni-

---

26 Ibid., p.65. O parágrafo resume o critério de Massini a respeito de que os "direitos subjetivos" constituem parte dos poderes jurídicos, mas decorrem de uma Lei objetiva. Quisemos reproduzir seu argumento para que essa posição não aparecesse como arbitrária.
27 Curiosamente, tanto Francisco Suárez (1548-1617) como Hugo Grócio (1583-1645) são expoentes do Direito natural, mas coincidem ao criticar a derivação monárquica da lei eterna. Com isso, contribuem para estabelecer a cisão moderna entre direito e moral, duramente combatida por Massini.

dade aos seres humanos, ou seja, à sua natureza. Do contrário, constitui algo sem sentido.

Disso, Massini extrai duas conclusões: ou os direitos subjetivos naturais ou "humanos" derivam da existência de uma lei natural independente da vontade humana, ou só decorrem de uma convenção legal e, portanto, carecem de fundamento e podem ser manipulados de modo arbitrário e, é claro, negados. Essa última afirmação se dirige contra o juspositivismo. A segunda conclusão é que os *direitos* subjetivos naturais não podem se seguir de um subjetivismo individualista, já que ele rompe tanto com o caráter *derivado e analógico* do direito como agir humano informado pela justiça objetiva como com a *alteridade* do comportamento jurídico, ou seu caráter de remeter a outro sujeito. O sujeito de direito só pode sê-lo no *marco do sistema da lei natural objetiva*. Não é possível atribuir direitos como *haberes* a indivíduos isolados. Essa segunda conclusão se orienta contra o que aqui temos chamado de jusnaturalismo em sentido estrito ou jusnaturalismo moderno, e que Massini qualifica de jusnaturalismo individualista.

Até aqui se trata do esforço por cooptar direitos humanos modernos em um imaginário antigo: o da existência de uma ordem objetiva e natural *devida* das coisas do mundo. Já sabemos que essa ordem, na qual as coisas têm o dever de realizar sua natureza, é discernível pela razão humana. No entanto, já advertimos também, porque Ginés de Sepúlveda nos propôs isso, que nem todos que pareceriam humanos acedem propriamente a essa razão. Portanto, existiriam seres humanos e homúnculos. Da ordem objetiva das coisas se seguiriam, por exemplo, as relações *devidas* de escravidão. O mesmo Ginés de Sepúlveda nos prevenia também que podem existir certos atritos na aplicação dos princípios do Direito natural. Nesse caso, deve-se seguir o que se interprete como menos negativo, isto é, que cause menos mal. Para saber qual, seguem-se os critérios dos *doutos* e também as disposições das *autoridades* eclesiais e políticas. É verdade que esse imaginário corresponde ao século XVI. Mas quatro séculos depois Massini recorre ao mesmo critério de *autoridade externa* à existência dos seres humanos (transcendência absoluta) para justificar a única incorporação legítima de direitos humanos no campo do Direito:

> a concepção clássico-cristã dos direitos naturais do homem, ao especificá-los, ao dar-lhes limites certos, ao outorgar-lhes um fundamento objetivo e absoluto, ancorado na Divindade, e ao calibrar sua aplicação às circuns-

tâncias do lugar e da história, não se presta à manipulação ideológica dos "direitos humanos", tal como vemos que se realiza diariamente em quase todo o mundo.[28]

Mas os papas e os reis, e os doutos a seu serviço, manipularam ideologicamente a lei eterna da Divindade, aproveitando-se dela para reproduzir e ampliar suas posições de poder e prestígio privilegiados, já que essa lei eterna não se expressa diretamente como revelação pura, mas deve ser sempre mediada por uma tradução humana. É precisamente contra essa manipulação que foram "inventados" a razão natural humana igual e livre, individual e universal, e o feudo da liberdade de consciência, que constituem fatores do "individualismo jusnaturalista" que Massini rejeita. Essas invenções se dirigem contra autoridades que alguns julgaram em sua época *arbitrárias*. E é esse *éthos* antiautoritário que não encontra um lugar adequado no *sistema de obrigações* do Direito natural clássico que Massini defende como espaço "natural" para esses direitos. À sua discussão específica contra esse *éthos* antiautoritário e seu produto, os direitos humanos modernos, e sua doutrina filosófica, que ele anatematiza como jusnaturalismo individualista, dedicaremos a próxima seção.

4. Jusnaturalismo individualista contra jusnaturalismo realista: um lugar para direitos humanos?

Massini dedica uma parte de seu livro *El Derecho, los derechos humanos y el valor del Derecho* para enfrentar, a partir de sua própria perspectiva, o "jusnaturalismo realista", o que ele chama de "jusnaturalismo individualista". Ele considera este último uma ideologia que leva a conceber direitos humanos:

> na medida em que são ilimitados em seu conteúdo [...] se tomamos como ponto de partida o indivíduo livre e autônomo, sem referência a uma ordem

---
28 Massini, op. cit., p.154. Evidentemente, se acreditarmos em Deus, e nesse caso no Deus católico, a autoridade não é externa, mas moral. Contudo, a obrigatoriedade humana de crer em Deus, ou em qualquer outro, não é moderna. Enquanto não for ilícito, é possível crer ou ser indiferente religioso.

objetiva que o delimite e determine, tudo aquilo que esse indivíduo estime considerar conveniente para seu bem-estar ou satisfação pessoal passará a converter-se inexoravelmente em um "direito humano".[29]

Massini atribui a essa concepção individualista a pretensão de fundar direitos humanos naturais: "a partir apenas da individualidade do homem, sem referência nenhuma a uma ordem ou lei objetiva natural [...] todas essas doutrinas supõem que o homem não está submetido a outra regra que não a sua vontade livre e arbitrária".[30] Contudo, não analisa sistematicamente nenhum dos autores dessas doutrinas. Na seção que examinamos, menciona em tom depreciativo Rousseau e com horror Hobbes. Em um texto anterior, qualificou como geradores do danoso subjetivismo jurídico o holandês Hugo Grócio e o espanhol Francisco Suárez. Também remete a Jean-Paul Sartre, que caracteriza como "o mais consequente dos ateus" (!). Alude negativamente, além disso, à Declaração Universal dos Direitos Humanos das Nações Unidas e desautoriza Norberto Bobbio por discutir e apresentar um "fundamento relativo" para direitos humanos. Ao menos Bobbio não tem uma concepção individualista de direitos humanos, mas uma apreciação *política* deles, e seria possível polemizar se a declaração das Nações Unidas possui tal caráter, de modo que não seria simples precisar com rigor o objeto declarado de seu ataque: o "jusnaturalismo individualista". Assim, de suas referências, escolheremos a princípio quatro características: para Massini, nessa corrente os direitos humanos seriam *inatos* e, por isso, não se seguiriam de norma positiva e seriam pré-sociais. Em nota de rodapé, ele associa o caráter inato dos direitos com o *contratualismo*. Uma terceira referência é que essa doutrina sustentaria um *voluntarismo* (liberdade) *arbitrário* que conduziria a direitos humanos "infinitos", os quais escapariam a qualquer medida objetiva. Um quarto aspecto é que esse jusnaturalismo individualista cria a ilusão de que *se tem direito a tudo*, em todo momento e em todo lugar, *sem* que exista uma contraparte de dever ou *obrigação*: "Chega-se assim ao disparate de uma situação em que todos têm direito a tudo, sem que ninguém deva nada [...]".[31]

---

29 Ibid., p.145.
30 Ibid., p.141.
31 Ibid., p.142-3.

Escolhamos um primeiro autor que tenha prestígio na história das ideias filosóficas, atribua um caráter inato a direitos humanos e seja, ao mesmo tempo, expressão do contratualismo moderno como tese ou hipótese da origem e do fundamento do Estado. O mais óbvio nesse campo, e também o mais influente, é John Locke (1632-1704). Dito diretamente, porém, Locke, que Massini não menciona, só se encaixa na caracterização de Massini na medida em que o autor inglês considera que certos caracteres humanos (individuais e da espécie) são pré-políticos (não pré-sociais) e que o contrato fundante do Estado ou governo, o *commonwealth* como ele prefere chamá-lo,[32] tem como tarefa principal proteger o exercício dessas faculdades naturais. Os outros traços que Massini atribui ao jusnaturalismo individualista não pertencem ao ideário de Locke. Para este, a liberdade se articula com o trabalho, a propriedade e a racionalidade humanas e essa trama é matriz (e, por isso, determinação) de direitos ou faculdades naturais. Como exemplo, os seres humanos são livres, *mas não para atentar contra a propriedade e a vida de outros*. No início de seu *Tratado sobre o governo civil*, Locke escreve:

> Entendo, pois, por poder político o direito de fazer leis que sejam sancionadas com a pena capital e, em sua consequência, das sancionadas com penas menos graves para a regulamentação e proteção da propriedade; e o de empregar as forças do Estado para impor a execução de tais leis, e para defender este de todo atropelo estrangeiro; e tudo isso unicamente tendo em vista o bem público.[33]

De modo que, na *commonwealth* que Locke postula ou imagina, ao menos, nem tudo é permitido, já que a pena de morte castiga quem viola direitos naturais. Existem, por isso, *obrigações*, tanto da autoridade política perante os cidadãos que aceitaram sua autoridade como, obviamente, dos cidadãos entre si. Assim, um dos fundadores do que Massini chama de *jusnaturalismo individualista* não coincide com sua caracterização. Locke não propõe nem arbitrariedade nem faculdades inatas infinitas. Propõe apenas

---

32 Locke, *Tratado sobre el gobierno civil*, §133. O contrato em Locke supõe uma comunidade social que concorda em se dar um governo (ibid., §99).
33 Ibid., §3.

igualdade, que não supõe igualitarismo, liberdade, racionalidade e propriedade (esta derivada de uma teoria do trabalho humano) e seus corolários.

Se o caráter de liberdade arbitrária não é proposto, Locke, que ameaça liquidar política e biologicamente qualquer um que viole seu imaginário de direitos humanos e suas institucionalizações, tampouco admite responsabilidade pela "ilusão" de que cada indivíduo tem direito a tudo, todo o tempo e em todo lugar, sem que, correlativamente, possua obrigações. Por exemplo, o poder paternal ou parental (dos pais) não se personifica como capacidade igual no homem e na mulher. Locke pressupõe que esse poder paternal tem como titular central o pai e não a mãe:

> embora seja certo que o marido e a mulher tenham uma única finalidade comum, ao ter distintas inteligências, é inevitável que suas vontades sejam também diferentes em algumas ocasiões. Contudo, sendo necessário que o direito de decidir em último caso (quer dizer, de governar) esteja colocado em uma só pessoa, ele será destinado, naturalmente, ao homem como mais capaz e mais forte.[34]

Logo, a mulher ou esposa não tem as mesmas faculdades, nem capacidades, nem liberdade em relação aos filhos, tal como as possui o marido ou pai. A igualdade em Locke remete unicamente ao que qualifica de direito de jurisdição ou *autoridade* sobre outro, que ele associa à liberdade natural. Todos os seres humanos têm esse direito igual (a liberdade natural) e, por isso, ninguém está submetido por natureza à autoridade *política* do outro. É óbvio que esse é um argumento histórico e político orientado *contra as autoridades* que reivindicam capacidade *natural* de origem divina para decidir por outros e contra outros. No mesmo parágrafo, Locke remete a tipos legítimos de desigualdade entre os seres humanos e oferece critérios para isso: idade e condições pessoais dão um justo direito de precedência. A superioridade de faculdades e méritos situa alguns acima do nível geral. Nascimento, alianças e benefícios permitem exigir respeito e gratidão. Logo, nem todos são iguais e livres para fazer qualquer coisa em suas relações com os outros. Evidentemente, Locke não imagina uma liberdade natural arbitrária.

---

34 Ibid., §82.

A família, ou o poder parental que se exerce nela, permite também eliminar pela raiz uma eventual ausência de obrigações. Para Locke: "[...] a autoridade que possuem os pais sobre os filhos é derivada da obrigação de cuidar deles enquanto se encontram em estado imperfeito, própria da infância".[35] A titularidade de uma faculdade, ou direito, associa-se, portanto, a uma obrigação. Para mais razões, essa autoridade parental se extingue quando os filhos alcançam uma idade suficiente, já que para Locke a potesdade histórica só é vinculante "quando manda o que convém ao bem geral dos que estão submetidos a ela".[36] Ao contrário, as obrigações "naturais", como as familiares, podem acompanhar toda uma existência. Assim, os filhos que se tornaram independentes, porque amadureceram racionalmente, devem honrar seus pais *perpetuamente*,[37] entendendo-se por isso respeito, gratidão e ajuda (de maneira alguma submissão). Trata-se de uma obrigação ou vínculo *moral* natural. Essa consideração é particularmente importante porque, para Locke, apenas as faculdades (direitos) e obrigações parentais e econômicas são naturais. As políticas são contratuais e devem ser exercidas exclusivamente em benefício daqueles que as pactuaram. Por isso, um regime civil pode não resultar idêntico a um regime moral, ainda que seu desvio o torne ilegítimo. Se pode haver desvio e ilegitimidade política, é inevitável que exista uma *medida inalterável* que permita discerni-los. De novo, nem tudo é permitido e nem tudo é facultado, ainda que a *commonwealth* derive de uma delegação livre, ou melhor, *porque se segue dessa delegação livre*, nem tudo é facultado. Não existe relação entre contrato e arbitrariedade humana. Por isso, as faculdades despóticas podem ser exercidas apenas contra o que [quem] se colocou, mediante agressão, em *estado de guerra*.[38]

Portanto, em Locke, que Bobbio considerou, talvez precipitadamente, "o campeão dos direitos da liberdade",[39] não se encontram os traços que Massini atribui a seu "jusnaturalismo individualista" e, por isso, não poderão ser encontrados em sua "doutrina" fundamentos para a ilusão de que "se tem direito a tudo" e nenhuma obrigação.

---

35 Ibid., §58.
36 Ibid., §57.
37 Ibid., §66.
38 É bem conhecido que Locke nega condição humana a esse "o que". Passa a chamá-lo de "fera" (lobo, leão).
39 Bobbio, "Presente y porvenir de los derechos humanos", p.71.

Mas deixemos Locke por um momento. Talvez Massini não o considere importante no jusnaturalismo moderno e como antecedente filosófico de direitos humanos. Vamos dar uma olhada em Jean-Jacques Rousseau (1712-1778), a quem Massini menciona horrorizado como epítome do individualismo arbitrário e do voluntarismo caótico, posto que não obedeceria "mais do que a si mesmo", ilusão que Rousseau teria perpetrado em seu conhecido – como afirma Massini – *Contrato social*. Com Rousseau, topamos de imediato em uma dificuldade. Para ele, não existem direitos naturais. *Todos os direitos decorrem de uma sociedade civil*. Podem ser pervertidos, e então empobrecem a todos nós por meio do despotismo, ou podem expressar a vontade geral, e então promovem o bem-estar e a felicidade de cada um de nós. Cito um de seus textos, relativo ao acaso:

> A passagem do estado natural para o estado civil produz no homem uma mudança muito notável, já que em sua conduta a justiça substitui o instinto e proporciona a suas ações a moralidade de que antes careciam. É então [*C'est alors seulement*] que, ao suceder a voz do dever à compulsão física, e o direito ao apetite, o homem, que antes não havia considerado nem tido em conta mais do que sua pessoa, vê-se obrigado a agir com base em princípios distintos.[40]

Aproveitemos para dissipar um estereótipo sobre o pensamento de Rousseau. Este não admira o "indivíduo" em estado de natureza, como se costuma afirmar.[41] O parágrafo que citamos finaliza qualificando-o de "animal estúpido e limitado" (*un animal stupide et borné*), ainda que "feliz" em razão de sua incapacidade de reconhecer suas carências e livre para satisfazer seus apetites, mas não um ser inteligente e civilmente livre, ou seja, desejoso de se dar leis de convivência e prosperidade: em outras palavras, um ser humano. E aproveitemos para citar outro equívoco: Rousseau não admite que a palavra "direito" se aplique a coletivos humanos em que imperem princípios externos de coação ou alienação (força despótica e empobrecedora).

---

40 Rousseau, *El contrato social*, Livro I, Cap. VIII. Colchetes nossos para enfatizar o sentido.
41 Cf., por exemplo, Rangel, *Del buen salvaje al buen revolucionario*, p.37.

Entretanto, voltemos ao ponto central. Rousseau não se qualifica para a primeira exigência de Massini: ele não postula *direitos* inatos, ainda que no estado de natureza os seres humanos se satisfaçam mediante "o instinto de tudo de que necessitavam" e não eram nem bons nem maus, não tinham vícios nem virtudes e, por isso, não tinham nem moral nem direito, criações posteriores.[42] Por outro lado, ele se qualifica para o contratualismo, mas em virtude da primeira ausência seria mais prudente considerá-lo um constitucionalista republicano e democrático, ou popular. O terceiro e o quarto pontos não são de maneira alguma atribuíveis a Rousseau. Nele, não há um voluntarismo arbitrário ou direitos humanos infinitos, tampouco a ilusão de que se é titular de tudo sem nenhuma obrigação. Para isso, a título de exemplo, bastaria examinar sua proposta sobre a *propriedade* em uma sociedade bem ordenada: "O ser humano tem por natureza direito a tudo quanto lhe é necessário; mas o ato positivo que o converte em proprietário de um bem qualquer o exclui do direito ao demais. Adquirida sua parte, deve-se limitar a ela sem direito ao da comunidade".[43]

Em outras palavras, a propriedade justa, isto é, devida, é a pequena propriedade que satisfaz as necessidades de seu proprietário. Outra propriedade é indevida, ou seja, injusta ou ilícita. Esse parece um exemplo claro de titularidades e obrigações jurídicas. Rousseau regulamenta com precisão essa ideia:

> para autorizar o direito de primeiro ocupante sobre um terreno qualquer, são necessárias as condições seguintes: a primeira, que o terreno não esteja ocupado por outro; a segunda, que não se ocupe mais que a parte necessária para subsistir; a terceira, que se tome posse dele, não mediante uma cerimônia vã, mas pelo trabalho e pelo cultivo, único sinal de propriedade que, na falta de títulos jurídicos, deve ser respeitado pelos demais [...] Com efeito, conceder à necessidade e ao trabalho o direito de primeiro ocupante não é proporcionar a tal direito toda a amplitude que requer?[44]

---

42 Cf. Rousseau, *Discurso sobre el origen y los fundamentos de la desigualdad entre los hombres*, em especial a primeira parte e o início da segunda.
43 Id., *El contrato social*, Livro I, Cap. IX.
44 Ibid.

Não parece haver muita possibilidade de discussão. Rousseau também não se qualifica dentro dos traços ou vieses que Massini atribui ao "jusnaturalismo individualista". Para concluir, digamos que a menção do professor argentino à expressão rousseauniana está inteiramente descontextualizada e significa o contrário do que ele lhe atribui. Massini escreve: "[...] o homem não está submetido a outra regra além daquela de sua vontade livre e arbitrária, 'não obedecendo senão a si mesmo', tal como expressa a conhecida frase de Rousseau". Mas a tão "conhecida frase" de Rousseau, que Massini extrai do trabalho de Y. Simón, *Freedom and Community* [Liberdade e comunidade], insere-se na caracterização mais ampla que Rousseau faz da finalidade e do objeto de seu *Contrato social*: "Encontrar uma forma de associação que defenda e proteja com toda a força comum a pessoa e os bens de cada associado, e pela qual cada um, unindo-se a todos, não obedeça senão a si mesmo e permaneça tão livre como antes".[45]

É óbvio que Rousseau não está falando de indivíduos isolados que fazem o que querem, mas de *associados* cujas leis não podem prejudicar aqueles que pactuaram a sociedade, porque isso destruiria seu pacto. O indivíduo é livre, ou seja, tem autocontrole, porque obedece a uma associação em que é *soberano* e em que participa mediante a configuração (algo nebulosa, é certo) de uma *vontade geral*. O que tem a ver esse imaginário com um individualismo arbitrário e infinito? Não será por que Massini nunca leu nem lhe interessa ler Rousseau? Não será seu "jusnaturalismo individualista" um homem de palha útil para afirmar o valor "incontestável" da doutrina a que ele adere, a do "jusnaturalismo realista"?

No último detalhe, não há nada de perverso. Mas carece de honradez epistêmica, argumentativa e política inventar de cabo a cabo um jusnaturalismo "individualista" para "demonstrar" que conduz ao caos por propor direitos humanos infinitos, *à la carte* e já. Nem Locke nem Rousseau fazem isso. Tampouco o fazem outros jusnaturalistas cujos discursos podem ser considerados antecedentes ou materializações doutrinárias de direitos humanos. Digamos uma breve palavra sobre alguns desses jusnaturalistas modernos.

Para começar, eles são de tipo distinto. Uma maneira de classificá-los é pelo critério que utilizam para substituir o fundamento *teológico* do direi-

---

45 Ibid., Livro I, Cap. VI, com aspas no original.

to natural que chamamos de antigo. Alguns, como Grócio, Hobbes, Spinoza (1632-1649) e Pufendorf (1632-1694), com variantes, depositam no *governante* a responsabilidade pelo cumprimento do Direito natural que decorre da natureza humana e de sua sociabilidade ou necessidade de segurança. Nesses autores, a responsabilidade do soberano diante dos súditos é limitada e, em algum deles (Spinoza), de certa maneira indiferente. Para Grócio, a resistência só é possível em caso de evidente abuso de poder ou usurpação. Para Hobbes, o poder estatal soberano unicamente se dissolve por sua ineficácia. Spinoza, para quem o mundo e seu governo são Deus, defende a naturalidade das paixões e as liberdades de consciência e religião e admite que um Estado que não expressa racionalmente a lei natural deve adquirir outra forma. Pufendorf concede título de resistência aos súditos por não cumprimento da lei natural e para defender sua segurança. Leibniz (1646-1716), que não mencionamos antes, faz coincidir a autonomia de suas *mônadas* em um sistema racional criado e conhecido absolutamente apenas por Deus, fazendo deste "o melhor dos mundos possíveis" para faculdades racionais mais frágeis, como as humanas. Daí, e pelo fato de que o "mal" também é um meio para o "bem", deveria se seguir uma filosofia política conservadora, apesar das posições ecumênicas na religião e civilizatoriamente evolucionistas e integradoras (eurocêntricas) desse autor.

Um segundo grupo de pensadores vê na *separação de poderes* (fator do Estado de direito), quer dizer, na *organização objetiva* do poder público, a garantia de observância do Direito natural. Nessa posição encontram-se Locke, Montesquieu (1689-1755) e, em termos gerais, o iluminismo do século XVIII. Em seu livro *O espírito das leis*, Montesquieu descreve assim as leis naturais:

> Antes de todas as leis estão as naturais, assim chamadas porque são derivadas unicamente da constituição de nosso ser. Para conhecê-las bem, é preciso considerar o homem antes de existir as sociedades. As leis que em tal estado governavam os homens são as leis da Natureza.[46]

Como se nota, Montesquieu pede atenção à natureza humana e suas instituições, não ao mundo objetivo das coisas ou a Deus (ainda que não os

---

46 Montesquieu, *Del espíritu de las leyes*, Livro I, Cap. II.

negue) para compreender o Direito natural. Essa é uma orientação básica do jusnaturalismo moderno. A atenção ao ser humano por si mesmo (Locke começa seu *Segundo tratado* com um "será forçoso que consideremos qual é o estado em que se encontram naturalmente os homens"), ou seja, a *hipótese de um estado de natureza*, é o que pode ser ideologizado na forma de uma exaltação do indivíduo a-social e de uma Humanidade abstrata, questões que, na realidade, não pertencem materialmente ao imaginário desses pensadores.[47] Eles, na realidade, pensam em combater governos brutais e soberbamente arbitrários que, em vez de contribuir com a indústria humana, favoreciam a miséria e a guerra. Por isso, para o bem e para o mal, criam um imaginário em que sejam exigíveis direitos humanos. E não podem recorrer à "ordem do mundo" nem a Deus porque os sentidos sociais destes são monopólio de reis e padres. É assim que aparece a necessidade de um *estado de natureza*, ou seja, sem reis nem padres.

Ainda há um terceiro grupo de pensadores que encontra a garantia do Direito natural na *soberania popular* (Rousseau) ou na *organização republicana* (Kant). Em Rousseau, o Direito natural se expressa mediante instituições como a *vontade geral* e a *fé cidadã* (*profession de foi purement civile*), ambas, ainda que com distinta entidade, sem possibilidade de fala e, por isso, vinculantes (forçosas). Em Kant,[48] pela articulação entre o caráter natural da liberdade humana (independência ante o arbítrio constritivo de outro), sua autonomia moral, isto é, seu ser um fim para si mesmo, e sua materialização positiva em uma Constituição. Escreve sobre o Direito público:

> Este é, portanto, um sistema de leis para o povo, quer dizer, para um conjunto de homens ou para um conjunto de povos que, encontrando-se

---

47 Alguns aspectos dessa temática foram analisados, no caso de Locke, em Gallardo, *Política y transformación social. Discusión sobre derechos humanos*, Seção III.
48 Cortinez, especialista e admiradora de Kant, considera que esse autor superou a distinção entre jusnaturalismo e juspositivismo. No entanto, admite que Kant afirma que cada ser humano possui naturalmente o direito de coagir os demais para que respeitem sua liberdade e também o direito de "forçá-los" a entrar em um determinado regime jurídico que materialize constitucionalmente esse direito (Cortinez, *Estudio preliminar a La metafísica de las costumbres*, p.xlv). Reparando na hierarquia ética – ou seja, jurídica – e política dessa relação, é que a maioria dos comentadores põe Kant dentro do jusnaturalismo moderno. (Cf., por exemplo, Hegel, *Lecciones sobre la Historia de la Filosofía*, v.3. Também Abbagnano, *Historia de la Filosofía*, v.2).

entre si em uma relação de influência mútua, necessitam de um estado jurídico sob uma vontade que os unifique, sob uma *constituição* (*constitutio*), para participar daquilo que é de direito – Esse estado de indivíduos em um povo em mútua relação é o estado civil (*status civiles*) e o conjunto deles em relação a seus próprios membros é o Estado (*civitas*), que se denomina comunidade (*res publica latius sic dicta*) em virtude de sua forma, porquanto está unido pelo interesse comum de todos de encontrar-se no estado jurídico.[49]

Como se observa, nem a liberdade individual nem sua autonomia oferecem a Kant nenhum problema no que concerne à exigência prática de existir em comunidade. Ao contrário, no parágrafo seguinte ele é enfático:

a primeira coisa que o homem se vê obrigado a decidir, se não quer renunciar a todos os conceitos jurídicos, é o princípio: é necessário sair do estado de natureza, em que cada um age segundo seu desejo, e unir-se com os demais (com quem não pode evitar entrar em interação) para submeter-se a uma coação externa legalmente pública.

Portanto, nada de individualidade arbitrária nem efeitos caóticos, mas antes, se seguirmos seu pensamento, intenção de *paz perpétua*. Para esta, uma projeção internacional, aponta a *república*, isto é, um Estado em que o poder legislativo corresponde à vontade unida do povo. Essa vontade nunca prejudicaria a si mesma nem ao conjunto dos cidadãos: "Por isso, apenas a vontade concordante e unida de todos, na medida em que cada um decide igualmente sobre todos e todos sobre cada um, por conseguinte, apenas a vontade popular universalmente unida pode ser legisladora".[50]

Com diferenças em relação à propriedade, essa vontade concordante e vinculante estabelece, como é lógico, *deveres e obrigações jurídicas*. De modo que não existe em Kant nem pretensão infinita nem caos, como postula Massini. E, forçosamente, tampouco isso é doutrinalmente pretendido

---

49 Kant, *Metafísica de las Costumbres*, Parte 2, Seção I, §43; parênteses no original.
50 Ibid., §46. A expressão kantiana "vontade popular" compreende unicamente cidadãos ativos, ou seja, aqueles que não dependem de outros para sua proteção e sustento. Os trabalhadores assalariados, mulheres, crianças, servidores (não públicos) não fazem parte desse "povo".

por qualquer um dos pensadores aqui mencionados. Assim, a classe dos "jusnaturalistas individualistas" que escandaliza o professor argentino parece não conter nenhum elemento: trata-se de um conjunto vazio.

Em compensação, se considerarmos esses "jusnaturalistas individualistas"[51] pelo que efetivamente opinaram, encontramos um lugar coincidente: *todos propõem que seja juridicamente vinculante uma obrigação ou limitação com caráter legal do Estado ou governo em face de seus cidadãos* (antes súditos). Essa obrigação é formulada por eles a partir de seus diversos critérios sobre a natureza humana e a coexistência social. L. Ferrajoli condensou assim parte do *éthos* sociocultural que anima esse jusnaturalismo moderno ou "jusnaturalismo *de baixo*", que permite imaginar, mesmo com limitações, direitos humanos:

> "Ponto de vista externo" ou "de baixo" quer dizer, sobretudo, ponto de vista das *pessoas*. Sua primazia axiológica, por conseguinte, equivale à primazia da *pessoa como valor*, ou seja, do *valor da pessoa*, e, portanto, de todas as suas diversas e específicas *identidades*, assim como da variedade e *pluralidade de pontos de vista externos* expressados por elas. É esse o valor sobre o qual se baseia a moderna *tolerância*: [sic] que consiste no respeito de todas as possíveis identidades pessoais e de todos os correspondentes pontos de vista [...] a tolerância pode ser definida como a atribuição de idêntico valor a cada pessoa: enquanto a *intolerância* é o desvalor [sic] associado a uma pessoa por sua particular identidade. Inversamente, a esfera do *intolerável* é identificável, por oposição, com a da violação das pessoas por meio das [sic] lições intolerantes de suas identidades pessoais.[52]

Independentemente do juízo que se possa ter sobre a apreciação de Ferrajoli, seu texto contém uma imagem feliz: esse jusnaturalismo moderno expressa um ponto de vista *de baixo*. A formulação do direito natural antigo, em compensação, imagina o mundo, e com isso o jurídico, *de cima*. "De cima" não são possíveis direitos humanos como capacidades ou foros, mas unicamente titularidades que, em último caso, remetem a *obrigações*

---

51 Alguns manuais os denominam Escola Clássica do Direito natural; Ferrajoli os denomina "jusnaturalismo contratualista" (Ferrajoli, op. cit., p.905).
52 Ferrajoli, op. cit., p.906; itálicos no original. Mantivemos a irregularidade da edição espanhola.

para com diversas formas de poder institucionalizado. Podemos, por exemplo, esquematizar a proposta de Locke, no que aqui interessa, da seguinte maneira:

Não importa aqui o valor de verdade dessa proposta, mas sua capacidade de pensar e judicializar direitos humanos.

Convém ainda examinar sumariamente os pontos centrais, e a lógica que os anima, da defesa que Massini faz de seu "jusnaturalismo realista". Em primeiro lugar, ele não parte de um indivíduo imaginariamente isolado "como o bom selvagem de Rousseau ou o lobo dos outros homens de Hobbes". Já vimos que tampouco esses autores partem desse indivíduo (ou chegam a ele, que é o que lhes interessa), exceto como hipótese de trabalho, e isso porque desejam isolar o ser humano das determinações políticas e religiosas (e, em Rousseau, também das econômicas) que os impossibilitam de ter direitos. O jusnaturalismo realista, ao contrário, e estimado por Massini, parte da *inteligência da ordem existente*. Esta é uma ordem *imanente* que faz que o entendimento prático apreenda a *evidência* de uma normatividade transcendente que se *impõe de modo necessário*.[53] É uma evidência de valores e regras fundamentais e delas, ou seja, de sua obediência, derivam-se para os titulares de direito certas faculdades de agir moralmente. Se não se age assim, altera-se "a ordem da natureza das coisas". Estas são as disposições do mundo de acordo com sua *lei natural*. Como se nota, aqui o limitado não é o mundo e seu governo, mas os seres humanos (como espécie e como especificidade). Dessas obrigatoriedades, Massini, excitado, conclui: "[...] com fundamento na lei natural, os 'direitos humanos' não flutuam mais

---

[53] Massini, op. cit., p.144.

no vazio, carentes de justificação racional, limites e conteúdos precisos".[54] Pode ser que a excitação de Massini seja legítima, mas não em relação a uma proposta para direitos humanos modernos. Isso fica mais evidente quando ele postula o *fundamento* desses direitos. Ele os remete, é óbvio, à Divindade:

> a concepção clássico-cristã dos direitos naturais do homem, ao precisá-los, pôr-lhes limites certos, outorgar-lhes um fundamento objetivo e absoluto, ancorado na Divindade, e ao calibrar sua aplicação às circunstâncias de lugar e da história, não se presta à manipulação ideológica dos "direitos humanos" tal como a que vemos realizar-se diariamente em quase todo o mundo.[55]

Suponhamos que o que Massini deseja não seja tanto ter razão doutrinal, mas evitar a manipulação ideológica de direitos humanos. Mas vimos, ao examinar o pensamento de Ginés de Sepúlveda, que a concepção "clássico--cristã" permite sua manipulação, chegando ao extremo de gerar a ideologia da guerra justa contra os homúnculos, escravizá-los, assassiná-los maciçamente, destruir suas culturas e, ao mesmo tempo, celebrar o descobrimento da América e sua evangelização. Podemos reproduzir essa lógica mediante um esquema:

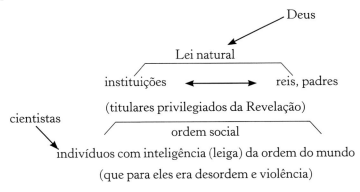

É que a revelação divina, desgraçadamente, e com isso a lei natural, tem de ser *interpretada*. E sua interpretação é, inevitavelmente, cultural e política. Contra a interpretação medieval e absolutista "da" revelação "divina"

---

54 Ibid.
55 Ibid., p.154.

ergueram-se tanto as ciências modernas como as ideologias filosóficas de direitos humanos. Levantaram-se contra um mundo que, com o impacto do comércio, da economia monetária e das guerras de religião, consideraram desastroso e intolerável. Visto desse modo, Deus não tem nada a ver com o assunto. De fato, os jusnaturalistas modernos são majoritariamente crentes religiosos. Mas creem em *outro* Deus e colocam-no à parte. Como não podem crer no mesmo Deus em que se afirmam os protagonistas do desastre e da ignorância, separam moral religiosa (liberdade de consciência) de legislação, ainda que mantenham a exigência de uma justiça natural, derivada da natureza humana, para esta última. Nesse contexto, inventam-se filosoficamente direitos humanos. E porque se inventam contra as instituições vigentes e sua autoridade é que não podem ser afirmados nem reivindicados por um cristianismo que permanece preso e manipulado pelas Igrejas, em particular a católica. Isso não é nem bom nem mau. É unicamente história.

Terminemos esta longa, ainda que necessária discussão, com contribuições latino-americanas. Os textos que comentamos do professor Massini foram todos publicados na década de 1980. O livro em que estão reunidos foi editado em 1987. Agora, na Argentina, existiu entre 1976 e 1984 uma ditadura empresarial/militar de peculiar crueldade, que não apenas reprimiu, torturou e assassinou opositores, dissidentes e cidadãos sem mais nem menos, mas que destruiu grande parte do aparato produtivo nacional. Em um livro sobre o Direito e seu valor e sobre direitos humanos, o autor, adscrito ao direito natural antigo, não faz qualquer menção à autoridade militar e empresarial da época em que seus trabalhos se inscrevem, nem à cumplicidade da hierarquia eclesial argentina, com exceções como a do bispo Enrique Angelelli, assassinado pelos militares em 1976, com o *terror de Estado*, nem à sistemática liquidação de direitos econômicos e sociais dos mais humildes. Nem sequer uma menção. Pior, incorpora em sua "análise" um ensaio sobre a relação entre direitos humanos e a "perspectiva marxista", tão ou mais preconceituoso que os que examinamos antes, para concluir que os marxistas ou comunistas não podem falar de direitos humanos. *A sugestão é que tampouco podem invocá-los*. E isso em uma Argentina em crescente terror e horror de Estado, onde "comunista" era um genérico para designar a quem se queria destroçar ou fazer desaparecer. Ou seja, uma não pessoa. Como os homossexuais, que tanto irritam Massini com sua pretensão de ser humanos. É difícil imaginar um exemplo mais claro de invisibilização e manipulação ideológica da realidade social, e, com ela, de direitos humanos, do que o que o professor Massini faz mediante a adoção de um disfarce acadêmico e doutrinário. Mas é também a melhor prova de seu imaginário, o da autoridade *de cima* arbitrária e feroz que não admite limites porque se proclama estabelecida pelo Deus da intolerância e da destruição. Esse Deus, certamente nada evangélico, não permite demandar nem defender estruturalmente direitos humanos.

O segundo alcance é positivo. Existem muitas leituras do cristianismo. A *dignidade humana*, argumentada por Kant, por exemplo, admite entre seus antecedentes os evangelhos de Jesus de Nazaré. Também desse ponto de vista prático, o clima político de segurança nacional (terror de Estado) moveu brutalmente todas as instituições sociais para a direita. Assim, instituições conservadoras, como a hierarquia eclesial, fazendo pouco ou nada, encontraram-se no centro ou à esquerda do terror. Do mesmo modo, a repressão feroz, na forma da "guerra suja", atingiu os familiares dos perseguidos. A desnacionalização econômica também transtornou as formas de organização familiar, dando outra presença social e pessoal a jovens e mulheres. As escassas possibilidades de resistência diante do desenfreamento e da exasperação policiais e militares reconfiguraram, na América Latina, os *espaços* eclesiais como espaços humanos – também religiosos – e sociais de *encontro*. A partir desses espaços, e com anuência eclesial, surgiram, e às vezes se desprenderam, linhas de trabalho pastoral que se fundaram em direitos humanos e também na misericórdia e caridade cristã. A *Vicária da Solidariedade* da Igreja Católica chilena, por exemplo, foi uma experiência valente e bem-sucedida em todos os sentidos. Mas isso não invalida a discussão de que o *éthos* da instituição eclesial, centrado em uma ordem devida ou vinculante das coisas, não é favorável à defesa e promoção de direitos humanos. *Setores* da Igreja podem estar nessa luta, mas a instituição possui uma lógica de direito natural que debilita esses esforços, ainda que em determinadas conjunturas não consiga sufocá-los. Nesse ponto, faz falta uma conversão institucional que teria de passar por uma crítica da autoridade legítima: se for desejável, por uma crítica radical intra e extraeclesial dos ídolos e dos "sábados que matam". Complexa e difícil tarefa religiosa e política. Contudo, esse aspecto da discussão mostra também o vigor do *éthos* sociocultural moderno de direitos humanos. Mesmo as Igrejas e suas hierarquias, às vezes de boa-fé e outras de forma oportunista, cedem parcialmente a essa reivindicação/luta da modernidade. É um bom sinal. Um sinal que deve alentar aqueles que, de qualquer imaginário, protegem e salvam vidas, confortam os explorados e reanimam os discriminados e excluídos, demandam saúde comunitária ou educação de qualidade para seus filhos. Bom sinal de direitos humanos. Sinal para discutir, trabalhar, construir e avançar. Pelos direitos das pessoas, *de baixo,* contra as leis e autoridades que assassinam e destroem *de cima.*

VII
Uma fundamentação letal para direitos humanos

1. Nota preliminar

Argumentamos em textos anteriores que o jusnaturalismo moderno explicita um imaginário ideológico e filosófico que lhe permite reclamar e defender direitos humanos como capacidades e foros próprios da natureza dos indivíduos[1] ante e contra a ação da autoridade política e religiosa. Assim, as *capacidades* individuais e sociais que caracterizam inicialmente direitos humanos, em sua vertente liberal, têm como correlato as *limitações* das práticas de poder estatal, governamental ou eclesial. A proposta de direitos humanos individuais e a *antropologia* correspondente se inscrevem dessa maneira nos marcos mais amplos de uma *teoria do Estado* e da *sociedade*. Essa proposta tem como um de seus primeiros sistematizadores filosóficos o pensador inglês John Locke (1632-1704) cujas ideias, mais ou menos conhecidas, são talvez as que mais se projetaram, mesmo contemporaneamente, como (*o*) fundamento filosófico de direitos humanos. Assim, Hegel, por exemplo, outorga um reconhecimento oblíquo à obra de Locke, caracterizando-a como "uma filosofia facilmente compreensível, mas precisamente por isso uma filosofia popular [...] modo preferido dessa atitude de pensamento a que se dá o nome de filosofia";[2] Chevallier julga que se trata do autor que apresentou "de maneira definitiva as bases da democracia liberal [...] cuja grande cartada foi permitir a constituição das declarações

---

1 Vida, liberdade, razão, dignidade, por exemplo. Trata-se de uma antropologia.
2 Hegel, *Lecciones sobre la Historia da la Filosofía*, v.3, p.329.

de direitos – direitos naturais, inalienáveis e imprescritíveis – das colônias americanas insurrecionadas e, depois, da França revolucionária";[3] por seu turno, Ebenstein reconhece que "os principais elementos do sistema políticos americano [sic] – a inviolabilidade da propriedade, o governo limitado, os direitos inalienáveis dos indivíduos – são todos tirados diretamente de Locke".[4]

Mais próximo no tempo, Bobbio declara Locke o "pai do jusnaturalismo moderno":

> Segundo Locke, o verdadeiro estado do homem não é o estado civil, mas o natural, ou seja, o estado de natureza em que os homens são livres e iguais, sendo o estado civil uma criação artificial que não tem outro fim além daquele de permitir o mais amplo desenvolvimento da liberdade e igualdade naturais.[5]

Contudo, Ferrajoli, em um trabalho recente, confere ao pensamento de Locke o caráter de matriz sobre direitos humanos e também sobre a democracia substancial e sua própria elaboração do garantismo:

> o problema da legitimação substancial do *que é obrigado a decidir ou não decidir* constitui precisamente o objeto das teorias liberal-contratualistas sobre a razão e os limites do Estado, às quais se deve, por um lado, a elaboração de uma noção de "direito fundamental" que, embora circunscrita por ela tão somente aos direitos burgueses de liberdade e propriedade, mostra-se, entretanto, apta para ser utilizada para todos os direitos que se julgam vitais, tanto liberais como sociais, e, portanto, para servir de base a uma doutrina geral sobre a democracia *substancial*; por outro lado, e corre-

---

3 Chevallier, *Los grandes textos políticos*, p.100.
4 Ebenstein, *Los grandes pensadores políticos*, p.478. Em *History of Political Philosophy*, de Strauss e Cropsey, Locke, analisado por Goldwin, é o "filósofo-rei dos Estados Unidos". Goldwin associa a seu pensamento político a liberdade, o governo por consentimento e a adaptação das instituições à paixão pela sobrevivência (Strauss; Cropsey, op. cit., p.451-6). Essa é uma das formas de leitura canônica e escolar da obra de Locke.
5 Bobbio, *El tiempo de los derechos*, p.66. Ainda que expresse uma grande admiração por Locke, Bobbio não adere ao jusnaturalismo, mas propõe uma consideração política de direitos humanos. Neste trabalho, veremos que a opinião aqui citada de Bobbio é singular, ainda que ritual.

lativamente, a configuração do Direito e do Estado não segundo a tradição aristotélica e medieval, como entidades naturais, mas como "artifícios" [...] ou "convenções", justificados unicamente por sua função de instrumentos para finalidades externas identificadas com a satisfação dos direitos naturais ou fundamentais dos cidadãos.[6]

Por diversas, ainda que articuladas razões, estaríamos, portanto, diante de um autor que condensa com vigor o imaginário ideológico que propôs e legitimou modernamente direitos humanos. Devemos a Locke, com ou sem razão, o fato de que as pessoas consideram direitos humanos como caracteres inatos ou naturais, sagrados e invioláveis. Conviria, pois, ainda que seja por algumas notas, apreciar seu pensamento situado historicamente no início da etapa de demanda filosófica por tais direitos. A finalidade da análise consiste em mostrar que a fundamentação filosófica liberal original de direitos humanos, ao menos na versão de Locke, faculta a institucionalização de formas particularizadas e excludentes para sua defesa, mas, por isso mesmo, potencia também sua *violação sistemática*.

2. O caráter do Estado e o governo no imaginário de John Locke

Argumentamos que a proposta de direitos humanos fundamentais individuais desse autor inglês se inscreve no marco mais amplo de uma *teoria do Estado*. Esta, como apontou Ferrajoli, romperia com a noção de Estado "natural" e *moral* sustentado pela Antiguidade e pela Idade Média, dando agora um caráter "artificial" ou "convencional" e utilitário (universalizante) ao aparato estatal. Ferrajoli insiste que esse convencionalismo consiste, em parte, em estabelecer sobre o que é obrigado a não decidir e sobre o que é obrigado a decidir, ou seja, em que condições a "razão de Estado" e sua maquinaria de poder se veem forçados a atuar por uma razão moral que aparece na forma de uma exigência própria da existência social e individual "natural" dos seres humanos. Isso quer dizer que o imaginário de Locke

---

[6] Ferrajoli, *Derecho y razón*, p.884; aspas no original, ainda que "direito" e "estado" apareçam em minúsculas. Para Ferrajoli, a "democracia substancial" é aquela que expressa, para além da vontade da maioria, os interesses e as necessidades vitais de todos (ibid., p.864).

não rompe com a tradição precedente de separar o legal do moral. Seu pensamento estatal e governamental, independentemente de sua apreciação sobre a gestação *de baixo*, inclui uma *moral natural* que o determina como um *dispositivo ético sobre a terra* e, é óbvio, sobre os seres humanos. Essa formulação ética/política figura sem dissimulação ou ostensivamente no início do *Segundo tratado sobre o governo civil*:

> Entendo, pois, por poder político o direito de fazer leis que sejam sancionadas com a pena de morte e, em sua consequência, leis sancionadas com penas menos graves, para a regulamentação e proteção da propriedade; e o de empregar as forças do Estado para impor a execução de tais leis, e para defender este de todo atropelo estrangeiro; e tudo isso unicamente tendo em vista o bem público.[7]

A legislação que "sanciona com a pena de morte", ou seja, que permite executar seres humanos, é um fator constitutivo e, ao mesmo tempo, interna e nacionalmente dominante próprio do poder político. Mais adiante, verificaremos que essa capacidade de executar é compulsiva, obrigatória, *um dever moral*. Por ora, reparemos em uma curiosidade. Locke considera que o exercício do *poder despótico* consiste em uma ação absoluta e arbitrária que permite a um ser humano assaltar a vida e as propriedades de outro, quando assim lhe agrada. Não se trata de um poder natural, como o direito à vida ou à propriedade. Trata-se de uma ação *antinatural* (ou falsa prerrogativa) cuja ação ou intenção coloca seu ator em *estado de guerra*. Como agressor, expõe-se nesse estado de guerra a que "seu adversário acabe com ele, tal como faria com qualquer animal daninho e violento que ameace tirar-lhe a vida".[8]

A capacidade de acabar com a vida e apropriar-se das propriedades de um agressor é, pois, uma *exigência natural*, ou própria do estado de natureza. Contudo, desencadeia-se na situação especial de *estado de guerra*. Este último é um estado de ódio e destruição que surge pelo emprego de força ilegal ou antinatural contra a liberdade de um ser humano, sua vida e suas propriedades. Quem realiza essa agressão, qualificado por Locke como um

---

7 Locke, *Segundo tratado sobre el gobierno civil*, §3.
8 Ibid., §172.

"degenerado" que se pôs à parte da natureza humana, ou seja, um animal irracional e daninho, lesa com sua ação dois planos distintos: *ofende a humanidade* (hoje chamaríamos isso de crime contra a humanidade) e produz dano ao *indivíduo específico* contra o qual perpetua sua agressão. O agressor convoca, portanto, a *repressão* ou o *castigo* para o crime contra a humanidade, e a *reparação* para a ofensa individual. Essa reparação pode ser julgada proporcional ao dano, de modo que o agressor perca a ação, arrependa-se e inspire em outros seres humanos o medo de agir dessa maneira. Inclui a liquidação de um assassino, por exemplo. A repressão contra aquele que ofende a humanidade pode ser exercida de maneira individual ou coletiva por qualquer pessoa:

> O culpável, pelo fato de transgredir a lei natural, vem a manifestar que com ele não rege a lei da razão e da equidade comum, que é a medida que Deus estabeleceu para os atos dos homens, olhando por sua segurança mútua; ao fazê-lo, converte-se em um perigo para o gênero humano [...] pelo direito que todo homem tem de defender a espécie humana em geral [...] qualquer homem tem o direito de castigar um culpável, fazendo-se executor da lei natural.[9]

O castigo exemplar inclui a destruição do outro ou a pena de morte. Essa capacidade natural de sanção devida ou vinculante contra a agressão potencial ou efetiva protagonizada por ações degeneradas, irracionais e inequitativas contra a humanidade é transposta ao Estado ou à sociedade política na forma de desejo dos seres humanos de *pôr fim ao estado de guerra* e dispor de um dispositivo eficaz (autoridade) que puna materialmente os crimes contra a propriedade e a humanidade. Isso, afirma Locke, "constitui um dos principais motivos para que os homens entrem em sociedade e abandonem o estado de Natureza".[10]

O Estado eficaz se constitui, assim, por sua *capacidade material para castigar em defesa da humanidade* e obrigar à *reparação dos danos particulares*. Sua eficácia para o castigo inclui ações de indivíduos, grupos e outros

---

[9] Ibid., §8.
[10] Ibid., §20. Nota acrescentada à edição espanhola de Aguilar, não se encontra na edição inglesa consultada.

Estados. Trata-se de ações devidas, isto é, morais, não unicamente políticas, posto que decorrem da razão natural que é expressão da vontade divina.[11] Seu correlato indispensável é constituído pelos "direitos naturais", mas em relação a estes o Estado não atua: estritamente, ele os assume e defende, mas não os constitui nem regula suas lógicas e foros. Deriva sua legitimidade positiva, portanto, de sua exemplar capacidade punitiva contra o que ofende o gênero humano e os particulares, ou seja, atua como *aparato de guerra ou disciplinar dos direitos naturais individuais e da humanidade*. G. Sabine indicou as aproximações ou dívidas que Locke tem com Hobbes, ao passo que certa tradição, também de língua inglesa mais enjoada e romântica, os enfrenta como o democrata contra o absolutista, ou o bom e ingênuo contra o mal e totalitário.[12]

Locke transfere com as ações de restituição capacidades naturais dos indivíduos, que podem ser consideradas também de vingança ou prevenção exemplares, ao aparato legal e militar do Estado orientado para o bem coletivo. A destruição da vida ou a agressão que apareciam como absolutamente impróprias no estado de natureza transformam-se em legítimas quando se configura a sociedade política ou *commonwealth*. O próprio Locke considerou *despótico* o poder absoluto e arbitrário "que permite a um homem atentar contra a vida de outro quando assim lhe agrada".[13] Não é um direito que se segue da lei natural, não é natural. Surge como capacidade unicamente quando um *agressor*, que não é um ser humano, constitui um estado ou situação de guerra.[14] *Gesta-se mediante uma relação* e produz uma realidade falsa, *não natural*, ou seja, *política*. Nessa situação relacional, a existência

---

11 Ainda que Locke proponha seus direitos de baixo, sua referência justificativa final é sempre a vontade divina. Razão e equidade, por exemplo, são medidas que Deus estabeleceu para a segurança mútua das ações humanas (Locke, op. cit., §8). Que sua filosofia seja moral e política inclui a ideia de que o castigo de outros deve proporcionar satisfação aos seres humanos e a Deus.
12 Cf. Sabine, *Historia de la teoría política*. Também as apresentações de Penniman em Locke, *On Politics and Education*.
13 Locke, *Segundo tratado sobre el gobierno civil*, §172.
14 Isso se produz mediante ação contra a vida, propriedade ou liberdade. Mas também pela intenção de atuar contra elas ou dizer que se atuará dessa forma. Locke escreve: "[...] é razoável e justo que eu tenha direito a destruir aquilo que me ameaça [*threathens*] com a destruição" (Locke, op. cit.,§16). Os agressores são de tipo distinto: os mendigos que se negam a trabalhar e querem viver à custa de outros; os criminosos que roubam a propriedade de outros ou cometem fraudes nos contratos. Um agressor, para Locke, não é um ser humano.

do agressor equivale à de qualquer animal daninho e violento que se deve liquidar ou disciplinar. Se observarmos melhor, a *eficácia* do Estado, aparato artificial, consiste em *vigiar* para que o estado de guerra, relação antinatural ou falsa, não apareça, e *castigar* seus protagonistas quando aparece. O Estado não se ocupa tanto dos indivíduos, *mas de relações ou lógicas que resultam dos caracteres individuais naturais*. A eficácia do Estado é medida por sua capacidade para reproduzir as lógicas (ações e instituições) que derivam desses caracteres naturais e evitar sua interrupção ou debilitação. Para tanto, o Estado possui um poder "despótico". Se quisermos, ele exerce um despotismo legal determinado pela existência e vontade vinculantes da maioria *naturalmente* humana. Hoje, isso pode ser traduzido assim: a lógica da apropriação privada natural e acumulativa gera virtualmente um estado de guerra cujos signos, crimes ou pobreza, alternativa de poder ou dissenso, devem ser vigiados e castigados. O imaginário de Locke contém todos os fatores que animam a ideologicamente conservadora e historicamente reacionária *guerra preventiva e eterna* da atual administração estadunidense.

O parágrafo anterior contém dois aspectos nucleares: o poder civil (Estado) não cautela direitos de indivíduos, mas as relações que decorrem deles, ou seja, suas *lógicas naturais de ação* e também suas *instituições*. A expressão "direito" designa apropriadamente uma relacionalidade social devida e supõe, por isso, uma *teoria da sociedade* ou da sociabilidade. O "indivíduo" de Locke é uma construção ideológica ou metafísica que serve para propor uma sociabilidade determinada, uma rígida forma de associação que carece de alternativa. O Estado previne e castiga as ameaças com um poder que pode ser considerado *despótico* porque é *absoluto* ao determinar um estado de guerra, até mesmo preventivo, e, consequentemente, é também *destrutivo*. Resta discutir se também é despótico por ser arbitrário. A interpretação corrente do pensamento de Locke indica que sua violência é legal (força) porque deriva da maioria. Não podendo voltar-se contra essa maioria, também não seria absoluto. Isso, entretanto, é falso, porque decorre do critério de que Locke fala de indivíduos e não de suas relações sociais "naturais". Retornaremos a esse ponto mais adiante. Por ora, lembremos uma interpretação "normal" do pensamento de Locke:

> Locke concebeu o Estado como um agente da vontade dos indivíduos empenhados em suas demandas de liberdade e felicidade. No Estado pen-

sado por Locke, os homens já não eram súditos do monarca, mas era o povo que determinava o governo. O governo era unicamente um agente para o cumprimento de seus desejos. Se não seguisse as instruções do povo, este se rebelava contra ele e convocava uma justa insurreição.[15]

A ênfase dessa leitura é colocada nos indivíduos. O povo e a maioria constituem *agregados de indivíduos* com direitos naturais. Esse critério permite ao próprio Penniman acrescentar o que constitui materialmente uma grosseria:

> As outras características com que Locke dota os seres humanos permitem que ele configure um Estado democrático. Para ele, sua racionalidade os facultava para compreender as leis naturais que deveriam governar a humanidade e também lhes outorgava capacidade para atribuir-se um governo de acordo com essas leis. Também eram livres para tomar decisões em sua busca de segurança e felicidade. E eram iguais porque, como seres humanos, tinham iguais direitos e deveres na comunidade. Certamente, Locke não sugeriu que os seres humanos fossem iguais por seu talento ou habilidades.[16]

De fato, Locke não apenas não sugeriu que os indivíduos fossem iguais, mas afirmou claramente que não o eram, exceto por um traço: eram iguais por seu direito individual à liberdade natural, ou seja, ninguém nasce submetido à vontade ou autoridade de outro indivíduo (*"being that equal right that every man hath to his natural freedom, without being subjected to the will or authority of any other man"*).[17] Em sua relacionalidade social, ao contrário, os seres humanos são diferentes ou desiguais por idade, *status*, faculdades, méritos, nascimento, alianças ou benefícios concedidos, e podem exigir por isso (racionalmente) respeito e gratidão (também racionais). De modo que a igualdade só existe virtualmente em sua condição de indivíduos indepen-

---

15 Penniman, "Introduction to The Second Treatise", in Locke, *On Politics and Education*, p.71. Um ponto de vista parecido se encontra no já citado Chevallier.
16 Penniman, op. cit., p.72.
17 Locke, *Segundo tratado sobre el gobierno civil*, §54. [Trad.: "sendo os direitos iguais, cada homem tem sua liberdade natural, sem ter sido submetido ao desejo ou à autoridade de outro homem". – N. E.]

dentes. Se considerarmos sua relacionalidade social, então eles são diferentes. A *reprodução dessa diversidade relacional* é que constitui o fundamento da obrigação estatal e determina aspectos como a divisão de poderes e o domínio da maioria que fazem parte do ideário político de Locke. No âmbito da autoridade legítima e da sujeição devida, Locke inclui as relações entre governantes e súditos, entre pais e filhos, entre marido e esposa, entre amo e criado e entre senhor e escravo. Sobre o que nos interessa diretamente, afirma:

> Amo e criado são nomes tão antigos como a história, mas aplicam-se a pessoas em situações muito distintas. Um homem livre pode constituir-se em criado de outro, vendendo-lhe durante certo tempo seus serviços em troca de um salário que deverá receber [...] [isso] só dá ao amo um poder passageiro sobre esse criado, e esse poder não excede o que foi acordado entre ambos.[18]

Adverte-se que os indivíduos são igualmente livres, mas uma relacionalidade salarial e uma instituição jurídica (contrato) tornam ambos funcionalmente diversos, ainda que não conflituosos, na opinião de Locke. A *relacionalidade salarial faz do trabalho do criado livre um produto vendido*, ou seja, uma *mercadoria*. Diferente é a situação relacional do escravo. Este se torna escravo por meio de uma "guerra justa", não por um contrato entre iguais, e, como derrotado, prolonga a situação de guerra deixando sua existência à vontade de seu vencedor legítimo.[19] Trata-se de uma relação despótica à qual o escravo pode pôr termo (imoralmente) tirando a própria vida. É evidente que esse tipo de ser humano, produzido mediante a relacionalidade da guerra justa, não pode pertencer à sociedade civilizada (civil e política):

> Como esses homens, segundo afirmo, perderam o direito à vida e a suas liberdades, ao mesmo tempo que seus bens, e como sua condição de escravo os torna incapazes de possuir qualquer propriedade, não podem ser considerados, dentro desse estado, como partes de uma sociedade civil, já que a finalidade primordial desta é a defesa da propriedade.[20]

---

18 Ibid., §85.
19 Ibid., §23.
20 Ibid., §85.

Locke fala de seres humanos, ou com forma biológica humana, a quem se despojou de suas capacidades naturais mediante a relacionalidade de uma guerra considerada justa. É óbvio que "natural" não implica impossibilidade de perda ou alienação. Faculdades como a igualdade e a propriedade podem perder-se de maneira absoluta ou relativa em benefício de outros por uma relacionalidade ou lógica social. O Estado é o aparato que assegura de modo eficaz essa perda e esse lucro. É ele o responsável pela guerra, pela disciplina e pela "ordem" em uma *commonwealth*. O Estado também se assegura de que os derrotados careçam de propriedade e controle sobre sua existência, *ainda que tenham nascido humanos*. Ter a titularidade humana é, portanto, algo que pode ser perdido. Direitos humanos se apresentam aqui como politicamente reversíveis. Talvez os seres humanos nasçam iguais, mas podem ser tratados, natural e politicamente, como desiguais.

Podemos avançar mais um passo. Por que, por exemplo, se produz o estado de guerra, e com ele a guerra justa? A pergunta contempla dois planos: Locke alude em muitas ocasiões em seu *Segundo tratado* a certas fragilidades ou carências do estado de natureza. Por exemplo, nele não existem juízes nem leis positivas, e isso facilita que alguns exerçam violência (força ilegítima) contra outros, precipitando o estado de guerra. No entanto, a organização política suspende esse estado de guerra pela capacidade e pela obrigação que tem o Estado de julgar os ilícitos, tanto contra a humanidade (repressão) como contra os indivíduos (reparação).[21] Nisso consiste a superioridade de uma *commonwealth*, em sua *eficácia* institucional e material para julgar e castigar as ações daqueles que violam a vida e a propriedade de outros. O segundo plano é o seguinte: quem poderia violar a propriedade, se todos os seres humanos nascem com iguais caracteres, entre os quais se incluem a racionalidade e a vontade de autopreservação? A resposta mais clara é fornecida por Locke em sua *Carta sobre a tolerância*:

> Além de suas almas, que são imortais, os seres humanos têm suas existências temporais aqui na terra, uma situação frágil e fugaz de duração incerta em que devem proporcionar-se bens para suportar suas necessidades corporais. Conseguir e preservar esses bens supõe dores e laboriosidade. Esses bens, que são indispensáveis para nossa comodidade, não são o

---

21 Ibid., §20.

produto espontâneo da Natureza nem se oferecem já preparados para nosso uso. Por isso, demandam outras precauções e exigem necessariamente ofícios que não são os da alma. Porque é tal a depravação da condição humana que os homens preferem roubar os frutos do trabalho dos demais a dar-se ao trabalho de prover-se por si mesmos. A necessidade de preservar os homens em suas posses logradas com seu trabalho honesto, e também de resguardar a liberdade e o vigor pelos quais podem adquirir o que desejam para seu futuro, obriga os homens a associar-se; assim, mediante a assistência mútua e unindo forças, asseguram todos suas propriedades [...] deixando em troca a cada indivíduo o cuidado de sua felicidade eterna.[22]

Esse texto explícito indica que os seres humanos (alguns, muitos?) são depravados e se comportam como tais. O universo dos depravados se determina como o daqueles que *não desejam trabalhar* e *agridem a existência e a propriedade dos outros*. O daquilo que é apropriado ou naturalmente humano, o daqueles que trabalham e consentem em confiar em um Estado. Tanto a associação civil como a política (Estado) se configuram mediante a assistência mútua e unindo forças entre os que trabalham e possuem bens como resultado de seu trabalho. Isso supõe que, sem essa assistência e sem essa união, suas vidas e propriedades (liberdade, bens, direito de herança, capacidade de acumular riquezas) seriam incertas e, com isso, o estado de guerra seria permanente. Existe, por conseguinte, uma *relação moral natural* (vinculante, sem ruptura) entre a propriedade humana derivada do trabalho empresarial e o Estado gestado mediante o consenso e a confiança. As funções deste, assegurar a certeza da propriedade moralmente constituída, são derivadas dessa moral natural que trata os seres humanos como "bons" ou "depravados". Locke demanda ao Estado uma moral civil natural religiosamente indiferente (ou tolerante), mas que tem a forma de uma *religião civil*: são as formas "naturais" da sociabilidade humana e, com isso, fatores decisivos para uma humanidade livre, pacífica e feliz.

Mas antes de examinar sua teoria da sociabilidade, recapitulemos sua teoria do Estado de direito como referência de direitos humanos. Em primeiro lugar, a eficácia do Estado não se segue diretamente dos caracteres dos indivíduos considerados separadamente, mas de seus comportamentos em

---

22 Id., "A Letter Concerning Toleration", p.53-4; original em inglês.

relação com outros indivíduos no estado social de natureza. O Estado tem como tarefa reproduzir a continuidade da lógica em que se inscrevem essas ações "naturais". Apenas quando assegura essa continuidade é legítimo e lícito (a lei natural sustenta a legislação positiva). A forma da eficácia estatal é *despótica* porque supõe um *poder absoluto* contra as ações e os indivíduos que ameaçam atuar (guerra preventiva) ou atuam contra a reprodução dessa lógica. Seu caráter absoluto resulta de valores também incondicionais: a legitimidade e naturalidade da propriedade e a racionalidade dos bens derivados do trabalho. Como Locke fala para o gênero humano, a condição de "arbitrariedade", que ele mesmo propõe para o poder despótico, está relacionada com o caráter universal ou discriminatório do poder estatal. Essa discussão se efetuará na seção dedicada a sua teoria da sociabilidade. O poder em princípio despótico (ainda que derivado de leis) do Estado está ancorado em duas referências ideológicas: o *indivíduo* em estado de natureza e uma religião civil que expressa uma *moral natural*. O Estado laico e constitucional se torna assim uma figura moral, mostrando seu parentesco com o Estado absoluto sagrado e destrutivo de que descende, parentesco em que se diferencia por seu conteúdo ideológico material. Locke defende um tipo de *imanência transcendente*: a sacralidade da acumulação, ainda que para defendê-la a torne metafísica: uma lei natural.

3. O caráter da sociabilidade fundamental no imaginário de John Locke

A teoria da sociedade de Locke, assim como sua teoria do Estado, deve ser analisada a partir das ações ou práticas humanas e não da aparente formulação ideológica, abstraindo-se dos indivíduos naturais. Em Locke, tanto o estado de natureza como os indivíduos que nele trabalham arriscam-se e prosperam ou são vítimas de apetites, agressões e roubos, constituem referências ideológicas obrigatórias para um pensamento que deveria escapar da saturação cultural e econômica/social derivada do domínio (autoridade) de reis e sacerdotes absolutos. O "indivíduo", por conseguinte, é uma alavanca para formular uma alternativa acerca do caráter e da legitimidade do exercício do poder, não uma categoria de análise.

Deveria ser comum reconhecer que o estado de natureza proposto por Locke supõe a cooperação humana (isto é, ele não é a-social, mas pré-político), posto que o autor o descreve como contendo a divisão local e internacional do trabalho e incluindo o dinheiro e a relação salarial.[23] Enquanto considerarmos esse estado de natureza como sem violência (ou seja, sem ações depravadas), as diversas funções, *status* e dependências sociais são "naturais". Assim, por exemplo, indica Locke:

> a relva que meu cavalo pastou, a forragem que meu criado cortou, o mineral que escavei em algum terreno que tenho em comum com outros, convertem-se em propriedade minha, sem o consentimento nem a conformidade de ninguém. O trabalho que me pertencia, quer dizer, o tirar-lhes do estado comum em que se encontravam, deixou marcada neles minha propriedade.[24]

Ainda que esse texto seja comumente citado para ilustrar uma teoria do trabalho como fonte do valor econômico em Locke, interessa aqui verificar que o autor inglês utiliza "meu cavalo", "meu criado" e "minha escavação" como situações semelhantes, mesmo que não o sejam. O cavalo (ou o pasto) e o mineral podem ser resultado de um trabalho direto (criação, domesticação, mineração), mas o trabalho de "seu" criado resulta de uma convenção ou contrato implícito ou explícito, tanto no estado de natureza como no civil e político. Além disso, "cavalo" e "mineral" não são propriedades equivalentes a "criado". Este último nasceu livre, possui razão e deveria (ainda que não seja assim) ser proprietário, já que trabalha. Por ora, contudo, o que importa constatar é que as cooperações sociais, ainda que não a comunidade, existem no estado de natureza, supõem convenções, contratos ou confianças mútuas, e não existem indivíduos a-sociais, mas associações e dependências que não possuem sanção política. A teoria do trabalho é, por isso, em Locke e inicialmente, uma teoria do caráter *social* do trabalho.

Não interessam aqui, senão muito marginalmente, as dominações que os senhores exercem sobre os escravos (estes últimos foram derrotados em guerra justa), ou o pai sobre os filhos e a esposa, ou o legislador político

---

23 Cf., por exemplo, Gallardo, *Política y transformación social*, Cap. 3.
24 Locke, *Segundo tratado sobre el gobierno civil*, §27. O texto se situa na determinação da propriedade de cada um sobre sua própria pessoa, no caráter de propriedade comum da Natureza e seus bens e na propriedade privada derivada do trabalho humano.

sobre os cidadãos, mas antes aquelas sujeições que desembocam em discriminações fundamentais e decorrem diretamente de uma teoria da sociabilidade fundada no trabalho e na propriedade privada, segundo expõe Locke. Só retornaremos mais adiante à questão da escravidão e da composição do governo "da maioria", porque as razões para uma "guerra justa" e o caráter da *commonwealth* são mais amplas ou estreitas e polêmicas do que a mera intenção de assalto ou assalto efetivo contra a vida e a propriedade dos proprietários ou o consenso e a confiança universais.

Quando falamos de uma teoria da sociabilidade em Locke, estamos nos referindo centralmente a uma teoria *que deriva do trabalho humano* e da propriedade que ele *naturalmente* confere. Sua teoria da sociabilidade se explicita mediante uma teoria social do trabalho como legitimação e "naturalização" da propriedade privada excludente. Como se sabe, para Locke, a propriedade *precede* o Estado, é um fenômeno do estado de natureza e, ainda que seja por desígnio divino inicialmente comum a todos os seres humanos,[25] constitui-se, mediante o trabalho, em legítima propriedade particular. De fato, os seres humanos convencionam em dar-se um Estado ou governo para salvaguardar sua propriedade:

> Os homens entram em sociedade movidos pelo impulso de salvaguardar o que constitui sua propriedade; e a finalidade que buscam ao eleger e dar autoridade a um poder legislativo é que existam leis e regras fixas que venham a ser como guardiãs e cercas das propriedades de toda a sociedade, que limitem o poder e moderem a autoridade de cada grupo ou cada membro daquela.[26]

Para Locke, parece evidente (uma "lei da razão") que o trabalho próprio é o fundamento de toda propriedade, tanto no estado de natureza como na sociedade política ou *commonwealth*. São comuns os exemplos pitorescos dessa lei primitiva: "Ainda que a água que emana da fonte seja de todos,

---

25 Ibid., §25.
26 Ibid., §222. Não se pense que o texto de Locke remete unicamente aos ladrões comuns. Na época, as leis inglesas obrigavam o castigado por um delito maior a entregar suas propriedades ao Estado. Locke utiliza "propriedade" com dois aspectos: em sentido amplo, designa vida, liberdades e bens (§87); em um plano mais delimitado, designa unicamente propriedade dos bens econômicos (§31).

quem pode duvidar que a recolhida em um recipiente pertença àquele que o encheu?".[27] Ou:

> a lebre que se apanha durante uma caçada é reputada propriedade de quem a perseguiu. Sendo um animal que é considerado comum [...] quem dedica a um exemplar dessa classe o esforço necessário para desentocá-la e persegui-la tira-a com isso do estado da Natureza em que era comum a todos, e iniciou com isso sua conversão em uma propriedade.[28]

Como muitos exemplos "evidentes" dos filósofos, estes provavelmente não servem para todos. Ou admitem vários sentidos. Assim, se quem encheu o recipiente foi um criado, a quem pertence a água? E é óbvio que o senhor usou ajudantes e cachorros para caçar "sua" presa. Contudo, por ora isso são nimiedades. O importante é recordar que os exemplos de Locke colocam em relação direta o trabalho ou esforço humano com seu produto. Não existe intermediário entre eles, não se encontram mediações ou tramas sociais. Sua teoria social do trabalho se apresenta ideologicamente como um agir ou esforço de *indivíduos*. A razão para isso é que a primeira forma de propriedade é, para Locke, a *propriedade sobre sua própria pessoa*.[29] Daí que o esforço do corpo humano e o resultado da ação de suas mãos, ou seja, o produto do trabalho, são uma *extensão* desse corpo. O resultado do trabalho é assim *idêntico* ao corpo que o produziu e, portanto, de sua propriedade. Um corolário dessa perspectiva é que uma agressão contra a propriedade derivada do trabalho equivale a uma agressão contra o corpo (vida ou existência) da pessoa.

Inicialmente, o limite dessa propriedade como extensão do corpo consiste em poder usar ou consumir os produtos antes que se deteriorem.[30] O açambarcamento para além da satisfação das necessidades não é permitido, porque violaria a vontade divina que não consente a destruição e a perda, assim como o direito dos demais ao uso comum de bens. Assim, o açambarcamento de bens perecíveis acima das necessidades de seus donos viola a lei natural e, com maior força, a lei civil e positiva. Entretanto, a lei natural

---

27 Ibid., §28.
28 Ibid., §29.
29 Ibid., §26.
30 Ibid., §30.

(nesse caso, divina) contém outro desejo ou mandato. Este é o da *produtividade* do trabalho:

> Deus deu o mundo aos homens em comum; mas posto que o deu para seu próprio benefício e para que tirassem dele a maior quantidade possível de vantagens para sua vida, não é possível supor que Deus se propusesse que esse mundo permanecesse sempre como uma propriedade comum e sem cultivo. Deus o deu para que o homem trabalhador e racional se servisse dele (e seu trabalho haveria de ser seu título de posse); não o deu para o capricho ou cobiça dos indivíduos desordeiros e briguentos.[31]

A referência anterior contém elementos que ampliam a concepção do trabalho social e da propriedade legítima com outros critérios: o *utilitarismo* ("benefit") e até o *hedonismo* ("greatest conveniencies of life [...]"), e a indicação de sua *produtividade* ("industrious") como cânones para representar sua *racionalidade*. Como sempre, a esses traços se opõe o mundo imoral: *cobiça e avareza* ("covetousness"), mundo do *capricho* ("fancy"), ou seja, da *liberdade falsa* que gera as *situações de guerra*.

Como é possível transitar da satisfação das necessidades pessoais ("preservation") para a ganância ("benefit")? Dois fatores se conjugam: a racionalidade humana ligada ao processo de trabalho o torna cada vez mais produtivo. Essa produtividade maior, seguindo a linha de não ruptura de Locke, é vontade divina e é expressa como ação de razão. O outro elemento é o intercâmbio comercial. Com efeito, é possível trocar, mediante uma ação voluntária e proporcional (estado de natureza ou leis comerciais), os excedentes dos (meus) produtos perecíveis por bens semelhantes de que necessito para minha comodidade. Eles também são propriedade legítima. Mas também posso trocá-los por produtos não perecíveis que me proporcionem desfrute: pérolas, ouro, extensões de terra etc. Do mesmo modo, esses últimos bens, comercializados de maneira voluntária e racional, são tão meus como meu corpo: constituem uma extensão de minha energia corporal, cuja aplicação é a fonte de todo valor. Produtividade do trabalho, comércio e bens não perecíveis tornam possível o *entesouramento*, e com ele as diferenças de propriedade, como expressão de uma racionalidade (*natureza*

---

31 Ibid., §33.

humana) superior. Corolários dessa afirmação são que a pobreza e a ausência de opulência decorrem ou da *fraqueza* ou de uma *menor racionalidade* produtiva.

Locke não faz considerações contra os fracos e os pobres. Em um escrito de 1697, ou seja, posterior ao *Tratado sobre o governo civil*, ele indica que se devem suprimir os "zangões mendicantes que vivem do trabalho dos outros"[32] e atribui sua fraqueza a sua intemperança; por isso, propõe "suprimir os lugares em que se vendem bebidas alcoólicas". Exasperado, porque manter os pobres é um fardo que recai sobre "os industriosos", ele qualifica os primeiros de simuladores, que fingem não conseguir trabalho e, quando lhes dão um trabalho, não fazem nada. Observa que os mendigos enchem as ruas, mas "haveria muito menos se fossem castigados". Nesse ponto, convém citá-lo mais amplamente. A respeito dos pobres, Locke propõe as seguintes leis:

> Todos os indivíduos sãos de corpo e mente, com mais de 14 anos e menos de 50, que se encontrem mendigando em condados marítimos, serão detidos [...] e enviados ao porto mais próximo, onde realizarão trabalhos forçados até que chegue um barco de Sua Majestade [...] no qual servirão durante três anos sob estrita disciplina, com pagamento de soldado (deduzindo-lhe o dinheiro de subsistência por suas vitualhas a bordo) e serão castigados como desertores se abandonarem o barco sem permissão [...]. Todos os indivíduos que se encontrem mendigando em condados marítimos sem documentos, aleijados ou maiores de 50 anos [...] serão enviados à casa de correção mais próxima, onde serão mantidos sob trabalho forçado durante três anos [...]. Quem tiver falsificado um documento perderá suas orelhas a primeira vez que for culpado de falsificação; e a segunda vez, será enviado às plantações, como no caso daqueles que cometeram delitos maiores [...]. Qualquer menino ou menina, menor de 14 anos, que for encontrado mendigando fora da paróquia onde habita [...] será enviado à escola de trabalho mais próxima, será fortemente açoitado e trabalhará até o entardecer [...]. Devem ser instaladas escolas de trabalho em todas as paróquias, e as

---

32 Todas essas referências são de Locke, *Draft of Representation Containing a Scheme of Methods for the Employment of the Poor*, citado pelo professor argentino Várnagy, "El pensamiento político de Jonh Locke". Não parece existir versão castelhana desse texto de Locke.

crianças [pobres] entre 3 e 14 anos [...] devem ser obrigadas a ir [para ser transformadas em pessoas] [...] sóbrias e industriosas [graças a seu trabalho], o ensino e a manutenção de tais crianças durante todo o período não custará nada à paróquia.[33]

É claro que, para o ideólogo de direitos humanos, a produção de pobreza humana e de empobrecidos não é centralmente uma questão social, mas moral. Por isso, para sua correção, propõe tanto repressão legal (que hoje seria considerada selvagem) como reeducação. Igualmente interessante é que os mendigos, e até os aleijados, devem ser obrigados (forçados) a trabalhar. Isso porque *não possuem o caráter natural* (a vontade) que impulsiona ao trabalho. Ao fazer os custos de manutenção cair sobre os industriosos, aproximam-se do (ou incorrem no) estado de guerra. Desse modo, a pobreza pode ser o primeiro passo para uma pena de morte (castigo por deserção militar). A sociedade civil de Locke é constituída de proprietários opulentos e abomina moralmente a pobreza. Um empobrecido, a quem se culpa por sua pobreza, não é um ser humano efetivo. O caráter absoluto com que o poder político (*commonwealth*) defende a propriedade e o trabalho se estende agora despoticamente contra os pobres como excluídos e discriminados, que devem ser obrigados a agir de tal maneira que não possam adquirir propriedade. Sem dúvida, uma admirável premonição, ao menos sobre o capitalismo dependente latino-americano. E que, além disso, marca a necessidade não de discutir as representações de Locke, mas de examinar sua matriz, fundada em uma *ética natural*. É esta, mais além ou aquém das situações históricas, que impede que se proponham direitos humanos universais. Estes só podem ser afirmados para grupos dominantes e "especiais"[34] da *commonwealth*.

Contudo, reparemos que essa pretensa legislação (inspirada por um sentimento de "justiça") sobre os empobrecidos é derivada, como em Ginés de Sepúlveda, de uma potencialidade "natural" para qualificar quem não trabalha industriosamente nem entesoura (ou acumula) como "homúnculos" ou "humanoides", que, estritamente, carecem, por suas ações e omissões,

---

33 Id.
34 Dentre suas peculiaridades estão a de ser moralmente suscetíveis e cruéis. Nenhuma delas favorece uma sensibilidade positiva diante de direitos humanos.

de direitos humanos naturais e positivos. Ao fazer fundar a concepção da sociabilidade em uma moral "natural", ou seja, fechada, esta permite imaginar o outro, o diferente (meramente constatado, não explicado) como *abjeto*, que deve ser reprimido, liquidado ou reeducado.[35] A figura colombiana do "descartável", uma expressão dos paramilitares que se refere a quem deve ser eliminado para que resplandeçam a verdade, o bem moral e a beleza, possui antecedentes no século XVII. É o "fraco", sem propriedade nem vontade de trabalho, "descoberto" por Locke.

No entanto, o fator estruturalmente decisivo que permite, no estado de natureza, quando se obedece à razão natural e à lei divina, passar da propriedade necessária para o entesouramento e em seguida para a acumulação é o acordo sobre o *dinheiro*. Segundo Macpherson, a quem devemos uma análise extraordinária e sistemática do pensamento político de Locke,[36] a introdução do dinheiro facilita a Locke transitar de uma teoria da sociedade fundada no trabalho a outra determinada pela apropriação e acumulação ilimitadas (burguesa ou capitalista), em que a última é matriz da primeira.[37] Locke expõe da seguinte maneira o caráter "natural" do dinheiro e sua primazia em relação ao direito, também "natural", à propriedade mediante o trabalho: "Porque há no mundo terra para manter o dobro dos habitantes que hoje vivem nela, se a invenção do dinheiro, o consenso tácito dos homens de atribuir-lhe um valor, não houvesse estabelecido (por acordo mútuo) as grandes posses e o direito sobre elas".[38]

A afirmação é completa, mas também clara: a sociabilidade comunitária com propriedade limitada às necessidades conduz à propriedade ilimitada que *deixa outros sem propriedade* como efeito de uma *ação natural*: o *acordo mútuo*, livre e racional de dar valor ao dinheiro, uma mercadoria que também não se deteriora e, por isso, pode ser entesourada, mas que admite

---

35 O "outro", nesse caso os pobres, é considerado o absolutamente diferente, o intolerável, porque é inexplicável. Por isso, alguns pobres bastam para saturar as ruas, ou Bin Laden deve ser rastreado destrutivamente em todo o mundo. Ambas as coisas podem ser feitas em nome dos "direitos humanos", tal como Locke os entende.

36 Em seu livro *La teoría política del individualismo posesivo*, publicado em inglês em 1962 e traduzido para o espanhol em 1970. Se for necessário fazer um reparo a esse trabalho, ele consistiria em sublinhar seu extremo intelectualismo. Para o que se segue, utilizamos em grande medida a matriz de sua análise.

37 Macpherson, *La teoría política del individualismo posesivo*, p.204.

38 Locke, *Segundo tratado sobre el gobierno civil*, §36.

também outra característica: investido, gera mais dinheiro; é a *acumulação de capital*. A propriedade ilimitada e a acumulação sem limite aparecem assim como caracteres da natureza humana e de sua sociabilidade elementar:

> Por um acordo comum, os homens encontraram uma maneira e aprovaram uma maneira de possuir legitimamente e sem dano para ninguém maiores extensões de terras, das quais que cada um poderia servir-se para si, mediante o arbítrio de receber ouro ou prata, metais que podem servir por muito tempo nas mãos do homem, sem que se perca o excedente, tomando o acordo de que tenham um determinado valor.[39]

Destaquemos o aspecto central: dinheiro, propriedade ilimitada e acumulação são parte da lei natural; eles funcionam sem governo ou *commonwealth*. *Essa lógica da acumulação ilimitada*, ou seja, a geração de capital, *é que deve proteger o Estado*, não os indivíduos. E isso porque estes últimos não são indivíduos genéricos ou universais. Para Locke, existem indivíduos e "indivíduos". Nem todos são iguais. Já vimos que no último degrau da espécie social estão os degenerados mendigos, adultos e menores, que devem ser castigados por sua imoralidade. Eles não fazem parte da sociedade civil nem da política, ainda que possam excitar a reação desta última se agridem ou ameaçam agredir. Mais perto desses párias, encontram-se aqueles que não conseguiram, *por sua menor racionalidade mercantil*, ir além da propriedade e da apropriação que asseguravam sua subsistência: os trabalhadores assalariados, ou seja, sem acesso ao capital.

Amo e criado são nomes tão antigos quanto a história [...]. Um homem livre pode constituir-se em criado de outro vendendo-lhe durante certo tempo seus serviços em troca do salário que há de receber. Ainda que normalmente isso faz que esse homem venha a ser parte da família de seu amo e fique sob a disciplina corrente nessa família, a verdade é que isso apenas dá

---

39 Ibid., §50. Em *Some Considerations of the Consequences of the Lowering of Interest and Raising*, Locke identifica dinheiro com capital. "Portanto, o dinheiro, no ato de compra e venda, colocando-se exatamente na mesma situação que os outros bens, e estando sujeito como todos às mesmas leis do valor, permite-nos ver como chega a ser da mesma natureza que a terra, ao dar certo lucro anual, ao que podemos chamar de uso, juros" (apud Macpherson, op. cit., p.178).

ao amo um poder passageiro sobre esse criado, e tal poder não excede aquilo que foi convencionado entre ambos.⁴⁰

Enfatizemos o substancial: a relação salarial é tão antiga como o estado de natureza, segue-se da ordem racional livre e harmoniosa das coisas. Um indivíduo livre, proprietário tanto de seu trabalho como de sua vida, pode consentir em vender (alienar) seu trabalho a outro homem livre que pode comprá-lo. Essa prática de poder/sujeição é temporal. Mas é ao mesmo tempo assimétrica, porque o indivíduo servente necessita do salário para sobreviver, enquanto o indivíduo proprietário (de capital) não necessita do serviço *desse* indivíduo específico. A alienação do trabalho (relação salarial) mostra assim sua projeção em relação à propriedade sobre a vida, comprometendo o que pareciam ser direitos fundamentais do servente. Por meio do salário, o empregador assegura sua propriedade e liberdade, o trabalhador assalariado compromete ambas, o que, de passagem, prova sua vontade e racionalidade como "menores" ou degradadas. E essa situação de assimetria econômica/social, própria da racionalidade do estado de natureza, não pode ser variada pelo Estado porque *ingressa intacta* e deve *permanecer intacta* por trás do pacto político:

> Contudo, ainda que ao entrar em sociedade os homens renunciem à igualdade, à liberdade e ao poder executivo que dispunham no estado de Natureza e os entreguem à sociedade [...] e levando em conta que o propósito de todos os que a compõem é somente salvaguardar-se melhor em suas pessoas, liberdades e propriedades (já que não podem supor que uma criatura racional mude deliberadamente de estado para ir ao pior), não cabe aceitar que o poder da sociedade política, ou dos legisladores instituídos por ela, pretenda outra coisa senão o bem comum, fazendo-se obrigados a salvaguardar as propriedades de todos [...].⁴¹

Quer dizer, "de todos" que ingressaram livremente com propriedades/capital. A legislação é obrigada, política e moralmente, a reconhecer e defender tanto suas propriedades como a lógica social que conduziu a elas:

---

40 Locke, *Segundo tratado sobre el gobierno civil*, §85.
41 Ibid., §131.

a da acumulação de dinheiro/capital e as relações salariais. De modo que o que se apresentou de início como uma teoria da sociabilidade, fundada na igual necessidade e capacidade de trabalho dos indivíduos em relação a suas necessidades, transformou-se em um imaginário social ideológico que sanciona a naturalidade das diferenças e discriminações de uns indivíduos diante de outros indivíduos em função da apropriação. Alguns desses indivíduos acabam sendo mais "naturalmente" humanos: os proprietários. É a estes que o Estado e o governo pertencem. Eles dão caráter aos direitos fundamentais. Contra os miseráveis, ao contrário, o Estado tem a obrigação de forçá-los, reprimi-los, transformá-los ou matá-los. Os assalariados devem ser mantidos em sua situação de *infinita sujeição temporal*.[42] E isso é moralmente devido.

De modo que encontramos em Locke um imaginário sobre a sociabilidade no qual o qualificativo "indivíduo humano" *não é universalizável* nem à espécie nem aos setores sociais. Ao construir sua imagem de ser humano à imagem e semelhança dos proprietários e suas capacidades, e promovido e legislado por eles, ele não compreende nem os miseráveis nem os trabalhadores sujeitos por uma relação salarial. Sobre esse último alcance, oferece até mesmo um matiz de finura analítica que foi destacado por Macpherson:

> Ninguém pode transferir a outro um poder superior àquele que ele mesmo possui, e ninguém possui poder arbitrário absoluto sobre si mesmo nem sobre outra pessoa; ninguém tem poder para destruir sua própria vida nem para arrebatar à outra pessoa a vida ou as propriedades [...] e posto que no estado de Natureza ninguém dispunha de poder arbitrário sobre a vida, a liberdade e os bens de outro, mas tão somente o que a Natureza lhe dava para a salvaguarda própria e do resto do gênero humano, isso é tudo que ele pode entregar à comunidade política e, por meio desta, ao poder legislativo.[43]

Isso quer dizer que ao trabalhador assalariado resta fundamentalmente uma capacidade natural: não pode destruir sua existência, não pode destruir

---

42 Essa imagem é tomada do imaginário de Locke. Em sua proposta *The Fundamental Constitution of Carolina*, de 1669, ele incorpora uma cláusula que proíbe todo servo e sua descendência de abandonar a terra de seu amo "até o fim das gerações" (apud Várnagy, op. cit.).

43 Locke, *Segundo tratado sobre el gobierno civil*, §135.

a existência de outros, não pode arrebatar as propriedades de ninguém, mas para salvaguardar sua própria vida é *obrigado a vender seu trabalho*. E essa capacidade é a que devem reconhecer e a que as leis devem *obrigá-lo*. Fora dessa função, ou mais além dela, ele carece de direitos. O proprietário, por seu turno, tem direito a acumular, concentrar riqueza e alugar ou vender trabalho de outros indivíduos que estejam dispostos a de vendê-lo para sobreviver.

Quanto ao efeito prático para a vida social desse imaginário, podemos sintetizá-lo assim: *os trabalhadores estão na sociedade civil, mas não fazem parte dela*, isto é, nem somam nem subtraem nas decisões de maioria que constituem o fundamento da legislação. O universo social e jurídico se configura assim com os miseráveis que devem ser reprimidos, os trabalhadores que devem ser assumidos e mantidos em sobrevivência, e os proprietários que conformam absolutamente a sociedade civil e utilizam a legislação em defesa da propriedade capitalista emergente (no período) e de sua reprodução. Em seu *Some Considerations of the Consequences of the Lowering of Interest and Raising the Value of Money* [Algumas considerações das consequências da redução do juro e aumento do valor do dinheiro], Locke explicita o julgamento social, político e jurídico que faz sobre os trabalhadores ou, seguindo o texto inglês, sobre a classe baixa:

> a parte do trabalhador, sendo raramente superior à mera subsistência, nunca permite que haja um grupo de homens nem o tempo ou a oportunidade para elevar seus pensamentos acima disso, ou lutar com os mais ricos pelos seus (como um interesse comum), salvo quando uma grande calamidade comum, unindo-os em universal fermento, os faz duvidar do respeito e os encoraja a perseguir o que desejam pela força armada; e às vezes irrompem contra o rico e o atropelam como um dilúvio. Mas isso ocorre raras vezes, quando não pela má administração de um governo negligente ou descuidado.[44]

Para Locke, o trabalhador (ou seja, sua vontade e razão) não supera a mera subsistência e, por isso, não tem capacidade nem tempo para incidir em política, nem sequer como massas guiadas por lideranças racionais, cul-

---
44 Apud Macpherson, op. cit., p.192-3.

turais ou nacionais. Quando as más condições de existência o levam a reagir, ele faz isso com *violência* contra os ricos e suas propriedades, colocando-se então em estado de guerra. Ali, tornam-se *brancos* para o emprego legítimo do *poder despótico*. Uma boa administração mantém esses trabalhadores em seu nível de subsistência e evita que se organizem e mobilizem para transformar o *status quo* ou reivindicar "direitos", capacidades e foros, que não possuem "naturalmente" e cuja mera enunciação (ou exigência!) constitui uma "falta de respeito". Os trabalhadores constituem, pois, um *objeto* da administração, não parte do corpo de cidadãos.[45] Enquanto tal objeto, o Estado lhes presta zelo moral e coerção (legislação positiva).

Locke vê na prática da religião o melhor instrumento para que o Estado mantenha os trabalhadores em sua posição de subordinação "natural". Quando se trata desse tipo de "indivíduos", abandona, em um escrito de 1695, sua tese sobre a tolerância religiosa e a separação de Estado e culto religioso, propostas em sua *Carta sobre a tolerância*, para dar à religião um claro sentido político: a de ser administrada como um aparato ideológico do Estado:

> A visão do céu e do inferno diminuirá a importância dos prazeres e aflições deste estado presente, e dará atrativos à virtude e a fomentará, coisa que a razão e o interesse, e o cuidado de nós mesmos, não podem senão permitir e exaltar [...] uma religião adequada às capacidades do vulgo e à condição da humanidade neste mundo, destinada a trabalhar e comercializar [...] A maior parte do gênero humano não tem tempo para a aprendizagem e para a lógica, tampouco para as sutis distinções das escolas. Quando a mão é empregada para manejar o arado e a enxada, a cabeça raramente se eleva a ideias sublimes ou se exercita em raciocínios misteriosos. Basta que os homens desse gênero (para não dizer nada do outro sexo) possam compreender proposições claras, e um breve raciocínio sobre coisas pró-

---

45 Mais de um século depois, em 1797, Kant será mais piedoso e afirmará que serventes (exceto os burocratas públicos), artesãos, mulheres, lenhadores e todos que não são independentes para manter sua existência, são iguais enquanto homens, mas desiguais enquanto titulares de direitos. São cidadãos passivos e não podem votar nem legislar. Podem abrir passagem, se forem inseridos como proprietários de mercadorias no mercado, rumo à cidadania ativa (Kant, *La metafísica de las costumbres*, §46). Isso quer dizer que uma lei pode discriminar o servente, mas não o ser humano que estaria em seu fundamento.

ximas a sua mente, coisas todas que estão muito unidas a sua experiência diária [...].[46]

Os textos são explícitos. A maioria das pessoas, em particular os trabalhadores e, forçosamente, suas mulheres, não é inteiramente racional. Ou melhor, são brutos. A essa forma de humanidade convém uma prática religiosa simples, direta e indicativa de prêmios e castigos em outra vida que lhes façam esquecer suas penúrias nesta. Se as experiências religiosas se ligam a situações da existência diária, então os brutos crerão mais e melhor. A quem não pode saber convém crer. Locke termina assim um de seus textos sobre a manipulação das crenças religiosas: "Sobre esse fundamento, e somente sobre ele, a moralidade se mantém firme, e pode aceitar todo desafio". E com a "moralidade" (natural), a acumulação privada e a discriminação eternas. Estes são os elementos básicos do imaginário sobre a sociabilidade de Locke. Determinada pela lógica de acumulação ligada ao lucro privado supõe o rebaixamento moral dos miseráveis, a utilização anti-humana dos trabalhadores e a exaltação despótica dos proprietários e da expansão do domínio do capital. *Não parece ser o melhor imaginário para direitos humanos que se propõem universais e integrais.* Nem para um governo representativo e de consenso.

Convém recordar que essa análise não é situacional, mas estrutural. Não interessa em particular se a sensibilidade dominante na Inglaterra no século XVII é a que Locke expressa, mas se uma *ética natural*, jusnaturalista e moderna, cujo referente é um indivíduo ideológico e um conceito fechado de humanidade, pode estar na base de um discurso que promova e defenda politicamente direitos humanos. A resposta é *não*. Situacionalmente, em contrapartida, qualquer discurso, em especial quando ignoramos sua trama constitutiva, pode ser utilizado ou racionalizado para suscitar e institucionalizar "direitos humanos".

Também nesse campo da sociabilidade fundamental, e por sua projeção na existência política atual, convém fazer uma indicação sobre a articulação entre racionalidade natural e produtividade do trabalho/dinheiro exposta por Locke. Sabemos que, longe de prejudicar aqueles que não a possuem, a acumulação de propriedade privada os beneficia, porque cria mais riqueza

---

46 Apud Macpherson, op. cit., p.193-4.

e pode oferecer oportunidades laborais menos inseguras. Locke afirma isso em uma correção que introduziu em sua quarta versão do *Segundo tratado*:

> permitam-me acrescentar que quem se apropria da terra para si mediante seu trabalho não faz descender o fundo comum da humanidade, mas antes o incrementa. Pois as provisões servem para manter a vida humana, produzidas por um acre de terra cercada e cultivada, são [...] dez vezes maiores do que as recolhidas de um acre de terra de igual riqueza deixada em comum. E, portanto, de quem cerca a terra e consegue retirar de dez acres uma abundância para as conveniências da vida maior do que se obteria de cem acres deixados à natureza, pode-se dizer que deu noventa acres à humanidade. Pois seu trabalho produz agora de dez acres as provisões que de outro modo seriam o produto de uma centena deixada em comum.[47]

A propriedade privada orientada racionalmente para o lucro alcança uma produtividade dez vezes maior do que a baseada na propriedade comum. É, pois, *mais racional*, já que satisfaz melhor a lei natural que ordena a satisfação das necessidades de todo o gênero humano.[48] Sendo mais racional, é também *mais humana*. O crescimento econômico se torna idêntico ao progresso humano. Negar-se a aceitar sua maior racionalidade equivale a colocar-se em estado de guerra *contra a humanidade*. A maior racionalidade humana consiste na apropriação e no consumo, não no trabalho. Empregando uma frase atual: *a apropriação privada produz liberdade*. E o consumo, mercados. Liberdade de condições materiais atada por uma legislação que sanciona as práticas de dominação para os proprietários, e a boba liberdade dos brutos consumidores, a maior parte das pessoas, a quem se alienou "em seu benefício" da propriedade sobre seu trabalho. Mas trata-se de diferentes tipos de liberdade para diferentes tipos de seres humanos. E "humanidade" significa aqui unicamente os proprietários.

Interessa destacar ao menos um corolário da formulação anterior. A expansão (nacional ou global) da maior racionalidade supõe para todos vincu-

---

[47] Infelizmente, essa correção acrescentada ao parágrafo 37 do *Segundo tratado*, e citada por Macpherson (op. cit., p.183), não aparece em nenhuma das edições do trabalho de Locke que tenho em mãos. Contudo, creio tê-la visto, e citado, na edição de Hackett, Indiana, 1980, edição hoje fora de meu alcance.

[48] Locke, op. cit., §7.

lar-se a sua lógica natural: a da apropriação privada. Não fazê-lo é desafiar a lei natural e, com isso, Deus. Significa comportar-se de maneira irracional. Portanto, é devido submeter-se à expansão da propriedade/dinheiro e ao mercado capitalista que a materializa. A cultura ou a economia que não o faz deverá ser considerada agressora da humanidade. Esse é um corolário geopolítico do imaginário acerca da natureza humana no pensamento de Locke. E é, obviamente, *totalitário*. Está na base do estereótipo surgido na "conquista do Oeste" estadunidense: *o único índio bom é o índio morto*.[49] Possui, além disso, um alcance interno: quem, naturalmente, materializa a ausência de propriedade e sua sujeição à lógica da propriedade/dinheiro ou capital? O *trabalhador*. Esse trabalhador se constitui assim em um duplo signo cultural: como negação boba da propriedade, deve-se moralmente à lógica dela; como "irracional" subversivo, coloca-se em estado de guerra. Sujeição absoluta para o despossuído. Negação total de suas capacidades humanas. Negação, via pena de morte, de sua capacidade de transformar o mundo ou fazê-lo, de acordo com suas necessidades de vida. O imaginário de Locke constitui, empregando suas categorias, um mundo ou *ordem despótica* contra os quais a rebelião é radicalmente *imoral*.

Deveria surpreender, portanto, que especialistas europeus em história das ideias políticas, como Jean-Jacques Chevallier, vejam no imaginário que sustenta a obra de Locke um chamado à resistência e à insurreição, quando se violam a espiritualidade humana ou seus direitos.[50] Essa questão não pode seguir-se nem sequer de uma leitura passiva ou literal do autor inglês, que, ao falar de direito à resistência e à rebelião entre os proprietários (únicos seres humanos com direitos, porque apenas eles constituem própria e exclusivamente a *commonwealth*), põe como condição para seu êxito que compreenda um grande número, porque "é impossível que um particular apenas ou uns poucos particulares que se sentem oprimidos destruam o governo, quando o conjunto do povo não tem interesse nessa disputa".[51] Locke qualifica como loucos delirantes (*raving madman*) e insatisfeitos violentos (*heady malcontent*) aqueles poucos que reagem dessa maneira contra essas "ofensas ao espírito". Quando se trata de proprietários, o assunto

---

49 O índio é visto como bárbaro ou pré-capitalista, que não aceita o progresso. Assim, coloca-se em estado de guerra. Além disso, evidentemente, ocupa terras que interessam aos colonos e que não foi considerado necessário inscrever como propriedade.
50 Chevallier, *Los grandes textos políticos*, p.99-100.
51 Locke, op. cit., §208.

não é sentimentos morais, mas sim, mais no espírito de Maquiavel, de *eficácia*. Contudo, o direito de resistir ou rebelar-se, como examinamos, não se desprende de direitos humanos universais nem do "espírito" humano, porque ele não compreende nem os despossuídos nem os trabalhadores sem meios de produção. Contra a resistência destes, contra até mesmo sua *intenção* de resistir, são erguidas as infinitas violências autorizadas: a *econômica* da maior produtividade, a *política* da autoridade legítima, as *culturais* da inteligência, finura e racionalidade, a *moral* do devido por ordem divino-natural. Repressão total e exterminadora contra quem se lançou contra o gênero humano. Para Locke, como para muitos empresários e latifundiários latino-americanos, um sindicato, uma federação campesina, uma mobilização ou greve reivindicativa dos empobrecidos, e até mesmo o não emprego infantil e juvenil, constituem *crimes contra a humanidade*.

4. Excurso: crimes contra a humanidade

Se deixarmos de lado o fato de que a expressão "humanidade" em Locke não inclui social, política ou culturalmente os indivíduos despojados da capacidade de adquirir propriedade e torná-la eficiente, encontramos em seu imaginário duas vertentes para uma mentalidade de intervenção policial e militar globais que, no início deste século, se condensa na *doutrina de guerra global preventiva contra o terrorismo* do governo Bush. Esse intervencionismo, materializado iconicamente pela projeção de um Batman que vigia eternamente e do alto a Gotham City, tem antecedentes na Guerra Fria e, antes, provém de argumentos pela expansão colonial que configurou o Terceiro Mundo.

A primeira vertente pode ser reconhecida sob a rubrica *crimes contra a humanidade*. Recordemos que, em Locke, a agressão, ou ameaça de agressão, contra vida, propriedade, interesses ou liberdade de qualquer indivíduo racional-proprietário provoca dois danos: um é contra o específico indivíduo agredido, e essa ofensa demanda *reparação*; o outro, que exige moral e materialmente *repressão*, é o delito que se cometeu contra a humanidade e a lei natural.[52] Essa repressão está inicialmente nas mãos

---

52 Ibid., §6 et seq.

do proprietário agredido. Sua titularidade moral o faculta a exterminar o agressor como "qualquer das feras com as quais o homem não pode viver em sociedade nem se sentir seguro".[53] Mas poderia ocorrer que o agredido, por qualquer motivo, inclusive incapacidade material, não pudesse castigar o agressor como demandam o estado de guerra e a lei natural. Então, o castigo *deve* ser assumido por qualquer um que tenha essa capacidade. Trata-se de uma vinculação moral, ou seja, obrigante. Locke solidifica sua ideia ao exemplificá-la com uma situação bíblica:

> Nisso funda-se aquela grande lei da Natureza segundo a qual quem "derrama o sangue de um homem verá derramado seu sangue por outro homem". Caim se sentiu tão plenamente convencido de que qualquer pessoa teria o direito de matá-lo como um criminoso que, depois de assassinar seu irmão, exclama: "Qualquer um que me encontre me matará". De forma tão clara estava escrita essa lei no coração de todos os homens.[54]

O relato bíblico provavelmente desejava indicar que não é útil destruir quem trabalha com e para a comunidade (*ecumene*), porque esse crime retorna contra a mesma comunidade, assunto sensato em formações com baixo rendimento produtivo como as assinaladas pelos nomes de Abel e Caim. No entanto, independentemente da dramatização mítica judaica, o tema da intervenção para deter, evitar ou vingar um crime irreparável (contra a natureza da humanidade) pode ser estendido às relações entre Estados, governos, culturas, povos, cidadãos e populações que possuam uma diferença marcada de capacidade militar. O Estado ou governo mais poderoso pode atacar, sem mostra de consideração, o Estado, o governo, a população etc. acusados de crimes contra a humanidade ou de consentir com esses crimes.[55]

---

53 Ibid., §11.
54 Ibid. A narração do mito bíblico foi transposta. O brutal Deus que o protagoniza põe uma marca em Caim para que ninguém o mate e seu trabalho nunca frutifique. Trata-se do mesmo Deus que põe, mediante discriminação, as condições para o delito de Caim (Gênesis 5,10-6). Se Locke não tivesse ficado obcecado pelo caráter exemplar da pena de morte, talvez tivesse tirado outros ensinamentos morais do conto.
55 É lugar-comum no cinema que James Bond ou Rambo, ou qualquer outro, destruam vidas e bens de "outros" (em geral comunistas e asiáticos) sem declaração de guerra e sem que sejam acusados de um delito específico. Os destruidores também não são responsáveis. A própria destruição constitui um espetáculo. Recordamos que, hoje, direitos humanos costumam ser associados a uma educação para a paz.

Na história latino-americana recente, isso justificou ideologicamente a intervenção dos Estados Unidos no Chile (1973), a guerra instigada por esse mesmo país contra a Nicarágua na década de 1980, a invasão do Panamá (1989, com o mesmo ator), e sustenta hoje o cerco contra o governo da Venezuela, assim como o bloqueio de mais de quarenta anos contra a experiência cubana. Essas ações incluíram bloqueios econômicos, guerra ideológica, cerco diplomático, assédio psicológico e, finalmente, destruição maciça e assassinatos, todos eles em parte realizados em nome de direitos humanos, seja para evitar sua violação, seja para castigá-la.

O caso da Nicarágua é exemplar nesse sentido. O governo sandinista (1979 e 1984), surgido de uma guerra popular antiditatorial, foi visto pelos Estados Unidos como uma ação da então existente União Soviética para intensificar o cerco com o qual pretendia assegurar sua hegemonia mundial. O caráter de "comunista" imputado ao regime popular e a incapacidade que se atribuiu à população nicaraguense de rebelar-se contra seu governo mostraram que os Estados Unidos deviam fazer-se moralmente responsáveis por castigar os sandinistas e reverter suas práticas. Para o governo Reagan, os Estados Unidos tinham o dever moral de fazer a guerra na América Central. Não fazê-la significava expor-se ao juízo final negativo de Deus. Qualificar os sandinistas de "comunistas" permitia considerar que violavam ao menos (independentemente de outros crimes) os direitos fundamentais: o de propriedade e o de liberdade de consciência, este último pelo caráter "ateu" do comunismo. O enfoque facilitava à hierarquia católica nicaraguense atiçar uma guerra "justa" contra o governo sandinista. Tratava-se, obviamente, de crimes contra a humanidade, executados por uma ditadura permanente e orientada para o totalitarismo, e o povo (subjugado, temeroso, bobo) carecia de vontade e recursos materiais para pegar em armas. Os Estados Unidos empreenderam então a tarefa de equipá-lo, treiná-lo, financiá-lo e conduzi-lo à vitória. Hoje, a Nicarágua, que ainda chora seus mortos, é um dos países mais pobres da América Latina, sem que se possa dizer com precisão que peso tiveram em sua história as guerras recentes, a intervenção direta estadunidense ou a corrupção de seus políticos, inclusive sandinistas. Mas uma coisa é certa: em seu território e miséria, reinam direitos humanos e Batman já não precisa preocupar-se com essa província de Gotham City. A lei natural e a racionalidade foram inteiramente restabelecidas nessa zona. Sem dúvida, Locke não escreveu no século XVII para que o governo Reagan interviesse na Nicarágua, mas seu imaginário jusnaturalista e sua organização ideológica podem ser utilizados para essa e muitas outras intervenções. Esse imaginário e sua projeção jurídica, em vez de fundamentar direitos humanos, aproximam-se mais do lema condensado pelos romanos: *o desejo do rei* (a maioria de opulentos, *seu Estado*) *é a lei*.

O segundo afluente intervencionista remete ao da *sociedade sem alternativas*, própria do imaginário moderno. Para a modernidade, sua nova ordem carece de alternativa, no sentido de que expressa a *consumação* da *história* e do *ser humano*. "Outra" ordem é *impossível*. Não existe uma sociedade humana distinta "ao lado" do capitalismo moderno, nem além dele, nem, de modo estrito, antes dele. Por isso, o socialismo e o comunismo são impossíveis. Do mesmo modo, as sociedades não capitalistas são ou "bárbaras", primitivas, selvagens, ou pré-capitalistas, isto é, conduzem a essa única ordem final de hoje. Esse tópico é tratado por Locke na forma da *mais alta racionalidade econômica possível*, medida pela *produtividade* que gera a *propriedade privada* orientada para o *lucro individual*. Já vimos que essa racionalidade produtiva, longe de tirar recursos dos seres humanos, favorece a Humanidade. Também vimos que opor-se a ela é um crime contra a razão humana e os desígnios divinos, ou seja, uma provocação que convoca a *commonwealth* para seu castigo. Constatamos também que se trata da lógica de expansão global do mercado capitalista. Onde não existe mercado capitalista ou onde ele não foi plenamente desenvolvido, essa lógica exige, por ser a mais alta racionalidade, que seja criado. Aqueles que, conhecendo, por razão natural, sua produtividade (benefício da humanidade), opõem-se a ela, são inimigos do gênero humano. Os que não podem reconhecê-la, por sua estupidez, devem ser subjugados, submetidos, induzidos. Como se nota, a produtividade ligada à razão instrumental possui uma carga moral equivalente à mosaica. É teológica. Para Locke, não contribuir para a lógica de acumulação do capital é *pecado*. Naturalmente, um crime contra a humanidade. O conflito entre civilizações proposto por Huntington para o século XXI como "a mãe de todas as guerras", a que conduz ao domínio final do Ocidente sobre todos os hipócritas e degenerados confucianos e muçulmanos, resulta dessa percepção da superioridade produtiva e cultural da grande propriedade orientada para o lucro, ou seja, da dinâmica de acumulação capitalista. Locke a imaginou. Articulada com outras ideologias messiânicas, etnocêntricas e racistas, ela serviu para a conquista do Oeste e hoje se constitui como um dos fundos da globalização autoritária, moralmente devida, das grandes corporações.

Nesse sentido, a existência hoje de autores que, da América Latina, propõem uma curiosa oposição entre direitos humanos "próprios dos corpos falantes" (ser corporal ou natural) e os direitos "humanos" das corporações ou entidades jurídicas parece analiticamente antiquada. Defendendo a primeira enteléquia, os "corpos falantes", fazem a pergunta retórica: "[...] a Microsoft tem direitos humanos? Ou os seres humanos têm direitos humanos cuja validade tem de ser necessariamente imposta diante da Microsoft? A CNN tem direitos humanos, ou os seres humanos têm direitos humanos diante da CNN?[56] Infelizmente, tais perguntas já foram respondidas sem nenhuma retórica por Locke há mais de três séculos. CNN, McDonald's, Microsoft, IBM etc. possuem direitos "humanos" porque, como instituições, assim como a relação salarial, são extensão legítima da energia de seus proprietários e proporcionam, graças à sua produtividade, um benefício a *toda* a humanidade. Impedir sua lógica mercantil supõe um crime contra a humanidade e um pecado "nefando". Ou, tomando outro tópico de Locke: nem mesmo o voto da maioria (de proprietários) pode tocar nos direitos fundamentais das instituições corporativas, porque isso seria desafiar a vontade de Deus.

Não creio que seja necessário destacar aqui como o imaginário proposto por Locke acerca de direitos humanos permite, como sensibilidade cultural, *fundamentar a guerra preventiva e global contra o terrorismo*, a agressão mortal contra a população afegã e iraquiana e a alienação de suas riquezas, a indução nessas regiões de "democracias modernas", o irresistível avanço da globalização contra qualquer sensatez integradora e ambientalmente sustentável, o fantasmagórico cárcere para não pessoas reais de Guantánamo, o "cumpra com seu dever" do neoconservadorismo estadunidense, a vontade messiânica (claramente cobiçosa e estúpida, além do mais) do governo Bush, a autocensura dos meios de comunicação de massa, o etnocentrismo, o racismo e o eurocentrismo, os salários de subsistência, as dificuldades dos humildes e empobrecidos para chegar às cortes legais e mover-se nelas como titulares de direitos, o ávido e obsceno lucro com medicamentos e

---

56 Hinkelammert (org.), *El huracán de la globalización*, p.244.

também a incapacidade de assumir que se vive uma crise de civilização que poderia culminar com a extinção da espécie humana. E tudo isso pode ser feito e legitimado mediante uma interpretação jusnaturalista moderna ou essencialista de direitos humanos.

Para fingir equilíbrio, façamos também uma pergunta, ainda não retórica: mas a abordagem de Locke não permite *também* criar uma instituição progressiva como a Corte Penal Internacional contra os crimes de lesa-humanidade? A resposta é não. Não permite. Mas a explicação dessa incompatibilidade, que está relacionada com uma discussão sobre universalidade e integralidade de direitos humanos, será dada mais adiante. Por ora, e em uma breve seção, indicaremos a contribuição de Locke para o esforço de pensar direitos humanos, essa invenção moderna. Mas antes, um segundo *excurso*.

5. Excurso segundo: a vontade da maioria e o poder despótico

Na primeira seção destas notas indicamos que, em Locke, o Estado previne e castiga as ameaças com um poder que pode ser considerado *despótico* porque possui a *capacidade absoluta* para determinar um estado de guerra, inclusive preventivo, e, por isso, é também *destrutivo*, duas das características que o autor inglês atribui ao poder despótico. Também ficou pendente considerar se é despótico por ser *arbitrário*. É comum pensar que o imaginário constitucional de Locke (império da lei, constituição do Estado mediante consentimento, divisão de poderes, limitação legislativa do monarca, decisões por maioria, eleição de representantes) o impede de ser arbitrário porque o exercício do poder político se encontra dividido e delimitado institucionalmente como resultado da aplicação dos direitos naturais imprescritíveis dos indivíduos, os quais se entendem como limite determinante para seu funcionamento. Essa interpretação, como mostramos, é unilateral e, por isso, falsa, porque a sociedade civil em que se configura a "maioria popular" referida por Locke não considera nem os trabalhadores (fiandeiras, leiteiras, jornaleiros, artesãos, criados etc.) nem os miseráveis. Trata-se unicamente da maioria dos proprietários. Da maioria que possui capacidade para ativar o mercado. O poder político da *commonwealth* não se orienta para ativar o mercado. O poder político da *commonwealth* não se orienta, portanto, para indivíduos, mas sanciona *relações e lógicas institucionais* entre eles.

"Arbitrário", por sua vez, é um qualificativo relacional com pelo menos um duplo alcance de conteúdo por sua raiz latina, *arbitrium*. Em um, faz referência à capacidade de adotar uma resolução de preferência a outra; designa, por isso, uma prática autônoma de poder. Compreende instituições como o árbitro de futebol ou o parlamento. A outra referência, intelectualista, associa-o a uma decisão determinada mais por vontade e capricho do que pela razão. Assim, o árbitro pode anular gols por sua vontade (ao menos durante um lapso) e os legisladores ou o governante podem impor uma legislação discriminatória ou prejudicial para os cidadãos, ou um psicopata, embora possua um patrão para assassinar, pode eleger "caprichosamente" suas vítimas. Somente a essa última prática de poder, que desobedece a norma devida, é que Locke deseja impor limites institucionais. Contudo, o que parece arbitrário para um destinatário pode não ser para a fonte da ação ou agente. Para uma criança, pode parecer arbitrária a decisão da mãe de impedi-la de ir a uma festa que ela, sem lhe dizer, acha que terá conteúdos inapropriados. A mãe, por outro lado, considerará que sua conduta é ao menos prudente. De forma parecida, o que a maioria de titulares proprietários decidir como bom para a expansão do mercado (lógica do capital) pode parecer arbitrário à minoria deles, ou seja, expressão da *ditadura da maioria* que prejudica seus interesses e preferências individuais.

A isso faz referência o caráter relacional do qualificativo "arbitrário". Algo pode ser arbitrário em relação a sua fonte ou em relação a seu destinatário. Para Locke, a fonte da decisão legislativa, o principal poder político,[57] não é arbitrária porque respeita as leis naturais que levam à propriedade/dinheiro; se não o fizesse, seria ilegítima e não constituiria direito. No que diz respeito ao destinatário, que é um conjunto de relações e não um indivíduo/proprietário, a lei também não seria arbitrária porque somente alguns, os que a ditam, poderiam compreendê-la. Contudo, já vimos que, nesse nível, *alguns destinatários* podem considerá-la arbitrária, uma imposição da maioria. A ausência de arbitrariedade parece exigir, portanto, um sentido comum, uma comunidade. Ao contrário, outros destinatários, os

---

[57] Locke, op. cit., §134.

brutos, isto é, a maioria social, deveriam *acreditar* na justiça da lei, porque não poderiam compreendê-la. A arbitrariedade se faria presente apenas por um sentimento mais ou menos organizado de dissenso, por uma irritação, mais do que por uma rebeldia. No entanto, esse sentimento, ou mesmo sua tentação, é a violência agressora, o *estado de guerra*. Nessa situação salta à vista a *ausência de comunidade*. E de universalidade. Uma ação racional disposta pela maioria no marco da apropriação propriedade/capital privados, ou seja, devida natural ou legalmente, teria oposição política e também, como efeito eventual, a violência irracional, *culpável*, pela qual se podem aniquilar milhares de indivíduos aparentemente humanos. Essa análise não parece demasiado contemporânea?

A "ação racional" mostra seu caráter *totalitário*, ou seja, arbitrário, quando se consideram destinatários que não a entendem como tal. Aqueles que não podem compreendê-la têm sido postos – o imaginário de Locke os pôs – em situação social de não compreender jamais. Dessa maneira, a ação racional natural que ele propõe na forma de legislação de maioria não possui como limite a violência social e individual, mas é o que a constitui. Quanto a seus pares em oposição, a arbitrariedade é gerada como autoridade ou poder contra sua autodeterminação. Constata-se, assim, que o imaginário de Locke não privilegia os indivíduos contra o Estado, mas a propriedade/dinheiro/mercado gerada em situação de natureza e confrontada a partir daí com os seres humanos e suas necessidades, inclusive as de cooperação, associação e conflito (luta social). Desse ponto de vista, Locke possui uma concepção *orgânica* da sociedade e nela atribui uma função centralmente repressiva ao Estado. O conjunto articulado de poderes que nele se exerce é, por ser totalitário e indiscutível, ou seja, substancializado e moralmente vinculante (nenhuma outra sociedade é tão racional, ou seja, humana, como a que ele imagina), *arbitrário*. A ação antiarbitrária é a que admite discussão porque potencializa as condições para que essa discussão seja produzida. Esse não é o caso do jusnaturalismo nem do liberalismo político e institucional de Locke.

Em seu elogio ao Estado social de direito e da democracia substancial, Ferrajoli distingue o Estado liberal – no qual *nem se pode decidir sobre tudo*, nem sequer por maioria – do Estado social de direito – no qual *nem se pode deixar de decidir sobre tudo*. Trata-se de salvaguardar fenômenos como a sobrevivência e a subsistência, por exemplo, sobre as quais o poder político deve decidir, mesmo que as maiorias sejam indiferentes ou agressivas em relação a esses temas.[58] Proposta dessa maneira, a questão escamoteia sua referência central: quem decide sobre o que não se pode decidir ou sobre o que se pode deixar de decidir? Esse não é um problema de *quantos* (maiorias/minorias), mas de quais, ou seja, de *qualidade* do *sujeito político*. Para Locke, por exemplo, a qualidade do sujeito político se expressa na maioria de proprietários minoritários ordenados por sua razão natural e sua vontade empresarial. Essa minoria não é, na verdade, um sujeito humano, porque o efetivo titular de direitos nesse caso é *a acumulação de capital* e esta torna impossíveis a universalidade da propriedade e a integralidade das satisfações para todos. Sobre ela e seus corolários, lei natural, ninguém pode decidir. Esse é o sentido efetivo do "império da lei". Sobre o caráter das necessidades dos humildes, porém, esse sujeito *está obrigado a decidir*. Por exemplo, deve proporcionar-lhes uma religião simples para uma crença robusta. Assim como rendimentos de subsistência. A proposta de Ferrajoli sobre democracia formal (Estado liberal) e democracia substancial (Estado social de direito) também foi dissipada há mais de três séculos por Locke mediante a fórmula de um sujeito político despótico (caráter do poder) que se propõe como consenso social e como legislação de maioria (governo) no âmbito de uma lei natural. Sua proposta não pode ser superada assinalando que o Estado social de direito deve decidir sobre a sobrevivência dos sem--emprego, migrantes não desejados, mulheres e jovens superexplorados ou crianças escravizadas, porque a *commonwealth* decide sobre a vida deles *nesta terra*: ela os produz e usa. Constituem o correlato da vontade de apropriação privada capitalista. A pergunta sobre *quem* decide remete assim à qualidade ou intensidade humana do sujeito. E às exigências próprias de sua produção social. A essas questões é que a moral natural de Locke não pode responder com sensatez porque seu sujeito político, há três séculos ou agora, é aquele que mata e exige a discriminação e a sujeição. E o faz exigindo respeito (submissão material) e admiração (submissão cultural). Não se trata aqui do número de sufrágios ou da divisão e independência de poderes, mas do *caráter do poder*. Este pode ser intensamente humano (onde "humano" e humanidade designam processos sócio-históricos, ou seja, abertos) ou feroz e metafisicamente anti-humano. Nesse último grupo

---

58 Ferrajoli, op. cit., p.864.

encaixa-se a proposta de Locke. E, por isso, seu imaginário não pode conter direitos humanos como expectativa universal nem procedimentos democráticos (nem sequer em sua forma estreita de regime de cidadãos) efetivos como mecanismos de governo. Esses problemas não podem ser adequadamente discutidos se não nos perguntamos *quem ou o que dá caráter ao poder* em uma formação social determinada. E é também a discussão sobre as limitações geopolíticas (e econômicas) que encontra, por exemplo, a *Corte Penal Internacional* contra os crimes de lesa-humanidade.

6. Excurso terceiro: uma discussão liberal estadunidense atual

A influência do imaginário de Locke sobre direitos humanos na existência atual pode ser percebida não só na prática geopolítica de uma grande potência, como os Estados Unidos, mas também na discussão acadêmica no interior desse centro imperial. Reunimos sumariamente aqui um debate entre Michael Ignatieff (Harvard) e Amy Gutmann (Princeton), apresentado na introdução que esta última faz de *Los derechos humanos como política e idolatría*,[59] volume que reúne sobretudo as ideias de Ignatieff.

Gutmann concorda com Ignatieff ao opinar que se viveu uma "revolução jurídica" em matéria de direitos humanos durante a segunda metade do século XX. Para ela, trata-se de uma revolução incompleta e imperfeita, tanto pelo fato de não existir capacidade material para obrigar os Estados a cumprirem seus pactos quanto pela discussão (intercultural) insuficiente sobre os fundamentos e caráter desses direitos e pelas ambiguidades contidas nas "intervenções" (ou sua ausência), internacionais ou unilaterais, em economias-sociedades empobrecidas para evitar que sejam prejudicadas. Gutmann e Ignatieff ligam direitos humanos a tolerância, respeito e deliberação: "Mesmo quando as pessoas que deliberam não conseguem chegar a um acordo, demonstram algum grau de respeito mútuo por seu empenho em deliberar".[60] Paralelos a direitos humanos, ao contrário, e eventualmente confrontados com eles, encontram-se o nacionalismo e a autodeterminação

---
59 Ignatieff, *Los derechos humanos como política e idolatría*.
60 Ibid., p.26.

coletiva ou a absoluta soberania do povo: "A violação dos direitos humanos não pode ser justificada – ou mesmo perdoada – em nome do nacionalismo. A violação dos direitos humanos produz Estados nacionalistas 'sujeitos à crítica, às sanções e, em última instância, à intervenção'".[61]

Sobre essa primeira aproximação, é possível comentar alguns detalhes: falar de "revolução jurídica" quando não existe capacidade material para punir quem descumpre a normativa vinculante, parece figura literária. Sem punição efetiva, não há lei nem realidade jurídica. Lido de outra maneira: a inexistência de capacidade material para punir quem descumpre é sinal de uma *ausência de vontade política*. Se existe uma "revolução", então seria de proposta ideológica, moral ou metafísica, não jurídica em sentido estrito. O ponto toca a distância entre o que se diz, pensa e faz em direitos humanos. Gutmann e Ignatieff não percebem as *relações efetivas de poder* em que repousa essa brecha nem as ideologizações, incluídas as suas, que derivam delas. Isso implica, apesar de sua intenção pragmática, que "naturalizaram" o mundo efetivamente existente.

Uma segunda questão é que o princípio diretor de direitos humanos individuais e setoriais é a prática do *princípio de não discriminação*. Os seres humanos, e os setores que decorrem da organização completa da sociedade, não são iguais, porém não devem ser rebaixados (explorados, aviltados etc.) nem discriminados por ser diferentes. Essa questão não é estritamente moral, mas legal e cultural. O critério de não discriminação de fato está na base do que Gutmann e Ignatieff consideram valores em relação a direitos humanos: deliberação, tolerância e respeito. Agora, o princípio de não discriminação é incompatível com *lógicas de império* ou dominação. As formações sociais modernas se estruturam a partir das lógicas de dominação, como as de sexo-gênero e a implicada pela relação salarial, que se expressam como situações de opressão, e são aquelas e estas que as tornam incompatíveis com o exercício efetivo de direitos humanos. Por isso, as pessoas não nascem "livres e iguais", como sustentam declarações e pactos, mas "naturalmente" discriminadas. A legitimidade das práticas de discriminação, por estas serem "naturais", representa um fator básico na organização do imaginário de Locke.

---

61 Ibid., p.16.

A ideia das "intervenções" militares em "regiões problemáticas", ou "onde desapareceu toda a ordem" para salvar direitos humanos, impô-los ou repará-los (como no caso da última invasão do Iraque), é questionada ambiguamente por Gutmann e Ignatieff. Eles reconhecem que perseguir a aplicação de direitos humanos pela força não é uma saída adequada,[62] mas ainda assim a valorizam como uma resposta necessária. Para isso, recorrem à crítica de um "nacionalismo" que denunciam por esgrimir o álibi da "autodeterminação dos povos" para violar direitos humanos. Assim, separam "nacionalismo" tanto de autodeterminação dos povos como de direitos humanos. Não se têm direito a "oprimir os indivíduos em nome do povo ou nação".[63] Aqui, o que interessa em primeiro lugar é a *seletividade* da visão de Gutmann-Ignatieff. Esta coloca como desafio nas relações internacionais a questão da autodeterminação nacional em "regiões problemáticas" (Terceiro Mundo), do que se segue a efetividade das intervenções. Agora, as intervenções são realizadas por aqueles que têm o poder material para fazê-lo. Trata-se de relações de força não entre aqueles que já possuem direitos humanos e aqueles que os violam, mas entre aqueles que violam direitos humanos e têm capacidade material para castigar outros que também os violam e ficar impunes por ambas as violações: a interna e a internacional. O que está em jogo são assuntos *geopolíticos*, não de direitos humanos, como admite claramente Ignatieff. Ao discutir os critérios sobre os quais se veiculam as intervenções e advertindo que é impossível intervir em todas as partes, ele assinala que o quarto critério é o da região onde se intervém: "[...] deve ser de interesse vital, por razões culturais, estratégicas ou geopolíticas, para uma das potências do mundo, e outra potência não deve opor-se ao exercício da força".[64]

Logo, a razão política de alguma das potências está "acima de qualquer suspeita" em direitos humanos. A questão equivale à "maior racionalidade produtiva" de Locke, que também está acima de qualquer suspeita. A propriedade que acumula e dá emprego é dona, no sentido de dar seu caráter central, de direitos humanos. Para Gutmann-Ignatieff, as potências que têm capacidade para disputar o mundo atribuem também seu caráter a di-

---

62 Ibid., p.17.
63 Ibid., p.16.
64 Ibid., p.65.

reitos humanos e, além disso, devem fazê-lo como parte de um *dever moral*. Este era também o critério de Locke. É o critério que se usou para "pacificar" o Afeganistão e o Iraque, e também o que a Rússia emprega para assassinar chechenos. Como estadunidenses e liberais, Gutmann-Ignatieff não advertem que os principais desafios internacionais em direitos humanos não passam em primeiro lugar pelo "nacionalismo" terceiro-mundista, mas são dados pela transnacionalização capitalista da economia, e porque o modelo produtivo imposto globalmente ameaça a reprodução da vida no planeta. O primeiro polariza socialmente o globo e transforma sua população assim polarizada em um dispositivo autodestrutivo: as massas de pobres e excluídos, sem horizonte de esperança, ou emigram ou destroem seus *habitats* para sobreviver; as minorias opulentas o fazem mediante seu descontrolado consumo conspícuo. As conclusões primeiro-mundistas de Gutmann-Ignatieff são patéticas nesse sentido: 1) sobra gente; 2) o que fazem esses miseráveis (muçulmanos, venezuelanos etc.) com "nosso" petróleo. Trata-se de Locke no século XXI. A polarização miséria-opulência mundial não é um tema econômico, mas de direitos humanos. Ou seja, demanda uma crítica radical do atual processo civilizatório que Gutmann e Ignatieff supõem próprio da natureza humana porque o desfrutam nos Estados Unidos.

Uma última questão que devemos enfatizar é que Ignatieff reduz direitos humanos à proteção (pelo que se viu antes, não necessariamente jurídica) da *agência humana*, que ele entende como capacidade de um "sujeito" para atuar deliberadamente e que se faz responsável por suas ações. Assim, "direitos humanos" designam exclusivamente a liberdade perante o abuso, a opressão e a crueldade.[65] Gutmann acrescenta a essas liberdades negativas o direito à subsistência por ser tão necessário para a agência humana quanto o direito de não ser torturado. Escreve: "Uma pessoa faminta não possui uma maior capacidade de trabalhar do que outra sujeita a um castigo cruel e excessivo".[66]

Trata-se de uma má comparação, apesar da vontade "progressista" de Gutmann. Se a condição de "indivíduo faminto" é resultado estrutural, e o castigo "cruel e excessivo", situacional, então o primeiro é uma violação

---

65 Ibid., p.11.
66 Ibid.

maior da agência humana do que o segundo, entre outras coisas porque mostra uma *disposição política* para produzir famintos. Tão importante em direitos humanos quanto os indivíduos são as tramas sociais que lhes permitem individualizar-se (ou não) como sujeitos humanos (capacidade de agência). Por exemplo, a relação salarial, apesar do imaginário liberal que a faz "livre", não permite a agência humana do assalariado. E a lógica de acumulação de capital tampouco permite a agência humana a Bill Gates. Este, enquanto empresário responsável pela Microsoft, não é livre para decidir acumular ou não acumular capital com sua empresa nem pode fazer-se "responsável" pelos efeitos que essa acumulação gera. Gutmann e Ignatieff não veem isso porque, para eles, a relação salarial e a acumulação de capital são ou "naturais" ou decisões contratuais livres.

Contudo, mesmo que discordem sobre quais direitos humanos configuram a "agência humana", Gutmann e Ignatieff concordam que a lista desses direitos deve ser *reduzida*. Direitos humanos não têm nada a ver com levar uma "vida maravilhosa". Tampouco devem pretender ser "moralmente exaustivos". Assinala Gutmann:

> As instituições e agências de direitos humanos [...] não devem apoiar uma proliferação destes além do necessário para proteger as pessoas como agentes dotados de vontade, nem tratar de levar a cabo outro objetivo igualmente básico dos direitos humanos como a dignidade das pessoas [...] A proliferação de direitos humanos [...] degrada o objetivo dos direitos humanos e, consequentemente, debilita o vigor de seus defensores potenciais.[67]

Na realidade, são direitos contados porque o "sistema natural" de economia, política e geopolítica não pode nem conceder mais nem universalizar todo o tempo os poucos que concede. Se a acumulação de capital (globalizada) impede a agência humana de bilhões, Gutmann e Ignatieff não o veem. Para Gutmann, "um regime de direitos humanos não deve ir além de umas aspirações razoáveis".[68] A economia política vigente é o critério "do" razoável. A geopolítica vigente é o critério "do" razoável. O sistema e sua necessidade de reprodução determinam "o" razoável e possí-

---

67 Ibid., p.12.
68 Ibid., p.13.

vel. Determinam "os" direitos humanos. Esse é o legado "naturalista" de Locke, só que dito com menos transparência que no século XVII.

Na verdade, o que significa a expressão "direitos humanos"? São "direitos" porque podem ser reivindicados diante de uma corte. Também porque são úteis para a coexistência – menos conflituosa e, por isso, mais feliz – de diversos indivíduos e setores sociais. Por isso, "direitos" aponta também para um *éthos* sociocultural. E por que humanos? Não se prega o Direito *apenas* para a existência coletiva dos humanos? *Todo* Direito não é direito humano? O que "humanos" acrescenta a Direito em "direitos humanos"? Acrescenta uma *possibilidade sócio-histórica* que se prolonga juridicamente em uma reivindicação diante de uma corte e agrega também um *reconhecimento cultural*: o de que todos os seres humanos e cada um deles devem gozar de condições para dar-se e crescer em autonomia e autoestima. É outra maneira de entender a "agência" humana prometida pelas formações sociais modernas; "direitos humanos" diz: qualquer mecanismo social (econômico, sexual, racial etc.) que discrimine, anule ou perverta no exercício de uma capacidade para comportar-se como sujeito humano constitui crime e poderá ser reivindicado legitimamente perante uma corte. Desse ponto de vista, a "proliferação" de demandas em relação a direitos humanos, em um sistema que os oferece e ao mesmo tempo os proíbe, é inevitável. Que essas demandas tenham efeitos aleatórios é outra história. Contudo, a temida "proliferação" de direitos humanos que assusta Gutmann-Ignatieff decorre de sua integralidade e universalidade. E do desejo de felicidade, promessa moderna, que sustenta as pessoas. Para evitar a "proliferação" da demanda de direitos humanos seria preciso declarar como *crime* a aspiração de todos e cada um a produzir sua felicidade e irradiar autoestima. Isso é exatamente o que Locke pregou no século XVII. A única maneira que tem a sociedade burguesa de evitar a proliferação de demandas em direitos humanos é declarar que essas demandas são impossíveis e irracionais, moralmente proibidas, ou crimes. Ou aceitar pública e enfaticamente que não podem ser proporcionadas a todos. Que era a tese de Locke.

Se observarmos a formulação desses autores estadunidenses, vemos que eles:

a) desejam poucos direitos humanos e seletivos;
b) fazem prevalecer unilateralmente direitos individuais sobre os projetos de nação;

c) aceitam (a contragosto, mas aceitam) as intervenções militares em nome de direitos humanos em lugares que consideram uma "total desordem". Evidentemente, consideram que seu sistema de existência é "ordem";

d) não assumem a "naturalização" ideológica do sistema a partir do qual despejam suas opiniões. Por isso mesmo, têm uma perigosa concepção falsamente universal, por ser des-historicizada, de direitos humanos.

7. Contribuições de John Locke a direitos humanos

Evidentemente, essas contribuições são independentes da vontade do pensador inglês. A primeira é que *direitos humanos ou fundamentais resultam de uma resistência, um protesto, uma demanda e uma proposta*. Todo o primeiro volume de seus *Dois tratados sobre o governo civil* é dedicado a refutar a tese sobre o direito paternal ou divino dos monarcas, ou seja, negar o caráter *natural* da autoridade dos monarcas ou Igrejas. Como se para essa refutação não tivesse bastado um volume, o primeiro capítulo do *Segundo tratado* relembra sinteticamente o ponto. Esse segundo tomo é dedicado ao que poderíamos considerar sua proposta. Dela, analisamos o pertinente para nossa discussão.

A segunda contribuição de Locke a direitos humanos é que, independentemente da afirmação de que nascemos ou não com eles, esses direitos *podem ser perdidos* ou são *politicamente reversíveis*. Em termos puramente lógicos, ou seja, de coerência, isso deveria afetar até o único direito que Locke acredita ser absoluto: o da acumulação de capital. Além disso, por razões de coerência, talvez devêssemos pensar que algo que pode ser perdido ou revertido não é "natural", mas culturalmente produzido. Essa última observação, porém, não é um aporte de Locke.

Uma terceira contribuição de Locke, inteiramente indesejada por ele, é que direitos humanos são afirmados a partir de *relações sociais*, não de posses de indivíduos.

Uma quarta contribuição, também indesejada, é que uma *compreensão de direitos humanos ou fundamentais passa por um exame obrigatório*, ao menos *da economia política* e *da economia libidinal* da formação social em que se pregam esses direitos.

Uma quinta contribuição, derivada da anterior, é que *não basta um Estado de direito para a proclamação* (sem dizer vigência) *de direitos humanos ou fundamentais universais e integrais*. O Estado de direito que Locke promove, com divisão de poderes e decisão de maiorias, torna impossíveis para a maioria social efetiva e para vários setores particulares dela (trabalhadores e mulheres, por exemplo) essas titularidades.

Uma sexta contribuição é que o *recurso a uma "natureza" humana* permite discriminar, a partir de *práticas de poder*, os *diversos* como o *abjeto* que se deve suprimir ou submeter. O recurso a uma ética natural, portanto, não pode fundamentar direitos humanos.

Uma sétima contribuição de Locke, inteiramente indesejada, é que não bastam o império da lei e a divisão estatal de poderes para assegurar um Estado de direito e, com isso, direitos humanos. O que os direitos fundamentais requerem é uma *desconcentração dos diversos poderes sociais*, inclusive o *questionamento do caráter monopólico do poder estatal*. Só se podem pregar direitos humanos de uma *cultura política de sujeitos*, cuja economia política potencializa a distribuição universal do excedente, cultura proposta pela modernidade, porém até hoje não realizada.

Em oitavo lugar, e como referência positiva, a difusão estereotipada do trabalho de Locke teve impacto, no longo prazo cultural, sobre o sentimento de setores da população no que se refere ao fato de ser *titular de direitos* entendidos como foros e possuir *capacidade para reivindicá-los à autoridade*. Essa sensibilidade cultural, não universalmente estendida, permitiu uma relativa eficácia de recursos jurídicos como o do *habeas corpus*. Na América Latina, esse tipo de ação legal salvou milhares de vidas. Entretanto, esse efeito prático positivo, inteiramente fora do imaginário de Locke, é circunstancial, relativo e aleatório, não funciona para as populações excluídas, de extrema pobreza ou de raças "inferiores", ou em situação "de emergência" ou crise, e gera um parco ganho diante das violações maciças e estruturais contra direitos humanos fundamentais, políticos, econômicos/sociais, culturais, de gênero e ambientais, com os quais o imaginário de Locke facultou especialmente o Ocidente, suas plutocracias armadas dominantes, seus mercados e seus burocratas.

Terminemos esta seção com duas referências surgidas em contextos muito diversos, mas que mostram a vigência do pensamento de Locke:

O absurdo [*sinrazón*] da ideia do direito sem Estado veio à tona quando o Estado, cujo desaparecimento é impossível enquanto houver sociedade, foi convertido em instrumento de uso absoluto para aqueles que conseguiram apropriar-se de tudo, combinando o poder do dinheiro com o da imprensa, permitindo-lhes desfrutar de um Estado que renunciava a sua defesa jurídica, um Estado que é vítima da especulação, sujeito ao vaivém do mercado. Daquilo que era, Estado dirigente, passou a Estado dirigido, propriedade de alguns. Semelhante resultado produziu uma reação generalizada e um fracasso. Não pode prolongar-se em sua existência o que é apenas pobre réplica do pensamento liberal clássico, rechaçado muito tempo atrás pela humanidade.[69]

"Rechaçado muito tempo atrás pela humanidade"? Quem escreve é um ex-presidente latino-americano que tem em vista os fracassos sociais e humanos da década de 1990 em países como México e Argentina. No entanto, Locke, ou seja, o predomínio da vontade de acumulação natural sobre o Estado, continua vivo como sensibilidade cultural em uma América Latina neo-oligárquica, que assume sua própria riqueza como "natural", aceita a produção de pobreza como uma situação inevitável e associa mistificadamente o desaparecimento desta última a um crescimento econômico que, quando assoma, somente produz mais pobres. Apresentados os empobrecidos sem liberdade aos tribunais (*habeas corpus*), demandando saúde, educação, renda, que lei permitiria decidir a seu favor? E se existisse, e com ela juízes que quisessem administrá-la, que eficácia jurídica e cultural teria a sentença?

O segundo texto é da imprensa cotidiana. Ilustra o estilo grotesco e grosseiro com que o dinheiro e o mercado alteraram o mundo do esporte, certa vez referência idealizada e obrigatória da vida humana plena que alguns atribuem como norte do pensamento de Locke.[70] Quem escreve é um cidadão de todos os dias. Tem emprego como jornalista, do qual sobrevive:

---
69 Carazo, *La tercera vía*, p.21.
70 Cf. Goldwin, "John Locke", p.485.

Não há dúvida de que o mundo está em crise de criatividade, eficiência e ética. De modo que, o que se verá na continuação também não é surpreendente: são apenas amostras grátis de uma crise em que os homens se matam entre si, destroem o hábitat em que vivem, e há quem pode viver sem culpa a morte dos despossuídos. O esporte não está fora desse mundo.[71]

Amostra grátis? Não a pagamos há séculos com terror de Estado, desesperança, frustração e impotência dos demais? Nesse universo radicalmente precário e carente influi o imaginário de Locke, porém no sentido inverso àquele que lhe atribuem seus publicistas, porque o pensamento de Locke é um pensamento *a partir da autoridade*, da lei natural, do lucro privado, da *commonwealth*, e *não contra ela*. Temos de agradecer a Locke ter contribuído, contra seu desejo, para que esse jornalista testemunhe *uma experiência de contraste* e acredite, como sujeito humano virtual, processo produtor de imaginações e símbolos sociais, que tem "direito" a *algo diferente* neste mundo aviltado e autodestrutivo. E que, para alcançá-lo, deve tornar possível outro mundo, onde tenham lugar direitos humanos efetivos.

---

71 "Este mundo patas arriba", sem autor, em *Tiempos del Mundo*, ano 8, n.41, p.50.

VIII
O APOIO ESTATAL DE DIREITOS HUMANOS

1. Apresentação

Temos assinalado que direitos humanos não podem ser ditos nem pensados com propriedade a partir da perspectiva do *Direito natural clássico* porque nele as pessoas e suas necessidades são obrigadas a ajustar-se ou aos desígnios de um Deus pessoal ou providência, interpretados por autoridades muito terrenas, ou de uma regulação cósmica intransponível, em que não é possível senão submeter-se (subordinar-se, ou seja, não ser sujeito), de modo que as expectativas de uma autonomia social e pessoal se tornam obrigações e não capacidades; e tampouco a partir do *jusnaturalismo*, em especial na versão de Locke, que determina ideologicamente uma natureza humana para inferir dela uma moral natural que sanciona com um discurso ético que afirma a necessidade de um caráter fixo e excludente para as instituições e lógicas sociopolíticas. Assim como a única possibilidade de enfrentar a liderança de Moisés no Antigo Testamento consistia em precipitar um holocausto, no jusnaturalismo capitalista e burguês as exigências de direitos que se chocam com a lógica da acumulação são mantidas como expectativas que lhes dão um caráter progressivo, congeladas como proclamações sem efeito legal, brutalmente violadas em tempos de crise (como nesta fase de guerra global contra o terrorismo), ou simplesmente escamoteadas com maior ou menor elegância mediante a ruptura entre o que se diz, o que se pensa e o que se faz.

Posto que diversas formas de Direito natural antigo e moderno não parecem se adaptar aos requerimentos de direitos humanos como processos sociais e individuais de empoderamento dos sujeitos humanos e de suas culturas e instituições no marco de uma construção de humanidade, examinaremos aqui uma versão de seu principal oponente: o que afirma que se prega "direito" unicamente com propriedade das normas jurídicas (ou códigos) constitucionalmente estabelecidas. Como se sabe, essa corrente recebe o nome de *juspositivismo*.[1] Aqui, examinaremos a interpretação de direitos humanos que, a partir do juspositivismo, oferece Bobbio, e agregamos algumas observações à teoria geral do garantismo segundo expõe Ferrajoli. Em uma discussão que tem como eixo o aparato estatal, as referências à América Latina parecem inevitáveis.

2. Norberto Bobbio: gestação e caráter de direitos humanos

Bobbio condensou pessoalmente sua abordagem básica de direitos humanos nos seguintes pontos: a) são direitos históricos; b) nascem com o início da Idade Moderna, juntamente com a concepção individualista da sociedade; c) foram convertidos em um dos principais indicadores do progresso civilizatório.[2]

Bobbio entende por caráter *histórico* de direitos humanos sobretudo dois traços: surgem *gradualmente* "em determinadas circunstâncias" e são expressão de uma *luta* "pela defesa de novas liberdades contra velhos poderes".[3] Assim:

> A liberdade religiosa é efeito das guerras de religião, as liberdades civis, de lutas dos parlamentos contra os soberanos absolutos, a liberdade política e as sociais, do nascimento, crescimento e maturidade dos trabalhadores assalariados, dos camponeses de poucas posses e dos jornaleiros, dos pobres

---

1 O juspositivismo ou positivismo jurídico, uma maneira sistemática moderna de entender o caráter do Direito, tem antecedentes no pensamento de Hobbes ("o Estado constitui todo Direito") e em correntes como a escola da exegese, o cristianismo kantiano, o historicismo alemão, a escola histórica alemã, o voluntarismo jurídico ("se o rei quer, a lei quer") das sociedades antigas e medievais, o contratualismo de Rousseau, a vinculação do Direito com a luta social (Jhering) e a escola sociológica.
2 Bobbio, *El tiempo de los derechos*, p.14.
3 Ibid., p.18.

que exigem dos poderes públicos não apenas o reconhecimento da liberdade pessoal, e da liberdade negativa, mas também a proteção do trabalho perante o desemprego, e os instrumentos primários de instrução contra o analfabetismo, e sucessivamente a assistência da invalidez e da velhice, todas as necessidades que os proprietários acomodados podiam satisfazer por si mesmos.[4]

O enfoque parece não somente histórico, mas também social e político. Algumas linhas depois, porém, Bobbio invisibiliza o caráter inevitavelmente social da história mediante sua abstração como uma eterna luta do controle técnico sobre a natureza:

> os direitos não nascem em todos os momentos. Nascem quando devem ou podem nascer. Nascem quando o aumento do poder do homem sobre o homem, que acompanha inevitavelmente o progresso técnico, isto é, o progresso da capacidade de dominar a natureza e os demais, cria novas ameaças à liberdade do indivíduo, ou então descobre novos remédios para sua indigência: ameaças que são desativadas com exigências de limites ao poder; remédios que são facilitados com a exigência de intervenções protetoras do mesmo poder [...] Ainda que as demandas dos direitos possam ser dispostas cronologicamente em diferentes fases ou gerações, as espécies são sempre, em relação aos poderes constituídos, somente duas: impedir seus malefícios ou obter seus benefícios.[5]

Aqui o alcance da história social, e sua característica política, é dissipado na abstração e na fórmula fácil: "impedir malefícios e obter benefícios da autoridade". Salta à vista que "benefício" como liberdade de consciência, movimento e propriedade de si (com a liquidação dos malefícios absolutistas e eclesiais respectivos) acompanharão *processos revolucionários* ligados ao desenvolvimento de uma economia monetária burguesa, tal como o entendeu Locke. Ao contrário, a reivindicação por uma jornada menos brutal de trabalho e um salário mínimo (séculos XIX e XX) se inscreve

---

4 Ibid.
5 Ibid., p.18-9. Nesse ensaio, Bobbio distingue quatro gerações de direitos. Aos fundamentais e sociais, acrescenta os ambientais (ecológicos) e os afetados pela manipulação do material genético.

nos processos dominantes de acumulação de capital, sobretudo como paliativos para ela e sem que possuam necessariamente alcance revolucionário. E se o tivessem, teriam outro caráter, porque no interior do capitalismo não se desenvolveu uma economia embrionária (social) alternativa.

De modo que desaparece a especificidade das lutas sociais e dos poderes (autoridades) que enfrentam. Domina, em troca, a imagem de um *progresso* ininterrupto, animado pela dialética abstrata de "obter benefícios, impedir malefícios". A concepção histórica de Bobbio não é social ou é insuficientemente social. E o não ser afeta seu caráter histórico. E, com isso, afeta sua compreensão política de direitos humanos. Retornaremos a isso mais adiante. Por ora, salientamos que a abordagem histórica de Bobbio de direitos humanos é *abstrata*.

Somando-se a uma opinião majoritária, o autor italiano situa direitos humanos na gestação e desdobramento das formações sociais modernas. Agrega que concorre para seu nascimento a *concepção individualista da sociedade*. A primeira opinião não está em discussão. A segunda parece equívoca e reúne condições para se mostrar errônea. Primeiro, não se trataria da concepção individualista da sociedade, mas de uma *concepção individualista do indivíduo*. Não se trata de um detalhe pitoresco, mas de uma grande diferença: em Locke, a quem Bobbio remete para "provar" sua afirmação da "concepção individualista da sociedade",[6] o ser humano em estado de natureza é social, não individual, como mostra, segundo vimos, a constituição do *dinheiro*, a óbvia *divisão social* do trabalho e a existência de um poder *parental* natural. Para Locke, os seres humanos não são nunca a-sociais; se fossem, não teriam direitos, porque não existiriam relações entre eles. E "direito" remete a *relações sociais*. Em Locke ou Kant, os direitos têm a ver com lógicas sociais, com práticas de coexistência, não com indivíduos. Diferente seria afirmar que Locke postula um imaginário do "indivíduo natural" como expressão abstrata e *ideológica* de uma "natureza humana" atomizada. Contudo, esse imaginário ideológico constitui parte do protesto e da revolta contra a autoridade estatal e clerical que não reconhecia autonomia aos súditos e fiéis na época de Locke. Este sustenta

---

6 Cf., por exemplo, Bobbio, op. cit., p.107. Diz aí: "Partindo de Locke, compreende-se bem que a doutrina de direitos naturais pressupõe uma concepção individualista da sociedade [...]".

seu imaginário ideológico sobre um indivíduo abstrato, um estado de natureza e uma Humanidade dominada pela empresariedade e pela cobiça, mas nunca postula uma concepção individualista da sociedade. Ao contrário, supõe uma *lei natural* que obriga como *corpo* social proprietários, trabalhadores e miseráveis, adultos e crianças, homens e mulheres, cidadãos e autoridades públicas, nativos e estrangeiros, a cumprir suas funções orgânicas. Não existe nenhuma maneira de afirmar com seriedade, exceto mediante manuais estereotipados, que Locke propõe uma concepção individualista da sociedade. Estabelecer isso equivale a negar que Locke embasa seu discurso sobre direitos naturais em uma determinada apreciação a respeito da *economia política* de sua época (teoria do trabalho social e da propriedade).

A observação anterior faculta a reiteração de um conceito: não existe uma maneira adequada de compreender direitos humanos que não passe por uma consideração da economia política que lhes serve de matriz. Foi isso que fez Locke (e também Hobbes e Kant) em sua época. E é isso que faz Bobbio no século XX. Dessa maneira, sua abordagem histórica se mostra, em princípio, como uma abordagem *politicista e ideológica* (no sentido de consciência distorcida).

O terceiro alcance inicial de Bobbio é que direitos humanos se convertem em um dos indicadores principais do *progresso* histórico nas sociedades modernas. Aparecem ao menos três sequências progressivas para esses direitos. A primeira remete a etapas de *materialização e efetividade.* Seu estágio inicial é a formulação de direitos como *teoria filosófica*.[7] Nesse âmbito, os direitos são ainda forma ideal da realidade, "universais com relação ao conteúdo quando se dirigem a um homem racional fora do espaço e do tempo", mas, por isso, extremamente limitados em sua eficiência, porque são propostos, no melhor dos casos, para um legislador futuro.[8]

A segunda fase desse processo entra em vigor quando essas teorias filosóficas são acolhidas pela primeira vez por um *legislador.* Isso ocorre com as Declarações de Direitos dos Estados (Norte-)Americanos e da Revolução Francesa, em fins do século XVIII. Esses Estados já não absolutos, mas limitados, são instrumentos, não fins em si mesmos, e direitos humanos

---

[7] Bobbio menciona a matriz jusnaturalista comum e nela situa Locke e Rousseau (Bobbio, op. cit., p.67). O segundo é discutível, como assinalamos anteriormente.
[8] Bobbio, op. cit., p.67.

são propostos neles não como aspirações ou ideais filosóficos, mas como normas legais, ou seja, como Direito positivo. Bobbio acha que, com isso, direitos humanos ganham eficácia, mas perdem universalidade ao ser sobredeterminados por uma *cidadania* que faculta aderir a um só Estado. De direitos humanos filosóficos, universais, passa-se para direitos humanos positivos, mas limitados a jurisdições nacionais.[9]

A terceira fase se inicia com a Declaração Universal de Direitos Humanos das Nações Unidas, em 1948. Com ela, direitos humanos entram em um processo tanto universal quanto positivo. Ao fim do processo, direitos humanos deveriam ter se transformado de direitos cidadãos em direitos positivamente (codificadamente) universais. *Os seres humanos serão cidadãos do mundo.*[10]

No interior dessa evolução, em seus momentos de positivação, Bobbio distingue também a *generalização* (mais população adquire ou recebe cidadania e, com isso, por exemplo, o direito ao sufrágio) e a *internacionalização* que se manifesta em jurisdições com tendência regional ou mundial consentidas por acordos ou pactos entre Estados. A Corte Interamericana de Direitos Humanos seria um exemplo delas ou, mais recentemente, a Corte Penal Internacional.

Essa primeira fórmula progressiva merece algumas observações. Em primeiro lugar, o discurso filosófico aparece como iniciador ou gestador de um processo histórico. A ideia polemiza com a observação já citada do mesmo Bobbio no sentido de que a gestação de direitos humanos se encontra na *luta social*. Se o segundo estiver certo, então o discurso filosófico situa ou posiciona *ideologicamente* direitos humanos, porém não os gesta/proclama. Eles existem material e previamente na forma, por exemplo, das necessidades de uma economia monetária. Se assim fosse, o discurso filosófico condensaria *em seu nível* valores e conflitos gestados em outras formas das práticas sociais. Esse é um tema central para discutir o problema da fundamentação de direitos humanos e também sua categoria ontológica (sua realidade).

Uma segunda observação aponta o caráter *politicista* do progresso oferecido por Bobbio. A proposta filosófica se positiva no Estado nacional

---

9 Ibid., p.68.
10 Ibid.

e depois no Estado mundial ou na confederação mundial de Estados. O politicismo, ou estatismo, cidadão ou universalizante torna invisíveis as diferenças e os conflitos entre Estados de diversa capacidade internacional (geopolítica) e também as discriminações e os conflitos internos e internacionais de classe, gênero e cultura. Ao politicismo dessa formulação do progresso liga-se um *etnocentrismo* ocidental ou europeu. O Estado dos Estados Unidos, por exemplo, adere a uma doutrina universal de direitos humanos e, em nome de sua defesa, castigou cidadãos alemães e japoneses por sua violação. Hoje, castiga afegãos e iraquianos. Publica periodicamente listas de países que violam esses direitos e os ameaça com represálias. Mais sordidamente, declara que existem "sessenta ou mais lugares obscuros no mundo" que protegem o terrorismo e devem pagar por isso. Tudo isso poderia parecer adequado. Contudo, esse mesmo Estado não admite obrigação para com ninguém neste mundo. Sua ação constitui "direito imperfeito". Obriga a todos, mas nada, absolutamente nada, lhe é vinculante. Por isso, reivindica imunidade absoluta para seus soldados e políticos. O mesmo faz – sem o mesmo poder, mas com a cumplicidade de outros Estados fortes – a Rússia para "acertar" contas com a Chechênia. Trata-se, em ambos os casos, de "Estados acima de qualquer suspeita". A ideia da extensão planetária da cidadania pareceria ou não progressiva ou não factível enquanto existirem poderes econômicos, militares e culturais discriminadores. A eficácia de direitos humanos não se seguiria de acordos ou ações estatais, como acredita Bobbio, mas da existência de uma cultura (*éthos* sócio-histórico) planetária de direitos humanos. Direitos humanos têm a ver com as pessoas, não imediatamente com Estados ou com a figura estreitamente jurídica do cidadão. Nacional ou internacionalizado.

De modo que a primeira "progressividade" proposta por Bobbio, e sem intenção de crítica exaustiva, é polemizável tanto por sua "origem", ou ponto de partida filosófico, quanto por sua ficcional finalidade histórica: uma federação planetária e civilizada de Estados.[11]

A segunda progressividade é apresentada por Bobbio em relação ao que se costuma chamar de *gerações* de direitos. Na introdução de seu livro, ele distingue com alguma clareza três destas gerações: os já difundidos fun-

---

11 Essa última imagem provém de Kant, filósofo também admirado por Bobbio. Cf. Kant, *Sobre la paz perpetua*, Seção II.

damentais e políticos ou cidadãos, os econômicos/sociais, aos que deveria agregar os culturais, e uma terceira geração que ele associa sobretudo ao direito de viver em um ambiente não contaminado. Outros autores consideram que essa terceira geração corresponde às reivindicações de legitimidade de sua cultura por povos que, colonizados, neocolonizados e tornados independentes durante o século XX, conformaram o que, de diferentes ângulos, se chamou *Terceiro Mundo*. Bobbio agrega ainda uma quarta geração que tem a ver com os desafios apresentados pela investigação de mapas genéticos. Sua ideia de progressividade se revela aqui ingenuamente linear e acumulativa:

> Os direitos da terceira geração, como o direito de viver em um ambiente não contaminado, não poderiam nem ter sido imaginados quando foram propostos os da segunda geração, assim como estes, por exemplo, o direito à educação obrigatória ou o da assistência, não eram nem sequer concebíveis quando apareceram as primeiras declarações do século XVIII. Certas exigências nascem somente quando nascem certas necessidades.[12]

Bobbio não parece reparar que a escola obrigatória "teve" de ser exigida ou ao menos imaginada no século das Luzes ou por Locke, se levarmos a sério a interpretação que Bobbio faz dele como expoente de um princípio de igualdade humana equivalente ao princípio de não discriminação. Escreve:

> No estado de natureza de Locke, que foi o grande inspirador das declarações de direitos do homem, os homens são todos iguais, em que por "igualdade" se entende que são iguais no desfrute da liberdade, no sentido de que nenhum indivíduo pode ter mais liberdade que outro.[13]

A interpretação de Bobbio é inteiramente arbitrária. Para Locke, os seres humanos são iguais porque *nenhum nasce sob a tutela de um governo*.[14] Contudo, são desiguais em relação a muitos outros critérios, inclusive a produ-

---

12 Bobbio, op. cit., p.19.
13 Ibid., p.116. Embora pareça uma grosseria, em sua literatura sobre direitos humanos Bobbio deixa a impressão de nunca ter lido Locke.
14 Locke, *Segundo tratado sobre el gobierno civil*, §54.

tividade natural de seu trabalho, como vimos. Locke introduz a igualdade unicamente para poder mostrar que todo governo (Estado) provém do consentimento humano, não para proclamar a liquidação das discriminações. O problema específico, porém, é se Locke não pôde considerar o desafio da igualdade humana dos *trabalhadores, miseráveis, mulheres* etc. porque primeiro tinha de proclamar a igualdade humana (opinião de Bobbio) ou porque seu imaginário passava pela negação da igualdade destes últimos como condição para a reprodução da dominação do capital e do patriarcado. Se se trata do segundo caso, isso não significa que, ao ser levantada a cortina da primeira geração, apareçam (ou se imaginem) as necessidades da segunda geração de direitos. Essas reivindicações humanas já existiam dramaticamente na época em que Locke as negava aos gritos. De fato, proclamar a exclusiva igualdade para os proprietários foi utilizado para proclamar a desigualdade absoluta dos "outros". As coisas eram assim no século XVII. Que esses "outros" não tenham sido reconhecidos até os séculos XIX e XX não tem nada a ver com a linearidade progressiva das gerações de direitos (cumpridos uns, aparecem outros e eles se somam ou articulam), mas com situações e capacidades *sociais e políticas com efeito cultural*. Essas gerações de direitos não aparecem como uma progressividade linear, mas como um único movimento ou processo imbricado por afirmações, negações, conflitos e rupturas. A série se configura mais como uma coexistência de paradigmas que podem ser mutuamente incompatíveis do que como uma evolução histórica linear. A ideologia de direitos naturais ou humanos aparece filosoficamente no século XVII como uma negação da universalidade desses direitos. O que Bobbio acredita ser "progressismo" das gerações de direitos pode ser considerado também (de fato, é assim que deve ser considerado) uma penúria ou carência estrutural. Direitos humanos, integrais, universais, não são algo que possa ser cumprido pelas lógicas e instituições dominantes no mundo moderno. Essa ruptura é o que o ingênuo progressismo de Bobbio, para ele que levantar uma "cortina geracional" permite a revelação de outras necessidades humanas antes encobertas, não adverte ou compreende. A abordagem das necessidades humanas dos operários *enquanto trabalhadores* não decorre da mesma lógica que sustentou as exigências filosóficas de direitos da primeira geração. A discussão põe em questão também o valor dos processos de generalização e internacionalização que Bobbio assinala como próprios da codificação positiva de direitos humanos.

Assinalemos que estritamente Bobbio não assume sua tese de que direitos humanos decorrem de resistências (movimentos e mobilizações) sociais, ao menos quando trata do progressismo das gerações. Esse desapego se deve provavelmente ao fato de que ele considera invariante, na origem desses direitos, a matriz rupturista burguesa de uma "concepção individualista da sociedade". Depois dessa ruptura com as sociedades tradicionais, percebe apenas *continuidade*.

Bobbio considera uma terceira progressividade a sequência que faz de direitos humanos primeiro uma *exigência* moral ou natural e, portanto, uma *norma jurídica* ou legal positiva, por ser constitucionalizada. Para evitar discussões puramente semânticas, chama os primeiros de direitos em sentido fraco (exigências de futuros direitos) e os segundos de direitos positivos ou direitos em sentido estrito (expectativas com possibilidade de satisfação por estarem protegidas).[15] A progressividade é dada pela "superioridade" da norma positiva em relação à exigência, expectativa ou pretensão de alcançar um direito:

> em relação aos direitos positivos, os direitos naturais são somente exigências motivadas com argumentos históricos e racionais para sua positivação em um sistema de Direito eficazmente protegido. Do ponto de vista de um ordenamento jurídico, os chamados direitos morais ou naturais não são propriamente direitos: são somente exigências para serem eventualmente transformadas em direitos de um novo ordenamento caracterizado por um modo distinto de proteção delas mesmas.[16]

Essa progressividade não coincide exatamente com aquela que distinguia entre proposta filosófica, positivação nacional e acordo jurídico internacional por ao menos duas razões: os "direitos" morais podem coexistir, não são necessariamente antecedentes históricos das normas jurídicas. Em segundo lugar, o critério não é histórico, mas estabelecido pela *juridicidade* (caráter e eficácia legais) de um direito. Admitido um direito "natural" ou "moral", seu valor jurídico lhe dá a norma positiva que oferece expectativa de satisfação por tratar-se de uma capacidade ou titularidade que pode ser

---

15 Bobbio, op. cit., p.124.
16 Ibid., p.125.

reivindicada nos tribunais. Bobbio expõe assim um juspositivismo que não nega a existência de obrigações naturais ou morais, mas que as hierarquiza como direitos somente por sua codificação positiva.

O assunto merece uma primeira observação imediata. Se seguirmos o mesmo Bobbio, as relações de hierarquização de sentido não compreendem exclusivamente estes dois níveis: exigências de direitos e direitos positivos, com domínio destes últimos, mas apresentam quatro planos: *luta social*, *justificação* filosófica e ideológica, positivação e efetividade ou *eficácia* jurídicas. Esses quatro níveis não constituem necessariamente um movimento progressivo, porque se trata de planos distintos de realidade. É preferível considerá-los um sistema prático/social em que se expressam tanto a reivindicação ou exigência filosófica como a forma positiva privilegiadas pelo critério de Bobbio. A dialética desses planos aparece determinada por *produções sócio-históricas* também de categorias distintas: as *mobilizações e os movimentos sociais*, cujas necessidades materiais particulares são vertidas em imaginários culturais ou filosóficos que se podem pretender ou apresentar como universais e também mediante outros discursos sociais, e a *receptividade social* da sanção jurídica que é estimada "justa" por um *éthos* sociocultural dominante e generalizado (sensibilidade cultural). Este último é o tema da *eficácia/legitimidade jurídicas* e do processo de produção de uma *cultura de direitos humanos*.

A questão da eficácia da norma jurídica no sentido restringido costuma ser associada à observância que dela fazem os sujeitos que estão obrigados por ela. Se a conduta não se cumpre, então o infrator deveria receber um castigo. Essa violação e o castigo fazem parte da realidade social. Se, ao contrário, as condutas se ajustam majoritariamente ao comportamento devido proposto pela norma, o dever ser jurídico também faz parte, como cultura jurídica, como *éthos* vinculante, da realidade social. Essa ressonância ou aceitação, enquanto parte da sensibilidade coletiva das normas do Direito e do que elas implicam, assim como a aceitação da justiça ou bondade das mobilizações sociais que conduziram a essas normas, faz parte da *legitimidade* das normas e da realidade das capacidades e obrigações que essas normas proponham, isto é, outorguem sentido à *eficácia* da lei. Um exemplo: na América Latina, a tradição oligárquica e senhorial, a ausência histórica de empresariado capitalista e o desdém pela coisa pública acarretam uma irritação generalizada contra os impostos diretos. Até mesmo a legislação pode ser altamente complacente com esse mal-estar. Por isso, quem pode sonega ou retarda o pagamento de tributos. Mas quando alguém é surpreendido nessa evasão e castigado, a opinião pública não costuma considerá-lo um delinquente. Seu castigo legal é visto por muitos como injusto. No sentimento coletivo, o empresário que não paga impostos ou os burla é primordialmente alguém que oferece trabalho, não um malfeitor. Ao contrário, é frequente lermos na imprensa que quem não trabalha ou trabalha em condições precárias (desempregados, camelôs) deveria ser penalizado por ser vagabundo ou delinquente. Também é costume que se exija castigo para travestis que oferecem serviços sexuais na rua, ainda que se vestir de mulher e se prostituir não seja tipificado como delito. O destino do travesti assediado pela polícia, brutalmente obrigado a oferecer sexo ou ridicularizado, costuma ser considerado natural. Poucos o consideram titular de direitos. E também muito poucos, talvez os mesmos, estimam que se lhe deve justiça. A eficácia das normas legais está ligada a essas sensibilidades conformadoras de uma cultura jurídica que constitui um subsistema cultural.[17]

Há alguns anos, um artigo jornalístico informou que um juiz italiano havia absolvido das acusações de estupro um agressor aduzindo que a vítima, uma mulher, usava um *jeans* tão justo que tirá-lo (ela foi forçada a fazê-lo) equivalia a seu consentimento sexual. Para esse juiz, uma mulher que tira as próprias calças deixa de ter direitos. Sua fala provocou protestos indignados e mobilizações de organizações de mulheres, mas não um mal-estar coletivo. A imprensa deu essa notícia como uma situação curiosa. Para efeitos práticos, entendemos que a absolvição foi revogada e o caso voltou à corte. Contudo, sem as mobilizações das organizações com teoria de gênero, entre elas as feministas, juiz e estuprador teriam saído incólumes, porque culturalmente grande parte da população ainda acredita que existe responsabilidade da mulher nos estupros, por paquerar ou exibir-se. E, sim, é ela que baixa calças e shorts... Embora os exemplos pareçam pitorescos, apontam para a eficácia do Direito e, com isso, para a eficácia de direitos humanos. A existência de uma norma legal que os proteja é

---

17 Cf., na primeira seção, "Fundamento e efetividade de direitos humanos", em especial a discussão exemplificada com o caso da hondurenha assassinada, o menino a favor do qual não se cumpriu nenhuma sanção judicial e o pai humilde que não recorreu aos tribunais para que fosse investigada a morte de suas filhas destroçadas.

insuficiente se não for acompanhada de um *reconhecimento cultural* por sua justiça. Parte desse reconhecimento (assunção) está ligada à mobilização social que exigiu a norma, quando essa mobilização existiu.

Logo, a terceira progressividade proposta por Bobbio aparece ideologicamente deslocada da relação estreita entre direito exigido e norma positiva. Temos enfatizado que ambas as referências e sua dialética, ao menos para direitos humanos, possuem como marco a produção social em sua forma de *reivindicação* social e conformação de uma *cultura legitimadora* da reivindicação de direitos.

Essa discussão possui um corolário relacionado a uma aparente quarta progressividade que Bobbio admite apenas em parte ou a contragosto para direitos humanos. Ela está ligada ao que, em algum momento anterior, indicamos como pesar pela abundância de exigências ou declarações de direitos. Bobbio determina essas demandas e declarações como "multiplicação", ainda que ironize o termo. Ele escreve:

> Essa multiplicação (estava para dizer "proliferação") [...] se produziu em relação ao gênero, em relação às diferentes fases da vida, tendo em conta a diferença entre estado normal e estados excepcionais na existência humana. Em relação ao gênero, foram progressivamente reconhecidas as diferenças específicas da mulher com relação ao homem. Em atenção às várias fases da vida, foram pouco a pouco diferenciados os direitos da infância e da velhice daqueles do homem adulto. Em relação aos estados normais ou excepcionais, foi sublinhada a exigência de reconhecer direitos especiais aos doentes, aos incapacitados, aos doentes mentais etc.[18]

A aparente progressão, que se apresenta anormalmente como "proliferação", é entendida por Bobbio como a passagem de uma consideração do homem genérico (indivíduo = humanidade) para a especificidade de

---

18 Ibid., p.110 e 114. Bobbio parece empregar como sinônimos os processos de diferenciação e multiplicação. Curiosamente, e embora sua conferência seja de 1987, ele não faz menção à Declaração Universal dos Direitos dos Povos (Argel, 1976), que deveria caber dentro dessa "proliferação" de exigências. Sabe do que se trata, porque em uma conferência de 1967 ("Presente y porvenir de los derechos humanos") apresentou, ainda que com apreensão, essa questão. No plano do detalhe, o que observam as mulheres com teoria de gênero é que "diferentes" são os homens. Não é o mesmo.

seus *status* sociais derivados de diversos critérios de diferenciação (sexo, idade, capacidades físicas) "que não consentem igual tratamento ou igual proteção".[19] Essa abordagem lhe permite reiterar sua convicção de que existiria uma matriz invariante na primeira geração de direitos, os quais ele chama "direitos de liberdade negativa" ou simplesmente direitos do homem, ou seja, do indivíduo abstrato e da humanidade, e os direitos políticos e sociais, em particular estes últimos, "nos quais os indivíduos são apenas genericamente iguais, mas especificamente não o são".[20] Alguns de seus exemplos não são claros. Ao falar do sufrágio, por exemplo, diz que por muito tempo somente os homens, e nem todos, tiveram esse direito e que hoje não os têm os menores (e, em algumas partes do mundo, as mulheres), mas que as diferenças justificam no campo político o tratamento desigual. Isso quereria dizer que as exigências políticas podem afetar a matriz invariante: "Todos somos iguais, mas você não pode votar por causa da sua condição específica" traduz-se forçosamente pelo lema discriminador "todos somos iguais, mas sabemos que uns são mais iguais que outros". A dificuldade parece residir aqui no fato de que Bobbio considera efetiva realidade social somente o que aparece de alguma maneira nos códigos para efeitos do Direito, ao passo que expectativas, virtualidades, utopias e imaginários, isto é, tudo o que se vive como desejado em experiências de contraste, carecem de realidade efetiva. A realidade social, contudo, contém também expectativas e possibilidades (politicamente) não realizadas. E isso tem alcances jurídicos.

O problema mais importante, porém, surge em relação aos direitos sociais. Escreve Bobbio:

> Apenas genérica e retoricamente se pode afirmar que todos são iguais em relação aos três direitos fundamentais, o trabalho, a educação e a saúde, assim como, por outro lado, pode-se dizer realmente que todos são iguais no desfrute da liberdade negativa. E não se pode dizer, porque na atribuição dos direitos sociais é preciso levar em conta as diferenças específicas, que são relevantes para distinguir um indivíduo do outro, ou melhor, um grupo de indivíduos de outro [...] Em relação ao trabalho, existem diferenças relevan-

---

19 Bobbio, op. cit., p.115.
20 Ibid., p.117.

tes de idade e de sexo; em relação à educação, existem diferenças relevantes entre crianças normais e crianças que não o são; em relação à saúde, existem diferenças relevantes entre adultos e idosos.[21]

Essa última apresentação surge claramente de uma base equivocada. Na realidade, a "igualdade" dos seres humanos proposta em textos como a declaração de 1948 das Nações Unidas ("Todos os seres humanos nascem livres e iguais [...]"), independentemente de que seja apenas uma proposta, só pode ser operacionalizada como um princípio de *não discriminação* pela razão óbvia de que os seres humanos não são iguais, são diferentes ou singulares. O que a proposta indica é que "nenhum ser humano deve ser discriminado, quaisquer que sejam suas singularidades". Isso quer dizer, por exemplo, que um alto funcionário ou um general não deve ser considerado "especial" pelo código penal ou pelos procedimentos judiciais, e também que a remuneração que se outorga por um trabalho a alguém com incapacidade deve ou atender a suas necessidades (remuneração justa) ou não pode ser inferior à remuneração que, por igual prestação, é oferecida a indivíduos que não possuem essa incapacidade (considerados "normais"). Isso porque o funcionário, o militar, o incapacitado e o trabalhador "normal" são igualmente titulares de direitos e obrigações, na medida em que os quatro pertencem ao gênero humano e possuem cidadania. Nesse aspecto, não existe diferença alguma entre direitos fundamentais e direitos sociais. A diferença pode aparecer somente se o que padece de alguma incapacidade for considerado "menos" humano na relação laboral ou se o alto funcionário público for considerado "mais" humano que outros cidadãos ou o general for considerado alguém "acima de qualquer suspeita". Também pode surgir caso se considere como incapacidade social o ser trabalhador assalariado em relação ao empresário independente, já que o primeiro não pode se autossustentar. Essas quatro últimas referências são inteiramente ideológicas no sentido de que expressam *dominações sociais* que se invisibilizam e, portanto, se "explicam" mediante discursos naturalizantes de autolegiti-

---

21 Ibid. O início desse texto é escandaloso para um promotor de direitos humanos: "Apenas genérica e retoricamente [...]" se podem exigir direitos sociais, isto é, sua universalidade corresponde à Humanidade, não às pessoas. Com amigos assim, direitos humanos não precisam de inimigos.

mação e designação social de prestígio.[22] É evidente que nem o trabalhador assalariado nem o empresário podem se autossustentar individualmente, ou seja, sem relacionar-se com outros. A maior hierarquia "natural" do empresário não decorre de sua independência, mas do fato de personificar a lógica dominante de acumulação de capital.

A observação anterior facilita reparar em outro aspecto da apresentação de Bobbio. A especificidade social é atribuída por ele a indivíduos que possuem caracteres enquanto *indivíduos* ou agregados de *indivíduos*. Assim, o trabalhador pode ser ou homem ou mulher. Um estudante pode ser "normal" ou "não normal". Um doente, adulto ou idoso. Essa forma de designar as especificidades sociais torna invisível o fato de que mulheres e homens são socialmente produzidos, não são indivíduos com caracteres próprios (inatos, se se preferir) que possuiriam independentemente de qualquer relação social. Por exemplo, vistas como indivíduos, as mulheres possuem vulva e vagina. Contudo, vistas por seu poder político, Margaret Thatcher em sua época ou Condoleezza Rice são dotadas de pênis tão poderosos como Henry Kissinger ou Napoleão Bonaparte. Ter vagina, nas sociedades patriarcais, traduz-se como "ser vulnerável", isto é, *por meio de uma relação social*, não pela presença de certos traços genitais. Ser adulto ou idoso também não são dados "naturais", mas produções sociais. *Idoso* em uma comunidade tradicional implica respeito e hierarquia superior. Nas sociedades capitalistas, um idoso é um velho de merda, mesmo quando pode pagar pelos cuidados de que necessita. Do mesmo modo, um idoso não tem o mesmo valor no âmbito familiar que o integra do que quando sai à rua, onde é fundamentalmente um "vulnerável". A "velhice" não é um *dado* de alguém, mas uma ou muitas produções sociais que têm como uma de suas referências o envelhecimento biológico (que também não é social e culturalmente igual para todos, como se pôde ver na longa agonia pública de João Paulo II, que foi saudada como uma "vitalidade maravilhosa"). O que seja uma criança "normal" é obviamente uma produção social. Supõe-se, por exemplo, que uma criança "normal" não necessita de acompanhamento nem de cuidados especiais.

---

22 Um texto exemplar desse tipo de discurso é o que corresponde à segunda criação da mulher na Bíblia: "chama-se já, pois, mulher ['îsha], porque foi tirada do homem ['îsh]" (Gênesis 2,33).

Bobbio, enredado por seu imaginário "individualista" e por sua preocupação com a "proliferação" de direitos humanos, entende os sujeitos afastados e independentes de suas lógicas e tramas coletivas, isto é, como não são e como nunca poderão ser. E apesar de sua intenção de erguer uma interpretação histórica e social de direitos humanos,[23] seu imaginário permanece ancorado no claro-escuro jusnaturalista e na representação ideológica do indivíduo. Nessas condições, direitos humanos daqueles que são *naturalmente subordinados* não podem existir.[24]

Embora o enfoque de Bobbio lese sobretudo a exigência e a eficácia de direitos humanos econômicos e sociais (um dos traços da distância entre o que se diz e se faz nesse campo), sua formulação de uma discutível progressão, centrada na relação entre ser humano abstrato (direitos fundamentais) e seres humanos particularizados ou singularizados (direitos específicos, ainda que "naturais"), contém duas questões mais conceituais: a que decorre da "maior dificuldade" para proteger direitos sociais que direitos fundamentais, e a que decorre de uma concepção do ser humano ou como uma entidade fechada ou como um processo de construção aberto. Por razões de espaço, recolhemos essas duas discussões de maneira básica e pontual.

A imagem de Bobbio de que direitos humanos seguiram um processo de *especificação*[25] que consistiria na passagem gradual para "uma ulterior determinação dos sujeitos titulares de direito" repousa sobre uma matriz invariante cujo referente fundacional é o do *indivíduo natural* (abstrato e fechado), cujo desenvolvimento se realiza mediante a inserção progressiva de distinções em sua invariabilidade. Essas últimas inserções são entendidas, no caso de Bobbio, como históricas. Contudo, seu referente é jusnaturalista:

---

23 Cf., por exemplo, Bobbio, "Derechos del hombre y sociedade", em *El tiempo de los derechos*. Aí assinala que, para entender a existência humana nessas novas sociedades, não bastam os direitos fundamentais, como a vida, a liberdade e a propriedade. Contudo, seu pensamento não sabe o que fazer com essa iluminação.

24 A questão política central de direitos humanos é se os seres humanos como inevitavelmente particulares (mulheres, camponeses, jovens, informais, indígenas etc.) devem ser tratados como humanos ou se suas particularidades (que nas sociedades de classe e patriarcais contêm dominações) permitem sua discriminação enquanto particulares e não humanos. Bobbio nem sequer adverte esse problema.

25 Bobbio, *El tiempo de los derechos*, p.102.

Assim, em relação ao sujeito homem abstrato que havia já encontrado uma primeira especificação no "cidadão" (no sentido de que ao cidadão podiam ser atribuídos direitos ulteriores em relação ao homem em geral), destacou-se a exigência de responder com ulteriores especificações a pergunta: qual homem, qual cidadão?[26]

É claro que, para Bobbio, existe uma *continuidade*, não um conflito, entre "ser humano em geral" (jusnaturalismo) e "cidadão" (constitucionalismo). A dificuldade é gerada quando nos inteiramos de que: 1) o "ser humano em geral" é um *indivíduo* abstraído e o "cidadão" um ser ou *sujeito de relações*. A primazia do primeiro sobre o segundo contém um critério idealista na filosofia, jusnaturalista ou metafísico, no caso do Direito; 2) o "ser humano em geral" aparece como invariante (estrutura matricial) em relação ao cidadão. Este último só pode ser ou fazer de maneira cidadã o que lhe permite sua matriz "humana". A matriz determina, assim, um sistema fechado, completo, não um processo ou processos sócio-históricos abertos ao novo. Além disso, a matriz fechada permite, como vimos em análises anteriores, discriminar traços e ações humanas como impróprios do ser humano (não como "crimes", que é outra discussão). A matriz invariante funciona como na aula, quando explicamos às crianças o papel das raízes ("triângulo", "monólogo" etc.) no significado das palavras e, em seguida, perguntamos a elas o que é um monociclo: a resposta, sobre a base invariante, como a de Bobbio, é: um monociclo é uma *bicicleta*, mas com uma roda. Bobbio resolve o problema do que ele chama de especificação dizendo que os direitos da mulher são os do cidadão (igualdade perante a lei) e os do ser humano (livre, igual etc.). A regressão abstrata invisibiliza a especificidade. No entanto, a especificação deve responder ao menos às seguintes perguntas: é cidadã plena a mulher enquanto mulher? É plenamente humana a mulher enquanto mulher? A igualdade perante a lei não responde à primeira pergunta porque as mulheres podem gozar de igualdade jurídica laboral, mas não ser contratadas em virtude do "risco" de gravidez e também despedidas (com responsabilidade patronal) pelo mesmo motivo. Da mesma maneira, a igualdade jurídica (onde existe) não evita que o objeto de agressão principal da indústria pornográfica sejam as mulheres (e, em geral, aquelas que

---

26 Ibid., p.110.

se supõem vulneráveis) e não os homens. Nesses casos, sua especificidade *enquanto mulher* significa um tratamento discriminatório. Porque a discriminam como mulher é que violam seus direitos humanos e de cidadania. Logo, a especificidade "mulher" não pode ser resolvida, simplesmente, nem determinada, pelas referências regressivas à cidadania e à humanidade. O imaginário adequado para direitos humanos específicos é o inverso daquele a que recorre Bobbio e responde à seguinte pergunta: como deve ser o conceito de humanidade para que contenha a experiência de ser mulher? A resposta é: esse conceito deve estar *aberto às novas experiências de setores humanos que reivindicam que suas especificidades sejam reconhecidas como humanas.*[27] A humanidade, portanto, é um conceito aberto. Somente com esse caráter permite *pensar* direitos humanos. Essa é uma das razões, e de grande peso, pelas quais o jusnaturalismo não permite pensar direitos humanos, mas apenas propô-los ideologicamente. Bobbio, partidário do progresso e do evolucionismo histórico, e declaradamente juspositivista, não adverte que sua reflexão repousa sobre um critério que bloqueia toda teoria de direitos humanos. Suas apresentações se baseiam ou em um jusnaturalismo envergonhado ou em uma positivação metafísica.

Devemos agregar à abordagem anterior um aspecto que não é mero detalhe: o conceito de humanidade deve estar aberto para que possa conter novas determinações reivindicadas por setores ou pessoas (homossexuais, natureza, jovens etc.) como legitimamente humanas, e também para que as *relações sociais que criaram discriminações ou postergações "naturais" sejam rechaçadas e transformadas como incompatíveis com direitos humanos.* Assim, por exemplo, quando se aceita que a relação salarial (como sustentam Kant e Locke) constitui seres humanos e cidadãos de segunda classe, sub-humanos e subcidadãos, então é preciso transformá-la para que esses setores humanos sejam apropriadamente humanos (sujeitos) e cidadãos. Evidentemente, pode-se alegar que a relação salarial é histórica, gera alta produtividade e, por isso, é humana. Mas o que está em discussão não é isso, ou seja,

---

27 Em um desses casos, a especificidade feminina consiste em que os seres humanos podem engravidar. Podemos dizer, ironicamente, que os seres humanos nascem livres, racionais, proprietários e podem engravidar. Nenhuma dessas capacidades pode ser menosprezada sem o livre consentimento do sujeito titular desses direitos. Reconhecer como humana a mulher, enquanto mulher, significa reformular o caráter do trabalho, ou seja, da sociabilidade.

se é uma prática humana, mas se ela *potencializa humanidade* para todos os seres humanos e em todos os lugares sociais que a lógica salarial determina. É isso que o conceito moderno de "direitos humanos" demanda.

A segunda discussão pontual remete ao fato de Bobbio considerar "lógico" que direitos econômicos e sociais sejam mais difíceis de satisfazer do que direitos de liberdade. Liga seu argumento à observação de que, à medida que as pretensões aumentam, sua satisfação é mais difícil. Escreve:

> Descendo do plano ideal para o real, uma coisa é a história dos direitos do homem, de direitos sempre novos e sempre mais extensos, e justificá-los com argumentos persuasivos, e outra é assegurar-lhes uma proteção efetiva. A esse propósito, será bom fazer também esta observação: à medida que as pretensões aumentam, sua satisfação é sempre mais difícil. Os direitos sociais, como bem se sabe, são mais difíceis de proteger que os direitos de liberdade. Todos sabemos bem, por outro lado, que a proteção internacional é mais difícil que a do Direito interno, em particular em um Estado de direito.[28]

Duas questões preliminares: para Bobbio, passar dos valores e conceitos para a história implica "descer" do ideal para o real. Na realidade, "valores e conceitos" e "história" são dois planos do real e *ambos são históricos*. De fato, sócio-históricos. É essa história social que pode ser expressada também mediante conceitos e valores. A segunda nota é facilmente redigida, mas sua compreensão é complexa. Escreve Bobbio: "[...] à medida que as pretensões aumentam, sua satisfação é mais difícil". Isso quer dizer que a pretensão de que os seres humanos nascem livres e iguais, e ninguém é escravo ou servo por natureza, é "menos" abrangente ou intensa ou difícil de cumprir do que a pretensão dos trabalhadores de ter uma renda que lhes permita satisfazer humanamente suas necessidades? Em princípio, parece mais fácil satisfazer a segunda, porque compreende unicamente um grupo humano e não todos. Também porque é "somente" uma questão econômica e não cultural. Contudo, no senso comum de Bobbio, parece mais difícil ou árdua a segunda pretensão. Será porque é a mais recente? Ou porque a primeira se cumpre e a segunda não? Na realidade, a primeira sempre existiu,

---

28 Bobbio, op. cit., p.111.

mas os poderes históricos determinaram que a liberdade e a igualdade fossem proclamadas somente para os proprietários. E, obviamente, os direitos de liberdade também não são cumpridos hoje. A abordagem mais próxima é que um salário que reconheça a plena qualidade humana do operário é incompatível com a lógica de acumulação de capital e com o processo de alienação inerente ao processo de trabalho capitalista. "Salário" só pode designar a realidade alienada da produção e da apropriação e unicamente com essas características pode ser associado com a expressão "justo". Um "salário justo" indica que um trabalhador é um ser humano somente *fora da relação salarial*. Entretanto, o trabalhador como ser humano pleno, *enquanto trabalhador assalariado*, é impossível ou proibido para a organização capitalista da existência.

Como se nota, não é que as pretensões aumentam e, por isso, sua satisfação é mais difícil. O que ocorre é que o sistema consente certas pretensões sob a bandeira de direitos humanos e realiza o simulacro de cumpri-los (direitos fundamentais). Outros, que são impossíveis para o sistema, são admitidos com irritação apenas como enunciados ou proclamações e, é claro, não são cumpridos – nem seu cumprimento é potencializado – porque não são factíveis para o sistema (socioeconômico). O fracasso das cúpulas sociais e os impedimentos "técnicos" para acabar com a fome no mundo são sinais brutais dessa sensibilidade sociocultural dominante. Infelizmente, Bobbio compartilha dela, seguramente sem querer, mas como um derivado de sua fragilidade conceitual.

A questão da "maior dificuldade" para passar do Direito nacional para o internacional será abordada mais adiante.

Deste exame inicial, já um tanto extenso, lembramos que o enfoque positivo que Bobbio faz de direitos humanos se ressente por sua fixação politicista, isto é, por eludir sua relação com a economia política e com o *éthos* sociocultural, por sua fixação ideológica, que o leva a imaginar que sua realidade corresponde a uma concepção individual da sociedade, e por uma fragilidade conceitual, provavelmente um jusnaturalismo envergonhado, que o impede de explorar e traçar os alcances de seus pontos de partida: os direitos "naturais" são históricos, nascem na Idade Moderna e constituem signos civilizatórios. Ao realizar a crítica de alguns dos aspectos de sua apresentação, esboçamos, por contraste, os traços de uma *concepção sócio-histórica* de direitos humanos.

3. A questão do fundamento de direitos humanos

Foi Bobbio quem popularizou a sentença de que hoje em dia (ele escreveu no início da segunda metade do século passado) o problema mais grave em relação a direitos humanos não é fundamentá-los, mas sim protegê-los.[29] Para o ensaísta italiano, "fundamento" se vincula à filosofia, "proteção", por outro lado, à ação estatal. Em uma abordagem cada vez mais arriscada, resolve o assunto assinalando que o problema do fundamento de direitos humanos já está resolvido, ao passo que o das garantias de seu cumprimento continua a ser o principal desafio:

> Não se trata tanto de saber quais e quantos são esses direitos, qual é sua natureza e seu fundamento, se são direitos naturais ou históricos, absolutos ou relativos, mas qual é o modo mais seguro para garanti-los, para impedir que, apesar das declarações solenes, sejam continuamente violados [...] Mas quando digo que o problema cada vez mais urgente diante do qual nos encontramos não é o problema do fundamento, mas o das garantias, quero dizer que consideramos o problema do fundamento não como inexistente, mas, em um certo sentido, como resolvido, de tal modo que não devemos nos preocupar mais com sua solução.[30]

Segundo Bobbio, o fundamento foi (em certo sentido) resolvido pelo consenso geral (*consensus omnium gentium*) contido na Declaração Universal dos Direitos Humanos da Assembleia Geral das Nações Unidas, em dezembro de 1948. Em seu juízo, existem três formas de fundamentar valores: deduzi-los de uma natureza humana constante e universal, considerá-los verdades evidentes e descobrir que, em um determinado período histórico, são geralmente consensuais. As duas primeiras são filosóficas e, por isso, permitem múltiplas interpretações, inclusive já encontradas. Para adotar uma, seria preciso impô-la aos outros, sem que nenhuma pudesse oferecer

---

29 Ibid., p.63. Bobbio abordou pela primeira vez essa tese em uma conferência de 1964: "O problema de fundo relativo a direitos humanos não é, hoje, tanto o de justificá-los como o de protegê-los. É um problema não filosófico, mas político" ("Sobre el fundamento de los derechos del hombre", Instituto Internacional de Filosofia). Efeitos talvez não desejados dessa tese é que ela potencializa o ativismo, sacraliza o Estado e desaloja a reflexão.

30 Bobbio, *El tiempo de los derechos*, p.64.

garantias de sua única validez. O consenso, ao contrário, é um *fato* e o único que pode ser provado factualmente. Na passagem de um fundamento absoluto, mas improvável (filosófico), para um fundamento histórico, obtêm-se um fundamento não absoluto, mas comprovável. Bobbio acredita ver esse fundamento na declaração já citada:

> Não sei se nos damos conta de até que ponto a Declaração Universal representa um fato novo na história, quando pela primeira vez na história um sistema de princípios fundamentais da conduta humana foi livre e expressamente aceito, por meio de seus governos respectivos, pela maior parte dos homens que habitam a terra. Com essa declaração, um sistema de valores é (pela primeira vez na história) *universal* não em princípio, mas de *fato*, quando o consenso sobre sua validez e idoneidade para reger a sorte da comunidade futura de todos os homens foi explicitamente declarado [...] Somente depois da declaração podemos ter a certeza histórica de que a humanidade, toda a humanidade, compartilha alguns valores comuns e podemos acreditar finalmente na universalidade dos valores no sentido único de que a crença é historicamente legítima, isto é, no sentido de que universal significa não algo dado objetivamente, mas algo subjetivamente acolhido pelo universo dos homens.[31]

Até aqui a essência do argumento. Podemos considerar sua discussão partindo do último conceito: "universal" não significa algo dado objetivamente, mas subjetivamente acolhido pelo universo dos seres humanos. A tese rechaça tanto as interpretações clássicas de Direito natural como as jusnaturalistas modernas. Propõe em troca uma universalidade construída ou produzida pelos seres humanos. É uma abordagem moderna: os seres humanos se constituem mediante sua autoprodução (parte dessa autopro-

---

31 Ibid., p.66. Em 1948, a Organização das Nações Unidas era constituída de cinquenta Estados. Nasceu como interesse geopolítico e político daqueles que ganharam a Segunda Guerra Mundial e posteriormente aderiu por completo à Guerra Fria. A proclamação de 1948 só foi aprovada como pacto (isto é, com vinculação constitucional e legal) em 1966. Com certeza, como pacto também não implica observância para os Estados que podem ignorar pressões internacionais, como Israel, Estados Unidos, União Soviética (enquanto existiu), Índia ou China, que é parte das Nações Unidas somente a partir de 1971. Esses e outros detalhes históricos, que afetam o entusiasmo de Bobbio, não serão discutidos aqui, posto que a ênfase é dada aos conceitos.

dução consiste na capacidade de dar-lhe sentido e apropriar-se dele). A história é comunicação. Também consenso. Contudo, igualmente, e é isso que Bobbio subestima, *conflito*. Os Estados nascem porque existem conflitos, não porque predominem os consensos. Essa é a opinião de Maquiavel, Hobbes, Locke e Kant, ao menos. As Nações Unidas são uma instituição representativa disso. Sua principal instância é um conselho de segurança que não funciona por consenso, mas por *maioria e veto hierárquico* em todas as questões decisivas. Esse conselho determinou que se fizesse guerra por razões geopolíticas e ideológicas na Coreia (1950), por exemplo, no Iraque (1991), e não conseguiu evitar a intervenção estadunidense unilateral no Iraque (2003) e no Vietnã (1965-1975), onde, além dos danos diretos de uma guerra de devastação, a população foi assassinada com armas químicas e bacteriológicas experimentais. O mesmo fez primeiro a URSS e agora a Rússia em seu conflito contra a independência da Chechênia. O Conselho de Segurança nunca pôde conhecer os alcances e antecedentes dos regimes de segurança nacional latino-americanos (1964-1990) que praticaram sistematicamente o terror de Estado contra suas populações civis, assim como não conseguiu evitar as intervenções dos Estados Unidos na República Dominicana (1965), a agressão permanente contra o povo e o governo de Cuba, que se prolonga há quatro décadas, a invasão do Panamá (1989), e muito menos todos os conflitos e horrores derivados da constituição do Estado de Israel (1948-1949), que contou primeiro com o apoio soviético e depois com o favor de uma aliança com os Estados Unidos. Logo, as Nações Unidas proclamam direitos humanos, "pacificam" áreas de conflito (Chipre, Angola, Moçambique, Bósnia-Herzegovina, por exemplo), mas não *elude* e *consente* (por incapacidade ou cálculo) a guerra e a violação sistemática de direitos humanos. Não existe, portanto, tal consenso cultural ou moral dos Estados para praticar universalmente direitos humanos. Esses direitos continuam à disposição da "razão de Estado", que não contempla direitos individuais, e das exigências da economia política global, além dos etnocentrismos que caracterizam as sociedades dominantes da modernidade e se prolongam em práticas de racismo, hegemonia ou ingerência, como se comprovou na agressão contra o povo do Iraque. Não se trata de meras situações, mas de uma *tendência estrutural*.

Com os conflitos internacionais, que supõem a "razão de Estado" e a luta pelo domínio mundial que protagonizam militar e economicamente as potências, devemos articular as conflituosidades mais específicas que os Estados resolvem em seu "interior". Na América Latina, são conflitos de classe, sobretudo campesinos e operários, de gênero, de geração, sociais (pobreza e exclusão sistêmicas), políticos (domínio permanente de minorias, ausência de representatividade das maiorias usualmente fragmentárias, terror de Estado), policiais/militares, culturais (ladinismo) e ideológicos (pensamento único).

O Estado moderno ou aqueles que falam por ele, ao menos na América Latina, não constituem um sujeito moral que possa declarar ou subscrever direitos humanos, porque como dispositivo de poder/controle se comprometeu desde sua assinatura a não cumpri-los e manipulá-los em função de seus interesses e pela reprodução das lógicas que o sustentam. Na realidade, o Estado não é nenhum tipo de sujeito, mas um *dispositivo de ação* independente – desde sua gestação e para torná-lo operativo – das *necessidades humanas* da população. Na América Latina, esse Estado foi feito à imagem e semelhança das oligarquias e neo-oligarquias, de suas articulações (internacionais e internas) e serviços policiais, militares e judiciais. Trata-se de maquinarias patrimonialistas, clientelistas, sem interesse pela coisa pública[32] ou pelo "bem comum". Um dispositivo com essas características não pode promover direitos humanos, inclusive com independência da economia política a que serve. O que se pode fazer, por intermédio de sua burocracia ou "altos" funcionários, é firmar proclamações e aceitar pactos sabendo que não serão cumpridos e não se exigirá seu cumprimento, desde que não sejam comunistas (*Guerra Fria*), colaborarem irrestritamente com a guerra global contra o terrorismo (*guerra preventiva eterna*) e com os tratados de livre comércio.

E não falamos de situações exclusivamente, mas de fatores estruturais (estatais, nesse caso) pelos quais direitos humanos podem ser ditos e não

---

32 Em um país "modelo", como a Costa Rica, constatamos a mais absoluta indiferença política em relação à infância (acompanhada de todo tipo de gestos de horror diante da violência contra crianças, sua vulnerabilidade sexual e às drogas e sua comercialização), ao meio ambiente (por cujo cuidado as autoridades recebem prêmios internacionais sem ruborizar), a contaminação da água, a ausência de saneamento básico, a infraestrutura viária e o desastre da educação pública "compensada" pela existência de educação privada cara e para minorias, na qual as crianças abastadas aprendem a depreciar aqueles que não têm poder ou *status*. Tudo isso é parte do rosto da "melhor" América Central possível.

cumpridos ou ser cumpridos seletiva ou aleatoriamente e violados sistematicamente, como é o caso dos direitos econômicos e sociais, das minorias recolhidas nas prisões, o direito de estar informados e ter governos e instituições, como as de justiça, instituições representativas, e produzir uma sensibilidade republicana. Talvez na Europa, de onde escreve Bobbio, as situações anteriores tenham sido resolvidas positivamente. Entretanto, não o foram na América Latina. E os Estados latino-americanos são dos que mais correram para proclamar direitos humanos e firmar pactos que os "comprometessem" juridicamente com isso (Declaração Americana dos Direitos e Deveres do Homem, em 1948, Convenção Americana sobre Direitos Humanos, em 1969). Não é um problema de hipocrisia (embora também o seja), mas do sistema.

Assim, a apreciação de Bobbio de que "um sistema de princípios fundamentais para a conduta humana foi expresso pela maioria dos seres humanos, *por intermédio de seus governos*" é inteiramente errônea, porque identifica as populações com seus governos/Estados. Deixa de ser errônea somente se se admite que os Estados/governos requerem *simular* direitos humanos precisamente porque não estão dispostos a cumpri-los, nem interna nem internacionalmente. Esse simulacro contém a exigência seletiva de direitos humanos (usualmente políticos) como mecanismo internacional de pressão. Localmente, direitos humanos são administrados conforme as características dos grupos sociais e dos indivíduos. Isso permite entender a exoneração absoluta de um criminoso como Pinochet no Chile ou a exaltação de Ríos Montt como candidato à Presidência na Guatemala. As declarações de direitos humanos e os pactos, quando existem, são *fatos* sociais de duas maneiras muito diferentes: como *reivindicação e expectativa social*, e esse é parte de seu valor sócio-histórico positivo, e como *justificação governamental/estatal*, e essa é sua realidade de *simulacro*. Bobbio, que expôs com clareza que direitos humanos derivam de lutas sociais, aceita como fato social apenas o simulacro. Do simulacro não serve de nada que "toda a humanidade compartilhe valores comuns", mas é melhor que não os compartilhe, porque nem sequer está em condições de expressar seus valores particulares para encontrar um modo de crescer universalmente a partir deles.

O universal, em seus estágios e formas, sempre é o resultado de uma *produção material/espiritual conjunta*, não o resultado de declarações de Estados.

Logo, nem sequer "em certo sentido" o desafio do fundamento de direitos humanos é resolvido pelos acordos entre Estados. Evidentemente, o fundamento também não se encontra em propostas filosóficas, como foi analisado anteriormente. Convém retroceder para ampliar esse ponto: Bobbio falsifica o problema do fundamento ao radicá-lo primeiro em propostas filosóficas (ideológicas, na verdade), as quais interpreta independentemente de suas economias políticas, apenas para descobri-las mutáveis e não absolutas e fechar esse caminho e logo enveredar pela via do fundamento relativo (histórico) por meio estatal (Constituições) e estatal/internacional (Nações Unidas). O desafio do fundamento de direitos humanos é *histórico-social*. Isso quer dizer que se apresenta ligado a reivindicações integrais de setores que se expressam como mobilizações ou movimentos sociais que encarnam lógicas materiais de funcionamento social (economia política, libidinal, geracional, cultural, religiosa etc.) em determinadas estruturas sociais que constituem a matriz das demandas e lutas. Em sua luta, esses movimentos sociais produzem ideologias sobre direitos humanos e as decantam em propostas filosóficas. Se as lutas têm êxito, materializam-se em instituições e lógicas sociais sancionadas juridicamente. "Ter êxito" implica a legitimação cultural (institucionalização) das conquistas, sem a qual a norma jurídica é ineficaz. "Ter êxito", além disso, implica a derrota social dos obstáculos (instituições, lógicas sociais e personificações) que materializam os domínios considerados ilegítimos por aqueles que reivindicavam direitos humanos.

É nesse contexto sócio-histórico que o problema da fundamentação de direitos humanos não pode ser desligado de sua eficácia. O fundamento de direitos humanos tem como motor a luta social em matrizes sócio-históricas. Sua eficácia depende do grau de legitimação dessas lutas. Esse enfoque permite *explicar* problemas como a distância entre o que se diz e o que se faz em direitos humanos ou a cômoda inobservância de direitos econômicos/sociais mediante sua qualificação como "progressivos", ou a reclamação dos povos não ocidentais no sentido de que direitos humanos são uma forma de ingerência (ou invasão) ocidental. O fato social da Declaração das Nações Unidas apenas faculta "ver" ou "constatar" esses desafios, não explicá-los, exceto por meio do cru reconhecimento de que "não se pode abordar o problema de direitos humanos abstraindo-o dos dois grandes problemas do nosso tempo, que são o problema da guerra e da miséria e o do absurdo contraste entre o excesso de *potência* que criou as condições para uma guerra exterminadora e o excesso de *impotência* que condena grandes massas humanas à fome",[33] para acrescentar que "o caminho a se percorrer ainda é longo".[34] O caminho será *infinito* sem luta social. E, como luta, admite regressões, fracassos e até derrota. Esta última implica que não teremos ganhado ou dado nossa humanidade.

Por isso, Bobbio não tem razão ao estabelecer uma cisão entre o desafio do fundamento de direitos humanos, que poderia ficar no ar, e seu caráter e sua eficácia, com os quais teria de se comprometer. A ambiguidade (ou unilateralidade) do fundamento é decisiva para seu descumprimento. E por isso é que se faz necessária uma teoria sócio-histórica de direitos humanos. Sua ausência é o que torna frágeis as boas intenções do jusnaturalismo envergonhado ou inadvertido que Bobbio propõe como positivismo constitucionalista (nacional e global) para entender e dar efetividade a direitos humanos.

4. Direitos humanos ou fundamentais na teoria geral do garantismo de Luigi Ferrajoli

Podemos considerar Ferrajoli, autor de uma teoria geral do *garantismo*,[35] um prolongador crítico do juspositivismo de Bobbio. Como este, adverte a gestação de direitos humanos na luta social e, consequentemente, assinala seu caráter sócio-histórico e, por isso, reversível. Ele escreve:

> a efetividade dos direitos da pessoa não está nunca garantida de uma vez por todas como graciosa concessão jurídica, mas é sempre o efeito de cotidianas e, às vezes, custosas conquistas.

---

33 Bobbio, op. cit., p.82; itálicos no original.
34 Ibid., p.83.
35 Exposta na quinta parte de sua obra *Derecho y razón: teoría del garantismo penal*. Aqui fazemos somente referência a alguns aspectos dessa quinta seção. O livro de Ferrajoli, sem índices, tem 957 páginas na edição espanhola. Seu estilo é analítico e remete a muitas e diversificadas fontes. Privilegiamos, portanto, somente alguns aspectos de suas discussões básicas.

Entendida nesse sentido, a luta pelo direito acompanha todos os momentos da vida dos direitos: não apenas sua conservação, mas também sua fundação e transformação.[36]

No enfoque de Ferrajoli, a luta não é somente parte do fundamento de direitos humanos, mas acompanha esses direitos quando já estão constitucionalizados e procedimentalizados (positivação) e também, de maneira menos clara, em sua transformação. Já apontamos, em relação a esse último ponto, que, se consideramos as "gerações" de direitos humanos um único processo evolutivo, provavelmente as compreendemos mal. O referente social de exigência e racionalidade de direitos políticos não é o mesmo que aquele que sustenta reivindicações sociais, dos povos ou das mulheres. A imagem das gerações de direitos como um contínuo tem um valor expositivo, didático, não conceitual.

A luta por direitos é entendida por Ferrajoli como expressão de uma tensão ou disputa entre poderes e liberdades. De fato, indica ele, "a função garantista do direito consiste [...] na limitação dos poderes e na correspondente ampliação das liberdades".[37] O autor italiano, partindo de uma definição de *situação jurídica* como modalidade decorrente de comportamentos produtivos com efeitos jurídicos, distingue entre *situações jurídicas*, públicas/privadas, de poder e de dever, e *direitos fundamentais*. As primeiras são exercidas por meio de ações de titulares específicos que produzem efeitos na esfera jurídica própria ou alheia. Os segundos se constituem, por outro lado, como imunidades ou faculdades reconhecidas a todos e exercidas mediante ações lícitas que não interferem juridicamente na esfera de outros sujeitos.[38] Por essa distinção, ele pode enfrentar "situações de poder" contra "direitos".

Um exemplo que materializa a distinção básica anterior é oferecido por Ferrajoli com o "direito de propriedade", visto por ele como efeito de um título e que é exercido por meio de atos de disposição ou poder produtivos de efeitos ulteriores consistentes em obrigações e direitos. Ao contrário,

---

[36] Ferrajoli, *Derecho y razón*, p.945. Mais adiante, insiste: "Pode-se afirmar com tranquilidade que, na história do homem, não houve nenhum direito fundamental que tenha descido do céu ou nascido em uma mesa de escritório, já escrito e redigido nos textos constitucionais. Todos são frutos de conflitos, às vezes seculares, e foram conquistados com revoluções e rupturas [...]".
[37] Ferrajoli, op. cit., p.932.
[38] Cf. Ferrajoli, op. cit., Seção 60.2.

a liberdade de opinião não depende de nenhum título ou ato de aquisição e, por estar privada de qualquer efeito jurídico, carece de relevância nesse plano. Dessa maneira, Ferrajoli resolve o que considera uma identidade falsa entre uma *situação de poder*, como a de propriedade, e *direitos fundamentais*, como a liberdade pessoal e as liberdades civis, figuras que a literatura de diversos signos compreende sob o título comum de "direito subjetivo". Para ele, os poderes jurídicos, e os extrajurídicos, como veremos mais adiante, constituem a base das *desigualdades* entre as pessoas:

> Pode-se [...] afirmar que a soma das *situações jurídicas* caracteriza as diversas, desiguais, singulares e exclusivas esferas ou *condições jurídicas* de cada sujeito: sua posição de proprietário deste ou daquele objeto, de devedor e credor de tal soma de dinheiro diante de outro sujeito [...] de trabalhador dependente, de arrendador de trabalho, de artesão ou de empresário, por ser titular de tais obrigações, direitos ou poderes privados; de juiz, de funcionário público ou de ministro, enquanto titular de tais potestades públicas dos correspondentes deveres funcionais; advogado, de médico, de docente [...] quando dotado das habilitações, licenças ou concessões precisas e das relativas obrigações.[39]

Contrariamente a essa *particularidade* das situações jurídicas, os direitos fundamentais são *universais* de acordo com as seguintes características: seus sujeitos são iguais, não são nunca perfeitamente realizáveis de uma vez e para todos e também porque correspondem igualmente a cada qual. Sendo pessoais, são indivisíveis e, por isso, violá-los em alguém equivale a violá-los em todas as pessoas. Dessa maneira, o sistema de leis ou legal possui uma função básica que é a de *minimizar* o poder privado (força física, exploração etc.) e público (arbitrariedade política, abuso policial e administrativo), graças à limitação que lhes impõem as situações jurídicas de poder, e a de *garantir e maximizar* os direitos fundamentais. Nessa última tarefa:

> as leis ditadas para a defesa de tais direitos limitam sobretudo todos os poderes dos sujeitos mais fortes, em garantia das liberdades ou das expectativas dos sujeitos mais frágeis. Assim, as leis que protegem o trabalho limi-

---

39 Ibid., p.909-10; itálicos no original. Parte significativa desse argumento se dedica a desqualificar a propriedade como um direito fundamental ou de liberdade.

tam os poderes dos patrões, ampliando correlativamente as liberdades e os direitos dos trabalhadores. As leis que disciplinam o crédito e a propriedade fazem outro tanto com as relações de poder entre credores e devedores e entre propriedade e coletividade. E o fazem ainda de forma mais típica, com o objetivo de impedir as violências entre particulares e que o mais forte possa tomar a justiça em suas mãos, as leis penais e processuais informadas pelo sistema de garantias [...].[40]

A expressão "direitos fundamentais" não equivaleria, então, às normas jurídicas entendidas como situações de poder e remeteria, ao contrário, a uma característica dupla: *constitucionalizados* e *codificados*, os direitos podem ser reivindicados efetivamente diante dos tribunais para assegurar a liberdade e a igualdade e, como *valores das pessoas e movimentos sociais*, informariam o subsistema legal (Estado), caracterizando-o como um *instrumento* cuja finalidade seria precisamente o empoderamento das liberdades pessoais.

Na proposta de Ferrajoli, os direitos fundamentais aparecem inicialmente vinculados tanto a uma determinada concepção de Estado como a uma antropologia ou concepção filosófica do ser humano. Quanto à compreensão de Estado, este é determinado como um *instrumento,* isto é, algo produzido que não possui um fim em si mesmo. Busca-se evitar assim tanto a tutela ética/metafísica de uma moral natural sobre a legislação como o desvio inverso que identifica a legalidade com moral. O garantismo repousa dessa maneira sobre uma distinção e uma separação operativas entre moral e Direito condensada em uma afirmação sobre o caráter instrumental do Estado. O Estado não seria um sujeito moral, como se poderia concluir da excessiva adesão de Bobbio à Declaração das Nações Unidas, e, enquanto dispositivo político, estaria limitado pelas insuficiências "inevitáveis", na opinião de Ferrajoli, da gestação da legalidade, de sua institucionalização jurídica e de sua operatividade. Além disso, e *sobretudo,* o ambiente do Estado se encontraria hostilizado pelos poderes selvagens que, com a legislação, estariam na base das *desigualdades* entre as pessoas e os setores sociais.

Esses "poderes selvagens", que são relações de poder[41] e sujeição extrajurídicos (extralegais ou ilegais) e manifestam o predomínio da força

---
40 Ferrajoli, op. cit., p.932.
41 Para Ferrajoli, "poder", legal ou não legal, contém sempre um desvalor, porque produz desigualdade, disparidade, serialização, disciplina, relações de sujeição (Ferrajoli, op. cit., p.933-4).

sobre o Direito nas sociedades modernas, compreenderiam dois âmbitos: os *micropoderes*, entre os quais Ferrajoli inclui desde o poder paterno, do marido, do patrão ou do superior hierárquico, até os clientelismos políticos, sujeições e opressões econômicas e práticas criminais que se expressariam como *desigualdades* e até como ilegalidade; e os *macropoderes*, expressão que o autor emprega para referir-se sobretudo, ainda que não exclusivamente, às ações internacionais dos Estados (guerras, armamentos, torturas, massacres, invasões, colonialismo, genocídios, etnocídios) e algumas de suas práticas internas, em particular criminais (desaparecimento de pessoas, guerra suja, deslocamentos forçados, tortura). Recuperando uma imagem de Hobbes, Ferrajoli caracteriza os Estados como: "[...] lobos artificiais que se revelaram bastante mais selvagens, incontroláveis e perigosos que os homens naturais que os criaram para confiar-se a sua tutela".[42]

Nesse ponto, Ferrajoli parece distanciar-se do entusiasmo de Bobbio pelas declarações e pactos internacionais entre Estados que, como "lobos artificiais" (ou seja, voluntários), os enunciam e firmam precisamente para não cumpri-los. Contudo, a distância diminui quando se comprova que, ao Estado, lobo artificial, ele opõe direitos fundamentais supraestatais dos cidadãos, em que "supraestatais" são entendidos como "culturais" e "internacionais", e também uma improvável soberania popular para contrapor-se àquilo que ele acredita ser uma nociva soberania estatal.[43] Retornaremos a esse ponto mais adiante.

Quanto ao Estado, portanto, e no que nos interessa aqui, Ferrajoli propõe uma concepção instrumental do Estado de direito com uma função positiva: limitar as práticas de poder que atentam contra os direitos vitais das pessoas. Contudo, às precariedades intrínsecas desse dispositivo (legislação, procedimentos, eficácia) agrega sua imposição por poderes selvagens manifestados por uma cotidianidade determinada por práticas sociais assimétricas, como as de gênero, geração, classe, hierarquia etc., e as ações criminais internas e internacionais dos Estados diante dos quais os cidadãos e a humanidade se encontram quase indefesos. O Estado de direito aparece assim como um dispositivo que condensa tensões e conflitos, não como uma *substância* jurídica ou ética.

---

42 Ferrajoli, op. cit., p.936.
43 Ibid., p.937.

No que se refere a sua antropologia filosófica, Ferrajoli determina os seres humanos como *pessoas e cidadãos*, aos quais atribui *direitos de vida* que constituem o ponto de vista *externo* do Estado e, com isso, seu sentido devido, embora não necessariamente materializado. Esses direitos de vida têm como referências basilares a *tolerância*, que supõe a atribuição de igual valor a cada pessoa, a *igualdade jurídica*, que contém a inclusão das *diferenças* pessoais e a exclusão das *desigualdades* sociais (estas correspondem a privilégios ou situações de poder), a *liberdade* promovida pelo direito à diferença (ser si mesmo) e aos *direitos sociais* que deveriam remover ou compensar as desigualdades sociais nas condições mínimas de vida e sobrevivência.[44] Sua antropologia permite uma caracterização elementar de direitos fundamentais:

> Neste ponto podemos redefinir os *direitos fundamentais*: em contraposição a todas as demais *situações jurídicas*, como aqueles direitos cuja garantia é igualmente necessária para satisfazer o valor das pessoas e realizar sua igualdade [...] os direitos fundamentais não são negociáveis e correspondem a "todos" e em igual medida, enquanto condições da identidade de cada um como pessoa e/ou como cidadão.[45]

Tão significativa quanto essa caracterização, que fundamenta e dá sentido cultural tanto a direitos fundamentais como ao Direito, é a releitura de Ferrajoli dos princípios clássicos da Revolução Francesa: liberdade, igualdade, fraternidade. Mediados pelo valor da igualdade, configuram um sistema axiológico metajurídico ou metaconstitucional: trata-se do sentido *externo e fundamental* do Direito, e também do sentido de um governo *sub lege* (limitado e empoderado pela lei) e *per leges* (que opera por meio de leis gerais e abstratas), daquilo que faculta para falar de um legítimo Estado de direito:

> O direito à igualdade pode ser concebido [...] como um metadireito tanto em relação à liberdade assegurada pelos direitos de liberdade como em relação à fraternidade prometida com os direitos sociais: precisamente aquele é o princípio constitutivo tanto dos direitos de liberdade, enquanto igualdade formal nos direitos de todos em suas diferenças pessoais, como

---

44 Ibid., p.906-7.
45 Ibid., p.908; itálicos no original.

dos direitos sociais, enquanto igualdade substancial nos direitos de todos a condições sociais de sobrevivência.[46]

O valor pessoal da igualdade e sua proteção como metadireito são figuras fundamentais para uma compreensão do Direito e do Estado como males necessários e instrumentos para a satisfação de interesses vitais dos cidadãos. A antropologia de Ferrajoli desemboca assim em uma doutrina política que ele inclui em uma tradição heteropoiética inaugurada pelo pensamento jusnaturalista laico, racionalista e ilustrado da modernidade. Para ela, "o natural" são as pessoas e suas necessidades vitais, a liberdade e a vida, não as garantias jurídicas que as tutelam. Ferrajoli considera heteropoiéticas "todas as doutrinas segundo as quais a legitimação política do direito e do Estado provém de fora ou *de baixo*, isto é, da sociedade, entendida como uma soma heterogênea de pessoas, forças e classes sociais".[47]

Os direitos fundamentais ("naturais") são, assim, pré-políticos, no sentido de Locke, e fundantes ou caracterizadores da razão de ser do Estado e do Direito, também com alcance semelhante ao que examinamos nesse autor. Ferrajoli, porém, não deseja ser Locke. Para ele:

> O vício ideológico, e não somente metafísico, do jusnaturalismo esteve na ideia de um direito natural como entidade ontológica, em vez de puramente axiológica. É óbvio que o "direito" e os "direitos naturais" não existem: não são realidades objetivas, mas princípios axiológicos ou normativos de tipo extrajurídico. Isso, porém, não tira nada do valor que se decida associar a eles como fundamentos externos [...] do direito positivo e do Estado [...].[48]

A antropologia que conduz em Ferrajoli a uma concepção de Estado desloca-se agora ou para a sociedade ou para o *éthos* sociocultural dominante ao qual o Estado deve servir beneficiando cada pessoa em sua liberdade/diferença igualitária. Antes de proceder a algumas observações críticas mais sistemáticas, reparemos ao menos em duas questões polêmicas.

a) Rechaçar as teses jusnaturalistas porque os direitos "naturais" carecem de objetividade e são puramente valores implica negar que estes

---

46 Ibid. "Meta" deve ser entendido como fundamento e finalidade (porta e sentido).
47 Ibid., p.882.
48 Ibid., p.882-3.

últimos também se objetivam como práticas, instituições e institucionalizações sociais. Em razão desse efeito de "objetivação", talvez inevitável, o rechaço das teses jusnaturalistas pelo caráter de produção subjetiva que teriam os valores, diferentemente da naturalidade objetiva de direitos humanos, não é sólido, exceto que se afirme que o humanamente produzido carece de objetividade. "Direitos humanos", como os tratam Locke ou Kant, também são produções humanas, ainda que eles *ideologicamente* os afirmem como objetividades naturais. Para seu tratamento ideológico, radicam os direitos fundamentais nos *indivíduos* e em sua projeção em uma *Humanidade*. Ferrajoli os coloca, por sua vez, na *pessoa* e em caracteres pessoais, como a tolerância, a igualdade e a liberdade, assim como nas *lutas sociais*. Contudo, a pessoa que se projeta como cidadão é um sucedâneo do indivíduo jusnaturalista que se projeta como Humanidade. Com o recurso à pessoa, não se conseguiu sair da armadilha jusnaturalista que faculta afirmar e violar direitos humanos. Outra coisa é radicar direitos fundamentais nas lutas sociais, porque estas não podem ser entendidas senão pelo *caráter de suas relações* de sujeição e libertação. No entanto, em seu tratamento sistemático dos valores metajurídicos, Ferrajoli privilegia a pessoa e relega ou esquece as lutas sociais. Desconsiderar que as lutas sociais são constitutivas, ainda que de diversas maneiras, de pessoas e indivíduos, e também de cidadãos, tem um alto custo para uma compreensão de direitos humanos.

b) Na penúltima referência textual que fizemos do trabalho de Ferrajoli, ele entende a sociedade, talvez de passagem, como "soma heterogênea de pessoas, forças e classes sociais". Existe aqui também um deslocamento ideológico: a partir do critério da igualdade básica das pessoas diferenciadas, é válido somá-las. Uma pessoa mais uma pessoa são duas pessoas. Entretanto, não é válido, exceto mediante uma abstração desnaturalizante, somar burguesia e proletariado e obter... (burguesia-proletariado ou modo capitalista de produção?). As classes sociais se constituem mediante uma ou várias *relações*. Isso quer dizer: a relação é anterior às classes.[49] O mesmo vale para as forças

---

[49] As classes sociais em sentido estratificacional têm um sentido indicativo, não explicativo. Contudo, também é possível aplicar-lhes o critério relacional a que fizemos referência.

sociais. São suas relações, determinadas mediante práticas de poder, que lhes proporcionam identidade e caráter (fraqueza, vigor etc.). O que se discute aqui não é um detalhe: está em questão se direitos fundamentais se dizem de características de pessoas ou indivíduos na ausência de relações sociais fundantes, ou se se dizem e se pensam *a partir de relações sociais* que possibilitam/impossibilitam pessoas ou indivíduos com direitos fundamentais. É uma maneira também de introduzir a diferença central entre uma concepção garantista ou uma concepção sócio-histórica de direitos humanos. Essa discussão se liga também e obviamente à afirmação das lutas sociais como fundamento de direitos humanos.

5. Ferrajoli: o diálogo histórico do garantismo

A teoria geral do garantismo, segundo declara o mesmo Ferrajoli,[50] inscreve-se em uma ampla e conflituosa conjuntura italiana, da qual ele destaca dois fatores: o primeiro é a *expansão da ilegalidade na vida pública*, expansão que se inscreve, por sua vez, em um intenso processo de *corrupção dos âmbitos político e social*, manifestado na desnaturalização dos partidos, no clientelismo da população, na decomposição empresarial e bancária etc. que conduziram a um efeito dramático:

> por trás da fachada do Estado de direito se desenvolveu um infraestado clandestino, com seus próprios códigos e seus próprios impostos, organizado em centros de poder ocultos e amiúde em conivência com os poderes mafiosos [...] em contradição com todos os princípios da democracia: desde o princípio da legalidade até o da publicidade e transparência, do princípio de representatividade aos da responsabilidade política e controle popular do funcionamento do poder.

O segundo fator destacado por Ferrajoli é que a aguda decomposição anterior é enfrentada por uma *vigorosa demanda social por legalidade*. Ferrajoli associa essa demanda a uma reserva institucional da democracia italiana,

---

[50] Em um acanhado Prólogo da edição espanhola de seu trabalho.

materializada na independência da magistratura (poder judicial) e, em particular, da acusação pública. Assim amparada, a demanda social por legalidade levou ao âmbito político e a seus atores a perda de toda legitimação. Assinala Ferrajoli:

> Somente assim se explica que a incompatibilidade estrutural entre os poderes de governo ilegais e a independência do poder judiciário, que na última década deu lugar a uma permanente confrontação institucional dirigida à neutralização do segundo, tenha se resolvido finalmente com o afundamento dos primeiros.

Ferrajoli associa a conjuntura italiana específica a um processo que acredita ser comum às democracias avançadas: a crescente *anomia do Estado*, derivada da maciça expansão e inevitável discricionariedade de suas funções na existência social e econômica, e a correlativa *redução da capacidade regulativa do Direito*, expressada pela inadequação e pela falta de efetividade de suas técnicas de garantia que acompanham o movimento político que procura libertar-se de controles jurídicos e deslocar-se para sedes invisíveis e extrainstitucionais, disfarçando esse deslocamento por meio da inflação legislativa e da produção de codificações de emergência.

A teoria penal e geral garantista de Ferrajoli se apresenta como apoio ao segundo fator, a demanda por legalidade, que o autor considera bem-sucedido na situação italiana e inscreve em um processo de reabilitação da legalidade na esfera pública, segundo as exigências de um *Estado democrático de direito*. Consideramos que a apreciação do "êxito" da demanda social italiana por legalidade, institucionalmente canalizada, tem efeitos nas limitações conceituais que seu pensamento oferece sobre os direitos fundamentais.

Antes de assinalar essas limitações, todavia, façamos uma sumária comparação entre a conjuntura italiana (e das democracias avançadas) e a situação latino-americana.[51] A função dessa comparação é ressaltar a

---

51 Embora estejam fortemente marcadas por minha residência na Costa Rica nos últimos trinta anos, essas observações podem ser associadas a efeitos semelhantes vividos na Argentina, México e Peru, sob as decomposições menemistas, priísta e fujimorista ou, de maneira mais abrangente, com a crise de liquidação dos partidos ou a corrupção delinquente dos políticos, assim como a maior presença de mobilizações e movimentos sociais que aspiram a um controle popular (poder local) da existência.

insuficiência do garantismo para uma prática e uma teoria popular latino-americanas em relação aos direitos fundamentais.

À primeira vista, pode-se experimentar uma satisfação macabra diante do fato de que a intensa corrupção e recomposição degradada do âmbito político nas formações sociais latino-americanas e caribenhas seja também um fenômeno presente nas sociedades "avançadas". Na América Latina, existe uma intensa tradição de Estado patrimonialista à qual os processos de eleitoralização, que simulam lógicas democráticas, adicionam formas mais "modernas" de clientelismo e corporativismo. Trata-se de um Estado capturado localmente pelos interesses mais mesquinhos, grosseiros e violentos de *minorias* cobiçosas e camadas urbanas entretecidas por laços de controle financeiro, casamentos, negócios de importação/exportação, representação de interesses profissionais e corporativos, inclusive eclesiais, propriedade da terra e dos meios de comunicação de massa, exércitos e polícias mafiosos (quando não a serviço de paramilitares e sicários, como na Guatemala, Colômbia, Paraguai, El Salvador etc.); um sequestro local do Estado a que se devem agregar ou articular a *internacionalização* e a *transnacionalização* das decisões políticas, derivadas de uma economia política que é determinada por um capitalismo dependente e oxigenado pelo endividamento e de uma geopolítica decidida unilateralmente pelos Estados Unidos para o hemisfério. Recorrendo à referência hobbesiana de Ferrajoli, teríamos na América Latina não apenas um "lobo artificial" (assim teria se desnaturalizado o Leviatã), mas um "lobo-hiena", porque a sua capacidade destrutiva sobre a ordem social (?) teríamos de agregar sua impunidade praticamente absoluta e o cinismo com que sua criminalidade mafiosa se veste com a legitimidade do *status* nominal, nem sequer formal, das instituições, do discurso religioso, do anticomunismo (hoje antiterrorismo) e da proclamação de altos valores, entre os quais "a" democracia e direitos humanos, com os que cortejam um aroma de santidade.

Escrito isso, salta de imediato à vista o que diferencia os "amafiamentos" do Estado e do âmbito político descritos por Ferrajoli no caso da Itália e dos países avançados e a situação latino-americana: entre nós *não existe uma intensa demanda social por legalidade* e, se existisse, não teria como referente a independência das cortes de justiça ou do poder judicial como institucionalidade de "reserva" ou "depósito democrático". Diversos setores de nossa população podem reivindicar salários, terra, educação, salubridade, direitos humanos ou punição para quem os viole, porém nenhum associa de forma imediata e direta à legalidade essa proposta ou reivindicação. A legalidade não é algo que esteja ao alcance das pessoas, é questão de técnicos e burocratas especializados e, além disso, é popularmente ingrata. É possível exemplificar essa diferença com as práticas das ditaduras (empresariais/militares) de segurança nacional e os signos/símbolos que as denunciaram e combateram. O de maior proteção foi o das Mães da Praça de Maio, na Argentina, que não reivindicava legalidade, mas sim *outro sistema social*, no qual não caberia nem a exploração, nem a tortura, nem os desaparecidos. Essas mulheres tinham claro que a "legalidade" estava do lado da exploração, da tortura e dos desaparecimentos. E que a ela não havia nada que reivindicar. Elas desnudavam práticas de poder. As Mães da Praça de Maio constituíam também uma denúncia da injustiça, mas como tal foram anatematizadas e isoladas como "loucas". Como se nota, a sensibilidade latino-americana estabelece, sem ironia, uma relação espontânea entre demandar justiça (não legalidade) e insanidade.

A mais completa indiferença pela legalidade[52] admite também outros indicadores espetaculares. No Chile, o general Pinochet, genocida e assassino internacional, transita sem solução de continuidade de seu cargo ditatorial ao posto de senador republicano vitalício, sem que exista nesse país um sentimento ao menos de estupor generalizado, algum tipo de vergonha coletiva. É a *legalidade*. Uma década depois, o mais intenso e implacável genocida da Guatemala, terra de genocidas, apresenta sua candidatura presidencial com o aval das cortes desse infeliz país.[53] Em qualquer outra região do planeta, os únicos lugares possíveis para Ríos Montt, líder cristão e porta-voz de mensagens celestiais, seriam o cárcere ou uma reclusão psiquiátrica perpétua, se lhe descobrissem danos de personalidade irreversíveis. Na América

---

52 Talvez impotência diante dela.
53 Nas eleições realizadas naqueles dias na Guatemala (novembro de 2003), foram assassinados com total impunidade vinte candidatos à eleição popular, todos de oposição. O país tem uma média de dezesseis mortes violentas por dia e a população recorre cada vez mais ao linchamento de delinquentes. Lavagem de dinheiro e narcotráfico sustentam uma economia que tem mais de 50% de desemprego. É evidente que, nas eleições, foram cometidos todos os tipos de fraude, em um quadro de múltiplas ameaças. Entre elas, os paramilitares a serviço de Ríos Montt assediam as populações indígenas rurais, assinalando que o "general tem satélites para ver quem vota contra ele". A Guatemala, porém, ainda se considera uma "democracia".

Latina, ele postula a Presidência e é líder espiritual. Coisas da legalidade. Na Argentina, um gângster, Menem, depois de destruir o país e enriquecer pessoalmente com essa destruição, postula sua reeleição e obtém quase um quarto dos sufrágios. Fujimori foi admirado em todo o continente, até que caiu em desgraça por crimes e delitos vulgares, e também políticos, perpetrados por associados seus a seu mando. De vez em quando, anunciava do Japão seu retorno à vida política como presidente peruano. Seus avisos despertaram irritação em alguns, mas não estupor generalizado e muito menos repúdio internacional. São "coisas" dos latino-americanos. Também não os despertam os eventuais retornos de Collor de Melo no Brasil, de Carlos Andrés Pérez na Venezuela, o do PRI à Presidência do México. É a legalidade. Diante dela, todos sabemos na América Latina, nada nem ninguém.

Essa "legalidade" é, certamente, o que Ferrajoli consideraria a força, ou seja, os poderes que, na ausência de limitações efetivas (Montesquieu), tendem a manifestar-se como *absolutos*. Assim, incursionando em outro plano constitutivo, os Estados Unidos agridem, destroem e matam na Guatemala ou na República Dominicana, no Chile ou na América Central e no Panamá, ou acossam durante mais de quarenta anos o povo de Cuba, sem causar estupor e sem que se consiga avançar reivindicações. É a *legalidade*. É a força. Uma força sem limites fica inevitavelmente impune.

Como pensar o garantismo onde não existe Estado de direito, mas simulacro,[54] onde não existe reserva institucional porque as instituições são um simulacro, e onde se dizem democracia e direitos humanos, mas não se podem reivindicar nem praticar? Ferrajoli talvez respondesse: a partir da pessoa. Mas então é preciso falar do ser humano.

6. O garantismo e a questão filosófica: o ser humano

Ferrajoli indicou que a principal conotação de seu "garantismo" e, ao mesmo tempo, de seu contexto de "democracia substancial" é a primazia axiológica do *ponto de vista externo* (finalidades, valores, necessidades,

---

54 Néstor Kirchner, presidente argentino, determina sumariamente ao Estado argentino: "Onde se toca, sai pus". Descreve assim a dinâmica da corrupção e da impunidade: "[...] o de cima leva tudo que pode e o que está mais embaixo, como vê que o de cima leva tudo que pode, também agarra e leva o que está ao seu alcance" (canal de AP, Buenos Aires, 6 nov. 2003). Kirchner tinha em mira especialmente magistrados e policiais.

interesses e vontades extraestatais e metajurídicas) em relação ao ponto de vista interno acerca do sistema político. Daí se seguia o caráter instrumental do Estado e do Direito e sua subordinação a esses valores. Seguindo seu pensamento, "ponto de vista externo" significa sobretudo *ponto de vista das pessoas*, ou seja, a pessoa como valor, *o valor da pessoa*. Sobre isso, escreve:

> do *valor da pessoa* e, portanto, de todas as suas específicas e *diversas identidades*, assim como da variedade e pluralidade dos pontos de vista externos expressos por elas. É esse o valor sobre o qual se baseia a moderna *tolerância*: que consiste no respeito de todas as possíveis identidades pessoais e de todos os correspondentes pontos de vista [...].[55]

O ponto de vista interno garantista tem assim como referente o conceito/valor de pessoa e esta é associada imediatamente como expressão diferenciada (plural) e com o valor "moderno" da *tolerância*. Trata-se mais de uma expressão de uma intuição do que de uma proposta conceitual. Com efeito, "pessoa" é um termo polissêmico e, por isso, para que adquira um sentido determinado, comunicável, deve ser associado ou a uma tradição de pensamento (substancialista ou não substancialista, autorrelacional ou aberto, por exemplo) ou inserido em um discurso analítico em que terá significado por sua relação com outros conceitos. No primeiro campo, podem esboçar-se duas grandes tendências: a que faz da pessoa uma *interioridade* (consciência de si = sujeito, memória, identidade, sentimento moral etc.), tendência em que se inscrevem autores como Descartes, Locke e Kant, e a que considera a pessoa um conjunto de relações produtivas (heterorrelacional), sem privilegiar unilateralmente sua consciência e com ou sem um referente substancial. No último caso, *as relações constituem a pessoa*, inclusive suas identidades: a pessoa não é "alguém" que entra em relações com outros. Ferrajoli, que admira Locke e Kant, parece assumir a perspectiva de que a pessoa é *alguém* que entra em relações. Primeiro seria a pessoa e depois suas relações. A pessoa seria um *sujeito* que mantém relações. Essa hipótese poderia ser confirmada por sua apreciação sobre Kant, a quem critica por ser inconsistente com sua própria distinção entre moral e Direito, mas a quem reconhece como antecedente de um código penal internacional fundado na soberania

---

[55] Ferrajoli, op. cit., p.906; itálicos no original.

popular por sua imagem de um "direito internacional cosmopolita".[56] Mais direta é sua apreciação sobre o jusnaturalismo e o contratualismo de Locke, os quais entende, por oposição aos de Rousseau, mais próximos da legitimação garantista básica da *democracia substancial*[57] e pelo enfrentamento que fazem do autoritarismo moderno, doutrinariamente defendido por Hegel, e o absolutismo hobbesiano, que declara inalienável a faculdade individual de sobrevivência, o medo e o egoísmo *contra* a autoridade do soberano.[58] Algumas linhas antes, fizemos um apontamento crítico à imagem ferrajoliana da sociedade como *soma heterogênea* de pessoas ou classes. Determiná-la assim tem o mérito de reconhecer que os seres humanos são diversos, mas tem também a carência de supor que suas diferenças não são socialmente produzidas e sobredeterminadas pelas desigualdades.[59] Desse modo, uma observação positiva (a das identidades ou identificações diversas e plurais) fica obscurecida pelo vício de uma concepção pessoal individualista ou substancial do ser humano que é assumida, talvez por inércia, a partir do jusnaturalismo. Sobre a relação entre pessoa e indivíduo, ele escreve:

> O valor da igualdade [...] consiste precisamente no igual valor atribuído a todas as diferentes identidades que fazem de cada pessoa um indivíduo diferente dos demais e de cada indivíduo uma pessoa como todas as demais. E, por isso, vale para individualizar os limites tanto da tolerância, que reside no respeito de todas as diferenças que formam as diversas identidades das pessoas, como daquilo que, contrariamente, reside na inadmissão de suas violações.[60]

Os exemplos de identidades diversas são tomados por Ferrajoli da Constituição italiana: sexo, raça, língua, religião, opiniões políticas, condições

---

56 A referência kantiana se encontra em *A paz perpétua*, mas a ideia de Kant não se centra na jurisdição planetária ou internacional e sim em um conjunto de Estados nacionais que não possuem soberania popular, mas republicana. Esse último conceito permite discriminar pessoas como mulheres, jovens e trabalhadores não proprietários.
57 Ferrajoli, op. cit., p.884.
58 Ibid., p.888.
59 Convém lembrar que, para Ferrajoli, o princípio de igualdade jurídica contém o reconhecimento das diferenças pessoais (igual valor a todas as identidades) e também o desvalor das desigualdades que a norma legal sanciona como discriminações legítimas (Ferrajoli, op. cit., p.905-8).
60 Ferrajoli, op. cit., p.906.

pessoais e sociais. Aqui, igualdade e diferenças não se opõem, mas implicam-se reciprocamente. Acredito que seria fácil polemizar com a afirmação de que "as condições pessoais e sociais" são produzidas sócio-historicamente em sua maior parte. Um tolo filho de poderosos pode chegar a cardeal, general ou senador, se sua família o propuser. Um tolo filho de uma mulher agricultora e empobrecida terá talvez carinho e respeito de familiares e próximos, mas não sairá do campo, exceto se algum médico decidir assim, contra a vontade de seu coletivo, objeto de uma investigação. Essa é uma ilustração de ao menos três fenômenos: que *tolo* não se reduz ao traço de um indivíduo ou pessoa, por isso não constitui um caráter intrínseco; que o trato ou função (caráter) de tolo ou cardeal é sócio-historicamente produzido; e que as desigualdades se articulam com as diferenças. "Tolo" e "cardeal" são complexas invenções sociais. A questão, contudo, pode ser estendida ao sexo e à "raça" e a outras determinações que Ferrajoli considera caracteres individuais da pessoa. Com efeito, as mulheres e os homens são também "invenções sociais"; para nossas sociedades, resultado da dominação patriarcal e masculina. Sustentando uma mulher agredida, ou sustentando a irritabilidade verbal e física de um homem exaltado porque não é satisfeito segundo seus caprichos, não está a substância ou o "alguém" indivíduo-homem ou indivíduo-mulher, como acredita Ferrajoli, mas as lógicas e práticas de dominação patriarcal e masculina das quais ambos são personificações.

Para o princípio de igualdade jurídica nos termos propostos por Ferrajoli a diferença entre as duas concepções é significativa. Na primeira, é-se mulher ou negro *previamente* a qualquer relação social. Na segunda, a atenção se concentra no que faz (produz) socialmente alguém ser "alguém" e sê-lo como mulher ou homem, negro ou branco. Essas condições são sempre produções sociais. Um negro é feito por gente "sem cor", ou brancos; uma mulher, por homens e mulheres que interiorizaram e praticam de diversas maneiras sua identificação patriarcal. Por isso é que mulheres, negros e povos terceiro-mundistas não reivindicam (ou não deveriam reivindicar) reconhecimento para sua igualdade, porque as relações sociais não desejam sê-lo, mas a *legitimidade de sua diferença,* questão que ataca não os caracteres dos indivíduos ou culturas, mas as lógicas sociais (dominação, exploração, exclusão, geopolítica etc.) que permitem discriminá-los legal ou ilegalmente. Acredito desnecessário por ora comentar esse alcance da questão antropológica para uma compreensão dos direitos fundamentais.

A noção de pessoa em Ferrajoli remete, então, ao *indivíduo diferente* e estes, a partir de si mesmos, à *pluralidade* social. O nexo entre eles é a *tolerância* que o autor italiano caracteriza como o respeito de todas as possíveis identidades pessoais e de todos os correspondentes pontos de vista ou como a atribuição de idêntico valor a cada pessoa. À prática da tolerância corresponde, também positivamente, seu limite, o *intolerável*, que resulta da oposição às violações das pessoas mediante lesões a suas identidades pessoais.[61]

Agora, "tolerância" não é simplesmente um valor, e sua referência à tradição liberal é polêmica, porque a conhecida contribuição de Locke a esse tema repousa sobre a tese de que devemos ser tolerantes no campo religioso enquanto este não afetar a ordem política da propriedade privada. Por isso, devemos ser intolerantes com os "ateus", que, não crendo em Deus, não têm razão alguma para cumprir contratos, promessas e juramentos mercantis, que para Locke constituem o fundamento da sociabilidade humana. Os ateus são niilistas e se instalam fora de toda tolerância,[62] em uma espécie de *estado de guerra*. Do mesmo modo, devemos ser intolerantes com quem adere a uma Igreja que não se separou do Estado, porque isso supõe a identidade das normas morais *comunitárias* e as normas legais *individuais* com a consequente ameaça à propriedade privada por "razões sociais". Como se nota, a tolerância de Locke é inseparável de sua economia política. É função dela. Para citar outro exemplo, no discurso evangélico de Jesus de Nazaré, este não pratica a tolerância e sim o reconhecimento e acompanhamento de todos aqueles que são filhos de Deus, seus irmãos. "Tolerar" é compatível com *julgar* e, na mensagem evangélica, ninguém deve atirar a primeira pedra porque todos somos corresponsáveis pelo outro. "O outro somos nós", nossa produção. Como se nota, existe uma grande distância entre reconhecer e acompanhar a dignidade dos seres humanos (valores que supõem uma trama comunitária) e a tolerância, atitude prática que pode conter a *insolidariedade*. Agora direitos humanos ou fundamentais efetivos remetem a uma solidariedade ligada ao reconhecimento de um empreendimento comum, não à mera tolerância.

O ponto anterior, importante para reconhecer as debilidades da antropologia e da sociologia garantistas (fortemente influenciadas pelo jusna-

---

61 Ibid.
62 Locke, "A Letter Concerning Toleration", p.58.

turalismo liberal), é claramente perceptível em um trabalho de Bobbio, a quem Ferrajoli considera seu principal mestre, acerca da tolerância. É um trabalho breve e de certo modo (negativo)[63] paradigmático.[64] Em primeiro lugar, a tolerância é tratada por Bobbio como um tema *filosófico*, ou seja, independente de suas condições sócio-históricas ou ligada a estas de forma externa e arbitrária. Dessa perspectiva deriva a formulação de que a tolerância diz respeito à *verdade*. Na realidade, a tolerância é uma *prática social*, melhor ou pior institucionalizada, e seu referente imediato são as relações de *força e poder*. A tolerância é um tema *político*, tanto quando se ocupa da expressão de sentimentos religiosos, no caso clássico de Locke, como quando sustenta ideologicamente as liberdades de consciência e expressão, em sentido amplo. O tema da "verdade" é um tema ideológico, ou seja, socialmente funcional ou não para o poder e sua reprodução nas sociedades modernas, e não tem muito sentido epistêmico moral ou metafísico discutir quem a tem ou em que reside. Seu sentido é *político*. E, como tal, seus referentes são sempre as lógicas estruturais ou constituintes de dominação. Invisibilizando esse posicionamento, escreve, ao contrário, Bobbio:

> Uma coisa é o problema da tolerância de crenças e opiniões distintas, que implica uma argumentação sobre a verdade e a compatibilidade teórica ou prática de verdades contrapostas, e outra é o problema da tolerância para com os diferentes por razões físicas ou sociais, problema que situa em primeiro plano o tema do preconceito e da consequente discriminação [...] Assim também são diferentes as razões das duas formas de intolerância. A primeira deriva da convicção de possuir a verdade; a segunda, de um preconceito, entendido como uma opinião ou conjunto de opiniões, que são assumidas acrítica e passivamente por tradição, costume ou por uma autoridade cujos ditames se aceitam sem discussão.[65]

---

63 Ou seja, do que não se deve fazer.
64 Na Costa Rica, foi publicado em 2002 um extenso ensaio sobre a tolerância (Ocampo, *Los limites de la tolerancia e el sujeto universal*) cujo principal valor é sua referência bibliográfica. Sua fragilidade é usar como critério analítico de renda o filosofema do "sujeito vivo e concreto", que não exclui ninguém, ente metafísico aparentado com o indivíduo/pessoa de Ferrajoli.
65 Bobbio, "Las razones de la tolerancia", p.244. O ensaio se encontra no já citado *El tiempo de los derechos*.

A intolerância seria efeito, portanto, ou do dogmatismo ou da ignorância. Para o segundo caso, Bobbio (que nunca menciona a intolerância em relação ao igualamento operário, limitando-se a indicar "diferentes" raciais, geográficos, étnicos e sexuais) considera que a tarefa fundamental consiste em demonstrar que: "[...] certas intolerâncias para com uma minoria ou o irregular, o anormal, precisamente o 'diferente', derivam de preconceitos arcaicos de formas irracionais, puramente emotivas, de julgar os homens e os eventos".[66]

Segundo esse argumento, bastaria ter esclarecido a mente dos conquistadores espanhóis para que estes tratassem como seres humanos os indígenas da América durante o processo de conquista que utilizava a guerra e o terror e não se conformava com menos do que a sujeição total. Do mesmo modo, se alguém tivesse tirado Hitler de seus preconceitos, ele não teria iniciado o Holocausto. O argumento de Bobbio passa de contrabando, além do mais, à imagem de que os "diferentes" constituem minoria. Na realidade, podem ser maioria, como os indígenas da América ou as mulheres, mas uma minoria tem o poder de determinar quem compõe essa maioria não apenas como "diferentes", mas também como *inferiores*. De novo, esse não é um tema de ignorâncias ou verdades, e sim de força ou práticas de poder.[67]

O critério de Bobbio, e provavelmente o de Ferrajoli, desloca o problema central da tolerância, *a partir da economia política e da economia liberal*, por exemplo, com suas relações de dominação/sujeição, para *conteúdos de consciência pessoais*: eu estou com a verdade e você com o erro, eu tenho preconceitos com relação a sua diferença. Por isso te mato ou te exploro ou te suborno. A verdade é que os "diferentes" devem ser subordinados aos "iguais", ou assassinados, para que o mundo se comporte de acordo com os interesses dos "iguais". Esse é o tema da tolerância e da intolerância. Por isso, "tolerar" é um mal sucedâneo de "reconhecer" e "acompanhar". Tolerar põe *frente a frente* indivíduos diversos. Reconhecer e acompanhar supõem a *produção conjunta* das diversidades, tanto se temos uma origem comum como se não a temos. Por isso, a organização capitalista da produção é compatível com a tolerância e o domínio patriarcal, e também o é com

---

66 Ibid.
67 Bobbio também não repara que o racismo é uma invenção moderna, não um preconceito arcaico, que à discriminação contra as mulheres foram dadas bases "científicas" e que ainda, para um "diferente", os normais são os diversos. Isso quer dizer que existem diferentes de minoria e de maioria. E que discriminar uns ou outros é resultado de uma prática política.

as "veleidades" femininas. No entanto, nenhum acumulador de capital reconhecerá como igualmente humano o operário enquanto operário, e nenhum patriarca (mulher ou homem) reconhecerá que a vulnerabilidade feminina faz parte de sua própria vulnerabilidade, que o patriarca traduz materialmente como capacidade de violência (força). Trata-se de uma tolerância que determina seu limite, tal como indicam Ferrajoli e Bobbio: o intolerável. A capacidade de pôr limites revela uma prática de poder que pode justificar-se ideológica ou metafisicamente.

O leitor que tiver seguido a discussão anterior, advertirá que a tolerância é inteiramente compatível com a violação pontual e sistemática dos direitos fundamentais. E isso porque, diferentemente da consideração de Ferrajoli, a tolerância não implica necessariamente *respeito*. A tolerância implica que um *se sente já sujeito* diante do outro. Por isso, a tolerância pode incutir medo do outro, como no caso de Locke, e esse medo pode convocar a violência. Por sua raiz latina, "tolerar" significa *sofrer com paciência*. Como se sabe, a paciência também tem limites. O reconhecimento, ao contrário, supõe que eu me assumo vulnerável com o outro, não *diante* dele. Por isso, eu o acompanho, para podermos produzir juntos com nossas diferenças. Aqui o respeito aparece como uma empatia pelo trabalho (processo) ou empenho comum. É a tarefa comum que gesta o reconhecimento. Nada disso se relaciona com o enfoque filosófico da tolerância, mas com as condições sócio-históricas (economia, família, governo, Estado, cultura etc.) que me potencializam para reconhecer/acompanhar outros seres humanos inevitavelmente diversos. Esse é o problema que Ferrajoli tenta resolver com sua tese sobre *o princípio de igualdade jurídica*, central para suas opiniões a respeito dos direitos humanos: "Valor primário da pessoa e consequente princípio de tolerância são, a meu juízo, os elementos constitutivos do moderno princípio de *igualdade jurídica*: um princípio complexo que inclui as *diferenças pessoais* e exclui as *diferenças sociais*".[68]

Já assinalamos que, em sua primeira função, a de incluir, a igualdade jurídica atribui a todas as diferentes identidades um igual valor, de modo que cada pessoa pode ser um indivíduo diferente e valer como pessoa igual a todos os demais. Ferrajoli considera esse critério próprio da igualdade formal ou política, a qual prolonga nos direitos de liberdade (absolu-

---

68 Ferrajoli, op. cit., p.906; itálicos no original.

tos e políticos). Em sua segunda função, a de excluir, a igualdade jurídica busca remover ou paliar, como *intoleráveis absolutas*, aquelas desigualdades jurídicas que, provindo de situações econômicas e sociais (Ferrajoli não menciona as políticas e culturais), obstaculizam a vida, as liberdades, a sobrevivência e o desenvolvimento das demais pessoas. O jurista italiano admite também *intoleráveis relativos*, embora não os exemplifique, advertindo de imediato:

> Só que a fronteira entre tolerância e intolerância nesse caso é bastante mais problemática e incerta [...] e a identificação do limite qualitativo e quantitativo, mais além do qual são, por isso, intoleráveis, é uma das questões mais difíceis da filosofia jurídica e política.[69]

Talvez sejam difíceis para a Filosofia, mas não para a vida prática, como se segue de um exemplo, que por infelicidade não é bem-humorado, de seu mestre Bobbio: ao escrever sobre essa mesma dialética de uma tolerância que fixa seu *limite* no *intolerável*, escandaliza-se e indigna-se porque recebeu um questionário em que se pedia apoio a uma petição do "direito à pornografia".[70]

Contudo, não fiquemos nos valores, sempre polemizáveis, em particular se não se instalam em um discurso categorial. Radicando Ferrajoli o ponto de vista externo no valor da pessoa, independentemente das lógicas sociais que a constituem, seu ponto de vista *filosófico* reproduz o critério do jusnaturalismo liberal clássico, que ele critica e amplia, em relação ao caráter do Estado, tornando a propriedade individual um desvalor (um princípio de desigualdade) e substituindo-o por apreciações culturais positivas, como a tolerância, que seria fonte social com efeitos jurídicos de *liberdades igualitárias* (universais, apesar das diferenças) e de *redução de discriminações*. As liberdades igualitárias constituiriam direitos fundamentais *absolutos e civis*, a redução de discriminações, direitos fundamentais *econômicos e sociais*. Ambos os tipos de direitos derivariam positivamente do princípio

---

[69] Ibid., p.906-7.
[70] Bobbio, op. cit., p.251. A pornografia é obviamente, nas atuais sociedades mercantis, um direito do consumidor e, como tal, humano. O que deveríamos perguntar é por que ela é socialmente necessária e um bom negócio. Escandalizar-se com uma petição do direito à pornografia revela pouco interesse pelo ser humano genérico e também violência contra aqueles que a requerem.

de igualdade jurídica que seria instrumento de valores extrajurídicos. Sem discutir a relação entre a composição desses valores extrajurídicos e as lógicas de dominação (econômica, geopolítica libidinal etc.) Ferrajoli admite que o princípio de igualdade jurídica, que está condicionado à lógica da tolerância, tutela com maior facilidade os direitos de liberdade (ser iguais na diferença) que os direitos das pessoas em ser iguais às demais nas condições mínimas de vida e sobrevivência. Atribui este último à "dificuldade" *filosófica* para fixar o limite em que a tolerância posiciona o intolerável.

O resultado prático desse discurso é que os direitos clássicos de primeira geração dominam os de segunda geração (econômicos, sociais e culturais), contribuindo para configurar Estados que simulam ser de Direito porque aceitam recursos que protegem a vida das pessoas diante dos tribunais, mas que não se sentem obrigados a criar efetivamente as lógicas e instituições sociais que fariam do trabalho (labor), mediante transformação de salário, uma produção e apropriação da existência por parte não das pessoas, mas dos *atores sociais*. A alegação de Ferrajoli sobre direitos fundamentais, provavelmente sem que seja essa sua intenção, descreve o *status quo* de direitos humanos nas sociedades modernas como um simulacro que contribui para a reprodução de sua violação sistemática. Assim, no que nos interessa aqui, ele escreve o seguinte sobre os direitos sociais:

> Dos direitos sociais, aos quais correspondem obrigações, são predetermináveis os conteúdos, porém não os limites, sendo variáveis as necessidades e as expectativas que expressam, como também é o grau em que podem ser satisfeitas, segundo o momento, o lugar, as circunstâncias e, sobretudo, o grau de desenvolvimento econômico civil: assim, os direitos à educação, à saúde ou à subsistência remetem a obrigações de prestações quantitativamente mutáveis, segundo os diferentes níveis de vida consentidos em cada ordenamento.[71]

---

71 Ferrajoli, op. cit., p.916. Mais adiante, ele acentua a maior dificuldade para dar uma hierarquia aos direitos sociais em relação a outros direitos fundamentais, por questões práticas que se agregam às dificuldades filosóficas: "O mais difícil é encontrar o equilíbrio em matéria de direitos sociais, mesmo que somente seja porque as correspondentes técnicas de garantia são mais difíceis e são muito menos exploradas. Nossa Constituição oferece bem poucas indicações a esse respeito. Ainda mais pobres, para não dizer inexistentes, são as contribuições da teoria geral do Direito e das disciplinas juspublicistas" (ibid., p.917). Ferrajoli apenas constata as dificuldades e inexistências, mas não avança em maiores suspeitas ou indicações sobre suas causas.

Direitos fundamentais no campo da economia (incluída a sobrevivência) são, portanto, *relativos*, não imediatamente vinculantes para o Estado, e *progressivos*. Diante deles, é preciso ser cauteloso e sábio. Essa cautela e essa sabedoria se estendem às relações internacionais: cada região, país ou nação deve ter "o nível de vida consentido em cada ordenamento". A quem se deve pedir permissão para mudar esse nível de vida *consentido*? À lógica da economia política, às relações materiais e espirituais de classe, à geopolítica, às organizações financeiras internacionais, em suma, à *propriedade* como relação social materializada e reproduzida na ação (violenta) direta ou indireta dos Estados poderosos, instrumentos ao mesmo tempo de companhias poderosas. Com relação aos direitos econômicos e sociais (insiste-se em silenciar os culturais), o garantismo de Ferrajoli chega a um resultado semelhante ao do muito conservador Direito natural clássico, segundo discutimos anteriormente.

Esse enfoque de Ferrajoli admite inicialmente ao menos quatro observações. 1) o dispositivo estatal não deve ser compreendido exclusivamente como esperando que se deem as condições para promover o desenvolvimento (se é que este é desejável e possível) e, com ele, avançar em direitos econômicos e sociais, mas a iniciativa estatal pode desempenhar diversos papéis, articulando-se até mesmo com empresas sociais e privadas, na criação de condições para esse desenvolvimento, seja *removendo obstáculos*, seja *empoderando a população* por meio de educação de qualidade, saúde, bolsas populares etc., e também contribuindo para criar um *éthos* favorável aos direitos econômicos e sociais. Uma percepção econômico/social e cultural passiva do Estado equivale a deixar o destino e o caráter do desenvolvimento à lógica do capital, isto é, tornar impossível a elevação universal de qualidade da existência e postergar indefinidamente os "progressivos" direitos econômicos e sociais. 2) "direitos humanos" ou fundamentais se dizem de várias maneiras. No que nos interessa aqui, são também referentes de um horizonte de esperança, *expectativas* dinamizadoras de uma *mudança social* estratégica. Desse ângulo, não é tão importante que *se realizem já*, mas que *estejam em processo de execução*. E não podem chegar a tais condições sem práticas sociais, instituições e lideranças que *empoderem sujeitos*. Direitos humanos não são algo que está no fim de um caminho, mas são um caminho. Este é o sentido mais preciso da imagem de Galeano sobre as utopias: servem para caminhar porque vão construindo o caminho. Ferrajoli possui, ao contrário, uma percepção estática ou institucional dos sonhos e valores populares. 3) Direitos humanos de qualquer tipo têm como referencial básico a vocação de *autonomia* dos sujeitos sociais como matriz da autonomia dos *indivíduos* ou pessoas. Nesse sentido, "liberdade" remete à capacidade dos sujeitos humanos de criar contextos ou situações que ofereçam mais opções libertadoras ou de realização própria enquanto sujeitos. A suposição da noção de autonomia é que, por meio de ações, é possível para os seres humanos passar de experiências de menor controle (ou alienadoras) a experiências de maior controle (libertadoras) por parte de quem as vive. "Sujeito" quer dizer colocar-se em condições sociais e individuais de apropriar-se de uma existência a que se dá caráter ou sentido a partir de outros, com outros, para outros e para si mesmo, e comunicar com autoestima essa experiência de apropriação. Esse conceito ou imagem da liberdade como *autonomia social e reconhecimento de nós mesmos* está muito distante da "regra áurea" (estereotipo, na realidade) liberal segundo a qual a liberdade de alguém vai até onde não invada a liberdade de outros. Essa liberdade, de ascendência kantiana, é metafísica, não libertadora, porque é determinada por seu limite intransponível. Na realidade, a liberdade de um ser humano só pode consistir em *sujeitificar-se*, procurando que os outros sejam também *sujeitos*. E esse é um processo aberto, ou seja, transcendente. 4) para captar o sentido integrador – e com ele a hierarquia que Ferrajoli considera tão difícil precisar – dos direitos econômicos e sociais, basta pensar no salário. Um trabalhador sem salário, porque não encontra emprego (direitos econômicos), foi tecnicamente condenado à morte (direito de liberdade). O direito à vida desse trabalhador e de sua família é mediado pelo acesso ao emprego e a um salário. Isso pode ser lido ao menos de duas maneiras: como uma amostra do caráter integral do sistema de direitos fundamentais, ou como a especificidade não igual e discriminadora (não produtora de humanidade) do direito à vida quando se é trabalhador ou empresário. Uma segunda leitura nos diz que um trabalhador sob a relação salarial não tem controle sobre si quando vende sua força de trabalho nem pode atribuir-lhe, por isso, um caráter próprio a seu processo laboral ou a seu produto. Ele também não pode apropriar-se dele. Tenderá, além disso, a comunicar sua experiência com irritação ou vergonha. A relação salarial determina assim uma sociedade de consumo rebaixador, reificante, não do trabalho autoprodutivo. Nas sociedades em que domina a relação salarial, os direitos fundamentais são estruturalmente violados para todos. Essa é outra ilustração de que as lógicas de discriminação e seus efeitos de desigualdade revertem (porque são um sistema integral) sobre os direitos de liberdade ou de primeira geração e os sobredeterminam. Não se trata senão de outra forma de constatar o caráter matricial que possuem a economia política e outras lógicas estruturadoras e discriminadoras, como a libidinal, sobre os direitos fundamentais. Locke sabia disso e Ferrajoli também parece saber. Locke, porém, incorporou-o a sua exposição sistêmica, ainda que ideológica, sobre direitos humanos, ao passo que Ferrajoli opta por uma interpretação puramente cultural e política/jurídica, também ideológica, para os direitos fundamentais.

7. Excurso sobre o juspositivismo

Um dos problemas para pensar direitos humanos a partir do juspositivismo é que este pode culminar com um formalismo mediante o qual o Direito se convalida procedimentalmente a si mesmo, ao passo que cada norma expressa em seu nível uma norma fundamental que não necessita ser justificada. Dessa maneira, as leis parecem válidas por sua relação com outras normas (por constituir um sistema) e pela constitucionalidade do procedimento por meio do qual chegaram a ser leis. Seu *conteúdo* pode parecer assim irrelevante e socialmente arbitrário, posto que o Direito como dispositivo autônomo dá a si mesmo suas próprias características (Kelsen). Como contrapartida desse formalismo, o juspositivismo que faz do *costume local* uma ou a fonte das leis acaba sendo, por definição, difícil ou impossível de universalizar, já que as legislações particularizadas dos diferentes povos ou países podem parecer diferentes e até antagônicas.

Dessa forma, dentro do juspositivismo, uma norma legal poderia violar direitos humanos se fosse possível remontar sua validade à norma fundamental, e o procedimento tivesse se realizado de acordo com o Direito em sua gestação. Do mesmo modo, normas encontradas poderiam ser gestadas e regidas em diversos Estados segundo seus próprios usos e culturas. Ambas as versões afetam centralmente ou a universalidade de direitos humanos ou seus conteúdos relativos ou absolutos (como, por exemplo, não ser objeto de tortura), e até o próprio conceito de "direitos humanos".[72]

No contexto anterior é que se deve entender a exaltação de Bobbio pelo acordo *entre Estados* ou internacional que possibilitou a Declaração das Nações Unidas em 1948 e os pactos posteriores. Do mesmo modo, sua insistência em declarar impossível chegar a um fundamento filosófico absoluto para direitos humanos (relegando com isso sua discussão e compreensão), pois todos eles são particulares, e em afirmar, ao contrário, a necessidade de nos concentrarmos em sua *proteção* legal e seu *cumprimento* por parte dos Estados que os assumiram. Suas duas referências assinalam a possibilidade de direitos humanos universais no âmbito de sua codificação universal positiva, mantendo o princípio de separação entre normas morais e normas jurídicas próprio do juspositivismo. Temos objetado a esse entusiasmo sua acriticidade em relação ao dispositivo estatal e à "ordem" internacional.

Da mesma maneira, a formulação de Ferrajoli situa-se na necessidade de que valores extrajurídicos ou culturais determinem *conteúdos específicos* (ou ao menos um repertório deles) dos direitos fundamentais. Ele condensa esses valores na figura vital e moral da *pessoa*. Tenta assim superar o procedimentalismo e o ideologismo jurídicos (moralização), os quais combate com uma concepção instrumental do Estado. Indicamos que a noção de *pessoa* constitui um retorno ao Direito natural e ao jusnaturalismo e, com ele, à possibilidade de que o "ponto de vista externo" do Direito se transforme em um critério metafísico e autoritário, violador de direitos humanos, em especial se a defesa jurídica da pessoa permanece exclusivamente nos aparatos estatais, se se restringe politicamente aos jogos parlamentares ou se tem como centro a liberdade individual de gestação liberal. O juspositivismo crítico ou social de Ferrajoli, na medida em que relega as lutas sociais, que também menciona, parece nesse ponto um retrocesso em relação ao juspositivismo mais ingênuo de Bobbio centrado no Estado.

Agora, a contribuição central do juspositivismo à compreensão de direitos humanos se situa, evidentemente, na vertente sociológica que privilegia o *conflito* e critica "o" costume. Enquanto expressão de conflitos

---

[72] Cf., por exemplo, as objeções de autores de culturas e povos não ocidentais (Japão, Índia, mundo árabe) ao conceito de "direitos humanos" em Ricoeur (org.), *Los fundamentos filosóficos de los derechos humanos*.

e lutas sociais, os chamados "direitos fundamentais" devem ser política e culturalmente construídos e, por isso, podem ser política e culturalmente destruídos ou revertidos. Seu fundamento, portanto, não é estatal, mas sociopolítico, ou seja, remete a mobilizações sociais e relações de força. Por sua vez, o fundamento do conflito se encontra nas *experiências de contraste* geradas por lógicas e instituições sociais que negam a *subjetividade*, ou o caráter de sujeitos, de setores sociais e indivíduos que ressentem essas negações ou tentam seu cancelamento diante de *lutas organizadas de libertação particulares com referente genérico* no âmbito de uma sensibilidade prometeica própria da modernidade. Nessa abordagem, o Direito efetivo condensa *em seu nível* mobilizações sociais e sua incidência cultural. Para esse critério, o ponto de vista "externo" proposto por Ferrajoli não pode ser assimilado nem pelo Direito natural antigo nem pelo jusnaturalismo moderno, tampouco pode ser formalizado sem substância como norma sem conteúdo ou como expressão da vitalidade da pessoa (indivíduo). Evidentemente, também não pode ser limitado ao jogo parlamentar, porque o que está em luta é o caráter do ser humano ou sua humanidade. A razão de fundo é que, para uma matriz socioeconômica dada, não existe "ponto de vista externo".

O juspositivismo proporciona assim uma compreensão instrumental do dispositivo estatal cujo caráter é determinado pelas lutas sociais e por sua finalidade universal e tensional: a de contribuir com a produção de um ser humano genérico. A humanidade se entende como uma prática e um conceito aberto, processual. Esse é o contexto, parlamentar ou extraparlamentar, institucional ou violento, mas sempre político e cultural, em que se propõem, materializam, perseguem ou destroem direitos humanos nas sociedades modernas.

8. O garantismo e a questão política: Estado e democracia

Existe uma tensão praticamente irredutível entre a valorização crítica que Ferrajoli realiza do dispositivo estatal e sua adesão ingênua ao regime político democrático. Enquanto o Estado aparece em xeque tanto pelas situações de força e violência, que ele considera adequadamente *micro e macropoderes selvagens*, como por suas disfunções e limitações *internas* (legislações híbridas, lacunas constitucionais, práticas arbitrárias, leis de exceção, discricionariedade administrativa etc.), "a" democracia é determinada como o regime político "que permite o desenvolvimento político dos conflitos e, por sua causa, as transformações sociais e institucionais".[73] Segundo Ferrajoli, *a* democracia valoriza e legitima por igual todos os pontos de vista externos e as dinâmicas sociais que as expressam, e, por isso, legitima a mudança por meio do dissenso e do conflito.

Sem dúvida, Ferrajoli não está se referindo aos regimes democráticos existentes, mas ao discurso garantista (o dele) que expressa um *modelo* e, ao mesmo tempo, um *desejo* do que poderia ser um regime político e uma cultura democráticos. Ao fazê-lo, ele está em seu direito como intelectual. Ao não distinguir com precisão entre instituições ou regimes democráticos e "a" democracia (e para isso contribui o fato de não desenvolver uma crítica das instituições democráticas existentes, equivalente à crítica que realiza do Direito penal e do Estado), malogra sua pretensão, contribuindo para a confusão dos leitores, que poderiam considerar que "a" democracia é como ele a mostra ou que poderia funcionar, com um esforço de boa vontade, como Ferrajoli a descreve.

As instituições democráticas atuais, evidentemente, não valorizam por igual todos os pontos de vista "externos", a ponto de alguns dissensos nem sequer serem aceitos em discussões informais. A figura do "terrorista" (antes do "comunista" e, na Itália, talvez do "fascista") tem cobertura e intensidade suficientes para desalojar seus portadores de todas as instituições, e até mesmo do gênero humano. O assunto excede o doutrinário ideológico. No continente americano, e na passagem do século, quem não compartilhasse a tese de que o livre comércio é vantajoso para todos e traz automaticamente prosperidade era depreciado e desprezado pelos meios políticos e de comunicação de massa como um irracional destrutivo ou um doente com complexo de inferioridade. Na Costa Rica, um articulista chamou os trabalhadores que defendiam ativos públicos como "terroristas passivos". É óbvio que a indicação assinalava a necessidade de empregar contra eles toda a violência justa (legal ou ilegal, segundo o exemplo de Guantánamo, *a ira de Deus*). Na Venezuela, um governo eleito livremente um par de vezes pela maioria dos cidadãos e que atua dentro da lei é advertido violenta e conspi-

---

73 Ferrajoli, op. cit., p.947.

rativamente por plutocratas e minorias urbanas que afirmam que só existe democracia quando o governo os privilegia ou, o que dá no mesmo, quando governam eles. Esses setores conseguem apoio religioso e internacional para sua violência "democrática". As revistas estadunidenses se perguntavam se o recém-eleito Lula seria um louco ou um ser humano racional. Para elas, ter origem operária é sinal de personalidade desviada. Esses exemplos são situações – algumas no limite e outras quase – de que as instituições e a sensibilidade democrática existentes têm determinantes externos (inclusive os culturais e espirituais) que supõem *exclusões* sócio-históricas estruturais, e estas operam praticamente como se fossem metafísicas. Essas determinações provêm da economia política, da economia libidinal, das imposições ideológicas e culturais (do catolicismo, por exemplo) e da geopolítica, para citar algumas dentro da realidade latino-americana.

Existem, ademais, outros discursos, não garantistas, sobre "a" democracia. O mais difundido é o que a determina como *poliarquia*, ou seja, como um puro *procedimento* para eleger e destituir governos, sem conteúdos substanciais, como é, ao contrário, o desejo de Ferrajoli. Dahl caracteriza sua construção analítica, a poliarquia, como "democracia defeituosa", no sentido de que é uma invenção maravilhosa para as sociedades de grandes números, mas é somente *um momento institucional* dos processos de democratização da existência, e acredita ele, para além de Ferrajoli, que existe incompatibilidade entre democracia e mercado capitalista.[74] Na América Latina, os políticos reinantes empregam de maneira redutiva essa interpretação politicista e procedimental da democracia para assegurar que ela não tenha nada a ver com direitos humanos, justiça social ou participação popular. Por isso, enfrentam de forma polarizada a democracia representativa (boa) contra a má ou falsa democracia (participativa). A nenhum deles, ou a seus assessores, ocorreria mencionar sequer o conceito garantista de democracia exposto por Ferrajoli. Outro autor de origem italiana, G. Sartori, a quem a barbárie triunfante transformou em "intelectual" de sucesso, sustenta que a democracia ("depois do comunismo") deve ser funcional ao triunfo absoluto do mercado sobre a planificação[75] e que, por isso, precisa

---

[74] Dahl, *La democracia y sus críticos*. A formulação da incompatibilidade aparece nas páginas 390 a 392. Lembramos que Locke já sabia disso.

[75] Sartori, *La democracia después del comunismo*, p.23-6.

atuar *autoritariamente* em relação à linguagem (não se deve empregar a expressão "democracia capitalista" nem "democracia burguesa", por exemplo), assim como em relação ao enriquecimento dos executivos privados, não obstante seu mau funcionamento mercantil (as empresas esmorecem ou quebram, mas eles saem delas milionários), e ao emprego da televisão (aparentemente, teria de transitar a partir da profusão de imagens que não informam nem permitem pensar em longas exposições do professor Sartori). Em especial, é preciso disciplinar as pessoas para que tenham expectativas e as demandem como direitos (obviamente, os direitos econômicos e sociais). Sartori repete sobre esse ponto o que disse a caverna moderna desde que foi inventada no século XIX:

> A sociedade das expectativas é uma incubadora ideal para a criança mal-educada [...] a título de que são devidos os direitos materiais? Podemos chamá-los "direitos", mas é necessário precisar que são [...] direitos *sui generis,* relativos e não absolutos, condicionados e não incondicionais. Disso decorre que são devidos na medida do possível e desde que seu custo possa ser pago. Se se preferir, as expectativas são "devidas" quando os cofres estão cheios, não quando estão vazios. Equiparar os direitos materiais com os direitos formais não é somente um erro de conceito, é também uma estupidez prática, que transforma uma sociedade de beneficiários em uma sociedade de protesto dos descontentes.[76]

Se não se disciplinam as expectativas, afirma Sartori, a democracia será deficitária. Uma democracia não é deficitária se é autoritária, seguindo o triunfo absoluto do mercado. Como se nota, esse autor dos países centrais (que não lê Ferrajoli, mas lê Bobbio) estabelece uma relação, e estreitíssima, entre matriz econômica e governo legítimo, a democracia, a qual considera "o poder com investidura popular, eleito de baixo".[77] De baixo, é claro, porém disciplinado pelo mercado e com alguma "ajuda de seus amigos".

---

76 Ibid., p.123. Sartori chama de "materiais" os direitos fundamentais substanciais de Ferrajoli e "formais" os fundamentais de liberdade, ou seja, inicialmente burgueses. A diferença entre uns e outros é que não é preciso pagar os políticos e os sociais, sim. A ideia de que ambos exijam satisfação universal e integral porque são "humanos" não cabe na imaginação vulgarizada de Sartori.

77 Ibid., p.19.

As referências a Dahl e Sartori são apenas indicativas de que circulam, além do garantista, outros discursos sobre *a* democracia. Além desses discursos, e muitas vezes em paralelo, existem instituições e jogos democráticos inscritos, pior ou melhor, em processos de democratização. As teses de Ferrajoli sobre a democracia constituem assim *um* discurso sobre o que ele deseja como fundamento das instituições e lógicas democráticas, não uma realidade instituída. Vamos examinar seu conceito na medida em que se relaciona com seu imaginário sobre direitos fundamentais e com o caráter parlamentar ou institucional das lutas que os constituíram. Enunciado assim é evidente que atribuímos traços politicistas e institucionais (reformistas) à proposta garantista nesse campo. Esses traços a tornam disfuncional para a compreensão de uma luta por direitos humanos, ao menos na realidade latino-americana.

O tratamento das instituições democráticas por Ferrajoli está associado à distinção entre a validade *formal* e a validade *substancial* de uma ordem legal, condições determinantes para caracterizar um *Estado de direito*. A validade formal decorre de que qualquer poder deve ser *conferido* pela lei. Nesse sentido, não existe diferença, por exemplo, entre o Estado cubano atual e o do Reino Unido. Ambos são Estados de direito. No entanto, a validade substancial se articula com a tese de que qualquer poder deve ser *limitado* pela lei, tanto em sua forma como em seu conteúdo. A validade substancial implica que estão legalmente pré-ordenadas e circunscritas, mediante obrigações e proibições, as matérias de competência e os critérios de decisão.[78] É nesse âmbito que Ferrajoli torna sinônimas as expressões "Estado de direito" e "garantismo".

As limitações estatais substanciais se organizam para garantir direitos fundamentais dos cidadãos mediante sua positivação na Constituição.[79] Essa é uma ordem de legalidade estrita que subordina todos os atos, leis incluídas, aos *conteúdos dos direitos fundamentais*. Isso faria, hipoteticamente, a diferença entre o Estado de legalidade (não de Direito no sentido rigoroso) cubano (formalmente legítimo) e o Estado de Direito eventualmente existente em outro país.

---

78 Ferrajoli, op. cit., p.856.
79 Inclui proibições de violar direitos de liberdade e obrigações de satisfazer direitos sociais e os poderes cidadãos para ativar a tutela judicial.

Na opinião de Ferrajoli, a distinção entre legitimação substancial e formal é a chave para assumir a relação entre democracia política e Estado de direito nas sociedades modernas. As condições formais determinam *quem* pode decidir e *como*. A legitimação substancial determina as regras sobre *o que* se deve e não se deve decidir. A primeira atribui certa natureza ao governo (democrático ou oligárquico, por exemplo). A segunda revela o caráter e alcance do Direito (autoritário, totalitário, republicano ou de direito) do sistema jurídico. Nesse último sentido, a limitação legal do poder soberano antecede histórica e logicamente sua expressão democrática/representativa:

> A primeira regra de todo pacto constitucional sobre a convivência civil não é, com efeito, que se deve decidir sobretudo por maioria, mas que não se pode decidir (ou não decidir) sobretudo e nem sequer por maioria. Nenhuma maioria pode decidir a supressão (ou não decidir a proteção) de uma minoria ou de um só cidadão. Nesse aspecto, o Estado de direito, entendido como sistema de limites substanciais impostos legalmente aos poderes públicos em garantia dos direitos fundamentais, contrapõe-se ao Estado absoluto, seja autocrático, seja democrático. Mesmo a democracia política mais perfeita, representativa ou direta, seria um regime absoluto e totalitário se o poder do povo fosse nela ilimitado [...]. nem sequer por unanimidade pode um povo decidir [...] que um homem morra ou seja privado sem culpa de sua liberdade, que pense ou escreva [...] que não se reúna ou se associe com outros, que se case ou não com certa pessoa [...] que tenha ou não filhos, que faça tal trabalho ou outras coisas desse tipo.[80]

Precisemos que essa "primeira regra do pacto constitucional" tinha um fundamento jusnaturalista que permitiria *limitar* a condição humana e cidadã a alguns, tanto faz se muitos ou poucos, *antes* de proceder à restrição da ação estatal constitucional, de modo que ela não pode servir como antecedente nem histórico nem lógico do Estado de direito que hoje deveria responder à *universalidade da experiência humana* e da cidadania. A maioria, por exemplo, não podia decidir sobre a propriedade individual, porque esta era natural e racional segundo uma lógica econômica que lhe dava essas características.

---

80 Ferrajoli, op. cit., p.859.

Essa referência permite uma segunda observação: *ninguém* decide que alguém faça tal ou qual trabalho? Isso quer dizer que a relação salarial é voluntária? Ou resulta de lógicas sociais e econômicas de ferro? Diferentemente do jusnaturalismo clássico, Ferrajoli não postula uma natureza humana, mas sua condensação na figura moral da *pessoa* que pode desempenhar um papel semelhante ao dessa construção, porque para "certas pessoas", empresários capitalistas e operários, a relação salarial, mesmo que de diversas maneiras, é *obrigatória*, decida o que decidir a maioria, porque sua obrigatoriedade, no âmbito de uma relação contratual "livre", provém de uma economia orientada para o lucro. Também para muitas pessoas, mulheres e homens, crianças, adolescentes e idosos, a sujeição das primeiras aos segundos, e seus corolários, é obrigatória, assim decida ou não a maioria, porque a determina a *dominação patriarcal* decidida pela economia e "racionalidade" libidinais, ou seja, "pela" cultura dominante. Em que pese seu esforço, vemos aqui um desvio politicista e uma reminiscência jusnaturalista na proposta de Ferrajoli. Ambos os fatores se devem a sua eleição do valor moral da pessoa individual como constitutivo do "fator externo" do Estado individual e da tolerância como lógica básica das relações sociais.

Ferrajoli enfatiza que a defesa desses direitos "vitais" é condição indispensável para uma convivência pacífica e que, por isso, sua violação leva a seu limite a tolerância para fazer aparecer o intolerável que faculta resistir, desencadeando até mesmo a guerra civil. Os direitos vitais constituem as *garantias* do cidadão porque constituem foros de minorias e indivíduos contra os poderes políticos da maioria e contra a ideologia da utilidade geral. Nesse ponto, retoma inteiramente as teses de Bobbio:

> É assim como a transformação do Estado absoluto em Estado de direito acontece ao mesmo tempo que a transformação do súdito [sic] em *cidadão*, isto é, em sujeito titular de direitos já não somente "naturais", mas "constitucionais" diante do Estado, que é vinculado, por sua vez, diante dele. O chamado contrato social, uma vez traduzido como pacto constitucional, deixa de ser uma hipótese filosófico-política para converter-se em um conjunto de normas positivas que obrigam entre si o Estado e o cidadão, fazendo deles dois sujeitos com soberania reciprocamente limitada.[81]

---

81 Ibid., p.860; itálico no original.

Esse Estado de direito é o liberal e, portanto, privilegia garantias liberais ou negativas, ou social e, portanto, reconhece outros direitos vitais: subsistência, alimentação, trabalho, saúde, educação, moradia etc. Estes últimos são *direitos a* ou expectativas de comportamentos alheios aos que devem corresponder obrigações por parte do Estado. Existe, assim, um Estado de direito liberal e um Estado de direito social que disciplinam de diversas formas as atividades estatais. Podem existir, por isso, Estados liberais de direito profundamente antissociais e Estado sociais de direito intensamente antiliberais. Também podem existir Estados de direito que buscam combinar ambos os tipos, negativo e positivo, de ações estatais.

Existe, entretanto, uma diferença no *status* conceitual e prático que afeta direitos de liberdade (liberais) e direitos a prestações (sociais). Estes últimos carecem de uma teoria e por isso não se tem nem certeza, nem juridicidade, nem igualdade em relação à satisfação de expectativas:

> O desenvolvimento (das prestações positivas do Estado em benefício dos cidadãos) se produziu em grande parte por meio da simples ampliação dos espaços de discricionariedade dos aparatos burocráticos, o jogo não regrado dos grupos de pressão e das clientelas, a proliferação das discriminações e dos privilégios, assim como de sedes extralegais, incontroladas e ocultas do poder público e parapúblico. Não se realizou nem se teorizou, em suma, um Estado social de direito [...].[82]

Ferrajoli explica a ausência dessa teoria social pelo enfrentamento e pelo antagonismo mútuos entre o pensamento liberal e as ideias socialistas e entre o pensamento socialista (comunista) e os valores garantistas liberais. A isso se agrega que os direitos sociais supõem custos, ao passo que os de liberdade não. Estes últimos são ativos ou capacidades para fazer, ao passo que os primeiros são *pretensões*, o que os caracteriza como passivos, porque sua satisfação depende de outros sujeitos. Finalmente, a violação de direitos liberais pela legislação se resolve anulando ou reformando a norma inválida, ao passo que a violação legal de direitos sociais exige uma produção normativa em que nem sempre está claro o que (e a quem) se deve limitar e que normativa se deve substituir ou transformar. Em síntese, as

---

82 Ibid., p.863.

pretensões sociais se encontram em desvantagem prática e conceitual diante das liberdades liberais em um Estado moderno e ótimo de direito. Bem, ainda que as razões talvez não sejam exatamente as que indica Ferrajoli,[83] é isso que de fato ocorre e afeta aqueles que pretendem existir sob um Estado de direito que, na América Latina, como já indicamos, constitui-se como um simulacro.

A dificuldade mais séria, contudo, não está na constatação da precarização dos direitos sociais, mas no fato de Ferrajoli acreditar que *a* democracia é *o* regime político que permite o desenvolvimento *pacífico* dos conflitos e, por sua causa, as transformações sociais e institucionais. Em sua apreciação:

> Ao legitimar e valorizar por igual todos os pontos de vista externos e as dinâmicas sociais que as expressam, a democracia na realidade legitima a mudança por meio do dissenso e do conflito. Esse nexo entre democracia e conflito é biunívoco. Não somente *a democracia garante as lutas pelos direitos*, mas *estas garantem por sua vez a democracia*: uma oferece às outras os espaços e os instrumentos jurídicos, que são essencialmente os direitos de liberdade, e as outras asseguram aos direitos e à democracia os instrumentos sociais de tutela efetiva e alimentam seu desenvolvimento e sua realização.[84]

Na referência salta à vista que Ferrajoli mescla os planos do conceito com os das instituições sócio-históricas efetivas. Ao mesmo tempo, avalia-se com claridade o viés politicista: uma forma de negociação e representação parlamentar ou social ("a" democracia) permite ganhar o controle da economia política ou da geopolítica e até mesmo romper suas lógicas estruturais. A lógica democrática seria o caminho para passar da lógica do mercado para a de uma economia social empresarial orientada para a satisfação das necessidades humanas de toda a população (inclusive o controle pessoal sobre sua existência). A pretensão é desmesurada. É óbvio que Ferrajoli se

---

[83] De fato, ele mesmo acrescenta outras. A principal consiste na necessidade de expandir a democracia substancial.

[84] Ferrajoli, op. cit., p.947; itálicos nossos. Ferrajoli considera as lutas sociais, na forma de grupos de pressão e negociação, exercícios de democracia direta e democracia representativa. Na América Latina, onde as instituições da segunda estão sequestradas pela minoria reinante (neo-oligarquia), desqualifica-se absolutamente a primeira como populista, comunista ou fascista. Na Costa Rica, uma comentarista qualifica como "terrorismo passivo" as manifestações de rua e outras formas diretas de pressão.

imagina numa sociedade já estabelecida, *onde tudo funciona* e onde os "poderes selvagens", que constituem parte importante de seu discurso, aceitam negociar sua reforma parcial ou total. Essa não é, evidentemente, a situação latino-americana. Aqui não existe Estado de direito, nem sequer liberal, ou é ocasional e sempre simulado, e não existem espaços institucionalizados para negociar os poderes locais ou internacionais. Esses poderes se exercem de maneira brutal ou ao menos grosseira e, por isso, os contrapoderes devem se autoproduzir e requerem para tanto valorizar eficazmente a *violência*. Os problemas nestas terras consistem em *como praticar valores democráticos*, que não são idênticos às práticas parlamentares institucionalizadas, *no seio de muitas guerras*.

Em síntese, a abordagem garantista sobre a mudança social necessária, tendo-se como referência o valor dos seres humanos, é determinada no interior de um Estado estrito de direito que torna possível uma lógica democrática de representação e participação que deveria materializar os valores legítimos ou de vida dos diversos setores sociais. Essa abordagem ignora as situações e lógicas de poder que percorrem, nacional e internacionalmente, *todas* as situações sociais, *subordina a luta social ao âmbito político* (politicismo e legalismo), torna invisível a necessidade de uma mudança radical ou *revolução* e entrega ao claro-escuro da dominação e do reformismo os direitos sociais fundamentais. Exceto pela não necessidade das revoluções, nenhum desses temas ou logros parece corresponder aos desejos explícitos de Ferrajoli. Decorrem de sua debilidade analítica em relação ao caráter social do âmbito político (substitui as experiências de contraste e a luta social pelo valor da pessoa) e da necessidade de que a luta social se expresse não só como legalidade ou parlamentarmente, mas como testemunho de uma nova cultura ou sensibilidade, como *sensibilidade alternativa*.

9. Garantismo e direitos humanos

Já assinalamos que o juspositivismo tem dificuldades com a determinação conceitual e prática de direitos humanos. No campo conceitual, porque sua dificuldade para encontrar um conceito operacional e universal de "justiça" pode conduzi-lo ao legalismo e ao formalismo e, com isso, dar ao Estado e ao Direito características que estes não possuem ou não deveriam possuir. A dificuldade conceitual se estende a sua impossibilidade para encontrar uma resposta que não seja puramente histórica e circunstancial à evidente cisão entre direitos fundamentais e cívicos (*liberdades individuais*) e direitos sociais (expectativas ou pretensões de direitos cujo eixo são lógicas econômicas ou patriarcais).

Essas dificuldades são atacadas pelo garantismo de Ferrajoli, dando ao Direito e ao Estado um *fundamento externo* que lhe empresta caráter, funções e finalidade. A finalidade central é precisamente proteger e propiciar direitos fundamentais ou humanos. Nisso consiste o valor da juridicidade. Se não se cumpre, Direito e Estado perdem legitimidade e não devem ser obedecidos. O problema apresentado pela dificuldade de encontrar um fundamento social para a justiça é resolvido por Ferrajoli mediante sua radicação no valor da pessoa, na tolerância, na liberdade e na vida. Esses critérios se transformam e dão conteúdo ao princípio de igualdade jurídica.

Agora, a *pessoa* e a *vida*, para citarmos duas referências "externas" do discurso garantista, não designam práticas sociais, mas são conceitos para apreender *valores*. Ora, os valores são uma forma de condensação de práticas sócio-históricas e é por isso que "pessoa" e "vida", independentes dessas práticas, parecem ideológicas ou metafísicas em relação à universalidade de direitos humanos e a um conceito universal de justiça, e, com isso, de humanidade. O deslocamento das lutas sociais, derivadas de experiências de contraste (uma maneira de compreender materialmente as pessoas), para a abstração da pessoa debilita irremediavelmente o "fundamento externo" garantista e lhe empresta traços jusnaturalistas que, na prática, levam a justificar a cisão entre direitos à liberdade e direitos sociais.

"Tolerância" e "liberdade" não são unicamente conceitos que designam valores, mas que também remetem a práticas sociais, a relacionalidades, mesmo que como conceitos devam situar-se em um âmbito categorial. Nesse caso, o garantismo imagina tolerância e liberdade como iniciativas a partir do *indivíduo* e não como caráter das relações de gênero, econômicas, políticas e culturais. O resultado é que tolerância e liberdade são delimitadas por seus *limites*, o intolerável e a necessidade, que se transformam em barreiras metafísicas a partir das quais parece impossível pensar a experiência humana como uma *aventura aberta* que busca romper limites: *um conceito aberto de Humanidade*. Um efeito prático de pensar as relações humanas em um âmbito metafísico é que as instituições sociais – e seu aperfeiçoamento por meio da extensão ou correção – são vistas como o sistema definitivo em que se pode manifestar ou concretizar a humanidade. Desaparece dessa maneira a possibilidade do inteiramente novo (revolução), e desaparece também a pretensão de universalidade e integralidade abertas próprias que são convocadas pela expressão *direitos humanos*.

Pelo que foi assinalado aqui, de maneira esquemática, o garantismo de Ferrajoli demanda uma revisão crítica do caráter de seu "ponto de vista externo". Ele tem todos os elementos para fazê-lo, uma vez que aceita tanto o caráter sócio-histórico dos diretos fundamentais (e com isso do Direito) e também reconhece o papel do conflito e a violência nas experiências sócio-históricas.

Finalmente, devemos enfatizar que "o ponto de vista externo" só existe para efeitos analíticos. Direitos humanos constituem parte de um sistema e devem ser encontrados (virtual, embrionária ou efetivamente) em todas as situações e experiências sociais como vivências de contraste, experiências de libertação, resoluções das cortes e receptividade da população para essas sentenças. Nesse sentido, a eficácia jurídica de sua reivindicação diante dos tribunais nas sociedades modernas é determinada por uma cultura ou sensibilidade (*éthos*) de direitos humanos. Embora essa cultura possa apoiar-se também na educação sobre direitos humanos e sua teoria, ela não pode ser construída sem a contribuição das lutas reivindicativas e revolucionárias sócio-históricas enquanto testemunhas e irradiadoras de práticas de humanização. Como se nota, nem Estado nem parlamentarismo desempenham um papel especialmente decisivo para essa última aproximação.

IX
Direitos humanos na América Latina:
passar por outro lugar

A situação de direitos humanos na América Latina é parcialmente conhecida. Com cifras de produção de pobreza e miséria que oscilam entre 44% e 50% da população, brechas sociais desagregadoras e explosivas, simulacros de sujeição universal à lei (Estado de direito elementar), democracias restritivas ou sequestradas por minorias autárquicas, muitas vezes associadas a militares e paramilitares bestiais, culturas excludentes ou discriminadoras e patriarcais, domínio religioso católico, e sob a pressão econômica e geopolítica dos Estados Unidos da América e o "império", como o chamam Hardt e Negri, este não é exatamente o paraíso de direitos humanos, se é que tal coisa existe. A expressão "parcialmente conhecida" faz referência ao fato de que o subcontinente abriga também ações, mobilizações e movimentos sociais, dos quais uma das bandeiras é a reivindicação de direitos específicos (camponeses, mulheres, jovens, cooperativistas, pensionistas, indígenas, trabalhadores urbanos precários, associativistas, sindicatos) que se inscrevem ou podem ser inscritos no campo de direitos humanos. Isso significa que a uma carência crescente e múltipla correspondem uma ou muitas demandas sociais que, se não são contínuas, são ao menos constantes, mesmo que com frequência também isoladas. Essas ações, mobilizações e movimentos configuraram uma *sensibilidade popular e cidadã* em relação a direitos humanos e esta é parte das reivindicações a que atendem as organizações não governamentais (ONGs) e às quais remetem também os discursos dos candidatos durante as fraudulentas campanhas eleitorais. Em menor medida, as demandas e as ações populares podem incidir na *esfera oficial* de Direitos Humanos, com maiúscula, na qual reinam, às vezes com sobressaltos, mesquinhos interesses estatais e uma burocracia arrogante que se afaina em torno da Organização dos Estados Americanos (OEA), sua Corte e seu Instituto Interamericano de Direitos Humanos. Essas ações populares raras vezes têm como interlocutor as cortes de justiça (desenhadas para atender casos individuais e escassamente funcionais).[1] Orientam-se contra inimigos específicos (os latifundiários, por exemplo, ou o capital estrangeiro), podem mobilizar-se extraparlamentarmente e, é claro, recorrer a diversas formas de força que o sistema qualifica de imediato como violência ou subversão. Na América Latina, a violência é ainda uma forma originária de acumular humanidade e protagonizar esperanças. Talvez, opinem alguns, seja assim em todo o mundo.

Esta seção latino-americana não se ocupa, contudo, dos testemunhos populares que fecundam dolorosamente os direitos fundamentais negados e simulados. Trabalhei de forma recorrente, intensa e às vezes desordenada sobre essas tenazes presenças em outros ensaios e em muitas experiências de autoeducação popular. O objetivo dessas notas é basicamente apresentar com algumas observações críticas quatro *discursos* sobre direitos humanos gestados nas condições latino-americanas. Uma abordagem do discurso que chamei de *oficial*, outra do de Francisco Miró Quesada, a quem se valoriza como *filósofo*, uma revisão de alguns aspectos do pensamento de Franz J. Hinkelammert, a quem se costuma inscrever na Teologia da Libertação latino-americana, e um exame da resenha de Pablo Salvat em um esforço coletivo de pensamento crítico latino-americano. Antes, como se lembrará, examinamos sumariamente uma versão "acadêmica" da sensibilidade dominante, a ortodoxia católica, que se mostrou desinformada, desatualizada e preconceituosa (quando não abertamente primitiva). Aqui, por outro lado, ocupamo-nos, exceto o trecho sobre o discurso oficial,[2] de autores inscritos em correntes que se desejam progressistas. Infelizmente, e com

---

[1] Um ex-ministro da Justiça costa-riquenho indica, por exemplo, que, entre 1997 e 2001, de cada cem pessoas denunciadas ao Ministério Público, somente 5% ou menos foram punidas pelos tribunais. Os 92% dos homicídios culposos, ou seja, a metade das mortes violentas, ficaram impunes. Os estupros alcançaram cerca de 88% de impunidade (Castro, "Me encantan las broncas").

[2] Chamo de discurso "oficial" aquele que é gestado em torno da OEA e de suas instituições. Contém posições complacentes ou cortesãs, assim como pontos de vista críticos, mas sempre dentro de um politicismo conservador (burocrático) com baixa incidência positiva efetiva.

alguma exceção, como se verá, os resultados não serão muito alentadores. E é assim que, seguramente, ao menos na América Latina, direitos humanos *passam por outro lugar*.

1. Notas sobre o discurso oficial

Em sua exposição sobre a realidade de direitos humanos na América Latina, o pensador peruano Francisco Miró Quesada valoriza sua dimensão jurídica como "elevada e luminosa" para apontar de imediato que, infelizmente, não se pode dizer o mesmo de sua realidade histórica.[3] A observação de Miró é até certo ponto "graciosa", por sua "educada" maneira de sintetizar a recorrente cisão entre o que se diz e o que se faz em direitos humanos na área, embora ele devesse acrescentar, por tratar-se de uma opinião "filosófica", a inquietante dúvida de que essa cisão não será constitutiva da *realidade* de direitos humanos nas formações sociais latino-americanas. Todavia, a materialização do discurso político que se reconhece como juridicamente vinculante poderia, talvez, ser considerada "interessante" por alguns detalhes externos, mas não "elevada e luminosa" como considera Miró, que não examina os documentos mais recentes dessa história. Esses documentos são, em relação a sua gestação, a Declaração Americana dos Direitos e Deveres do Homem (1948) e sua posterior convenção, conhecida usualmente como "Pacto de São José" (1969) e, para sua situação atual, as modificações nos Regulamentos da Comissão e Corte interamericanas (2001), reformas que, por exemplo, concedem participação autônoma a peticionários e vítimas na aceitação de seus casos e diante do tribunal. Até essas reformas, aqueles que conseguiam que suas reivindicações passassem à consideração da Corte era "representado" diante dela pela Comissão Interamericana de Direitos Humanos, um órgão da OEA eleito pelos governos cujos Estados eram os questionados pelas demandas dos peticionários. Essa peculiaridade processual, que afetava radicalmente os interesses das vítimas, dificilmente poderia ser qualificada como "elevada e luminosa" e,

---

3 Miró Quesada, "Los derechos humanos en América Latina", p.336. O ensaio faz parte do volume já citado de Serbal/Unesco, *Los fundamentos filosóficos de los derechos humanos*.

de fato, implicava uma nova cisão, agora entre declaração, pacto e procedimento jurídicos (a primeira proclamava um direito, o segundo o codificava e o terceiro o obstruía), mas também é certo que talvez os filósofos, ocupados com assuntos substanciais, quisessem desligar-se da consideração desses "insignificantes" detalhes procedimentais.

O conteúdo da Declaração Americana dos Direitos e Deveres do Homem também não é muito luminoso. Sem intenção de análise exaustiva, seus considerandos se iniciam com uma falsidade: afirmam que "os povos americanos dignificaram a pessoa humana". As sociedades americanas, na realidade, constituíram-se em relação a processos brutais de genocídio e etnocídio que a história oficial invisibiliza, tais como o "descobrimento", a "colonização", a "expansão das fronteiras" e a "modernização". As reivindicações indígenas por esse crime, quantitativamente muito superiores ao holocausto sofrido modernamente pelo povo judeu, não foram nem escutadas nem divulgadas (nem reparadas, é claro) depois de mais de cinco séculos. O etnocídio e o genocídio foram naturalizados como se tivessem sido inevitáveis, ou seja, necessários, ou como se tivesse se tratado unicamente de casos excepcionais, "excessos" ou "erros" individuais e não de uma política (cultura constitutiva). Em um ângulo semelhante, uma parte significativa da riqueza dos Estados Unidos foi produzida mediante trabalho africano escravo. A escravidão associada à cor da pele contribuiu para que essa formação social tivesse uma cultura racista e conflituosidades raciais que se estendem até o século XXI. Se genocídio, etnocídio, escravidão e racismo oficialmente invisibilizados não são suficientes para falsear a frase que põe os americanos como "dignificadores da pessoa humana", talvez valha a pena mencionar que entre 1948, data da declaração americana, e sua tardia aceitação como pacto por alguns Estados em 1969, a Argentina teve ditaduras "liberalizadoras", ou seja, antinacionais (1955-1962), o Brasil inaugurou (1964), com apoio estadunidense, os regimes de terror de Estado (conhecidos como ditaduras de segurança nacional), o México manteve sua ditadura unipartidária, apesar de ter iniciado sua decomposição com o massacre de trabalhadores e estudantes em Tlatelolco (1968). Isso, se considerarmos as economias "grandes" da América Latina. Só para mencionar aleatoriamente outras experiências de profundo respeito pela "dignidade das pessoas", nesse mesmo período constituiu-se (1957) e prolongou-se a ditadura do *Tonton Macoute** no Haiti (decerto com o apoio estadunidense); na Nicarágua, justiçou-se o fundador da tirania dos Somoza (1956), sem que sua liquidação desalojasse a ditadura familiar; no Paraguai, Alfredo Stroessner tomou o trono com um golpe militar (1954) e durante mais de trinta anos de reinado ficou famoso por proteger crimes de guerra e admitir unicamente a "oposição" política que ele mesmo dirigia; a Colômbia acabava de entrar em sua atual *espiral de violência* (1948), à qual liberais e conservadores (ambos oligarcas) deram um respiro com um acordo "constitucional" (1957) que lhes permitia dividir a administração pública por doze anos; a mesma OEA colaborou tanto com o golpe de Estado (1954) que iniciou a violência que até hoje destrói a Guatemala quanto com a intervenção estadunidense na República Dominicana (1965) que, por sua vez, abriu caminho para os governos "legais" de Joaquín Balaguer, um funcionário próximo do ditador Trujillo que governava, com o inevitável apoio estadunidense, em 1948, quando os Estados americanos "se antecipavam"[4] às Nações Unidas com sua Declaração sobre Direitos e Deveres do Homem. E esta é apenas uma visão geral, aleatória e redutivamente politicista, do que acontecia na América Latina com o "devido respeito" às pessoas e aos inexistentes cidadãos.

Contudo, visto de outro ângulo, existe coerência entre essa primeira frase infeliz de Miró e o propósito da Declaração Americana. É o que nos indica o Preâmbulo do documento. Diz:

> Todos os homens nascem livres e iguais em dignidade e direitos, são dotados de razão e consciência e devem agir fraternalmente uns com os outros.
>
> O cumprimento do dever de cada um é exigência do direito do outro. Direitos e deveres integram-se correlativamente em toda atividade social e

---

* Alusão à milícia paramilitar haitiana (Milícia de Voluntários da Segurança Nacional), que respondia diretamente ao ditador François Duvalier (Papa Doc) e depois a seu filho e sucessor, Jean-Claude Duvalier.

4 O ritual oficial sobre direitos humanos na América Latina inclui mencionar sempre que a Declaração Americana é anterior à das Nações Unidas. Com razão, nós, os latino-americanos, temos reputação de fátuos e ridículos no resto do planeta e em outras galáxias. O injusto é que toda a população pague por suas oligarquias.

política do homem. Se os direitos exaltam a liberdade individual, os deveres expressam a dignidade dessa liberdade.

Os deveres da ordem jurídica pressupõem outros, de ordem moral, que os apoiam conceitualmente e os fundamentam.

É dever do homem servir ao espírito com todas suas potências e recursos, porque o espírito é a finalidade suprema da existência humana e sua máxima categoria.

É dever do homem exercer, manter e estimular por todos os meios a seu alcance a cultura, porque a cultura é a máxima expressão social e histórica do espírito.

E visto que a moral e as boas maneiras constituem a mais nobre manifestação da cultura, é dever de todo homem acatá-las sempre.[5]

Até mesmo a leitura mais superficial advertirá que esse preâmbulo enfatiza mais as *obrigações* do que as capacidades, faculdades ou direitos. Cada homem nascido igual e livre está obrigado por uma *moral* natural transcendente, pelo *espírito* que constitui seu referencial ou causa final (e absoluta), pela *cultura*, máxima expressão ou emanação sócio-histórica do Espírito (colocamos a letra maiúscula que lhe corresponde) e também *pela moral e "boas maneiras"* cotidianas. A liberdade e a racionalidade humanas consistem em seu *dever* de *acatar sempre* todas as instâncias: Moral Natural ou Divina, Espírito, Cultura dominante e moral cotidiana e suas tramas institucionais. Obviamente, não se trata de uma declaração moderna de direitos humanos, mas de uma *justificação do Direito natural antigo*, que assinalava que se deve honrar Deus, a Família e a Propriedade, o Estado que as representa, o Direito que administra e a Igreja que fala pelo Espírito. Não obedecer em cada um desses âmbitos implica imoralidade ou delito, ou ambos.

Já no primeiro parágrafo se adverte que o assunto não é casual, mescla jusnaturalismo moderno com o autoritarismo do Direito natural clássico: "Todos os homens nascem livres e iguais em dignidade e direito, são dotados de razão e consciência [...]".

---

5 Declaración Americana de los Derechos y Deberes del Hombre, reproduzida em *Los derechos humanos en el sistema interamericano*, publicação do Centro por la Justicia y el Derecho Internacional (Cejil).

Não escapa aos redatores que o uso instrumental de uma razão autônoma pode levar à separação de Estado e Igreja e ao que esta última chama de *secularização* da existência (uma espécie de lógica satânica em que se esquece de Deus ou este é utilizado para fins não eclesiais e, sobretudo, em que se expropriam os bens clericais). É um tópico moderno. Por isso, a essa razão atribui-se a *consciência* (moral) obrigada universalmente pelo Espírito e pela Cultura. Sem dúvida, um truque interessante, mas juridicamente antimoderno e vinculado a um imaginário que, na realidade, não só não aceita direitos humanos, mas também alenta e justifica sua violação.

Com efeito, em nome do serviço ao Espírito, à Cultura, à Moral, a nobreza dos costumes e a permanência da lei, podem-se discriminar indígenas, escravizar negros e raças inferiores, criar ditaduras, invadir a República Dominicana, torturar, desaparecer com opositores, reproduzir e ampliar a miséria, submeter e renegar mulheres, crianças, jovens e idosos, negar possibilidades educativas..., todas práticas que expressariam "a dignidade da liberdade humana". Como se nota, o Preâmbulo dessa precoce Declaração Americana é inteiramente coerente com os monumentos e avenidas que, na América Latina, ostentam nomes e expõem figuras de assassinos, massacradores e espoliadores históricos. É a cultura oficial. Podemos considerá-la grosseira ou descaradamente brutal e segura de sua impunidade, mas nunca "luminosa".

Fica, portanto, estabelecido, desde início, que a Declaração Americana não fala de direitos humanos no âmbito de uma oposição à autoridade (critério moderno), mas em relação à *sujeição* moralmente *obrigatória* a um sistema de autoridades que, em última instância, remete a Deus, mas, enquanto isso, manifesta-se como *status quo* (critério pré-moderno). Nesse marco, inscrevem-se uma lista de 28 direitos "modernos" e de obrigações morais e patrióticas (10), copiadas as primeiras da tradição europeia, com exceção do direito de asilo (Art. 27), e emanadas as segundas das necessidades de Estados e sociedades sem maior legitimidade e, portanto, frágeis,[6] por sua disposição à anomia.

No conjunto em si, destacam-se quantitativamente os direitos de liberdade ou individuais copiados da tradição constitucional europeia ou

---

6 Alguns desses deveres são pagar impostos, ir à guerra pela pátria, obedecer ao Estado e trabalhar.

estadunidense, o espaço, provavelmente nutrido pela piedade católica, que se atribui à família, à mulher, à segurança social e à educação, esta última sujeita à moralidade, e à inevitável fraqueza dos direitos econômicos com apenas dois artigos (14 e 23), ambos reduzidos ou pelas *oportunidades* existentes de emprego (Art. 14, sobre o direito ao trabalho) ou pelas necessidades *essenciais* de uma vida decorosa (Art. 23, sobre a propriedade de bens de existência). A limitação dos direitos às possibilidades que ofereça a economia afeta também o direito à saúde e à educação, que, como se nota, não são estritamente vinculantes para o Estado, mas "progressivos", o que implica que não se cumprirão nunca.

O Artigo 27 formula o direito de asilo, que responde de maneira um tanto mágica à inexistência do Estado de direito, que faz que circunstancialmente os setores dominantes decidam eliminar-se fisicamente (o paradigma seria a Colômbia). Nessa situação, o simulacro do Estado de direito permite à vítima eventual salvar sua vida refugiando-se em uma embaixada de outro Estado latino-americano, que também não é de direito, mas nesse caso serve como proteção. Quando o perseguido não pertence estritamente aos grupos reinantes ou a pressão contra ele alcança vigor inusual, o direito de asilo se debilita. O caso típico é a entrega do militar Manuel Noriega (asilado na Nunciatura Apostólica) ao exército dos Estados Unidos como resultado da invasão do Panamá em 1989. Se Noriega tivesse conseguido chegar a uma embaixada latino-americana e tornado pública sua estadia, talvez tivesse evitado a entrega ou os Estados Unidos se vissem forçados a retirá-lo à força. Por outro lado, se a situação tivesse sido mantida secreta, Noriega teria sido executado por seus mesmos hospedeiros para evitar corolários indesejados.

Mais interessante do ponto de vista do conceito é que a declaração americana fixa em seu Artigo 28 os limites dos direitos do homem: "Os direitos de cada homem estão limitados pelos direitos dos demais, pela segurança de todos e pelas justas exigências do bem-estar geral e do desenvolvimento democrático".[7]

Trata-se de uma confirmação do preâmbulo. Os direitos naturais de cada um poderiam ser recortados e, por isso, violados pelo poder ou po-

---

[7] É o último dos artigos do capítulo sobre os direitos. Estes devem ser lidos, portanto, a partir do fim.

deres que se atribuem à representação dos "direitos dos demais", também por aqueles poderes que velam pela "segurança" de todos, também pelas justas exigências do "bem-estar geral" e as também muito justas do "desenvolvimento democrático". Isso significa que se poderá sacrificar tanto em nome de encarnações do Direito natural objetivo clássico quanto em nome de figuras metafísicas jusnaturalistas os direitos dos indivíduos ou grupos aos quais o poder estabelecido resolva aplicar alguma ou várias das abstratas figuras propostas como limite para os direitos de cada um. A noção de "limite", como assinalamos em um estudo anterior, permite determinar o intolerável ou abjeto, o absolutamente "outro" ou inadmissível que se deve destruir precisamente para que possam existir direitos humanos. Isso é o que determina o Artigo 28. E é nesse contexto, sem nenhuma necessidade de inversão fantasmagórica, que o Direito natural inevitavelmente autoritário sustenta que os generais Pinochet ou Videla, por exemplo, não violavam, mas defendiam direitos humanos e, com isso, a dignidade da liberdade, perseguindo, encarcerando, torturando, fazendo desaparecer, expulsando, traficando seus filhos ou negando cidadania aos "comunistas" ou humanoides.

Foram esses comunistas que se puseram mais além do limite de direitos humanos. As práticas militares (e empresariais) restauravam direitos humanos ou os recolocavam no mundo do trabalho. Um mundo de "comunistas" ou de força de trabalho não disciplinada é intolerável e demanda uma intervenção moral, ou seja, obrigatória para os "verdadeiros" seres humanos. Esse mesmo argumento foi usado pelo governo dos Estados Unidos para sitiar e levar a guerra à Nicarágua na década de 1980. Foram os sandinistas que transpassaram e romperam os limites naturais de direitos humanos. Seu governo convocava, portanto, toda a humanidade para seu castigo obrigatório. Essa formulação, como vimos, se encontra originalmente em Locke e decorre da matriz jusnaturalista que identifica o indivíduo natural com determinados traços e o faz inteiramente igual a um conceito/valor fechado de Humanidade. É essa matriz metafísica autoritária que potencializa a violação de direitos humanos em nome dos mesmos direitos por quem tem o poder para fazê-lo ficando impune. É óbvio que o Direito natural antigo, que supõe uma moral objetiva e universal, pode castigar com a ira de Deus quem infringe as instituições dessa moral, posto que nesse imaginário a condição humana do ser humano é, na realidade, um valor. Ser humano é ser a partir de Deus e para Deus. Entretanto, nessa última matriz não existem, como já dissemos, direitos humanos, exceto como uma forma de discurso.

Pelas razões aqui somente lembradas é que consideramos que as perspectivas de Direito natural clássico ou moderno não permitem constituir efetivamente nem proteger direitos humanos. E na medida em que essas formas ideológicas ou doutrinais são as que dominam a Declaração Americana dos Direitos e Deveres do Homem é que podemos considerá-la uma declaração espúria, independentemente de seu regulamento específico e de sua efetividade, que parecem antes aleatórios. Isso significa que a Corte Interamericana tem alguma utilidade porque está presente e ocasionalmente atua, mas seu fundamento não tem nada a ver com direitos humanos.

O resultado não é muito melhor quando examinamos o Pacto de São José, firmado em 1969, mas que só conseguiu vigência em 1978. Esse pacto não é americano porque não é ratificado, entre outros, pelos Estados Unidos e pelo Canadá. Obviamente, a Corte Interamericana que se cria com ele carece de jurisdição em relação a esses Estados, sem dúvida os mais poderosos da região. Assim como em relação a Cuba, suspensa da OEA desde o início da década de 1960. Não obstante, seu nome formal continua a ser Convenção Americana. De forma semelhante à declaração, o período entre o momento em que a convenção é subscrita até sua vigência corresponde às situações mais intensas de terror de Estado imposto pelas ditaduras militares de segurança nacional, e a década que inaugura a vigência do pacto caracteriza-se tanto pela Guerra de Baixa Intensidade, auspiciada pela administração Reagan na América Central, quanto por sua qualificação de "década perdida" em alusão à queda latino-americana no mercado internacional e a conseguinte extensão da pobreza e da miséria regionais. Para citar apenas um caso, com desfaçatez galáctica o Estado da Guatemala, responsável por tantas violações a todo tipo de direito humano que se possa imaginar, inclusive o genocídio feroz, assina a convenção em 1978 (a selvageria militar e oligárquica havia causado então umas 70 mil vítimas) e aceita a competência da Corte Interamericana em 1987, quando o número de mortos superava 150 mil. A Guatemala, como se sabe, faz parte tanto da OEA como das Nações Unidas. É uma sociedade "democrática".

O Pacto de 1978 cria duas instâncias para tornar operacional o sistema interamericano (que, como vimos, não é) de proteção e difusão de direitos humanos. São elas a Comissão Interamericana de Direitos Humanos e a Corte que leva o mesmo nome. Ambas são compostas por funcionários indicados pelos Estados e eleitos pela Assembleia Geral da OEA. Razões políticas e deficiências de procedimento transformaram a Comissão Interamericana em um filtro grosseiro dos casos de violações que deveriam ser levados ao conhecimento da Corte. A situação não melhorou relativamente, a não ser na virada do século, quando uma reforma concedeu às vítimas serem atores ativos e presentes nos processos. A Corte por si mesma funciona de forma morosa e com muitas deficiências e carência de controle (não pode oferecer proteção a quem testemunha contra o Estado, por exemplo) nem possui capacidade material para fazer cumprir as sentenças, quando as realiza. Essa decisão, a do emprego da força legal, teria de ser adotada pela Assembleia Geral da OEA, que, obviamente, não se interessa em punir um Estado em particular por aquela lógica do "hoje por você, amanhã por mim".

Os atores oficiais, no entanto, experimentam ou acreditam experimentar vivências diferentes com o sistema interamericano de defesa e promoção de direitos humanos. O embaixador do Chile, por exemplo, declarou em uma sessão ordinária do Conselho Permanente da OEA em 1996 que se deveria pensar em reconfigurar o sistema interamericano, orientando-o para as sociedades latino-americanas de um futuro que ele caracteriza como monoliticamente democrático, com poderes judiciais mais eficazes e fortes, e solidamente vinculado ao sistema internacional de direitos humanos.[8] Esse futuro promissor permite ao embaixador recaracterizar as tarefas que deveriam ocupar o sistema renovado: promover direitos, assessorar em matéria de direitos humanos graves e evidentes e, por fim, dirimir as controvérsias que surjam entre um Estado e os indivíduos no que diz respeito a direitos humanos internacionalmente reconhecidos.

---

8 Instituto Interamericano de Derechos Humanos, *El futuro del Sistema Interamericano de Protección de los Derechos Humanos*, p.45. Nesse encontro, o secretário-geral do organismo, César Gaviria, saudou a existência da comissão e a Corte, qualificando-as de "dique" contra a ação de governos que usaram toda a classe de meios para eliminar adversários e dissidentes e vingar-se de seus opositores. Se tivesse existido tal dique, a Corte teria processado Gaviria, ao menos por permitir, como presidente da Colômbia, a ação selvagem de paramilitares que obrigaram milhares de colombianos humildes a fazer migrações internas para salvar a vida. Ao contrário, Gaviria, com o apoio dos Estados Unidos, chegou à Secretaria da OEA. Todos esses atropelos são considerados "normais" na América Latina.

É evidente que o embaixador chileno sentia, havia sete anos, que a má época de direitos humanos já havia sido superada pela democracia e pela consolidação do Estado de direito, mas em 2003 uma pesquisa do Latinobarómetro mostrou que apenas 28% da população latino-americana estava satisfeita com as instituições democráticas e que 38% as respaldavam, porque as outras formas de governo eram piores.[9] O respaldo ao regime democrático caiu 8 pontos em menos de uma década, questão que se deve à ausência de substância econômica/social e cidadã das democracias restritivas latino-americanas, à dívida de impunidade no campo de direitos humanos, à perda de credibilidade da chantagem militar e à intensidade das corrupções política e delinquente das direções e dos partidos. Na virada do século, esse mal-estar com as direções e instituições políticas levou à destituição de presidentes no Equador, na Argentina e na Bolívia, ao triunfo eleitoral de candidatos não elegíveis de início, segundo a consideração de forças locais e internacionais (Chávez, Gutiérrez, Lula, Kirchner), e ao surgimento de lideranças com forte respaldo dos mais empobrecidos, como Evo Morales. Outras lideranças, ao contrário, saudadas na época pelas forças do sistema como decisivos para o hemisfério (Toledo, Fox, Uribe), enfraqueceram por sua incapacidade, não mais para enfrentar, mas para reconhecer o caráter das transformações que permitiriam dar respostas humanas às necessidades da população majoritária.

Quanto aos poderes judiciais, signo da existência ou inexistência de um Estado de direito, cito um comentarista conservador referindo-se ao poder judicial costa-riquenho, país considerado, certamente sem justiça, paradigma de direitos humanos na América Latina. A ideia é que o poder judiciário caiu em uma profunda deterioração de sua imagem:

> erodiu-se sua credibilidade e agudizaram-se as demandas por uma justiça pronta e cumprida e o fim da impunidade. Esta se viu agigantada e agravada na imaginação popular, graças ao transbordamento da corrupção política e os desplantes intoleráveis de uma direção que, cega diante de sua própria decadência, continua presumindo de sua influência e poder.[10]

---

9 Citado pelo jornal *Tiempos Del Mundo*, ano 8, n.47, p.6.
10 Cerdas, "Una elección crucial".

O que o comentarista reclama do poder judiciário é o básico: certeza de que a lei se aplicará igualmente, que reine o Direito e não o privilégio, e que contribua para manter um equilíbrio entre a cidadania e os poderes de fato. Se exige essas situações é porque não as vê. E essa é a situação do país/paradigma. Lembramos que, no Chile, os magistrados supremos exoneraram de toda responsabilidade, por "loucura" medicamente atestada, Pinochet, que, meses depois, continuava a conceder entrevistas provocativas a revistas e jornais. Uma das primeiras medidas que o presidente Kirchner tomou na Argentina foi remover juízes e chefes de polícia.

O desenrolar da realidade não pareceu coincidir com o otimismo do embaixador chileno. Na realidade, sua intervenção, orientada para diminuir o peso relativo da Corte Interamericana em favor da Comissão Interamericana, um dispositivo ainda mais político, no sentido de mais diretamente controlado pelos Estados, corresponde ao sentimento dos governos de que a Corte é um instrumento contra eles. Essa questão, e o financiamento, que a burocracia considera sempre insuficiente, são os temas de debate permanente (ao lado do autoelogio pela árdua tarefa realizada, é claro) do pessoal de um sistema adscrito a um organismo hemisférico com apenas um pouco mais de valor do que o decorativo. Quanto ao funcionamento efetivo do sistema interamericano, um de seus especialistas, com alguma valentia, assinala:

> Era ademais notória a resistência da comissão para remeter casos à Corte, a ponto de as primeiras demandas interpostas por esta datarem de 1986, isto é, oito anos depois de ter entrado em vigor a convenção. Durante esse lapso, foram solicitadas à Corte oito opiniões consultivas, três delas pela comissão e cinco por Estados membros. Até a data deste comentário [1996], a Corte conheceu menos de vinte casos contenciosos e menos de vinte opiniões consultivas.
>
> A causa desse déficit não está na convenção. Esteve, durante algum tempo, em certa política, demasiado inexplicável, da Comissão Interamericana de Direitos Humanos.[11]

---

11 Nikken, "Perfeccionar el Sistema Interamericano de Derechos Humanos sin reformar el Pacto de San José", p.30.

O comportamento "inexplicável" da comissão alimenta-se do receio que sentem os Estados/governos pela mera existência de uma Corte (que eles mesmos elegem) que poderia indiciá-los por seus atropelos e abusos. Além disso, os países mais poderosos do hemisfério não aceitam a jurisdição da Corte. Por que deveriam aceitá-la os menos poderosos? Não devemos esquecer que a primeira onda de prestígio contemporâneo de direitos humanos está ligada ao fim da Segunda Guerra Mundial e a seus tribunais especiais para julgar os derrotados por seus crimes. Obviamente, os vencedores não cometem crimes de guerra: suas ações, inclusive o bombardeio atômico contra civis indefesos, "dignificam a liberdade". Direitos humanos têm sido sempre objeto de manipulação política e geopolítica, e os Estados sabem disso. E, em termos mais sociais, as minorias opulentas e com "prestígio" que sequestram os Estados latino-americanos não se sentem derrotadas, mas sim vencedoras. Por que teriam de responder por direitos humanos alegados pelos vencidos?

A segunda onda de ressonância de direitos humanos na América Latina está vinculada ao terror de Estado nacional ou internacionalmente dos regimes de segurança nacional. Essa segunda onda foi imediatamente continuada pela manipulação aberta e sistemática de direitos humanos para tirar vantagens geopolíticas por parte dos Estados Unidos. A terceira onda se prolonga dramaticamente hoje com a administração Bush. Os governos entendem perfeitamente que se trata de uma farsa ou simulacro. A primeira onda corresponde ao jogo de gato e rato já morto e à histeria anticomunista. A segunda, às medidas necessárias para castigar a força de trabalho e suas ideologias e abrir as economias para o livre comércio "global". É claro que essas medidas devem ficar impunes, porque não se pode considerá-las violadoras de direitos humanos, mas antes empoderadoras deles. A terceira está ligada ao "Consenso de Washington". Por que os Estados latino-americanos teriam de financiar essa comédia ou submeter-se a ela, se nem os Estados Unidos, os "campeões dos direitos", o fazem?

De fato, a alegação recém-citada de Nikken inscreve-se em uma luta no interior da OEA que pode ser esquematicamente desenhada da seguinte maneira: de um lado, funcionários e especialistas que julgam que devem ser esclarecidos os fatores administrativos e políticos que entorpecem, bloqueiam e tornam ineficientes as tarefas da Comissão e da Corte. Uma prioridade aqui é que todos os membros da OEA tenham um mesmo *status* em relação ao sistema interamericano. Na atualidade, existem Estados que aceitam a convenção e a Corte, outros que só ratificam a convenção, porém não admitem a Corte e outros ainda que não aprovaram nem sequer a convenção e se relacionam com direitos humanos por intermédio da *carta* da OEA. O efeito prático é que menos de um terço dos habitantes do hemisfério poderia ter acesso pleno à Corte, porque Estados com população majoritária não reconhecem sua competência. Resolver essa situação política é fundamental para que as transformações operativas internas tenham êxito, e para que se superem as dificuldades pressupostas que, no início deste século, são asfixiantes.[12]

Outro grupo alega que, pelo fato de o hemisfério estar em democracia, o sistema interamericano deve despolitizar-se, reduzindo a especificidade da comissão, e judicializar os casos de violações de direitos humanos em cada Estado ou em cortes regionais ou na mesma Corte atual. Evidentemente, contam com a ineficácia desta. Acrescentam agora que cada Estado pode atender às exigências de seus cidadãos ou, na falta dele, podem regionalizar as cortes para torná-las mais operativas (e mais manipuláveis). Um terceiro grupo enfatiza a necessidade de manter a atual estrutura do sistema, impedindo discricionariedade à Comissão, reforçando a Corte e sustentando as tarefas da comissão nos campos da promoção de direitos e em funções de assessoria. Embora o segundo grupo declare, como todos, preocupar-se com o problema pressuposto, combina sua estratégia de debilidade política com a urgência econômica.

Essas disputas majoritariamente mesquinhas e imediatistas, ainda que próprias do aparato burocrático da OEA e suas dependências, inscrevem-se em um contexto que o venezuelano Pedro Nikken, já citado, descreve assim:

> A tortura e outras formas de tratos inumanos continuam a ser prática habitual de numerosos corpos de segurança. O número de pessoas privadas de sua liberdade, sem terem sido sentenciadas, continua a ser inaceitável. A situação das prisões latino-americanas é majoritariamente inumana. Os sis-

---

12 No momento em que estas linhas foram escritas (fins de 2003), a Corte tinha financiamento para realizar sessões oito semanas por ano, e a Secretaria-Geral da OEA, ainda nas mãos de Gaviria, estudava cortar sua verba.

temas judiciais são débeis e ineficientes, quando não corruptos. É suficiente a leitura da imprensa internacional para perceber que, sem obedecer a uma política deliberada de Estado ou, mais precisamente, a decisão das altas esferas de governo, persistem na América Latina numerosas situações que constituem *casos gerais de violação sistemática de certos direitos humanos*.[13]

Não é somente o especialista venezuelano que opina nesse sentido nos meios oficiais. Outro funcionário internacional, José Miguel Vivanco, descreve da seguinte maneira a situação atual de direitos humanos:

> a tortura continua a ser o método habitual de repressão ou investigação policial e se, em geral, diminuíram os desaparecimentos forçados de pessoas, ainda se continua a denunciar essa horrenda prática em mais de um Estado do continente; do mesmo modo, ainda que tenham diminuído os casos de violações dos direitos humanos com motivação política, agentes do Estado são denunciados diariamente por sua participação em fatos que vão desde execuções extrajudiciais a detenções arbitrárias, extorsões e ameaças, diante dos quais os recursos judiciais se mostram normalmente ineficazes; a situação das prisões não pode ser mais urgente, com níveis de lotação, corrupção e violência extrema; os tribunais de justiça – salvo algumas exceções – por sua lentidão, corrupção e falta de independência não se constituíram em uma instância válida e crível de investigação [...] A imprensa, que na prática se transformou no mais eficaz recurso de denúncia dos abusos de poder, encontra-se permanentemente defendendo seus foros diante de uma autoridade que ainda não se acostumou à fiscalização da opinião pública. Por último, um fenômeno que é comum a toda região, e que complica e agrava ainda mais o panorama, é o da impunidade, isto é, a falta de eficácia dos órgãos encarregados de administrar a justiça para investigar fatos que são imputáveis a agentes do Estado.[14]

Embora esses especialistas nem sequer passem perto do cenário de direitos econômicos, sociais, de gênero, ambientais e culturais, a situação

---

13 Nikken, op. cit., p.39. Talvez as "altas esferas de governo" não desejem publicamente violações de direitos humanos fundamentais e cívicos por seus subalternos, mas, quando se inteiram delas, deixam-nas impunes. No momento em que escrevemos (2003), o caso mais patético é o do assassinato maciço de mulheres em Ciudad Juárez, no México.

14 Vivanco, "Fortalecer o reformar el Sistema Interamericano", p.52-3.

generalizada não parece abrigar as intrigas pequenas e mesquinhas nem a urgência financeira. Contudo, as últimas são as que dinamizam perversamente o sistema. Nessas condições grotescas, a OEA acrescentou à convenção protocolos sobre direitos econômicos, sociais e culturais (1988) e sobre a abolição da pena de morte (1990), e convenções para prevenir e castigar a tortura (1985), sobre o desaparecimento forçado de pessoas (1994), para prevenir, sancionar e erradicar a violência contra a mulher (1994),[15] para a eliminação de todas as formas de discriminação contra pessoas com alguma deficiência (1999) e uma declaração de princípios sobre a liberdade de expressão.

Considerando sua eficácia jurídica e sua incidência cultural, eventualmente aqueles que falam pelo sistema interamericano poderiam declarar rinocerontes e hipopótamos os animais mais esbeltos do planeta. No entanto, mesmo que todos os estados subscrevam essa proposição, eles não conseguirão que esses animais diminuam de peso ou que as pessoas os vejam e os sintam mais esguios.

Em um juízo sumário, podemos assinalar que o discurso *oficial* internacional sobre direitos humanos fez sua, ainda que não saiba, a tese de Bobbio de que o importante nesse campo é resguardar direitos (que na América Latina quer dizer abusos e privilégios), e não fundamentá-los. A essa tese infeliz, que invisibiliza o caráter sociopolítico da demanda por direitos humanos e, com isso, a conflituosidade de sua codificação e incidência civilizatória, acrescenta uma burocrática e interessada simulação acerca da realidade sócio-histórica latino-americana e do papel dos Estados na constituição e reprodução de suas carências básicas. Separado assim dos conceitos e da existência social, o discurso oficial se ocupa de questões regulamentares, procedimentais e de financiamento, de enfrentamentos reais ou fingidos entre suas instâncias internas (comissão e Corte), de aparentar progressismo por meio de declarações e protocolos que são assinados sabendo-se que não serão cumpridos e, basicamente, de falar e atuar como se na América a cidadania correspondesse a um efetivo Estado de direito. Nessas condições, as instituições do sistema são, no melhor dos casos,

---

15 Trata-se de uma declaração que propõe a mulher como tipo particular de cidadão, mas não determina nem distingue entre saúde sexual e saúde reprodutiva, de modo que carece de toda especificidade em relação à dominação de gênero que se exerce contra as mulheres.

aleatórias. E se retornamos ao discurso, sua expressão mais progressista está contida em um sentimento explícito a respeito do qual o perfeccionismo do sistema (?) deve abrir-se para a *opinião pública*.[16] Contudo, esse sentimento fica limitado até quando se adverte que "opinião pública" se limita à experiência dos usuários do sistema. Na realidade, o sistema interamericano deveria abrir-se à interpelação sócio-histórica das populações latino-americanas e suas necessidades humanas. Pode parecer uma petição desmesurada, mas sem seu cumprimento, ou ao menos sem a intenção de dar-lhe cumprimento, suas instituições nunca poderão desempenhar com eficácia suas tarefas de promover uma cultura de direitos humanos e punir de maneira eficaz suas violações.

2. O discurso filosófico latino-americano ou Adão antes do Paraíso

O tomo dedicado por Serbal/Unesco aos fundamentos filosóficos de direitos humanos contém um ensaio de Francisco Miró Quesada sobre esses direitos na América Latina.[17] Miró Quesada pode ser considerado, a partir da cultura dominante no subcontinente, um "filósofo". Como tal, seu ensaio se orienta mais para determinar sua própria identificação diante da temática do que expor ou analisar a questão que se propôs. Assim, direitos humanos são examinados em pouco mais de quatro estereotipadas páginas, e a corrente da História das ideias e da Filosofia da Libertação, as quais se adscreve Miró, merecem o dobro de páginas. A bibliografia, por sua parte, não inclui nenhum documento jurídico ou associado à experiência estatal, mas inclui, em compensação, uma abundante referência às publicações e aportes das opções ideológico/filosóficas com as que simpatiza o autor, ressaltando, como é usual, as que correspondem a sua marca. Pitoresco.

Dediquemos um primeiro comentário às observações que Miró efetua para a realidade de direitos humanos. Versam sobre quatro grandes núcleos que, em seu caso, são tópicos: o brilhantismo da tradição jurídica latino-

---

16 Comisión Interamericana, "Seminário sobre el Sistema Interamericano de Promoción y Protección de los Derechos Humanos", p.79.
17 Miró Quesada, op. cit.

-americana, a distância (que ele chama de *hiatus*) entre o que se diz e o que se faz, a exclusividade ditatorial da violação de direitos e uma valorização da democracia. Faremos algumas observações a respeito de cada uma de suas formulações.

Como assinalamos, Miró qualifica de "brilhante", "elevada" e "luminosa" a dimensão e a tradição jurídicas da América Latina. Operacionaliza essa "tradição" nos documentos constitucionais, que incluem os direitos à liberdade de pensamento, de expressão, à propriedade etc. e que hoje se estendem aos direitos sociais. Essa proclamação/garantia constitucional, como indica Miró, não deve nos surpreender, porque, atrás dela, encontra-se a inspiração da Constituição dos Estados Unidos da América do Norte, as francesas, o pensamento enciclopedista de Rousseau e outros, como Benito Jerónimo Feijoo (1676-1764), a quem Miró considera o pai da Ilustração espanhola. Curiosamente, ele não menciona Locke nem os espanhóis Luis de Molina (1535-1600) e Francisco Suárez (1548-1617), que, em diversas interpretações,[18] costumam ser considerados antecedentes significativos da oposição liberdade/autoridade que, como vimos, configura a sensibilidade moderna na qual se inscrevem direitos humanos. Em todo caso, Miró conclui: "As constituições de nossos países refletirão, assim, o pensamento da época, as tendências filosóficas e jurídicas que estavam orientando a histórica".

É óbvio que Miró identifica tradição jurídica com a textualidade legal, ou seja, com a existência de constituições e códigos. Trata-se de um ponto de vista muito reduzido e restritivo, posto que esgota o Direito na letra legal. Agora, o Direito é uma regulação da existência e é também uma das formas, a forma jurídica, que adota a existência social. Constituições e códigos são, portanto, parte do Direito, mas não o esgotam. E de seu brilhantismo *reflexo*, segundo diz Miró, não se pode seguir o brilhantismo de uma tradição jurídica. No fenômeno jurídico, deve-se considerar também ao menos a legitimidade, a eficácia e a consistência do sistema de normas, quando não sua eficiência e seu caráter cultural, questões todas ligadas a *práticas de poder* econômico/social, político, jurisprudencial, administra-

---

18 Cf., por exemplo, Pietro Martínez: "Aproximación histórica a los derechos humanos", trabalho em que se destacam Suárez e Molina. A ausência de Locke parece inexplicável, exceto por ignorância.

tivo e cultural. Miró Quesada invisibiliza esses aspectos que constituem o jurídico (incluindo o metafísico *sentimento de justiça*) ao reduzi-lo, abusivamente, aos textos constitucionais e legais. De modo que não é princípio surpreendente a existência de belos textos legais na América Latina, e tampouco deveria surpreender, em especial se considerarmos, como faz Miró, que esses textos são "reflexo" ou cópia de outras realidades jurídicas, a distância ou abismo que existe entre o escrito e as práticas e sensibilidades jurídicas. O surpreendente, ao contrário, seria que as normativas gerais fossem cumpridas em sociedades vigorosa e tenazmente instituídas por lógicas de exclusão. Como Miró transforma a tradição jurídica em mera literatura fantástica, pode chegar com grande desenvoltura à seguinte conclusão: "[...] não é necessário prosseguir a análise do sistema jurídico, pois é amplamente conhecido que, em tudo que se refere ao direito, a América Latina se destacou sempre por ter adotado as doutrinas jurídicas mais avançadas e modernas".

Diante desse juízo, sem dúvida infundado e narcisista, é possível contrapor outro critério de alguém insuspeito de "esquerdismo": Mario Vargas Llosa. O escritor disse recentemente no México, ao assinalar o processo de democratização do país como algo que se movia do imperfeito ao perfeito:

> o que falta para que o imperfeito avance rumo ao perfeito? Tribunais. Tribunais realmente independentes dos poderes político, econômico e militar. E a justiça na América Latina é muito ineficiente e muito sensível à corrupção. Esse é um dos grandes vazios e deficiências de nossa vida democrática.[19]

Como se nota, uma opinião muito diferente, embora Miró se refira, é claro, à *adoção de doutrinas* e Vargas ao *funcionamento do sistema judicial* e, de passagem, ao Estado de direito. Contudo, cabe reconhecer, mais além de Vargas Llosa, que os corpos de normas e procedimentos latino-americanos permitiram ou facilitaram culminar as expropriações dos hábitats, inclusive a propriedade da terra, dos povos indígenas, castigar penal e culturalmente os setores vulneráveis como, por exemplo, os empobrecidos do campo e as mulheres, arrefecer e bloquear os direitos à sindicalização e à greve, garantir a impunidade política e delinquencial dos poderosos, estrangeirar os ativos

---

19 Vargas Llosa, "Falta de liderazgo aqui" (entrevista), p.18.

nacionais e fazer o cidadão médio desconfiar tanto dos tribunais quanto da polícia e dos advogados. Procedimentalmente, nenhuma sociedade latino-americana pode mostrar que seu sistema judicial é transparente e ágil. Sem dúvida, algum papel terão nessa insegurança e lentidão os códigos jurídicos, cuja redação potencializa a corrupção e a injustiça e bloqueia a função do Direito como potencializador da necessária mudança social.[20] Além disso, seria estranho que um Estado patrimonial e clientelista se desse uma literatura jurídica que se pudesse considerar bela. E a beleza doutrinal dos códigos, demasiado inexistente, é grotesca quando o Direito carece de valor por si mesmo e deriva sua elegância potencial da dinâmica social em que se funda e a que serve. Alguns parágrafos antes, mostramos também a "beleza" doutrinal contida no Direito natural, que sustenta como preâmbulo a Declaração Americana dos Direitos e Deveres do Homem.

Lembramos ainda que Miró sustenta que somos reconhecidos por termos sabido adotar (ou seja, *copiar*) as doutrinas jurídicas "mais avançadas e modernas". Isso, como veremos mais adiante, entrará em conflito com suas adesões filosóficas. E a afirmação supõe, questão que não discutiremos aqui, que as doutrinas jurídicas "mais avançadas e modernas" constituem um valor *na medida em que são mais avançadas e modernas*, não em razão de sua capacidade social. Se o mundo nos reconhece com admiração por sermos imitadores acríticos, então o mundo vai muito mal. E nós, pior.

A incompatibilidade entre o que se diz e o que se faz – que Miró determina com a latinice *hiatus* – é o segundo tópico sobre o qual expressa opiniões o filósofo peruano. Seu discurso é dramático:

> Mas se antes a dimensão jurídica dos direitos humanos é na América Latina elevada e luminosa, não se pode dizer o mesmo de sua realidade histórica. Essa realidade se caracteriza, ao contrário, por nela se ter violado

---

20 Sobre esse aspecto tão alegremente resolvido por Miró, pode-se ver o estudo de Novoa Monreal, *El derecho como obstáculo al cambio social*. Em seu trabalho, Novoa assinala que a legislação latino-americana está quebrada ou dissociada pela dupla pressão que têm exercido sobre ela a cópia da normativa europeia (liberal/individualista) e a inspirada nas demandas sociais. A essa dissociação, cujo polo dominante é a legislação tradicional, acrescenta que o ensino do Direito nas universidades está centrado no Direito codificado e não nas necessidades sociais. Ainda que somente por isso, nossa literatura jurídica sistematizada deixaria de ser luminosa e admirada, como pretende Miró.

todas as normas que proclamavam e defendiam os direitos humanos. As constituições latino-americanas declaram que o governo é democrático e deve ser eleito por votação popular, mas as nações possuidoras de tão belas leis viram-se desviadas por revoluções absurdas e cruéis ditaduras. Há até mesmo um país que teve mais presidentes do que anos de República independente.

O texto – recordamos que se trata de um filósofo – opõe "dimensão jurídica" e realidade histórica. Trata-se de um discurso apaixonado, talvez excessivo. Porque a realidade da dimensão jurídica é também histórica ou, se se preferir, sócio-histórica. Partidários do Direito natural, como Tomás de Aquino ou Montesquieu, diriam que não apenas nem sobretudo histórica (e sim transcendente), mas admitiram que contém e expressa história. A que tipo de realidade se referirá o filósofo latino-americano Miró Quesada? Uma dimensão jurídica que carece de realidade histórica excede a dialética platônica da opinião e da ideia (ou do aparecer e do ser). A asserção de Miró é, se formos generosos, quando filosófica, mística.

O que provavelmente quer dizer Miró é que a dimensão legal, ou seja, a Constituição, as normas positivas e os códigos proclamam ou assentam uma coisa, e a existência social, ou seja, a economia, a família, as instituições políticas e culturais e a cotidianidade vão por outro lado. Essa, com a incongruência descrita, seria *a* realidade histórica da América Latina. Mas então o tópico místico de Miró se transforma em desafios sociais. Por exemplo, agora diz: quais práticas de poder econômico/social e instituições exigem discriminar, explorar, rebaixar a força de trabalho (camponesa, feminina, operária, juvenil) e ao mesmo tempo apresentar essa exploração, rebaixamento e discriminação como o "belo império de uma lei universal e geral"? Esse tipo de pergunta surge quando o analista, filósofo ou não, se nega a aceitar a autonomia absoluta, mística, estética ou histórica, da "dimensão jurídica". Como Miró não faz isso, sua "explicação" do *hiatus* latino-americano é tão grosseira como sua observação anterior sobre o caráter avançado e moderno de nossas doutrinas: segundo o filósofo, a responsabilidade recai sobre as *revoluções absurdas* e as *cruéis ditaduras*. "As tiranias que se sucederam nos países da América Latina [...] atentaram contra todos os direitos humanos estabelecidos nas respectivas constituições e nos sistemas legais correspondentes."

Ora, na realidade, uma *tirania*, por definição, exerce o poder de uma maneira não sujeita à constituição alguma e, por isso, sem limite legal. A "reflexão" de Miró é tautológica. Para uma tirania, não existem direitos humanos. *O exercício do poder é o direito*. Embora a análise possa ser ampliada, a "explicação" de Miró mostra grande desconcerto.

Notemos, contudo, outra expressão linguística do filósofo peruano. Ele fala de "revoluções absurdas" e "cruéis ditaduras". Em relação às primeiras, faz uma referência, ainda que discretamente, sem mencioná-la, à Bolívia, "que teve mais presidentes do que anos de República independente". Essa última observação é um ditado comum, de origem oligárquica e de alcance racista decerto, com o qual se costumava, há muito tempo, desqualificar em meios latino-americanos frívolos a Bolívia como nação e país. Na realidade, a Bolívia não experimentou "revoluções", mas *golpes de Estado, guerras civis, insurreições* cívicas/militares, *assassinatos* de dirigentes etc., com motivações variadas. Por exemplo, entre 1930 e 1940 a Bolívia teve sete governantes, e só durante um par de anos regeu uma Constituição que impôs e aboliu um deles (Germán Busch, assassinado em 1938). Mas nenhum desses governantes foi revolucionário no sentido de que impulsionou um ordenamento social ao existente ou foi apoiado por forças sociais contrárias ao *status quo*. O único processo que se poderia qualificar de "revolução" teve de esperar até 1952, quando o primeiro cogoverno do Movimento Nacionalista Revolucionário e da Central Operária Boliviana decretou a nacionalização das minas e o monopólio das exportações de estanho, levou a cabo uma reforma agrária com conteúdo popular e indígena, instituiu o voto universal e tentou realizar uma reforma educativa. Esse cogoverno foi revolucionário por sua gestação (derrotou o exército oligárquico nas ruas) e seu caráter social (substituiu o exército por milícias operárias e camponesas). Ao indicar a Bolívia, Miró mistura a linguagem cotidiana com a qual possui alguma elaboração conceitual e transforma em "revoluções" as trocas de governantes mediante a força. De passagem, com ou sem intenção, descontextualizando estas últimas ao identificá-las com qualquer governo de fato, ele as invisibiliza como *necessidade e possibilidade popular* de constituir direitos humanos e, no mesmo movimento, as perverte e anatemiza, com suas inevitáveis e absurdas violações. Não é um truque menor de deslocamento, mesmo para um "filósofo" *especialista* em direitos fundamentais.

De outro ângulo, *quem* fala quando se qualificam de "absurdas" as revoluções? O filósofo? A razão? A reação? Ao menos salta à vista que aqueles que protagonizam heroicamente processos revolucionários efetivos não parecem achar "absurdo" seu tenaz compromisso. O *absurdo* compromete a razão e a oportunidade. Foi um disparate desprovido de sócio-história o movimento revolucionário antioligárquico e anti-imperialista boliviano de 1952 que tentou fazer de sua gente um povo multicultural e uma nação a caminho de controlar sua existência? Foi um disparate porque fracassou? Fracassou porque operários e indígenas não poderão *nunca* controlar e produzir seu destino? Como se nota, a eleição do vocabulário "filosófico" não é casual. E mesmo aqui compromete a universalidade e integralidade de direitos humanos.

E quanto às cruéis ditaduras? São assim porque violam direitos humanos ou porque causam dor? A violação e a negação de direitos humanos não são exclusividade das lógicas ditatoriais. Por acaso não os violam sistematicamente o governo dos Estados Unidos, modelo democrático, ao bloquear Cuba ou manter em um limbo jurídico e sob tortura "estrangeiros" na prisão de Guantánamo? Não significou um passo no caminho de direitos humanos a chamada "ditadura" de Perón na Argentina? Não obtiveram voto nela as mulheres? Não conseguiram garantias jurídicas os operários, melhorias substanciais em suas condições de existência e poder de negociação? Isso não implicou para as mulheres e os trabalhadores um incremento de sua *autoestima* legítima? Esse incremento constituiu uma *crueldade*? *Quem* fala quando se qualifica essa autoestima de crueldade? O filósofo? A razão? O patriarca? A oligarquia? O governo dos Estados Unidos? A hierarquia da Igreja Católica?[21] Entende-se, cremos, que o ofício de filósofo seja rigoroso e exigente. Do contrário, a partir de seu *status* pode expressar-se o tosco ou o gorila, nenhum dos quais se interessa particularmente pela história ou pelo ser humano, nem por suas conflituosas ou agonizantes experiências de humanidade.

---

21 Um teólogo e historiador (por que não também filósofo?) estadunidense, Hubert Herring, que tem pelos latino-americanos menosprezo ou asco, descreve assim o resultado da "era de Perón" (1946-1955): "os operários [...] para os quais havia nascido um sonho de vida melhor [...] que nunca haviam sido antes uma força na vida política, aprenderam com Perón e Evita como organizar sindicatos, e adquiriram confiança em si mesmos e união" (Herring, *Evolución histórica de América Latina*, t.II, p.919).

Para Miró, a quem não parece afetar esse tipo de inquietude, a resposta consiste em enfrentar suas imprecisas revoluções e ditaduras com a solidez de uma *também incerta* democracia. É incerta porque Miró não esclarece qual é seu nome: democracia liberal, popular, representativa, participativa, com economia de mercado orientado para o lucro ou, *simplesmente*, poliárquica, substancial.[22] Mas é também incerta porque Miró está tão sentimentalmente seguro dela que supõe sua relação com direitos humanos efetivos como algo próprio do sentido comum: "De forma livre, porém, pode-se falar, sobretudo no século XX, de períodos democráticos nos quais se respeitam os direitos humanos e períodos ditatoriais nos quais não se respeitam os direitos humanos".

Essa fala "livre" de Miró é antes geral e arbitrária. Mesmo o discurso oficial, como vimos, não associa as instituições democráticas com um paraíso de direitos humanos. Um especialista falando na OEA mencionou a tortura, os desaparecimentos, as execuções extrajudiciais, as detenções arbitrárias, a superlotação nos presídios, a ineficiência dos circuitos judiciais... e, em especial, a *impunidade* como situações que ocorriam *na democracia*. E lembremos que o discurso oficial se concentra nos direitos de primeira geração. Durante todo o século XX, não houve nenhuma "democracia" latino-americana que tenha eliminado, ainda que apenas como tendência, a produção de empobrecidos e miseráveis, que tenha criado com afinco empregos de qualidade ou que tenha proporcionado universalmente educação excelente. E tudo isso é também direito humano. Portanto, se o assunto de direitos humanos se relaciona com as instituições democráticas, não é no sentido da "fala livre" com que o expõe Miró Quesada. Isso quer dizer, inicialmente, que ele admira algo que não entende. Muito filosoficamente latino-americano.

Em termos analíticos, Miró não faz a distinção entre *processos de democratização*, que se plasmam em instituições de melhor ou pior eficácia, e *discursos*, ideológicos ou teóricos, *sobre a democracia*, que remetem a universos ideológicos ou analíticos nos quais o conceito/valor democracia é caracterizado discursivamente, ou seja, recebe tratamento ou categorial ou de

---

22 Na visão de Miró, que escreve em 1985, são idênticas as democracias do Brasil e da Nicarágua: "[...] o Brasil está se esforçando para se aproximar o máximo possível da democracia. Na Nicarágua, o governo sandinista é uma grande esperança" (Miró Quesada, op. cit., p.338).

ideologema por sua relação com outros conceitos, valores e termos. Quando não se faz essa distinção, começa-se e termina-se falando *da* democracia como se fosse um referente unívoco, ao que se pode identificar por algumas ações ou situações sociais: o sufrágio, a existência de uma Constituição que declara direitos fundamentais, as eleições periódicas etc. O que se perde de vista com esse procedimento são as *lógicas sociais* que animam e materializam as instituições como *práticas de poder*. Que essa prestidigitação seja realizada por jornalistas, comentaristas de televisão ou camelôs e bispos tem, sem dúvida, efeitos negativos, mas é compreensível. Eles não têm por que estar a par de nada. No entanto, um "filósofo", ao ignorar essas distinções, parece prejudicar sua própria autodesignação de identidade.

Um corolário nada desprezível do ato anterior de magia ou confusionismo é que o regime de governo democrático aparece *diretamente* associado a direitos humanos.[23] Na realidade, estes decorrem do *império da lei* e das *limitações* que ele impõe às práticas de poder social e às autoridades legais. O referencial de direitos humanos é um *Estado de direito* em sentido estrito. E o regime de governo democrático também é função desse Estado de direito. Como Miró faz desaparecer o aparato estatal, sua "reflexão" se liga a imagens como o movimento pendular que existiria na América Latina entre ditadura e democracia, questão que o intriga e leva à seguinte reflexão e indicação:

> O movimento pendular entre ditadura e democracia que caracteriza a vida política latino-americana conduz, quando se reflete sobre seu significado, a abordar o seguinte problema: trata-se de um dinamismo histórico necessário ou pode ser superado? Deve a América Latina resignar-se a ver os direitos humanos pisoteados periodicamente em seus diferentes países sem poder evitá-lo? Uma análise desse problema e uma tentativa de resposta foi feita [sic] por um dos movimentos filosóficos mais interessantes e originais da América Latina.

---

23 Durante quase todo o século XX, o México teve eleições para nomear governantes. Mas essas eleições eram violações maciças de direitos humanos, porque o país carecia de Estado de direto. Como se nota, uma instituição, o sufrágio, aparentemente democrático, acaba sendo compatível com a inexistência de direitos humanos.

Se a imagem do movimento pendular é apropriada, teríamos de nos perguntar sobre o mecanismo ou motor que obriga o pêndulo a oscilar. Será a concentração da propriedade? O caráter da distribuição do excedente econômico? A luta de classes? A dominação geracional ou de gênero? O desejo cidadão de liberdade? A articulação de todas essas dominações e outras? O original e interessante movimento filosófico a que se adscreve Miró nos dará uma resposta. Mas antes de apreciá-la, por pudor, digamos apenas que aqueles que residem na América Latina nunca se resignaram simplesmente a "ver" seus direitos humanos pisoteados, como escreve Miró. Primeiro, eles *viveram* ou *sofreram* essa violação. Segundo, *resistiram* a ela por múltiplas mobilizações sociais e ações políticas. Terceiro, *sonharam* em deixar a seus filhos e netos uma região menos injusta, na qual os seres humanos, e a humanidade com eles, possam florescer. E isso assinalado, vejamos o que a filosofia latino-americana, apresentada por Miró, tem a dizer sobre direitos humanos.

3. Da filosofia latino-americana como direção revolucionária

As constatações centrais que a *Filosofia do americano* (História das ideias) e a *Filosofia da Libertação*, às quais Miró Quesada se adscreve militantemente, apresenta sobre direitos humanos, são as seguintes:

a) existe uma *inautenticidade ocidental* que frustra o ser latino-americano;
b) o ser do latino-americano consiste na exigência de ser reconhecido; ele denomina essa exigência *humanismo de reconhecimento*;
c) esse humanismo declara que os direitos humanos são *consequência do reconhecimento do valor intangível da condição humana*;
d) se o ser do latino-americano consiste na exigência do reconhecimento, *é necessário que a realidade social em que ele vive torne possível esse reconhecimento*. Isso não ocorre. Ao contrário, existe-se em uma dependência articulada por relações internas e internacionais de opressão;
e) para que o humanismo proclamado pelo pensamento filosófico possa canalizar a dinâmica social, é preciso *mudar a sociedade, libertando-*

-a das condições que geram a exploração, o domínio de uma minoria sobre a maioria e a *violação sistemática dos direitos humanos*. A Filosofia deve ser *instrumento de libertação*;

f) A convicção fundamental da Filosofia da Libertação é que a Filosofia é a *disciplina racional suprema e fundamentadora de todas as demais*, por isso deve servir de instrumento de libertação. "A Filosofia latino-americana, depois de ter interpretado o ser do latino-americano e ter encontrado sua orientação definitiva no humanismo, denuncia a dominação ocidental no plano material e no campo da cultura";[24] a Filosofia é o *esforço supremo da razão para realizar-se na história*. Deve, por isso, aplicar-se em todas as regiões do mundo que padecem das mesmas situações que a América Latina. A Filosofia da Libertação é também a Filosofia do Terceiro Mundo;

g) enquanto se mantiver a atual estrutura socioeconômica, os direitos humanos não poderão realizar-se plenamente, porque nela não têm lugar os direitos sociais. Para lograr total respeito aos direitos humanos, é necessário mudar a ordem interna e externa. A meta deve ser o *socialismo*. Contudo, um socialismo que garanta direitos individuais e sociais. Esse socialismo crítico, ou humanista do reconhecimento, encarnará o ideal filosófico supremo: *que a razão seja guia da história*;

h) assim, o problema dos direitos humanos se apresenta na América Latina como o tema filosófico fundamental: nele, o pensamento latino-americano parte de *sua situação histórica concreta* e eleva-se à *universalidade definitiva* que engloba a humanidade inteira em um *reconhecimento sem limites*.

O ponto anterior não distorce a exposição de Miró, ainda que o despoje, é claro, de ilustrações e detalhes. Se a princípio deixarmos de lado a apresentação doutrinal global, afirma-se sobre direitos humanos que eles têm como fundamento o reconhecimento do valor intangível da experiência humana. Que esse reconhecimento se torna impossível, por ser parcial, em condições de dominação ou dependência. Que, sim, será possível em um socialismo libertador (terceiro-mundista, mundial?) que realiza com coerência direitos humanos. O tratamento antropológico/histórico/libertador, ou seja, político, de direitos humanos o torna o tema filosófico fundamental.

---

24 Miró Quesada, op. cit., p.345.

A primeira questão, óbvia, é saber como os filósofos latino-americanos, ou a Razão, a que encarnam, puderam dar-se conta de tudo isso. Porque eles existem em condições de dependência. E em condições de dependência não é possível o reconhecimento efetivo, ou seja, a doutrina do humanismo do reconhecimento. A razão para isso é que se existe na inautenticidade. Talvez filósofos latino-americanos tenham sido fecundados pela Razão em seus estudos na Europa ou se tornaram lúcidos e implacáveis dirigentes em seus nichos universitários locais ou nos congressos internacionais de Ciências Humanas, aos quais Miró nos remete com fervor. Seja alguma das anteriores a explicação, ou a mais imediata, isto é, que "os filósofos chegam à inteira lucidez estudando nossa história", saltam à vista dois aspectos. O primeiro é que os filósofos não consideram suas consciências, existências e razões afetadas pela dependência e pelas dominações estruturais; estes últimos são *objetos* para suas consciências lúcidas e penetrantes e, por isso, *dirigentes* no caminho da libertação definitiva ou sem limites. O segundo é que essa Razão é uma produção do Ocidente que se denuncia como inautêntico pelo tipo de relação que estabelece com a América Latina (não pratica o que diz) ou com os latino-americanos.[25] Talvez, por seu antecedente filial, a Filosofia da Libertação também diga uma coisa e faça outra: por exemplo, obrigar todos os povos do Terceiro Mundo a entrarem em seu diagnóstico e serem felizes seguindo seus filósofos ou os filósofos latino-americanos. Obrigar à felicidade não parece muito compatível com direitos humanos. Estes supõem que os seres humanos e os cidadãos *produzem* sua felicidade. E obtêm dessa produção sua *autoestima*. Digamos de outra maneira: é pouco provável que as mulheres se deixem guiar pela Razão filosófica, a qual seguramente considerarão patriarcal e misógina. Seria necessário forçá-las a serem felizes. Pode-se dizer o mesmo dos jovens. É possível que considerem a Razão filosófica adultocêntrica. E, como é óbvio, não a quererão. Os filósofos terão de obrigá-los. Nem mencionemos aimaras, otomis[26] etc. O conceito que sustenta esse aspecto da discussão é que ninguém chega à felicidade ou a ser sujeito mediante uma heteronomia (ou seja, porque fatores externos indicam isso), mas mediante a *autoprodução* ou autonomia. A autonomia constitui um aspecto central para pensar

---

25 Também são europeias as doutrinas jurídicas "mais avançadas e modernas" que Miró sustentou, antes copiamos, tão bem.
26 Povos e culturas originários da América.

direitos humanos. E não é um valor, mas uma *prática* social que *constitui e irradia valores*.

Retornando ao tema inicial, o assunto da perspicácia filosófica também não pode ser resolvido com a afirmação de que quem sofre a dominação encarna o *momento ativo* da Razão e, por isso, é o espaço antropológico da teoria e da filosofia obrigatoriamente libertadoras. Não o resolve porque não contesta como é que, entre as vítimas, os filósofos, que na América Latina são mais professores de Filosofia do que pensadores, acabam sendo, como filósofos, isto é, como *funcionários do sistema*, consciências privilegiadas que lhes permitem tratar o mundo e suas pessoas como objetos. É claro que existe uma resposta, mas ela tem algo de intelectualmente obsceno: os filósofos têm uma consciência privilegiada porque a *disciplina que praticam condensa e manifesta a racionalidade suprema, fundamentadora de todas as demais*. E quem proclamou isso? Os filósofos, é claro. E quem acredita nisso no mundo moderno e em especial na América Latina? Ninguém, é claro. Exceto, obviamente, *alguns* "filósofos".

Não se trata, então, de uma explicação, mas de uma *declaração de identidade* que busca dar-se uma autoestima falsa, na medida em que não decorre de relações sociais, mas de uma proclamação de *status*. Muito castiço. Em termos de análise ideológica, proclama-se, sem crítica, uma identificação fornecida pelo *status quo* para sua reprodução. É como o operário que se considera "produtivo". Ou a mulher que se valoriza como boa "dona de casa". Ou o jovem que considera que sua "disciplina" obedece a sua vontade. Os filósofos cumprem seu papel, fazendo de direitos humanos uma *questão filosófica eterna*, quer dizer, alienando-a das lutas sociais modernas e dando-lhes um meio abstrato (metafísico e de Direito natural) para medir sua efetividade: a Razão.

Já sabemos o que ocorre com o metro abstrato, nesse caso a Razão, e com direitos humanos; essa Razão possui uma lógica de desdobramento ou progressiva, e em nome desse desdobramento, cuja meta pode ser o desenvolvimento ou a liberdade, podem-se sacrificar pessoas. Esse é o ângulo sacrificial. Mas, além disso, tendo a história uma substancialidade ou *a priori* ou metafísica, a Razão, o sacrifício de seres humanos não existe porque não afeta a Razão como tal: os indivíduos humanos e as relações que os constituem são apenas "momentos" da outra substância, a *fundamental*; os crimes, desse ângulo, são detalhes históricos não substanciais, porque não podem, por definição, lesar a matriz racional, não revertem sobre ela, constituindo-a. Quaisquer que sejam o sangue, o barro, os suores, os sonhos, as deposições ou as alegrias dos seres humanos, quaisquer que sejam as instituições que os materializem conflituosamente, elas não mancharão nem impregnarão a Razão. Direitos humanos na realidade não existem, porque a existência dos seres humanos e suas produções são, em primeiro e último lugar, acessórios, contingentes, não necessários em uma ou outra forma particular nem em todas as suas formas.[27]

Examinemos agora mais especificamente a formulação sobre direitos humanos que nos propõem os filósofos latino-americanos (versão de Miró) e terceiro-mundistas. Em primeiro lugar, esses direitos teriam como causa o *reconhecimento do valor intangível da condição humana*. A proposta tem dois aspectos: o "reconhecimento" não é um valor, é uma *prática* social, denota uma relação possível. A parábola evangélica do samaritano ou a anedota de Rigoberta Menchú, que é rechaçada por ser índia e mulher quando quer estabelecer diálogo cooperativo com um ladino (mestiço), são ilustração e contrailustração desse reconhecimento. Hoje, a administração estadunidense, e ao que parece a cultura desse povo, não reconhece a condição humana de talibãs e iraquianos, ou ao menos daqueles que simpatizam com Bin Laden, Saddam Hussein ou seus familiares. O leitor contestará se a mulher que emprega uma doméstica e a maltrata física e psicologicamente é exemplo ou contraexemplo de reconhecimento. O mesmo para um marido que agride seus filhos e sua companheira. O reconhecimento *humano* pode estar ausente em relações econômicas: escravas, salariais, de arrendamento, de compra/venda etc. Nos termos das atuais sociedades, não se pode exigir "reconhecimento" porque isso implica uma obrigatoriedade moral e esta última é privada. Uma esposa não tem por que reconhecer como humano seu esposo. Basta que se case (celebre um contrato) com ele. É óbvio que os vendedores não reconhecem seus clientes como seres humanos, mas como prospectos ou clientes.

---

27 A noção de Razão na tradição filosófica pode referir-se à específica faculdade humana de discernimento ou ao fundamento ou sentido do que existe. Pode ser entendida, portanto, em relação ao subjetivo, ao sujeitivo e ao objetivo, e também como procedimento para alcançar conhecimentos. Miró Quesada parece adscrever-se ao uso hegeliano da razão que repousa sobre a identidade entre Ser e Pensar. Em suma, isso quer dizer que seu sistema filosófico é a Realidade.

Acredito ser evidente que o reconhecimento nunca foi uma prática universal entre os seres humanos. Não existia como tal nos tempos de Jesus, porque esse dar-se não teria sido tema de discussão e escândalo. Tampouco existe hoje na Guatemala. Nem nas relações salariais. Nem nas geopolíticas. E também não pode ser exigido legalmente, porque suporia uma *disposição moral universal* explicitamente negada pelas sociedades modernas.[28] Quando se fala de "reconhecimento", portanto, não se está falando de algo que já exista, mas de uma *proposta moral*. Logo, direitos humanos teriam como antecedente uma proposta moral que já se teria feito presente há mais de vinte séculos com Jesus de Nazaré (para não citar outros mais antigos). Contudo, as propostas morais não constituem normas juridicamente vinculantes, exceto nas sociedades antigas que derivavam o poder político e o religioso de uma mesma lei sagrada cósmica ou divina, pessoal ou impessoal. E, modernamente, não se vê como uma proposta moral (Deus e religião únicos liquidados previamente) poderia transformar-se em uma norma juridicamente vinculante, funcionando assim como sentimento moral e como obrigação legal, *sem privilegiar a autoridade contra os seres humanos*. E direitos humanos que, diga-se de passagem, Jesus não pregou como normas codificadas, surgiram modernamente *no âmbito da oposição de faculdades ou foros dos indivíduos contra as ações da autoridade política e religiosa*. De modo que, no discurso de Miró, "reconhecimento" não aponta para direitos, mas para uma proposta moral eleita pelos filósofos e não compatível com a modernidade. Por sorte, aliás, segundo vimos anteriormente ao examinar algumas propostas de Direito natural. A questão conceitual que sustenta esse aspecto da crítica é que a moral surge dos seres humanos, de suas práticas, e não as antecede.

---

28 É recorrente na Filosofia associar a afirmação do caráter universal da dignidade humana com o pensamento de Kant. Este afirma, por exemplo, em *La metafísica de las costumbres*: "[...] o dever de respeitar meu próximo está contido na máxima de não degradar a nenhum outro homem, convertendo-o em meio para meus fins" ("Doctrina ética elemental", Parte 2, §25), mas essa afirmação é inteiramente compatível com o discurso kantiano sobre a cidadania passiva, a existência de escravos, a inferioridade da mulher, a barbárie dos povos selvagens e a discriminação contra o "imoral". Isso se deve, em parte, ao fato de que Kant prega a dignidade como caráter da espécie humana e não de cada indivíduo. Dessa maneira, os indivíduos devem ser respeitados "até certo ponto". E, evidentemente, podem ser sacrificados em nome da autoridade e da busca da paz.

A segunda parte da proposta remete ao "valor intangível da pessoa humana". Aqui, obviamente, trata-se de uma entrada via *valores*, não de práticas. Remete a um valor muito curioso: em castelhano "intangível" quer dizer que não se pode tocar. Agora, uma pessoa resulta *de* muitos toques, não é alguém que toque ou se deixe tocar, mas é produzida nos toques familiares sexuais, econômicos etc., porque nesses relacionamentos consiste a experiência humana. Uma pessoa que não se pode tocar é, talvez, o Espírito Santo, mas nunca ninguém lhe conferiu qualidade humana. E se fala de direitos *humanos*. E os seres humanos são pessoas que tocam e se deixam tocar. Se o que se quer dizer é que não devem ser manuseados pela *autoridade* (familiar, docente, política, eclesial, ideológica, filosófica, libidinal, militar, sagrada, divina etc.), de modo que os prive de sua condição de sujeitos sócio-históricos e individuais (que são formas de comportar-se que implicam e irradiam valores); isso tem sentido porque supõe a matriz de direitos humanos: a *oposição* entre *autoridade* (legal ou de fato) e *indivíduo* ou *grupo social*. Nessa oposição, a autoridade é obrigada e limitada por normas jurídicas e os indivíduos e grupos sociais desfrutam de capacidades e foros também estabelecidos por normas jurídicas que materializam uma sensibilidade cultural. No limite, "direitos humanos" significam que nenhuma autoridade possui valor estrutural, ou seja, legítimo, sobre os grupos e indivíduos que tendem à autonomia, mas antes a autoridade legítima resulta das interações desses grupos e indivíduos e de suas necessidades e, por isso, tem um valor puramente *funcional*. Nada disso, porém, tem a ver com o "valor intangível" da pessoa humana, mas com a necessidade desta de tocar e deixar-se tocar *para ser*. O valor das pessoas decorre desse toque, não o precede. Esta é a história de direitos humanos modernos: a de toques ou lutas sociais particulares que aspiram a produzir humanidade contra as autoridades "naturais", que são consideradas ilegítimas. Digamos de forma sumária: a pessoa *intangível* que propõe Miró, uma situação que nunca existiu nem existirá, tem todas as condições para adequar-se às autoridades que a "defenderão": pais, esposos, padres, militares, políticos e "filósofos" que dão corpo ao "esforço supremo da razão que deve guiar a história". Quase se pode suspeitar que essa pessoa "intangível" é resultado apenas de uma paráfrase literária do lugar-comum de uma *natural* e *a priori* "dignidade humana". Que, como analisamos no caso de Locke, e indicamos no caso de Kant, não é incompatível com a sacralização de uma propriedade e cidadania socialmente excludentes e rebaixadoras de seres humanos.

Se essa dignidade humana existe, não está nem fora, nem acima, nem antes, nem tampouco no final da história. Deve ser discernida, sentida e praticada, ou seja, construída. A história não é uma substância protagonizada por "naturezas", mas práticas humanas (e suas instituições) nas quais adquirem sentido e não valores (aspirações, materializações etc.) como a racionalidade, a pessoa e suas dignidades. Todas elas são construídas socialmente. Ninguém as faz. Resultam de interações e lutas. Delas bebem as sujeitificações. E, obviamente, trata-se de um processo conflituoso, complexo e aberto.

O processo de Miró e sua filosofia são uma expressão do *Direito natural* que assume um valor *a priori*, a intangibilidade da pessoa, como razão e fundamento da história. Evidentemente, as histórias humanas, e com isso sua produção e pretensão de direitos, *passam por outro lugar*.

Reparemos ainda que a frase completa: "os direitos humanos são *consequência do reconhecimento do valor intangível da condição humana*", além de carecer de conteúdo sócio-histórico preciso (porque supõe que "direitos humanos" existiram como virtualidade ou expectativa desde Eva e Adão), é internamente inconsistente: não se pode reconhecer o valor intangível da condição humana, exceto como recurso ideológico, porque essa condição não existe, nunca existiu nem existirá. A "condição humana" é uma aposta e um compromisso, não um dado. Por isso é que direitos humanos sócio-históricos já codificados e culturalmente integrados ou semi-integrados podem ser sempre revertidos.

Ao contrário, a filosofia que Miró representa parece acreditar que o humanismo do reconhecimento (que, na verdade, deveria ser do acompanhamento mútuo na carência)[29] conduziria a um socialismo que cumprirá tanto os direitos de liberdade quanto os sociais e harmonizará a liberdade com

---

29 Aponta, em um texto excelente, Julia Kristeva: "Nós nos reconhecemos mutuamente como estranhos, como desconhecidos. Isto é, como frágeis ou, o que é o mesmo, como potencialmente doentes. E, justamente, sendo capaz de escutar o outro como alguém afetado por uma patologia, por uma anomalia, como sucede a mim mesma, é como posso negar-me ver o outro como inimigo. E é isso que constituiria a base para uma forma de moralidade" (Kristeva, *Powers of Horror: An Essay on Abjection*, apud Di Stefano, "Problemas e incomodidades a propósito de la autonomía: algunas consideraciones desde el feminismo").

a justiça. Aparentemente, graças à Filosofia socialista, teremos chegado então ao *fim da história*, ao menos no que diz respeito a direitos humanos.

Simplesmente, isso significa que a perspicácia e a originalidade da Filosofia da Libertação descobriram que a dignidade humana proposta pelo Direito natural será cumprida no fim da história. Se esse fim é imanente, será chamado socialismo libertário. Se é transcendente, será denominado Reino ou Paraíso. Soa semelhante ao encontro com a novidade do gelo, segundo propõe com mais graça Gabriel García Márquez.

Indiquemos apenas que não é efetivo que as sociedades modernas capitalistas, centrais ou dependentes, cumpram os direitos fundamentais e de liberdade e que unicamente lhes faltem os econômicos/sociais. Não é certo, em primeiro lugar, porque não existem *os* direitos, mas direitos (processo aberto). Em segundo lugar, porque nas sociedades capitalistas ninguém tem uma existência humana, nem os poderosos, porque as lógicas que negam na prática a estatura de sujeitos a outros, a milhares de milhões, se revertem contra eles. Ao enfrentar sua própria realidade despojadora e desprezível, a estética moderna do sistema inventa a *Matrix* para reivindicar: lutemos como humanidade (a que foi previamente fragmentada e destruída), porque nossos inimigos são as máquinas e suas programações.

Em síntese, a filosofia proposta por Miró entra no desafio de pensar direitos humanos *a partir da afirmação de valores* e não por seus referenciais práticos sócio-históricos. Elimina, assim, o caráter moderno próprio desses direitos, misturando proposta ética com judicialização e incidência cultural, e torna invisível a tensão e o conflito entre naturalização da autoridade e autoprodução social da existência humana que eles supõem. Direitos humanos são transformados dessa maneira em um *tópico filosófico eterno*, em uma expressão das mais vulgares filosofias da história (no princípio éramos felizes, logo veio a queda ou pecado e agora, com a ajuda da graça ou da tecnologia ou da Razão ou do socialismo etc., dirigimo-nos ao Paraíso perdido guiados pela Filosofia). O que se extraviou "filosoficamente" no caminho foi o caráter constitutivo que possuem as lutas sociais (de resistência, prospectivas, revolucionárias) em relação a direitos humanos, que não são demandas eternas nem surgem de nenhum tipo de "natureza" humana, mas são inteiramente sócio-históricos. Ou seja, *políticos*.

Uma última observação sobre Miró. Uma de suas referências básicas para entender a articulação entre a História das ideias, Filosofia do americano e Filosofia da Libertação é a da *inautenticidade ocidental*.[30] Esta é determinada em dois momentos: a evangelização ou cristianismo que acompanhou, por um lado, a Conquista e a Colônia e, por outro, a modernização capitalista. Em ambos os processos, o Ocidente *diz uma coisa e faz outra*. Proclama a fraternidade humana, mas escraviza e submete "espiritualmente" os indígenas. Proclama direitos humanos universais, mas considera os latino-americanos seres atrasados que, no melhor dos casos, deveriam ser civilizados. Regatearam a condição humana dos latino-americanos (?): por isso, nosso ser latino-americano consiste em exigir sermos reconhecidos como experiência de humanidade (Miró escreve: "o homem da América Latina exige ser reconhecido enquanto homem"). E a quem exige? Exige que lhe seja permitido fazer o que os demais proclamam que deve ser feito, que lhe seja permitido viver com a mesma liberdade com que vivem aqueles que cantam loas à liberdade, reivindica o respeito que, segundo os grandes pensadores do Ocidente, deve ser reconhecido a todos os seres humanos.

Isso quer dizer que se exige do Ocidente *falso* e *frustrante*, segundo sua própria denúncia. A resposta óbvia desse Ocidente seria: evidentemente, presenteamos vocês com a ocidentalidade. Desde já, vocês têm direito de dizer uma coisa e fazer outra. *Que é o que temos feito sempre*. Quanto a esse ponto, sempre fomos "ocidentais". O que ocorre é que, quando Roma, Espanha, Estados Unidos, União Europeia etc. dizem uma coisa e fazem outra, isso costuma lesar substancialmente a existência de muita gente no capitalismo periférico. Nós não podemos, fragmentados e confrontados como estamos, fazer-lhes um dano equivalente. Mas nossos políticos, padres e meios de massa comerciais, economia e escolas, assim como existências privadas, inclusive a vida familiar, também se caracterizam por dizer uma coisa e fazer outra. E, invariavelmente, isso prejudica os *vulneráveis*. Trata-se de *relações de poder*, não de autenticidade. Logo, dizer uma coisa e fazer outra não é um traço de inautenticidade, mas do *caráter do poder*. As práticas de poder são autênticas: realizam-se dizendo uma coisa e fazendo algo parecido, igual ou totalmente alterado, porque *a capacidade para afirmar o falso também é uma prática de poder*. De modo que a inautenticidade do Ocidente é uma ideologia e não podemos exigir nada de seu poder, mas

---

30 Miró Quesada, op. cit., p.342.

podemos exigir de nossos próprios poderes ou capacidades. Contudo, esses poderes não têm como referencial-chave a História das ideias ou a Filosofia, mas, por exemplo, a reforma agrária ou as lutas emancipatórias da mulher com teoria de gênero ou as reivindicações por territorialidade e autonomia dos povos e culturas indígenas.

Independentemente de sua inconsistência básica, a ingenuidade (real ou fingida) de Miró é adâmica: exige um reconhecimento universal porque "os grandes pensadores do Ocidente e seus políticos" fazem loas à liberdade e ao respeito. Já vimos que isso não é certo, exceto para determinado e ilusório ponto de vista, porque valores como *liberdade e respeito* são abstrações quando desligados de suas condições de produção e irradiação. Tanto para Locke no século XVII como para Bush hoje, *a* liberdade repousa sobre a obrigação moral (natural) de estender imperialmente a lógica do lucro: dentro dessa lógica de ferro e armamento atômico existem *opções*. Entretanto, diante da lógica do lucro privado não existe nenhuma opção. De sua parte, reconhecimento e respeito são o primeiro um valor evangélico e o segundo pode ser associado à tolerância liberal. No entanto, a Igreja Católica, enquanto aparato de poder, leu ambos sobretudo de acordo com o lema: "Fora da Igreja [Católica] não existe salvação", e ali esses valores se transformaram em perseguições, cruzadas, guerras santas, intolerância, menosprezo dos laicos mediante tutela, discriminação contra as mulheres e os jovens "para protegê-los", infalibilidade para o vigário etc. É evidente que não foram o cristianismo evangélico e sua proposta moral que chegaram ao que hoje é a América Latina com os espanhóis, mas a Igreja Católica institucional, que entende sua função religiosa como uma *prática de poder e proselitismo* e que, naquele tempo, ademais, funcionava como legitimadora direta de um poder político que ela compartilhava. Hoje, desalojada de sua tarefa política direta, por ser ambiciosa e reacionária, contribui como aparato ideológico subsidiário para a reprodução do *status quo*. Essa Igreja, porém, nunca pregou nem liberdade nem respeito, exceto se são aceitas as leis divinas que sua institucionalidade administra *contra os seres humanos*. Isso quer dizer "respeito", sim, mas aos filhos de Deus que seguem seus mandamentos e, por isso, militam na Igreja "verdadeira". Contudo, respeitar os "filhos de Deus" católicos não é o mesmo que respeitar o direito das mulheres a seu corpo, ou indígenas e suas culturas, ou práticas homossexuais ou, em sua época, a "comunistas" como expressões *legítimas* de humanidade, isto é, *divinas*. Não. Essas são expressões "satânicas" ou quase. Constituem *pecado*. Vista assim, a Igreja Católica é impecavelmente coerente entre o que defende como verdadeiro ou próprio e o que faz. O fato de ser reputada hipócrita tem a ver com as determinações circunstanciais julgadas metafisicamente.[31]

Essa filosofia latino-americana que apresenta Miró é, portanto, adâmica por sua ignorância e ingenuidade. É também perversa por sua frivolidade analítica e sua autoatribuição de *status* político. Nada menos do que a cabeça da libertação regional, terceiro-mundista e mundial! Na realidade, o único professor de Filosofia a quem se pode reconhecer importância política na América Latina é Abimael Guzmán, fundador e principal dirigente da organização Sendero Luminoso (Peru), atualmente preso. No entanto, Guzmán alcançou importância e protagonismo por sua atividade material (conceitual e prática), não por ser professor de Filosofia. Na América Latina, os professores de Filosofia e os "filósofos" fazem contribuições, ruins ou excelentes, no submundo acadêmico onde a reprodução do sistema autoriza – cuidado, nem sempre – certa criticidade abstrata enquanto "filosófica", isto é, enquanto deslocamento e substituição ideológica do sentido da existência efetiva. Se na América Latina o pensamento filosófico do sistema tivesse potencial libertador ou revolucionário, há muito tempo seus Zeas, Mirós e outros estariam presos ou mortos e, na clandestinidade, camponeses, mulheres do povo, jovens, indígenas e sindicalistas leriam e discutiriam seus escritos. Certamente, a nenhum destes últimos ocorreria perder seu tempo e talvez sua existência para descobrir a rudez do Direito natural com sua intangível dignidade das pessoas. Essa dignidade eles leem/sentem diária e especificamente em suas lutas enquanto companheiros, pais, operários, camponeses, indígenas, estudantes, trabalhadores. Sempre resistindo e brigando contra todo tipo de autoridade "natural" é que vivem, intuem, aprendem e acumulam rigorosamente direitos humanos.

---

31 Durante a Conquista espanhola, os critérios de Direito natural que examinamos anteriormente ao revisar o pensamento de Ginés de Sepúlveda foram empregados tanto para negar a plena humanidade destes (Sepúlveda) como para recusar sua vassalagem (De Vitoria) ou para exaltar sua humanidade. Qual dos três enunciadores era hipócrita (De las Casas)? A resposta, obviamente, é nenhum. Cada um realizou uma política de tomada de um partido diferente: Ginés de Sepúlveda pela conquista e pelo saque; De Vitória por uma conquista constitucional; De las Casas pelos indígenas e por suas culturas. E os três empregaram o Direito natural porque este era o instrumento discursivo ou "racional" que tinham na época.

Ou seja, autonomia, autoestima e capacidade social para irradiá-las. Caráter que, por certo, o tipo de filosofia latino-americana apresentada por Miró Quesada não possui.

Nossa primeira abordagem das dissertações em curso sobre direitos humanos na América Latina deixou um resultado exíguo. O oficial, patético e burocrático. O de um filósofo que dá expressão a um setor importante dos profissionais da disciplina, pouco informado e superficial, sem força analítica e com incidência social nula. Nesse último aspecto ao menos, o discurso e a ação pública oferecem algumas saídas e espaços aleatórios. Azar do discurso e do conceito que deveriam pensar direitos humanos a partir da América Latina. Esperemos que o discurso teológico proporcione uma sorte melhor. A esperança, defendia um precarista agrário, é a última coisa que se constrói.

4. Teologia Latino-Americana da Libertação: como lutar contra os ídolos

De maneira diferente da Filosofia latino-americana acadêmica ou social (?), a Teologia Latino-Americana da Libertação alcançou, em particular nas décadas de 1980 e 1990, ressonância pública. Isso ocorreu basicamente por duas séries de razões, ambas com sua própria complexidade. Na primeira, a Teologia Latino-Americana da Libertação se propunha a seus ouvintes como uma nova maneira de viver politicamente a fé e também de fazer igreja ou comunidade de fiéis. Por isso, ao contrário da Filosofia, seus interlocutores potenciais eram a *maioria de latino-americanos* que se reconhecem culturalmente como "cristãos", seja o que for que se entenda com isso. Mas a proposta também interpelava as hierarquias eclesiais, que mantêm sequestrada há séculos, e não só na América Latina, a espiritualidade evangélica,[32] e os Estados, cuja hegemonia ou capacidade de direção está relacionada com a continuidade das identificações individuais e sociais que sustentam

---

32 A Teologia Latino-Americana da Libertação se atribuiu um caráter ecumênico e macroecumênico. Ao ocupar-se com a espiritualidade idolátrica, pode atrair a atenção de combatentes sociais de outras cosmovisões e religiões, como as indígenas, e também a do não crente interessado ou ocupado com a transformação radical das condições latino-americanas de existência. Entretanto, não se deve esquecer que se tratou sempre de uma corrente de minorias.

a reprodução cotidiana de um sistema vigorosamente inequitativo. Assim, os ataques clericais e políticos de seus inimigos contribuíram significativamente para a promoção da Teologia da Libertação. A Sagrada Congregação para a Doutrina da Fé vaticana emitiu condenações não muito originais na década de 1980, qualificando-a de "marxista", ou "companheira de viagem" dos comunistas, e fator de "secularização", e a administração Reagan, sem maior informação, dedicou-lhe parágrafos em seus Documentos de Santa Fé I e II, assinalando que a vitória sobre o comunismo na América Latina se disputava nas mentes ou cultura e que o inimigo a ser derrotado ali era a teologia. O movimento teológico também teve mártires de escândalo ou veneração que contribuíram para sua repercussão. Entre os primeiros, devemos mencionar os assassinatos – selvagem um, frio o outro – de cinco jesuítas e de seu pessoal de serviço em El Salvador (16/11/1989) e do arcebispo do mesmo país, Oscar Arnulfo Romero (24/3/1980); entre os segundos, Camilo Torres, combatente revolucionário cristão colombiano, morto em combate (15/2/1966) em razão de uma obscura ordem de seu chefe militar. Do mesmo modo, a Teologia Latino-Americana da Libertação pode ser associada ao pensamento e à ação de figuras públicas significativas como Paulo Freire, Hélder Câmara ou Pedro Casaldáliga, todos eles brasileiros e os dois últimos bispos.[33]

A segunda série de razões está relacionada com o caráter *prático* da Teologia da Libertação, por princípio diferente da Filosofia "libertadora" exposta por Miró e outros, que é muito mais acadêmica, ou seja, escolar, e muitas vezes inteiramente cooptada pela política ou "pela" cultura oficiais. A Teologia da Libertação entendeu seu caráter prático/social ao menos de duas maneiras: em sua versão mais radical, fez dos âmbitos populares de *encontro* (comunidades eclesiais de base) e *luta social* seus espaços epistêmicos. Os conceitos e valores emergiam assim das lutas sociais como voz, gesto e utopia dos explorados e discriminados que se reconheciam como capazes de levar adiante suas conversões pessoais e também as transformações econômicas/sociais e políticas. Essa questão foi adequadamente proposta, por exemplo, pelo uruguaio Juan Luis Segundo[34] e tem ainda hoje seu principal

---

[33] Devemos mencionar também os bispos mexicanos Sergio Méndez Arceo e Samual Ruiz, o equatoriano Leonidas Proaño e o argentino Enrique Angelelli, também assassinado, entre os atores pastorais que deram ressonância à Teologia da Libertação em seus países ou regiões.

[34] Segundo, *El dogma que liberta*, em especial 12, I: "Revelación, fe, signos de los tiempos".

exponente em Frei Beto. A versão mais clássica, por outro lado, majoritária, fazia dos "pobres" sua opção "preferencial" e também seu ponto de partida para a reflexão teológica. Embora essa inclinação fosse metodológica e politicamente mais frágil, procurou remediar sua carência social (talvez intuída) exigindo dos pensadores uma inserção pastoral efetiva e expondo que a Teologia da Libertação era feita de maneira igual ou parecida nas comunidades de base e na *Igreja Popular,* na pastoral libertadora e na reflexão de seus pensadores. De todo modo, a disciplina em seu conjunto exigiu de si mesma, ao menos programática e metodologicamente, aproximação aos setores populares e a suas mobilizações sociais e políticas. Isso levou suas questões não apenas a conferências e publicações, mas a espaços como as comunidades eclesiais de base, já mencionadas, a comunidades de leitura popular da Bíblia e outros mais imediatamente militantes, como Cristãos pelo Socialismo e Sacerdotes do Terceiro Mundo, ou ligados a mobilizações e trabalho social popular, como as Assembleias do Povo de Deus e até mesmo o Exército de Libertação Nacional colombiano. Qualquer que tenha sido o valor desses espaços, eles não constituem âmbitos filosóficos nem escolares no sentido em que os entende a cultura dominante. E, para a Teologia Latino-Americana da Libertação, isso significou a diferença e também seu benefício. Ainda que, evidentemente, não tenha conseguido purgar completamente os desvios escolares e academicistas que ameaçam toda ação "cultural" ou discursiva latino-americana.

Não cabe mencionar aqui a diversidade de interesses e campos cobertos pelos, às vezes, muito diferentes teólogos, mulheres e homens latino-americanos da libertação. Indicaremos basicamente o que, para efeitos desta exposição, parecem ser suas contribuições mais relevantes como matriz para pensar direitos humanos, assim como os que nos servem para compreender melhor o trabalho de um deles, Franz J. Hinkelammert, autor de um tipo de hipótese analítica para entender suas limitações e violações: *a imagem ou teoria da inversão.*

As teses políticas da Teologia da Libertação que nos interessa destacar correspondem a dois grandes campos relacionados com a condição existencial dos seres humanos. Não são, por isso, discursos de Deus, mas discursos antropológicos/existenciais, isto é, sobre as *ações humanas.* O primeiro assinala que, na realização ou produção de sua existência, os seres humanos deslocam o sentido original de suas instituições, como, por exemplo, a propriedade ou as normas morais, que é o de fornecer meios para reproduzir ou ampliar a vida e a criação, consideradas expressão de necessidades, para fazê-las ou constituí-las como fins em si mesmas. Com isso, *pervertem sua lógica*. De ser funcionais para a existência humana (se se preferir, para a existência desejada por Deus) passam a ser núcleos para sua limitação (repressão), exploração e sacrifício. De ser instâncias para a existência humana fraterna e criadora, como filhos de Deus, passam a ser instituições que exigem que lhes sejam entregues seres humanos como condição para uma existência tributária de uma autoridade. Essas instituições e lógicas que exigem sacrifícios humanos, biológicos, espirituais ou simbólicos, são os *ídolos*. Os ídolos são produtos e produções sociais que se independentizam de seus produtores, adquirem "existência própria" e voltam-se contra os seres humanos, subordinando-os, confrontando-os e forçando-os a reprimir-se em benefício de uma existência dominada por medos, culpas (pecados), cobiça e morte. Os ídolos são *deuses falsos*. Sua falsidade provém tanto do fato de não produzirem vida, mas sim morte, como de serem produções humanas *naturalizadas* como deuses. Na imagem bíblica, o sábado sagrado (instituição hebraica) se fez para que o ser humano cresça em vida criadora, não para matá-lo de fome ou fazê-lo sentir-se culpado: o sábado se fez para o ser humano, não o ser humano para o sábado.[35]

Ao menos uma relação parece desprender-se desse deslocamento social e político de Deus da vida por ídolos: perante e contra os ídolos e a lógica da idolatria, os seres humanos têm *todos os direitos* (entendidos como normas morais) e devem dar-se *todas as capacidades legais* (acessos, procedimentos, normas jurídicas) para impedir sua geração, propagação, reforço e vigência. Essas tarefas de *resistência* (não se deve obedecer a um ídolo), *crítica* (deve-se superar, ou seja, transformar de maneira libertadora os ídolos e suas lógicas) e *libertação* (deve-se tender à criação de um mundo sem ídolos e idolatria) *permanentes* constituem fatores fundamentais de um *hábitat cultural* (moral) *próprio* de crentes em um Deus da vida e para a vida. A exis-

---

[35] O texto do evangelista Marcos diz: "O sábado foi feito para o homem, e não o homem para o sábado" (Mc 2,23-8). O "foi feito" não remete necessariamente a uma produção humana (subjetiva). Ao contrário, o evangelista Lucas tem uma versão mais ligada à satisfação de necessidades e interesses: "Quem dos senhores, se seu burro ou boi cai em um poço, não o tira em seguida, mesmo que no dia de sábado?" (Lc 14,1-6). A versão do burro, entretanto, é menos socializada.

tência humana religiosa (e a teologia inerente a ela) possui como um de seus fatores constitutivos a *luta pelos deuses* que acompanha os seres humanos na história: os verdadeiros, produtores de vida, contra os falsos, produtores de morte.[36] Para quem não possui sentimentos religiosos, parece inteiramente pertinente concordar com essas lutas libertadoras, que, para eles, tomam a forma de ações e movimentos contra as instituições e lógicas que bloqueiam ou pervertem a capacidade dos seres humanos de atribuir-se *autonomia* ou ser *sujeitos* de sua existência. A luta particular de inspiração religiosa contra os ídolos e a idolatria é, portanto, uma luta específica por direitos humanos e também pela produção de humanidade. Esta última significa que transcende seu caráter religioso sem anulá-lo.[37]

O segundo deslocamento se refere ao fato de que a revolução divina somente toca ou *comunica* às comunidades humanas que se esforçam a partir de sua *fé antropológica* para ser sujeitos, isto é, ganhar autonomia para si mesmas e irradiá-la como autoestima. Esse esforço comunitário e individual para ser sujeito constitui o cânone de verdade da revelação divina. Implica uma aposta e um *compromisso*, uma *ortopráxis*, não uma ortodoxia, uma vez que as apostas humanas e seus compromissos podem equivocar-se ou gestar efeitos não desejados. A libertação como luta e *esforço* está na história, ou é seu espírito, e é protagonizada pelas comunidades humanas. A fé antropológica ou autoestima que sustenta esse esforço é condição necessária, ou premissa, da fé religiosa. Sem fé antropológica, isto é, sem comunidade humana, Deus não fala (comunica) o sentimento religioso porque este não existiria ou seria falso. Ambos os sentimentos e espiritualidades, fé antropológica e fé religiosa, portanto, constituem processos sócio-históricos *abertos*, ambos constituem responsabilidades humanas. Nenhum deles pode alegar uma ordem sagrada absolutamente certa ou "natural" à qual

---

36 O Departamento Ecuménico de Investigaciones (DEI), um dos principais centros de Teologia da Libertação, publicou, como um de seus textos fundadores, *La lucha de los dioses: los ídolos de la opresión y la búsqueda del Dios liberador* (1980). O título extenso mostra que não se trata de uma luta dos deuses, mas de uma luta humana pelos deuses que devem acompanhar os seres humanos em sua história. Infelizmente, essa intuição original do DEI não foi desenvolvida em todos os seus alcances radicais nem intensamente socializada.

37 Apenas o cancelaria se o Deus da vida se transformasse em um dogma cuja observância mata os seres humanos. Mas enquanto a vida humana (original, criativa, diferenciada, sujeitificadora) for o padrão que torna possível e convoca esse Deus, não ocorrerá a anulação da solidariedade entre crentes e não crentes. O que os vincula é seu esforço para ser sujeitos, ainda que isso não elimine as tensões próprias da existência social.

ater-se ou pela qual reger-se. A tese da libertação como *ortopráxis devida, mas ao mesmo tempo incerta* para o *ser inacabado* que constitui a *experiência humana* elimina definitivamente toda possibilidade de mudar os comportamentos morais e suas instituições no campo filosófico e ideológico do Direito natural. A história se apresenta como um campo de possibilidades e compromissos abertos, como uma possibilidade de *aprendizagem* para crescer em humanidade e divindade. Nessa interpretação,[38] os seres humanos se autoproduzem no marco de uma pedagogia divina, e se o fazem de maneira libertadora (isto é, criando possibilidades de subjetividade – eleição/responsabilidade – a partir de situações de opressão), *convocam Deus* e este os acompanha e fala. É a tese da presença de Deus na história. Para que ele se faça presente, os seres humanos *devem produzir comunidade e crer em si mesmos* (autonomia). As comunidades em processo de libertação expressam Deus na história. Sem dúvida, um Deus da vida não falaria a pesarosos, pusilânimes, exploradores, assassinos ou torturadores, porque, se lhes falasse, *estes não teriam ouvidos*, já que não gestam comunidade nem se dão autoestima "verdadeira".

Essa segunda formulação da Teologia da Libertação[39] serve perfeitamente como matriz para compreender e assumir direitos humanos. Ligados a lutas libertadoras inevitavelmente particularizadas pelas condições das formações sociais modernas, têm alcance universal (mesmo quando esses combates não são travados pelos crentes) enquanto produzem humanidade e, ao mesmo tempo, constroem a casa de todos (macroecumenismo); nele, o conceito de humanidade não aparece como uma natureza ou essência, mas como um *processo de aprendizagem* em humanidade e divindade, assim como de geração de autoestima legítima. Deus mesmo, mantendo sua condição de mistério, é uma produção na história. Não impõe deveres, e sim faculta aos seres humanos a capacidade de criar direitos.

Com esses enfoques, o da luta anti-idolátrica e o caráter universal de uma experiência humana libertadora que não se fixa (radica) em valores do

---

38 Certamente, em ambos os campos temáticos, o da idolatria e o da revelação divina como aprendizagem humana libertadora, fazemos interpretações de uma sensibilidade. As afirmações não se encontram diretamente dessa forma, por exemplo, nem em Juan Luis Segundo nem na equipe de trabalho do DEI, cujo líder intelectual e fundador é Franz Hinkelammert.

39 Extraída do trabalho já mencionado de Segundo, "Revelación, fe, signos de los tiempos".

Direito natural nem em seus prolongamentos morais, a Teologia Latino-Americana da Libertação se propôs como um discurso sobre a necessidade e possibilidade do sujeito humano plural ou diversificado e, ao mesmo tempo, comunitário e universal, e em permanente esforço para evitar que as instituições ou "sábados" o privem da gratificação (felicidade) de ser indivíduo e grupo em crescimento a partir de um si mesmo que pode fazer-se responsável. Esse sujeito, como assinalamos, *oposto a toda autoridade natural ou estrutural*, porque Deus é valorizado como um companheiro, é próprio do imaginário moderno sobre direitos humanos.

Indiquemos sumariamente que existem tópicos da Teologia da Libertação que se separam significativamente do imaginário de direitos humanos. É o caso da habitual imagem de uma *opção "preferencial" pelos pobres*.[40] Na versão que tem maior receptividade cultural, em razão da convergência com as ações eclesiais de caridade no sentido da esmola, esse pobre é percebido como o *insignificante*, "aquele que não é relevante para a sociedade e cujos direitos mais elementares à vida, à liberdade e à justiça são violados permanentemente".[41] Essa descrição, independentemente do desejo de quem a redigiu, é uma desgraça. Com efeito, se o pobre é "insignificante", então não se pode violar seu direito porque, para isso, ele deve primeiro "significar". Contudo, retirando essa obviedade, ver no pobre um "outro" (objeto) e não uma produção *nossa* ou social que *também nos empobrece* supõe não assumir (embora seja conhecida) a tradição bíblica e ter uma magra leitura da parábola do samaritano. O samaritano socorre porque *também* é um *necessitado*. Jesus de Nazaré também é um necessitado, ou seja, um empobrecido. Por isso reclama quando o traem ou abandonam, isto é, quando deixam de reconhecê-lo e o tratam como "outro" ou objeto. De qualquer forma, o problema de fundo é que propor o pobre como um outro a quem se ajuda porque quem o faz não é um necessitado (possui misericórdia ou discernimento, por exemplo) significa começar a transitar por um caminho em que se pode considerar ser portador de características ou poderes individuais ou sociais que o pobre deve reproduzir para deixar de ser pobre. Abre-se uma brecha, assim, para as instituições que matam,

---

40 A opção "preferencial" pelos pobres é uma correção da hierarquia clerical. A proposta inicial da Teologia da Libertação dizia: "opção pelos pobres".
41 Gutiérrez, *Teología de la liberación*, nota 1, p.396.

os ídolos, o Direito natural, o "desenvolvimento", a libertação *induzida*, o sujeito "natural", a família, a Teologia. Infelizmente, o *éthos* dos "pobrezinhos insignificantes" foi um dos mais socializados pela Teologia da Libertação e, por razões que não se verão aqui,[42] não foi objeto de uma discussão rigorosa entre seus seguidores. De modo que essa teologia também pode incorrer, usualmente por insuficiência de rigor analítico e de cuidado de si, nos desvios do Direito natural.

5. Hinkelammert e sua análise sobre direitos humanos

O pensamento de Hinkelammert possui ao menos uma especificidade no campo vasto e conflituoso da Teologia da Libertação que acabamos de delinear. Utilizando sua formação acadêmica europeia, introduziu um critério de abordagem conceitual que articula a economia política com a teologia para a compreensão da experiência social e, dentro dela, da vivência religiosa. Enquanto a economia política se interessa pelo problema da reprodução dos fatores da produção, força de trabalho e capital, por exemplo, essa reprodução se constitui em *matriz* da ótima distribuição de recursos sociais. De maneira esquemática, uma economia política determinada pode privilegiar a reprodução do capital, outra a reprodução da força de trabalho e uma terceira a do ser humano. Cada uma gerará uma maneira diferente de apreciar e realizar a ótima distribuição de recursos econômicos em uma sociedade dada, isto é, sua racionalidade. Uma economia política que degrada sistematicamente o ser humano e a natureza, por exemplo, pode alcançar uma alta produtividade, mas é suicida e, por isso, irracional. Será elementarmente "racional", por outro lado, uma economia política que responda matricialmente à reprodução da existência humana (livre, criadora) e da natureza como marco de todas as decisões sociais. É claro que uma política econômica pode invisibilizar ideologicamente seu referencial na economia política, mas tal invisibilização traz consigo o desaparecimento, também ideológico, do ser humano e de suas responsabilidades como

---

42 Um panorama mais amplo sobre a diferença entre "pobre" e "empobrecido" pode ser visto em Gallardo, "Imaginarios sobre el pobre en América Latina". A edição mais completa é a da *Revista de Filosofía de la Universidad de Costa Rica*.

sujeito. Nota-se aqui que a matriz que afirma a reprodução da vida humana e da natureza, e faz de toda outra decisão social *funções dessa reprodução*, constitui a matriz ótima para imaginar, pensar e lutar por direitos humanos. Nesse sentido, na medida em que a economia política é uma produção que responde a desafios da sociedade moderna, direitos humanos são também uma "invenção" moderna.

Certamente, toda economia política supõe uma *relacionalidade*, ou seja, uma ou várias divisões sociais do trabalho. É em conexão com essa relacionalidade que tomam corpo os discursos e os valores, inclusive os morais. No âmbito da complementaridade e da facticidade demandadas pela produção, surge, por exemplo, a solidariedade[43] ou a cooperação sem a qual a produção não existiria. As necessidades da produção fazem surgir, além disso, representações e valorizações sobre a troca e a sobrevivência que, em formações sociais de baixa produtividade, tomam a forma de um primeiro imaginário que se expressa como *ética natural*, ou seja, fetichizada. Uma segunda mitificação ou "naturalização" imaginária da produção aparece quando o excedente econômico é expropriado pelos grupos ou classe dominantes. Esse imaginário, ligado à violência que supõem a expropriação e a divisão do trabalho em produção direta e indireta (serviços), ou seja, em trabalho manual e trabalho intelectual, leva ao monopólio da criatividade humana os atores deste último. Como eles (sacerdotes, filósofos, militares, capitalistas, cientistas, artistas etc.) não podem legitimar "economicamente" seus empregos, derivam-nos de um novo imaginário mítico regido por valores eternos: Hinkelammert menciona o serviço a Deus, à verdade, à pátria, ao progresso, à iniciativa privada. Em nome desses valores materiais da produção, os atores materiais da produção podem ser institucionalmente submetidos e subjugados, explorados, excluídos e pauperizados. Embora Hinkelammert, que em termos básicos segue nesse campo Marx/Engels e seus trabalhos sobre ideologia e fetichismo, não mencione isso no texto que

---

43 É provável que por sua ressonância, derivada da cotidianidade, o termo "solidariedade" (que parece implicar uma adesão voluntária, sem fissuras) poderia ser substituído por um mais objetivo, como o de cooperação que inclui conflitos. Etimologicamente, porém, "solidariedade" remete a obrigações vinculantes, não a inclinações subjetivas ou opções. De toda maneira, é o termo que Hinkelammert emprega. (Cf. Hinkelammert, *Democracia y totalitarismo*, p.41.)

nos serve de referência,[44] a obrigatoriedade dessas mitificações constitui o Direito natural. O imaginário fetichizado e idolátrico, que é função da expropriação do excedente, não pode, no entanto, rebaixar materialmente o excedente potencial para uma determinada divisão social do trabalho ou produtividade. Propô-lo seria suicida. As mitificações imaginárias ou ideologias, exceto que tenham como valores explícitos o genocídio ou o suicídio coletivo, não podem ultrapassar as possibilidades de sua matriz econômica. Nesse sentido, ela é determinante em última instância.

Tal como nas teses básicas da Teologia da Libertação que destacamos, o critério conceitual de abordagem de Hinkelammert (economia política/teologia) oferece claras possibilidades para compreender e explicar direitos humanos. Com efeito, estes podem estar ligados a *lutas sociais pelo excedente econômico*[45] em duplo sentido: por sua composição e por sua *distribuição*. No caso da composição, direitos humanos surgem contra o monopólio religioso da consciência que impedia a socialização de tecnologias e ciências funcionais ao tráfico mercantil. A atividade racional autônoma aparece como um desafio ao império da crença religiosa obrigatória. A distribuição do excedente se liga também à propriedade privada, que é função de uma teoria do trabalho humano ou antropologia e não um privilégio concedido pelos senhores. Posteriormente, nos séculos XIX e XX, a disputa pelo caráter e utilização do excedente gerará as condições para a exigência de direitos econômicos, sociais, culturais e dos povos, ao passo que a matriz econômica/política (que se evidencia como suicida) ou composição excedente será confrontada pelas exigências ecológicas ou ambientalistas e pelas demandas de direitos de quinta geração. É evidente que existirá também

---

44 Hinkelammert, op. cit., p.43. Para o comentário a respeito de sua análise sobre direitos humanos, consideramos sobretudo seus artigos "Democracia, estructura económico-social y formación de un sentido común legitimador", contido em *Democracia y totalitarismo;* "La inversión de los derechos humanos: el caso de John Locke", editado por Desclée de Brouwer; "La economia en el proceso actual de globalización y los derechos humanos", que aparece em *El huracán de la globalización;* e suas intervenções em Villela (org.), *Los derechos humanos como política*. Hinkelammert é um autor prolífico e um tanto iterativo, por isso não seria factível examinar cada detalhe em todas as suas obras em uma abordagem desse tipo. Em nosso juízo, o artigo que melhor condensa e articula o mundo analítico desse autor é "Economía y teología: las leyes del mercado y la fe".

45 Excedente econômico é um produto coletivo que supera o que se necessita para a reprodução material dos produtores.

uma "história" específica de direitos humanos ligada à autonomia relativa das espiritualidades culturais modernas.

Um segundo aspecto que facilita a compreensão de direitos humanos a partir do critério de abordagem proposto por Hinkelammert é que sua matriz de reprodução e o sentido comum legitimador ligado a ela contêm a inevitável *relacionalidade* da existência humana. A noção de "humanidade" pode então ser predicada dessa relacionalidade sócio-histórica e não diretamente do indivíduo, da pessoa ou do sujeito. Esses últimos conceitos e valores seriam formas discursivas que aludem a (ou eludem) essa relacionalidade. O efeito político da questão é que o fundamento de direitos humanos decorre de uma prática (resistência, mobilização, combate etc.) social e não de conceitos/valores substancializados que, ao contrário, remetem inevitavelmente ao campo do Direito natural, da ética e da metafísica. Insistimos que o conceito de "humanidade" contido na expressão "direitos humanos" deve ser *aberto* para que estes possam ser compreendidos sob a dimensão constituinte da luta social. Esse é o alcance conceitual e político da noção de *ortopráxis* proposto por Segundo. Infelizmente, como veremos, a análise específica de Hinkelammert não transita por esse caminho.

6. Hinkelammert: a perda da rota em direitos humanos

Em meados de 1984, realizou-se no Chile, patrocinado pelo Conselho Mundial de Igrejas, um encontro que teve como título: "Os direitos humanos como política". Nele, Hinkelammert fez uma palestra.[46] O marco era interessante porque a reunião se realizava depois de dez anos de ditadura empresarial/militar no país e, portanto, depois de uma década de terror de Estado e de disciplinamento cidadão e social, em especial de sua força de trabalho. Dentro da metodologia do encontro, a palestra de Hinkelammert foi comentada por um intelectual católico (conservador, se é necessário dizer) e discutida por um ex-ministro da esquerdista Unidade Popular, um membro da Flacso e outros cientistas sociais chilenos ou regionais.[47]

---

46 Hinkelammert, "Derechos humanos y democracia".
47 Discutiram com Hinkelammert: A. Dominguez, O. Landi, N. Lechner, E. Lira, D. Llano, P. Morandé, J. A. Viera-Gallo e H. Villela.

A exposição de Hinkelammert começou com uma pergunta: quem, em nome de direitos humanos, se interessa em violá-los? Como, em nome de direitos humanos, estes são violados? A resposta óbvia a essas perguntas é: a *autoridade* e os *micro* e *macropoderes* que Ferrajoli chama de fato. A segunda pergunta remete não só à existência de práticas sociais de poder, mas também aos *discursos* que, com maior ou menor ressonância, as defendem ao *naturalizá-las*. A obviedade dessas respostas repousa sobre a consideração de que "direitos humanos" se dizem de diferentes maneiras. Como proposta social, como legalidade, como existência imediata ou cotidianidade, como lógica do sistema, como cultura e como ideologia. Cada um desses planos possui sua própria complexidade. Direitos humanos como legalidade compreendem, por exemplo, os enunciados constitucionais, suas codificações, sua juridicidade, sua eficácia, seu alcance nacional ou internacional etc. Como existência imediata, remetem às instituições sociais, às identificações individuais e sociais e a suas articulações muitas vezes conflituosas.

Hinkelammert não faz as distinções anteriores, mas mistura e "resolve" essas distinções em uma síntese estrutural e estruturadora: a defesa e a promoção de violações de direitos humanos se produzem como proteção da ordem moral e política constitutiva. Segundo ele, a sociedade vigente é identificada com *a* humanidade e, por isso, os atentados e questionamentos contra seu *"nómos"* são caracterizados como crimes contra ela, e seu castigo reivindica e restabelece direitos humanos. Que essa interpretação seja distinta das respostas que consideramos óbvias mostra que nem todos os regimes que recorrem ao expediente anterior têm "êxito". Assim, por exemplo, os Estados Unidos conseguem que sua "guerra preventiva global contra o terrorismo" seja aceita como própria de uma legítima defesa (estadunidense e ocidental) e promoção (universal) de direitos humanos. Em compensação, o Chile empresarial e militar em que se apresentava Hinkelammert despertava medo interno e repulsa internacional mediante o rechaço de sua figura icônica, o general Pinochet. A diferença entre um caso e outro, independentemente de uma discussão exaustiva, passa pela diversa potencialidade dos regimes do Chile e dos Estados Unidos. Ao "sintetizar" abstrata ou estruturalmente direitos humanos, Hinkelammert invisibiliza a complexidade das tramas de poder em que consiste a experiência humana. Seu discurso não diz conceitualmente a realidade: ele a enviesa e invisibiliza. Seu enfoque estrutural desloca o fato de que direitos humanos, em sua complexidade, constituem uma demanda e expectativa *modernas* e, como tais, não podem ser predicados, sem dissolver sua especificidade, de qualquer formação social.

Uma segunda questão é que o enfoque de Hinkelammert não se interessa pelo fato de que a gestação e gestão de direitos humanos podem procurar instituir uma "ordem nova", não sendo, por isso, puramente defensivas ou conservadoras. O interesse em "violar direitos humanos" compreende, assim, momentos de afirmação constitutiva, de resguardo do *nómos* já constituído, de transgressão revolucionária e de repressão contrarrevolucionária. Esses momentos não são mutuamente excludentes. Assim, o regime empresarial/militar chileno aplicou o terror de Estado para descabeçar, fragmentar e desmobilizar o movimento popular, para refuncionalizar o país no âmbito de uma economia global e oligárquica e para "criar" outro Chile. Da mesma maneira, a violação de direitos humanos no Iraque se destina esquematicamente a apagar o "antigo Iraque" e a criar um "novo", inédito. De outro ângulo, os direitos sociais e econômicos reivindicados pelos trabalhadores "violam" direitos humanos derivados da acumulação de capital e da propriedade privada orientada para o lucro. O interesse em violar direitos humanos é, assim, *complexo* e de maneira nenhuma sua manipulação ideológica pode ser reduzida a uma estólida defesa da ordem moral e legal. Hinkelammert não vê isso porque reduz as violações a uma regra formal eterna, quando elas, na realidade, condensam politicamente práticas de poder situacionais e sócio-históricas que *também* possuem um plano estrutural.

Introduzido assim o tema de direitos humanos, Hinkelammert os associa com toda a teoria moderna da democracia.[48] Segundo o economista/teólogo, as teorias da democracia partem da igualdade humana universal e, por isso, nelas todo ser humano é sujeito de direitos humanos. Essa formulação é discutível porque confunde "ser humano" com "cidadão". Vimos em

---

48 Embora seja claramente arbitrária, essa premissa não será discutida aqui. Não existe um único conteúdo que preencha a expressão "toda teoria moderna da democracia" (Hinkelammert, op. cit., p.89). Existem discursos ideológicos e analíticos sobre o regime democrático e suas instituições. Esses discursos podem ou não estar centrados na separação entre sociedade civil e sociedade política. Os discursos também podem ignorar ou admitir a existência de classes. E, é claro, na tradição dominante "democracia" não faz referência à universalidade da experiência humana, mas à extensão universal ou não, embora sempre nacional, da cidadania. Trata-se de assuntos muito distintos.

capítulos anteriores que para Locke, por exemplo, nem todos os indivíduos que pertencem biologicamente à espécie humana têm o caráter de cidadão. Para a teoria republicana de Kant, apenas os seres humanos autônomos são cidadãos ativos. O assunto pode ser visto de outro ângulo: que as mulheres conquistem o direito de sufrágio, ou seja, que se amplie significativamente a cidadania, não as transforma automaticamente em seres humanos, *na qualidade de mulheres*, iguais ou diferentes dos homens. Mais uma vez, a premissa do argumento, independentemente de uma consideração histórica, é falsa porque escamoteia que o imaginário burguês decompõe a sociedade em ao menos dois âmbitos: a sociedade civil, na qual existem indivíduos dos quais se pode pregar que são biologicamente humanos e que podem possuir alguns caracteres universais comuns (liberdade para contratar, por exemplo), e a sociedade política, na qual existem apenas cidadãos iguais. A igualdade universal não opera no âmbito civil em que o imaginário burguês costuma declarar e assumir hierarquias e desigualdades naturais.

Da premissa anterior, falsa, Hinkelammert procede para afirmar que a teoria da democracia se centra *sempre* na discussão e legitimação da restrição de validez de direitos humanos. Diz categoricamente:

> Essa restrição, e até anulação, coloca-se a partir daquele que viola os direitos humanos. Nesse processo, os direitos humanos são invertidos. O direito [sic] pode proclamar: a vida humana é inviolável. Perante o assassino, que viola esse direito, aparece sua violação legítima: em caso extremo, a pena capital.[49]

Aqui a confusão é extrema.[50] Hinkelammert mistura os *preceitos constitucionais*, que podem declarar a vida humana como algo inviolável, com o *código penal*, que tipifica o assassinato com um *delito* e estabelece não só uma sanção jurídica para esse delito, mas também o procedimento que deve ser respeitado para punir o criminoso, a quem se castiga não por ser humano, mas por ser delinquente. De fato, se lhe fosse aplicada a pena de morte, ele deveria ser tratado como um ser humano. Não existe nenhuma esqui-

---

49 Hinkelammert, loc. cit.
50 E, mais ainda, a conclusão: "Como faz falta um poder para executar tais castigos aos violadores dos direitos humanos, aparece um poder político com o direito de suspender a vigência dos direitos humanos para aqueles que os violem" (ibid.).

zofrenia ou "inversão" nessa situação. Trata-se de dois planos diversos do Direito: como fator cultural e como instrumento (utilitário) de coexistência social. A ignorância desses planos e de suas relações conduz o teólogo a um tipo de exasperação que pretende passar por analítica. Levado ao extremo, seu argumento diria que nenhuma democracia "universalista" (ele as entende assim) jamais poderia punir juridicamente delinquente algum, porque isso violaria seus direitos humanos: o de liberdade, por exemplo, tão querido por Kant. Em termos do papel instrumental do Direito, isso é grotesco e, certamente, anistórico.

Essa rude desatenção não passa inadvertida para os interlocutores de Hinkelammert. Um advogado assinala:

> Acho que o problema que Franz [Hinkelammert] coloca é um problema que não tem solução, porque é o problema do Direito. O que você diz é que o Direito tem em si, sempre, uma dimensão de coação. E isso vai ser sempre assim. Acho que é uma coisa que não é própria só da sociedade moderna; me parece que é algo conatural à história conhecida até hoje.[51]

E, com alguma elegância, expõe o mesmo argumento pelo absurdo que indicamos anteriormente:

> o ponto que há em seu trabalho [...] é a tendência a dizer: é necessário superar isso; isso não pode acontecer. Ou seja, há certo grau de injustiça consubstancial ao Direito que é preciso superar. O que está aí latente é a ideia da sociedade sem Estado, ou uma sociedade sem Direito [...].[52]

Ou seja, o teólogo sente que existe injustiça, mas não sabe como analisá-la e, por isso, arremete contra o Direito em nome de direitos humanos, afirmando que o primeiro é a inversão legal (ele escreve "legítima") do proclamado eticamente. As saídas são: ou que não exista o Direito como técnica de coexistência, ou a denúncia absoluta de direitos humanos como não factíveis ou irreais. Ambas as questões podem ser consideradas analítica e politicamente ingênuas. O grave é que Hinkelammert possui o instrumen-

---
51 Viera-Gallo, "Derechos humanos y democracia (intervención)", p.103.
52 Ibid., p.103-4.

tal conceitual para pensar o tema de outra maneira. Contudo, por algum motivo, não o emprega.

Que o assunto da confusão pela ignorância elementar seja grave é ressaltado também por um sociólogo, membro da Comissão Chilena de Direitos Humanos:

> O Estado de direito, ou essa necessária mediação institucional das relações humanas, traz consigo – como dizia muito bem José Antonio – uma coação indispensável, mas que procura ser uma coação regulada por uma racionalidade de controle, fiscalização, equilíbrio social, em que não desaparece a pessoa, não desaparece a soberania cotidiana do povo.[53]

Dessa última intervenção convém separar dois aspectos: por um lado, a reafirmação de que o teólogo fala de água tíbia sem tê-la estudado e a chama de "inversão"; por outro, a tendência a considerar as cautelas processuais diretamente associadas ao respeito pela pessoa e pela soberania popular. Essas últimas opiniões admitem vários ângulos de discussão que não serão desenvolvidos neste trabalho.

A opinião mais fulminante é, entretanto, a de um politólogo:

> O problema dos direitos humanos é um dilema entre a universalidade (todos têm direito à vida, todos têm direito ao trabalho) e a necessidade, por razões da mesma vida social, de estabelecer limites sociais que estruturem a convivência [...] Perante o princípio instituído, surge outra interpretação que contrapõe outro princípio regulador. Em nossas sociedades divididas, é inevitável esse conflito de interpretações dos direitos humanos e, por conseguinte, essa dinâmica de agressão e reparação. Contudo, o problema não é tanto o conflito entre os diferentes princípios hierárquicos, a questão de fundo é que o pensamento moderno supõe a existência de um princípio único [...] Acredito que há uma necessária delimitação na sociedade, uma distinção do pertinente e do não pertinente, do lícito e do ilícito. O problema é legitimar essas exclusões. O problema reside, assim, na legitimação e, por conseguinte, na construção do poder político.[54]

---

53 Domínguez, "Derechos humanos y democracia (intervención)", p.107.
54 Lechner, "Derechos humanos y democracia (intervención)", p.114.

O politólogo confronta a existência sócio-histórica, inclusive a luta política de classes e de gênero, com a fantasmagoria peculiar do economista/teólogo, que, como veremos, tenta impor à realidade suas visões, e estas, quando decorrem da desatenção, como nesse caso, tornam-se caprichos.

A defesa de Hinkelammert diante dos juízos elementares de seus interlocutores é paupérrima:

> Interessa-me chamar a atenção sobre o *nómos* da sociedade quando produz o inimigo em nome dos direitos humanos [...] Isso é um fenômeno moderno [...] O assassino foi mencionado somente como exemplo prévio [...] O crime ideológico sistêmico secularizado é algo moderno, e não está vinculado assim com o direito. O direito costuma negá-lo, transformando-o em delito penal. Não aceita que haja crimes ideológicos que apareçam no sistema moderno e sejam produzidos por uma reação em nome dos direitos humanos. Com a declaração "todos os homens nasceram iguais", aparece uma agressividade de novo tipo.[55]

Quando é recordado, Hinkelammert compartilha a novidade de que direitos humanos são modernos. Talvez se mate, persiga e exclua em nome deles porque os grupos dominantes nessas sociedades carecem de um único Deus celestial no qual abrigar-se para sustentar seus interesses e desejos. Direitos humanos surgem *contra a autoridade divina* exercida "naturalmente" por religiosos e nobres. Para realizar a expropriação dessa autoridade, protestam que todo mando político deriva do consenso, não é natural, e que a única coisa "natural" são os caracteres invioláveis dos indivíduos, isto é, direitos humanos. Quando se observa essa luta social, política, cultural e ideológica (que expressa em seu nível as necessidades de acumulação de capital) na gestação das sociedades modernas, entende-se que Estado e os direitos "naturais" dos cidadãos são referências "sagradas" que permitem diferenciar e matar, mesmo que constitucional e ideologicamente se pretendam "bem comum" ou referente universal. A razão para isso é que, antes das sociedades modernas, nunca existiram direitos humanos. E a outra é que todas as sociedades com princípios excludentes de dominação demandam um critério ideológico (de tipo metafísico) para excluir e matar.

---

55 Hinkelammert, "Derechos humanos y democracia (intervención)", p.110.

Uma observação ainda sobre esses despropósitos. A fórmula "todos os homens nasceram iguais" possui diferentes alcances de expressividade e também diversa complexidade. Para começar, não é moderna porque se encontra nos estoicos, nos quais se faz referência a uma participação humana em uma racionalidade objetiva universal, ou nos evangelhos, nos quais remete à universalidade da filiação divina. Modernamente, em Locke, a expressão não designa a igualdade humana, mas que ninguém nasce sujeito a autoridade política alguma.[56] Portanto, a autoridade política é convencional e utilitária. Distinta é sua utilização no primeiro artigo da Declaração Universal de Direitos Humanos das Nações Unidas,[57] na qual remete eticamente à "dignidade intrínseca" do ser humano e juridicamente não à igualdade lata, mas a um princípio de *não discriminação*: em que pese suas diferenças, os seres humanos devem ser tratados como se fossem iguais. Esses exemplos, elementares, mostram que se trata de questões diferentes que não admitem a observação categórica de Hinkelammert: "Com a declaração 'todos os homens nasceram iguais' aparece uma agressividade de novo tipo". Na realidade, é com o auge da economia monetária e da acumulação de capital que aparece a agressividade moderna, que se disfarça, entre outras roupagens, com a tardia ideologia jusnaturalista de direitos humanos. Por isso é que, posteriormente, os operários demandaram ser tratados como seres humanos *enquanto operários*. Isso indica que socialmente assumem sua *diferença* e, com ela, o sistema.

Dados esses primeiros passos em falso, a exposição de Hinkelammert retoma seus critérios de abordagem analítica e expõe questões coerentes que admitem, contudo, observações. Seu argumento é o seguinte: direitos humanos devem ser sempre hierarquizados (é impossível cumprir todos ao mesmo tempo) mediante um princípio de regulação de acesso à produção e distribuição dos bens econômicos. Quem contradiz esse critério (*nómos*) aparece como inimigo da sociedade e do gênero humano.[58] A eliminação desse inimigo é própria de qualquer Estado, de direito ou de terror, capi-

---

56 Locke, como deveria ser sabido, é explícito nesse ponto: "Embora anteriormente eu tenha dito que 'todos os homens são iguais por natureza', não se deve entender que me referia a toda a classe de igualdade" (Locke, *Segundo tratado sobre el gobierno civil*, §54).
57 "Todos os homens nascem livres e iguais em liberdade e direitos [...]."
58 Nesse texto, Hinkelammert não introduz a distinção entre inimigo e opositor que, sem dúvida, melhoraria a qualidade da análise.

talista ou socialista. A tarefa repressiva do Estado para "salvar" direitos humanos se reforça com o mito do progresso econômico. Agora, quem se opõe ao progresso é inimigo da humanidade. Isso vale para capitalistas e stalinistas. Na sociedade que proclama direitos humanos aparece assim o crime político que consiste em contradizer o critério de hierarquização e o progresso, identificados com a humanidade. Diante do crime político, não existem direitos humanos. Estes se transformam em motor de sua violação. Esse processo é qualificado por Hinkelammert de "inversão". As sociedades que hierarquizam direitos humanos possuem uma alta agressividade, mas essa hierarquização, e o processo de inversão, são inevitáveis.

Hinkelammert propõe como saída às agressivas sociedades que violam direitos humanos em nome desses mesmos direitos um sistema econômico referido às *necessidades*, de modo que cada qual possa assegurar, mediante seu trabalho, uma existência digna. Isso *apaziguaria* a agressividade. O protagonista desse sistema seria:

> o sujeito concreto, que tem de viver, tem de ter sua integridade e tem de ter a liberdade de viver seu projeto de vida. E, para viver seu projeto de vida, certamente tem de satisfazer suas necessidades. Agora se julga a partir desse sujeito concreto a institucionalidade.[59]

Sem considerarmos questões específicas,[60] o argumento admite ao menos três observações básicas. 1) Existe um *reducionismo econômico* no princípio de regulação que invisibiliza dominações como as de gênero e geração; o custo político desse reducionismo é que as transformações que deseja Hinkelammert teriam de ser feitas politicamente "de cima", lesando seu impacto cultural e também os "direitos humanos". 2) Reproduz-se, sem crítica e de modo inválido segundo as premissas, uma *oposição entre sujeito concreto* (muito próximo ou igual ao indivíduo) e a *sociedade* – esse discurso acerca da oposição de Hinkelammert ao jusnaturalismo. 3) O "sujeito concreto", que expõe a partir de suas *necessidades* e cuja existência julga as instituições e suas lógicas, é um *referencial metafísico*, não histórico.

---

59 Hinkelammert, "Derechos humanos y democracia (intervención)", p.96.
60 A principal é que nem toda oposição política é castigada com a morte, como diz Hinkelammert. Somente as consideradas revolucionárias, que se entendem como uma declaração de guerra. Para as outras existe até o direito de asilo.

Ainda deveríamos indicar que a imagem de "apaziguar a agressividade" das sociedades modernas é uma paráfrase de "apaziguar a acumulação de capital e redeterminar a utilização do excedente". Acredito que salta à vista que não se conseguirá isso sem *luta social*. Que, temos reiterado, é o fundamento de direitos humanos entendido como *expressão possível* de uma sociedade civil emergente em uma matriz sócio-histórica dada. Como Hinkelammert não integra esses elementos a seu discurso, como lhe censurou Lechner, sua abordagem, inteiramente independente de suas intenções, torna-se ideológica e ameaça tomar partido contra o que lhe interessa defender.

Isso é comprovado pela curiosa intervenção do comentarista, um sociólogo católico que alcançou notoriedade e hierarquia (pró-reitor da Universidade Católica) no âmbito da ditadura empresarial/militar chilena. Foi ele quem se mostrou mais alvoroçado com o que escutou: "Acho que a lógica da exposição é implacável; é completamente correta. Revela, a meu juízo, um ponto básico que se mencionava de manhã: a necessidade de distinguir o duplo polo da cultura e do sistema".[61] Ou seja, aplaudiu quem se supõe que não deveria aplaudir. A razão de seu regozijo é que a exposição de Hinkelammert lhe permite concordar com a crítica das sociedades modernas (o sistema único, sem saída nem soluções) secularizadas e "construtivistas" ou autofundadas, assassinas do transcendente, ou seja, de Deus, e que espiritualmente carecem de legitimidade ou justificação, porque são mera expressão de poder de fato, histórico. Segundo o sociólogo: "Basta que qualquer grupo suba ao poder para que obrigatoriamente tenha de repetir essa definição [a lógica de repressão que viola direitos humanos], quer deseje ou não [...]".[62]

Essas sociedades são fruto da soberania humana, isto é, do *pecado*. A saída é distinguir nelas o *polo da cultura* (salvador/transcendente) em relação ao polo sistêmico em que domina o *pecado*. As sociedades modernas igualam o polo sistêmico ao polo da cultura (que é onde radicam os valores e, para a América Latina, onde se situa o catolicismo e sua ética natural, ou seja, eterna). E onde a autoridade católica vê o signo desse polo salvador? No *sujeito concreto* do discurso de Hinkelammert:

---

61 Morandé, "Derechos humanos y democracia (intervención)", p.97.
62 Ibid., p.98. "Subir ao poder" é uma imagem politicista que torna invisíveis os empresários e a geopolítica. Dizer que um regime viola direitos humanos, goste ou não, no Chile de 1984, desculpa a ação militar, sua responsabilidade moral e a cumplicidade eclesial.

O mesmo Franz [Hinkelammert] assinalava a ideia de um sujeito concreto anterior, por exemplo, à decisão de um sistema de propriedade. Isso supõe já a existência, mais além da estrutura ou fora dela, de um polo que permite, justamente por sua transcendentalidade diante da estrutura, realizar uma avaliação, uma crítica.[63]

Nesse polo da cultura, opera naturalmente a Igreja Católica, que admite crítica como instituição, *porém não como instância salvífica*. Ali expressa a revelação e o Reino. O admirador de Hinkelammert assinala com modéstia científica que não possui uma resposta para definir-se ou pelo sistema ou pela cultura, mas que se optasse pelo segundo seria obrigatório reconciliar ciências positivas com *a* filosofia e *a* metafísica. O homem nos fez retornar a Tomás de Aquino! Nesta América Latina medieval, as pessoas suportarão a dureza da discriminação, a exploração, a submissão e a ignorância com *piedade moral* e seus dirigentes assassinarão os insurgentes ou hereges com *misericórdia*, para salvá-los de seus próprios erros e cumprir uma responsabilidade delegada por Deus. Não soa como história conhecida? Pois assim soou o "sujeito concreto [...]" ao fervoroso sociólogo católico. E é quase certo que Hinkelammert não tinha a intenção de despertar essa admiração e esse aplauso. E, evidentemente, poderia tê-los evitado se tivesse respeitado seu próprio critério de abordagem, que ele considera marxista.[64]

7. Hinkelammert: a imagem ou "teoria" das inversões

Um texto em que Hinkelammert desenvolve com algum detalhe o que ele considera sua fórmula das inversões de direitos humanos é o artigo "Democracia, estructura económico-social y formación de un sentido común legitimador", publicado em um volume em 1990, ou seja, seis anos depois que lhe fizeram críticas de fundo sobre esse assunto no Chile. O teólogo não parece ter dado ouvidos a nenhuma observação, posto que, depois

---

63 Ibid., p.100.
64 Hinkelammert, "Derechos humanos y democracia (intervención)", p.122 ("No fundo, o que estou fazendo é interpretar as relações sociais de produção da análise marxista como princípios de hierarquização de direitos humanos"). Sem dúvida, ele foi tão fundo que não pode sair de lá. É evidente que Marx e Engels não são culpados por seu discurso.

de ter-se defendido mal nesse encontro, reitera seus tópicos sem a menor mudança. Para ele, "quando os direitos humanos são transformados em normas legais, aparece em seguida o problema da restrição da vigência dessas normas".[65] Quatro linhas adiante, ele reduz a "restrição" ou a identifica com *inversão*: "Nesse processo, as normas são invertidas em seu contrário". Insistimos que não se pode argumentar validamente dessa forma porque "normas" fazem referência, por exemplo, na Declaração das Nações Unidas, a propostas *éticas*, ao passo que nos códigos designa normas *legais*. Se se dissesse que as codificações invertem o sentido das propostas éticas, isso teria mais sentido, mas seria falso, como se verá de imediato.

O leitor se recorda de que Hinkelammert se desculpou por sua referência ao *assassinato* no encontro de 1984, qualificando-o apenas de "um exemplo prévio"? Seis anos depois, ele volta a esse "exemplo prévio" para insistir:

> A norma legal pode dizer: a vida humana é inviolável, ou não matarás. Sendo isso uma norma legal, violá-la tem sua punição. Portanto, perante o assassino que viola esse direito estabelecido pela norma, aparece agora a violação legítima dele. Em caso extremo, a pena capital lhe é aplicada legitimamente, ou seja, ele mesmo é assassinado [...] Que a norma seja violada diante daquele que a viola é consubstancial com a existência de qualquer norma.[66]

Essa primeira "lei geral da inversão" é arbitrária porque repousa ou sobre confusões ou sobre ignorância ou sobre ambas. "Não matarás" não é uma norma legal, mas uma indicação *moral*. Se aparece em uma Constituição, como, por exemplo, a chilena (Art. 19), trata-se de uma norma jurídica *primária* à qual se referiam as normas jurídicas *secundárias* do Código Penal, também chileno. "Assassino" é uma expressão de *fala natural* que pode ser ou não tipificada legalmente como homicídio (culposo, em segundo grau etc.). Por último, uma legislação pode ou não castigar um homicida com a pena de morte. Que lei *estrutural* de inversão seria esta que às vezes e em

---

65 Id., "Democracia, estructura econômico-social y formación de un sentido común legitimador", p.135.
66 Ibid.

certas regiões mata o homicida e outras não? E, evidentemente, nas sociedades modernas não se assassina o homicida, mas aplica-se a ele uma *sentença* de acordo com as normas e os procedimentos legais e pela autoridade competente. E porque se trata de normas jurídicas, elas podem ser mudadas. Para Hinkelammert, nenhuma dessas considerações existe. Segundo ele:

> [a inversão] vale para os direitos humanos na medida em que são transformados em normas vigentes [...] Pela inevitabilidade dessa inversão, não é possível garantir os direitos humanos, a não ser no contexto de um poder político que, como Estado, os garantisse precisamente por meio de sua inversão [...] os garanta por meio de sua inversão legítima exercida contra os violadores.[67]

É o mesmo discurso e o mesmo exemplo, e a mesma desinformação de seis anos antes. A "inversão", de existir, não seria legítima, mas legal, e poderia transformar-se aduzindo precisamente sua ilegitimidade. Logo, não existe, ao menos não como o entende Hinkelammert, esse primeiro nível *inevitável* de inversão. E se existisse, não poderia remediar-se, porque a alternativa seria não legislar e que não existissem normas legais. O argumento parece dirigido contra as *normas positivas* (seriam coativas e coercitivas, ou seja, particularizadas) e os *tribunais*, assim como contra o *Estado*, no sentido de que existiria *algo* prévio e acima deles que lhes deveria ser vinculante. Agora, esse é um critério do Direito natural. E direitos humanos não se esgotam nas normas positivas ou nas declarações constitucionais (porque elas são subsistemas da luta social, política e cultural), mas estão mais próximos delas do que do Direito natural em quaisquer de suas formas.

Não é menor o deslocamento que realiza Hinkelammert do núcleo que permite compreender direitos humanos: das *relações* complexas com *princípios de dominação* que constituem as *sociedades civis emergentes* para o dispositivo estatal "que os garanta mediante sua inversão". Isso quer dizer que, se não os "invertesse", seria um Estado "bom".

Esse primeiro nível de inversão é sobretudo formal, eterno. Diz: qualquer normatividade universalizada será recortada sócio-historicamente, se for posta em prática. Dito assim, é um lugar-comum e intencional do

---
67 Ibid.

Direito natural clássico. Existe uma lei eterna, vinculante, e materializações históricas que a expressam ou não, de acordo com condições peculiares. Contudo, a sensibilidade inicial de direitos humanos não diz isso. Assinala: *existe natureza humana e a ela correspondem foros e capacidades que obrigam e limitam toda autoridade*. Trata-se de dois imaginários muito diferentes. Posteriormente, existem condições econômicas que se reputam naturais e que lesam, ou alguns sentem que lesam, a existência humana. Os trabalhadores exigem que elas sejam ao menos limitadas. É a pretensão de direitos econômicos e sociais. São questões sócio-históricas que não apresentamos aqui.

Hinkelammert propõe também um segundo nível para o que ele considera "inversão". Nesse plano, o ponto de partida parece ser sócio-histórico: as relações sociais de produção constituem o princípio de hierarquização de todos os direitos humanos. Esse princípio de hierarquização se objetiva como *moral natural*. O princípio de hierarquização, que remete ao acesso à produção e à distribuição dos bens, gera uma *polarização* entre quem deseja mantê-lo e quem deseja transformá-lo. Esse é o motor dos conflitos políticos e da luta pelo poder, um campo determinado pela relação *amigo/inimigo*. O inimigo é um ofensor de direitos humanos, ou seja, *um inimigo da humanidade*. Sua ação perpetra um crime contra a humanidade. Ideologicamente, a ele são suspensos ou negados direitos humanos enquanto inimigo do critério de hierarquização. Hinkelammert conclui:

> Diante do inimigo de todo o humano suspende-se toda humanidade [...] Os valores se invertem e alimentam uma máquina de matar. Como todo gênero humano é questionado, nenhum direito humano deve ser respeitado. A violação dos direitos humanos se transforma então em imperativo categórico da razão prática. O amor ao próximo em razão da destruição do próximo.[68]

---

[68] Ibid., p.142. Que o argumento de Hinkelammert carece de qualquer sensibilidade histórica mostra a situação de Saddam Hussein, depois de sua captura. O que se introduz é a ideia de um processo "justo", não de simplesmente liquidá-lo. Que ninguém incorra em ingenuidade. Concede-se a ele um processo justo, "que respeite seus direitos humanos", porque isso favorece a ocupação do Iraque e a reeleição de Bush. É o tema da *manipulação* de direitos humanos, não de sua pretensa "inversão" estrutural. Uma vez que Bush for reeleito, Hussein poderá suicidar-se na prisão ou perder a razão como efeito de sua maldade. Assim se evita que ele faça declarações sobre sócios e aliados que hoje o julgam.

Duas questões: Hinkelammert acaba de descobrir o *tópico jusnaturalista* que projeta uma natureza humana que adquire a materialidade de uma moral *objetiva*, vinculante. Locke, por exemplo, não a faz decorrer de uma divisão social do trabalho, mas da ideologia acerca do trabalho como produtor de riqueza. O jusnaturalismo, porém, não é a única proposta antropológica e política moderna sobre direitos humanos, ainda que a sensibilidade de Locke seja a mais difundida. Depois do jusnaturalismo aparecem o utilitarismo, as correntes sociológica e histórica, a interpretação política etc. Hinkelammert apenas descreve o jusnaturalismo. Como funcionaria a inversão em outras correntes? E, sobretudo, como é possível que *existam* outras correntes? O segundo aspecto é pitoresco: o amor ao próximo não é um direito humano, mas um indicativo moral. Por isso, não pode ser invertido como direito humano. Que o teólogo/economista o mencione deriva unicamente de sua desorientação conceitual.

Dessa segunda "inversão", Hinkelammert faz uma observação extemporânea e analiticamente grotesca: "De tudo isso resulta uma força inaudita de agressividade, pelo fato de que os máximos valores da humanidade se transformam em motivos da violação desses mesmos valores. Os valores se invertem e alimentam uma máquina de matar". Em castelhano, "inaudito" faz referência a *nunca ouvido* e *monstruoso*. Ao menos na América Latina, a monstruosidade que evidenciou a máxima agressividade até o momento correspondeu à Conquista e esta não se fez em nome de direitos humanos, mas dentro do aristotelismo-tomismo filosófico e do cristianismo católico institucional. Se os espanhóis e os padres tivessem à disposição as tecnologias atuais de destruição e sujeição, não teria restado indígena ou vulnerável em pé. E a sanha não se compara nem a Hitler nem a Videla ou Pinochet. De modo que essa agressividade é "audita" e nada excepcional na história humana. A segunda observação mostra o teólogo levando a sério as ideologias e esquecendo-se de seu critério de abordagem (as relações de produção). Direitos humanos nunca foram os máximos valores da humanidade. Em Locke, por exemplo, o máximo valor é a propriedade e a acumulação. Direitos humanos e *commonwealth* são funções desses valores primários. Para Kant, a liberdade, *o* direito humano, remete na prática ao livre comércio global exercido por repúblicas (Estados de base comercial). Se perguntarmos: "Pode a acumulação de capital transformar-se em uma máquina de matar?", a resposta é óbvia, porque isso acontece todos os dias.

Se perguntarmos: "Pode o comércio global transformar-se em uma máquina de matar?", a resposta também é óbvia. Apenas a Hinkelammert ocorre perguntar: "Podem a liberdade, a razão e 'os' direitos humanos transformar-se em uma máquina de matar?". Para gritar aterrorizado, indignado, perplexo ou tudo isso ao mesmo tempo: "Sim! E é *Unerhört!*".[69] Como se diria no Chile, ninguém anda por aí perguntando bobagens.

O teólogo aplica sua "agressividade inaudita" às relações internacionais. Como países socialistas e capitalistas possuem critério diverso de hierarquização de direitos, eles entram em guerra ideológica (e material onde podem, supomos). É uma guerra *a priori*, que aqui quer dizer por princípio fundante independente da experiência. Exemplifica esse discurso com a situação da Nicarágua na década de 1980: "[...] o governo dos Estados Unidos sente-se na situação *a priori* legítima de uma guerra justa, na qual a Nicarágua, ao questionar as relações capitalistas de produção, cometeu um crime objetivo contra a humanidade. Em consequência, é agressor, faça o que fizer".[70]

Na realidade, os Estados Unidos precipitaram uma guerra na Nicarágua e na América Central nesse período no âmbito da chamada Guerra Fria, isto é, por razões geopolíticas, e usou como uma de suas justificações *ideológicas* a violação de direitos humanos. Se os Estados Unidos oferecem a si mesmos a *identificação* ideológica de campeão mundial de direitos humanos, isso não implica levar a declaração a sério. Basta lembrar que os Estados Unidos não intervêm em países que violam sistematicamente direitos humanos, se esses países favorecem seu domínio global. De fato, na mesma década a que faz menção Hinkelammert, o governo estadunidense inventou a divisão entre regimes que violam sistematicamente direitos humanos, ou *totalitários*, e regimes que violam circunstancialmente esses direitos, ou *autoritários* (a ditadura empresarial/militar chilena, por exemplo). Em tudo isso não existe nenhuma decisão *a priori*, mas interesses sócio-históricos que podem utilizar um discurso jusnaturalista. O que ocorre é a manipulação de direitos humanos como *prática de poder* e ela pode recorrer ao discurso jusnaturalista (em particular a Locke) como fator dessa manipulação. A "inversão" de Hinkelammert não tem nenhum papel

---

69 "Inaudito" em alemão.
70 Hinkelammert, op. cit., p.146.

material significativo na *Guerra de Baixa Intensidade* centro-americana da década de 1990.[71] Se essa inversão existe (como jogo fetichizado), ela tem um papel menor dentro dos mecanismos constitutivos e de reprodução da ordem burguesa moderna.[72]

Embora tenha gasto seu tempo mostrando o duplo plano de inversão de direitos humanos – um porque toda proposta ética universal se torna seu contrário ao transformar-se em instituição e outro pela hierarquização inerente à determinação das relações sociais de produção –, Hinkelammert termina falando só do segundo nas sociedades modernas (capitalismo/ socialismo). Aqui admite três caminhos: o da agressividade em nome de direitos humanos, ou sua negação brutal (que ele chama de niilismo e adjudica a Nietzsche e ao nacional-socialismo alemão), ou a determinação de relações de produção de modo que ninguém fique excluído. Nesse artigo, ele denomina o último critério como o da *lógica das maiorias*. Essa lógica combina plano e mercado em uma *economia mista*, de modo que cada qual, por seu próprio trabalho, possa resolver suas necessidades básicas (e as dos seus, acrescenta o teólogo, ainda que esse acréscimo gere algumas dificuldade que não se discutirão aqui):

> Ninguém deve poder satisfazer suas necessidades sacrificando a vida do outro. A satisfação das necessidades de cada um deve ser englobada em uma solidariedade humana, que não exclua ninguém da satisfação de suas necessidades básicas. O "não matarás" se transformará em um: respeitarás a vida do outro no âmbito de suas necessidades básicas.[73]

---

71 Isso não significa que os recursos ideológicos careçam de alcance social, por exemplo: reforçar o apoio interno e apresentar uma face internacional maquiada. Contudo, nas condições da América Central (como no Panamá em 1989), a Guerra de Baixa Intensidade teria sido desencadeada com ou sem a desculpa de direitos humanos. Os Estados Unidos agridem porque se sentem com poder para isso, e porque acham que suas violações e crimes ficarão impunes.

72 O mesmo Hinkelammert insere seus argumentos sobre as inversões em uma discussão mais ampla sobre os regimes democráticos. Agora, as instituições democráticas constituem o tema axial do Estado de direito (governo por leis, limitado pela lei). Este supõe a discussão sobre a cisão entre sociedade civil e Estado e sobre economia política burguesa. Todos esses elementos (de inspiração marxista) estão no pensamento de Hinkelammert, mas ele os relega a favor de sua "teoria das inversões" e do sujeito concreto.

73 Hinkelammert, op. cit., p.153. A pontuação, algo estranha, está no original.

Apesar de Hinkelammert tentar historiar posteriormente o conceito de "necessidades básicas", ele não capta nunca seu alcance redutivo. O que ocorre com quem, ela ou ele, assassina o esposo da mulher desejada? Essa urgência está dentro ou fora do âmbito das necessidades básicas? O assunto não é brincadeira: indica que as tramas de sociabilidade básica não são determinadas exclusivamente pela vinculação entre relações sociais e forças produtivas em um sentido economicista. Estão também, entre outros, os impulsos libidinais, com sua autonomia relativa. Além do reducionismo específico, o texto de Hinkelammert mostra claramente seu caráter moral ou profético (este último é um elogio). *Ele deseja certo estilo de vida* e argumenta seus desejos como *valores de convivência*. Solidariedade, não exclusão, não sacrifício de existências humanas, respeito são todos valores que não existem se não são produzidos e sustentados. Como tais, são *pontos de chegada* ou *inflexão* em processos sócio-históricos, não pontos de partida, ainda que sejam enunciados por um teólogo. O mais grave, porém, é que *partir de valores* não tem muito a ver com a abordagem analítica de Hinkelammert, que é o critério de relações sociais de produção e as hierarquizações que isso implica. O cristão nazareno (teólogo) termina deslocando, engolindo e tornando frívolos Marx/Engels e sua explicação por uma matriz (modo de produção). O que em si mesmo não é pecaminoso. Mas não é particularmente útil para pensar direitos humanos. Em especial se consideramos que valores como uma "economia em que todos tenham acesso ao trabalho" e uma sociedade de respeito e solidariedade, ao institucionalizar-se, podem tornar-se *regras sacrificais*, segundo a "Lei da Inversão Número Um de Hinkelammert". Por acaso ela não afeta *toda* proposta universal quando levada para a história?

Que agora se trata de valores enunciados por profecia, e não de análise social nem de teorias, fica inteiramente claro alguns parágrafos mais adiante. Ali, todos os valores surgem do "reconhecimento mútuo entre sujeitos" e esse reconhecimento (uma proposta evangélica que nunca aconteceu na história, mas que talvez se possa obter quando se briga por ela) é "a raiz do respeito pelas necessidades básicas". Essa é uma maneira obscura de dizer que todos deveríamos nos reconhecer como necessitados, ou como uma comunidade de necessitados, o que parece correto e até cristão, mas continua a ser um valor não praticado pelos seres humanos, e em particular pelo Ocidente, que é a cultura que inventou direitos humanos como parte de sua modernidade. Como Hinkelammert adverte, tarde demais, que suas propostas poderiam ser materializadas sacrificialmente,[74] é preciso acrescentar algo a sua Primeira Lei de Inversão:

> Qualquer valor se transforma em um antivalor, na medida em que sua realização acarreta o sacrifício da vida de outro ser humano: por isso, sua realização deve ser mediada pela satisfação das necessidades de todos os outros. A realização de todo valor tem de respeitar o "não matarás" e, por isso, implica mediatização de sua realização pela satisfação das necessidades básicas de todos. Caso contrário, deixa de ser um valor e transforma-se em um antivalor.[75]

Isso é dever moral puro, seja escrito por Moisés ou Hinkelammert. O texto possui, contudo, outra vantagem. O profeta e legislador moral não dizia a verdade quando assinalou que sua menção ao assassino era "casual". Na realidade, ela é fundamental, uma vez que sua crença mais vigorosa é que os seres humanos *não deveriam matar* porque são filhos de um Deus de vida. *Não matar* é o preceito moral que sustenta direitos humanos. E é um bom desejo. No entanto, não iniciou nem inspirou a história. E, é claro, tem pouco a ver com a história social de direitos humanos. Trata-se de uma versão piedosa e algo tardia do jusnaturalismo do século XVII.

Tanto é assim que Hinkelammert, abandonando por completo o que em algum momento foi seu critério de abordagem na análise social (economia política/teologia), termina fazendo da pessoa humana, essa que devia ter acesso ao trabalho, segundo vimos, "seres humanos naturais", descritos como "corpos falantes".[76] Esse algo "jusnaturalista" que precede o mercado, o Estado e toda instituição é o *ser corporal* dos indivíduos ou seu *ser natural* a partir do qual esse *algo* "faz coisas":

---

74 Por exemplo, não é possível satisfazer as necessidades básicas de 6 bilhões de seres humanos. Matemos 4 bilhões e então, sim, será possível satisfazê-las. Algo assim poderia ser visto no século XXI.
75 Hinkelammert, op. cit., p.154. Não está clara a razão por que "antivalor" é escrito com duas grafias diferentes.
76 Hinkelammert, "La economia en el proceso actual de globalización y los derechos humanos", p.239. Sua arbitrariedade o torna texto de antologia.

> Trata-se de direitos humanos que derivam do reconhecimento do ser humano como um ser corporal ou como ser natural. Direitos humanos que se referem à integridade corporal (em relação à tortura e à morte violenta), à satisfação das necessidades (trabalho, alimentação, casa, educação, saúde), assim como ao reconhecimento enquanto gênero, etnia e cultura.
>
> Trata-se de direitos humanos que resultam da subjetividade do ser humano e que entram em conflito com a redução deste ao indivíduo, ao proprietário e ao Eu.[77]

Aqui, já está tudo misturado e confundido. Enfatizemos, porém, a *metafísica*: a subjetividade do ser humano é *algo já dado*. E, pior, já dado no ser corporal falante ou "natural". Este último, é óbvio, não existiu jamais. As pessoas não são primeiro e depois começam a falar, mas *sendo com outros* falam. Os seres humanos são processos relacionais. Hinkelammert começou referindo-se a *relações sociais*, que parecem ser um critério correto para analisar direitos humanos. Entretanto, termina afirmando que a base de direitos humanos está em um inexistente ser *natural* das pessoas. Igual para um índio, para um alemão, para um dos apóstolos de Jesus e para Adão. Triste extravio.

O inaudito é que a realização não factível para a experiência humana de todo esse discurso profético (ser corporal falante, acesso universal ao trabalho, satisfação de necessidades, reconhecimento etc.) também não pode eludir a camisa de ferro da Primeira Lei da Inversão. Na resignada expressão do teólogo, que se vê obrigado a admitir, "só se pode esperar que os conflitos resultantes sejam mais controláveis e que os efeitos negativos da inversão sejam minimizados". Esse Moisés nem sequer conduz à Terra Prometida, mas à do Nunca Jamais. Ah, e quanto a direitos humanos, sua graça é que os conflitos *não sejam controláveis*.

8. Hinkelammert: procedimentos da profecia

A intensidade do sentimento profético por um mundo sem assassinos e ao menos economicamente pacificado não só gera as precipitações, confu-

---

[77] Ibid., p.242.

sões, ingenuidades e desequilíbrios argumentativos que indicamos superficialmente, mas parece potencializar também alguns vícios procedimentais que um trato amável recomenda evitar. Já vimos que Hinkelammert não fez caso do que seus interlocutores indicaram de boa-fé em Santiago do Chile em 1984. Bem, talvez não escutar faça parte do caráter de um profeta. Contudo, o traço negativo, até mesmo rude, dos procedimentos do economista/teólogo que queremos enfatizar é diferente. Não escutar é muito latino-americano. Entretanto, falsear (pelo motivo que for) opiniões ou argumentos de outros dificilmente ajuda uma causa, por mais bem-intencionada que seja.

Que Hinkelammert, no tema de direitos humanos, desvirtua os autores que examina para melhor montar (?) seu ponto de vista é facilmente constatável. Mencionaremos dois casos notórios. O primeiro corresponde a John Locke.[78] Para Hinkelammert, Locke é o autor cuja posição, "infame", faz nascer a inversão de direitos humanos. No que lhe corresponde, cita: "Ele [Locke] diz que 'todos os homens são iguais por natureza', o que implica 'o direito igual que todos os homens têm a sua liberdade natural, sem estar nenhum submetido à vontade ou à autoridade de outro homem' (§54)". Com essa citação de Locke, Hinkelammert se surpreende:

> A surpresa é que disso conclui, portanto, que a escravidão é legítima. E acrescenta: portanto, podemos expropriar os povos indígenas da América do Norte e também podemos colonizar a Índia pela força. Todas essas violências são consideradas legítimas por Locke, porque resultam da aplicação fiel da igualdade entre os homens como ele a entende.[79]

É evidente que concluir da igualdade "natural" que a escravidão é legítima deveria surpreender e indignar qualquer um. A única falha nessas reações é que Locke nunca afirmou a igualdade natural dos seres humanos. Se Hinkelammert tivesse prolongado a citação do parágrafo 54 que menciona, teríamos lido o seguinte:

---

78 Hinkelammert dedica a Locke um trabalho especial, que é o que citamos: "La inversión de los derechos humanos: el caso de John Locke".
79 Ibid., p.84.

Embora anteriormente eu tenha dito "que todos os homens são iguais por natureza", não se deve entender que me referia a toda classe de igualdade. Os anos e as condições pessoais podem dar a certos homens um justo direito de precedência. A superioridade de faculdades e de méritos pode situar outros acima do nível geral. O nascimento a uns, as alianças e benefícios a outros podem exigir o testemunho de seu respeito a quem o tem ganhado por natureza, gratidão ou outras considerações. Tudo isso, porém, concilia-se estreitamente com a igualdade de todos os homens quando se trata do direito de jurisdição ou da autoridade que um pode exercer sobre outro. A essa igualdade referia-me eu, dentro do tema que estava tratando, isto é, o do direito igual que todos os homens têm a sua liberdade natural, sem estar nenhum submetido à vontade ou autoridade de outro homem.[80]

Saltam à vista ao menos três coisas. Primeiro: Locke argumenta contra *toda autoridade política* "natural", quer que o governo encontre sua legitimidade em ações humanas. Segundo: Locke nunca afirmou nesse parágrafo que os seres humanos são naturalmente iguais nem que devem ser socialmente tratados como iguais. De fato, para Locke, nem todos os indivíduos da espécie biológica humana são plenamente humanos: não o são os trabalhadores e os pobres. Nem as mulheres, as crianças ou os jovens. Ainda menos quem contraria a lógica da acumulação de capital ou atenta contra a propriedade privada. A maior parte desses sub-humanos, ou não humanos de todo, nunca alcançará a humanidade plena. São exceções os jovens, quando amadurecem. Terceiro: o teólogo alterou a referência, fragmentando-a para surpreender-se e indignar-se e, assim, provar sua "teoria da inversão". Ou, pior, talvez nunca tenha lido o parágrafo 54 por inteiro.

Não se entenda mal. Em Locke, existe sem dúvida uma teoria do poder despótico fundada na natureza humana. Mas essa teoria não decorre do caráter universal do ser humano como pretende Hinkelammert, mas da legitimidade da propriedade derivada do trabalho, do caráter "natural" do comércio e da maior racionalidade ou eficiência produtivas do capitalismo,

---

80 Locke, *Segundo tratado sobre el gobierno civil*, §54. O texto remete ao parágrafo 4 do mesmo trabalho, que antecipa a mesma ideia: "[...] qual é o estado em que se encontram naturalmente os homens, a saber, um estado de completa liberdade para ordenar seus atos e para dispor de suas propriedades e de suas pessoas como melhor lhes pareça, dentro dos limites da lei natural, sem necessidade de pedir permissão e sem depender da vontade de outra pessoa".

mais uma concepção de um *estado de guerra* gestado por aqueles quem tentam lesar essa natureza (criminosos) ou a contrariam (parasitas, mendigos, irracionais) como propriedade privada ou como lógica de acumulação. Para Locke, os seres humanos não são iguais por natureza, entre outros aspectos porque há mulheres e homens, nem devem ser tratados como iguais do ponto de vista social, político ou cultural. A imagem de que os seres humanos (não os cidadãos) devem ser tratados como se fossem iguais não tem raiz liberal, mas é pré-moderna, e também se segue e projeta das lutas sociais de trabalhadores, mulheres, povos e culturas/raças submetidos dos séculos XIX e XX. Quando Hinkelammert atribui a Locke, falseando-o, uma universalidade da experiência humana inteiramente inexistente nesse autor, ele o lê, no melhor dos casos, segundo a percepção social acrítica e de manual que dele se tem no século XX. E, no pior dos casos, ele o manipula, citando-o de forma fragmentada em questões-chave.

As observações anteriores, e outras, sobre o autor do *Segundo tratado* foram desenvolvidas, com maior ou menor amplitude, mas sempre com rigor, por um autor que dedicou boa parte de sua vida acadêmica à investigação do pensamento filosófico e social inglês do qual Locke é interlocutor e da própria obra de Locke. Esse autor é Crawford Brough Macpherson, já falecido, cujo principal escrito nesse campo se intitula *The Political Theory of Possessive Individualism*, ensaio publicado em 1962 e traduzido para o espanhol.* Hinkelammert tem conhecimento de Macpherson e de sua obra, posto que o cita em uma nota de rodapé – uma nota peculiar, porque não está ligada com propriedade ao texto central e não identifica bibliograficamente o texto (parece uma falha editorial, mas o ensaio de Hinkelammert tem edições diversas e a "falha" está em todas). Nessa nota, a número 8 da edição que citamos, o teólogo reconhece a lucidez do esforço de Macpherson, porém censura sua "cegueira" em relação à defesa lockiana da escravidão. Para fazer isso, recorre a uma *nota de rodapé* da análise de Macpherson (a nota 135 da página 211 da edição castelhana) que diz:

> Locke, naturalmente, também justificou a escravidão, mas não por razões inerentes a uma racionalidade diferenciada. A escravização só era

---

* Esse ensaio foi publicado no Brasil em 1979, pela editora Paz e Terra. (N. E.)

justificada quando um homem "por culpa sua" perdia o direito a sua própria vida por atos que merecem a morte (Seção 23). Locke parece tê-la considerado uma penalidade ajustada a seus crimes naturais.[81]

Citando, com outra tradução, essa nota, Hinkelammert afirma que Macpherson não faz mais nenhuma referência ao problema, "como em geral ocorre com a literatura sobre Locke". Aparentemente, Hinkelammert deseja toda a originalidade que possa acumular em suas opiniões sobre o autor do *Segundo tratado*.

Macpherson, no entanto, é um pesquisador sério. De fato, a nota que Hinkelammert reproduz tem como referencial sua documentada discussão sobre o fato de Locke derivar suas noções de escravidão e sujeição não da tradição aristotélica (diferenças na racionalidade inerente entre senhores e escravos), mas *socialmente* e por suas posições econômicas no sistema produtivo ou por suas ações em relação a ele. Macpherson aplica o critério economia política/filosofia (ideologia) para analisar Locke. Contra toda evidência, Hinkelammert assinala que não se encontra nem mais uma palavra no trabalho de Macpherson sobre a escravidão, mas a nota deste último faz referência ao seguinte texto no corpo central:

> A ideia de uma racionalidade diferenciada [permanente] justificava como natural não só a escravidão, mas a subordinação de uma parte do povo pela contínua alienação contratual de sua capacidade para trabalhar. A diferenciação de racionalidade era uma consequência dessa alienação, não uma causa dela. Mas a diferença de racionalidade, uma vez estabelecida, proporcionava uma justificação da diferenciação de direitos.[82]

Logo, Macpherson fala, sim, da escravidão como um efeito particular das sujeições derivadas da lógica da propriedade orientada para o lucro e da

---

81 Macpherson, *La teoria política del individualismo posesivo*, nota 135, p.211. A edição espanhola diz "criminosos naturais".
82 Ibid.. O parágrafo 23 do *Segundo tratado*, que Macpherson menciona em sua nota, relaciona a escravidão com um estado de guerra e com alguém que perdeu, por suas ações, o direito a sua própria vida. Como se nota, o direito à vida pode ser "natural" e universal na exposição de Locke, mas é reversível. Sobre esse critério opera também a tese de Locke acerca de que os seres humanos não são iguais nem devem ser tratados como tais.

elevação metafísica de sua racionalidade produtivista. Do que Macpherson não fala é da "inversão de direitos humanos" inventada por Hinkelammert, porque sabe, já que o estudou, que os pressupostos sociais de Locke incluíam o conflito entre um imaginário da sociedade como um composto de indivíduos indiferenciados (um tipo de universalidade abstrata, entre cristã e atomista) e outro com classes sociais: a dos industriosos e racionais, que acumulavam riqueza, e a classe daqueles que trabalhavam somente para viver. O que sustenta Macpherson é que o pensamento de Locke não contém um imaginário universalista de direitos humanos como se costuma atribuir a ele no século XX. Por isso, não fica horrorizado ou indignado diante de suas ideias, mas trata de entendê-las, e também não tacha Locke de "infame". Hinkelammert, além disso, falseia Macpherson, a quem não cita bibliograficamente ou porque não o entende, ou porque o leu de modo fragmentado, ou porque sente que outros, aplicando critérios de abordagem semelhantes aos que ele diz utilizar (economia política/teologia), chegam a resultados que não confirmam suas convicções: que a inversão de direitos humanos (uma cópia mecânica da teoria da ideologia de Marx/Engels) é um sinal da maior agressividade política das sociedades modernas contra seus inimigos políticos. Como o teólogo sabe, a dinâmica dessas sociedades burguesas contém um fator teológico: *os inimigos são hereges.* Para a glória de Deus, isto é, do capital, devem ser perseguidos, encurralados e executados. Que se utilize para isso a ideologia de direitos humanos é algo que Marx comentou em trabalhos menores, um tanto unilaterais, e em *O capital*, no século XIX.

O que então poderíamos dizer dessa literatura profética? Que repousa sobre *valores independentes das lutas sociais* e, por isso, suscetíveis de ser privilegiados como um monopólio de sentido em direitos humanos. Do ponto de vista sócio-histórico, em compensação, esses direitos constituem uma *referência para aprender a ser humano*. Não podem ser deduzidos, a não ser que não se deseje compreendê-los nem praticá-los, de convicções morais ou de teorias "filosóficas". Para completar o infortúnio, alguns dos procedimentos para construir essa dogmática teológica são discutíveis e censuráveis, em especial porque sua arbitrariedade parece fundada em motivações mesquinhas ou paroquiais. Por último, Hinkelammert não aproveita a riqueza analítica de sua contribuição à *Teologia Latino-Ame-*

ricana da Libertação ao deslocar o objeto de discussão das relações sociais constitutivas e conflituosas para o "ser natural falante" destinado não só ao tédio, segundo o relato bíblico, mas também ao pecado e ao estranhamento eterno de si mesmo na história. Direitos humanos são, ao contrário, uma maneira plural e moderna de inventar-se, desencontrar-se e construir-se na história. E, como toda luta social em que se compromete a configuração de identidades e autoestima, eles são tudo, menos maçantes.

O que se consegue com esse deslocamento teológico/filosófico de Hinkelammert é eludir a questão de fundo: por existir, a inversão ou inversões (*fetichizações*, na linguagem marxista original) não podem ser superadas *sem uma revolução social*.

Ao finalizar esta discussão, em dezembro de 2003, um texto de jornal[83] me lembrava que naquele ano se comemorava uma década dos compromissos declarados na Conferência Mundial de Viena de 1993 e também da criação do Alto Comissariado de Direitos Humanos das Nações Unidas. O colunista tinha razão. *Não havia nada oficial para celebrar*. Em suas palavras:

> a situação dos direitos fundamentais nunca foi tão grave e lamentável na história da humanidade. Depois de 55 anos da Declaração Universal, de 37 anos de aprovação das duas grandes convenções de direitos humanos de 1966 e de vários lustros de esforços, a pobreza, a violência, a exclusão social e econômica, o terrorismo e o contraterrorismo, o mal governo, a selvagem disparidade na concentração da riqueza são males endêmicos que crescem dia a dia.

A principal violação desses direitos é constituída pela pobreza e pela miséria. Nesse último caso, mais de 1 bilhão de pessoas mal vivem com um dólar por dia. Mais 1,5 milhão de pessoas não têm acesso a saúde, educação, a saneamento, eletricidade e serviços básicos. *Mas não temos um movimento mundial de pobres e miseráveis*. No outro polo, os 20% dos opulentos do planeta concentram quase 90% da renda global. *Mas não temos um movimento mundial contra a concentração de riqueza e a ostentação impune de poder*. A

---

[83] Ordoñez, "¿Hay algo que celebrar?".

agressão contra o território, os povos e o governo do Iraque marca um ponto sem retorno na crise financeira, política e geopolítica das Nações Unidas de um modo tal que pretender avançar em direitos humanos por meio de acordos entre Estados (que assinam declarações sabendo que não as cumprirão) parece ter chegado a seu estágio final, exceto para as burocracias que administram sua despudorada ineficácia e agonia. *Mas não nos damos um movimento mundial para sanear e refundar as instâncias internacionais.* As mobilizações por direitos humanos parecem confinadas às lutas particulares e específicas de mulheres, camponeses, povoadores, por instituições democráticas, contra a impunidade e contra a vulnerabilidade, em pontos relativamente fragmentados. Onde se realizam essas lutas, carece-se de uma teoria que permita alcançar metas particulares e, ao mesmo tempo, contribuir para a transformação radical do sistema. Porque é o sistema e suas lógicas que não admitem direitos humanos e aprofundam as precariedades de todos e de cada um. *Mas também não temos avançado em teoria social nem em teorias de lutas particulares.*

Má passagem de século para direitos humanos. E piorará para diversas formas de crises finais, se os vulneráveis dia a dia não gerarem espaços de encontro, formas mais eficazes de organização, protestos e propostas, e não tentarem ganhar controle sobre suas existências e produzir sua espiritualidade. São muitas batalhas em muitos lugares. O primeiro inimigo costuma ser o próprio indivíduo, quando interioriza a naturalidade do sistema, de modo que ele se reproduz em grande parte por nossas inércias. As ONGs que atendem às vulnerabilidades sociais como disfunções e as transformam em seu *modus vivendi* são igualmente deploráveis. O primeiro amigo, então, é a paixão para transformar o indivíduo todo, começando por ele e irradiando sobre outros para desnaturalizar as lógicas do sistema e fazer delas luta política, enfrentamento libertador. Desse ponto de vista, vivemos uma ampla conjuntura de inflexão. Pela primeira vez, construir a humanidade entre todos e para cada um é necessário e possível. Não avançar significativamente nesse processo significa perder o indivíduo todo. *Não temos, porém, um movimento mundial de direitos humanos nem uma teoria que permita sustentar suas lutas particulares e, ao mesmo tempo, lhe dar potência para assumir sua capacidade para transformar radicalmente o sistema.*

Que é o que finalmente, e desde o princípio, está em discussão.

9. Pablo Salvat e as luzes do pensamento crítico latino-americano

Quando se afirma que, na América Latina, o desafio imposto por direitos humanos "passa por outro lugar", isso significa que seu eixo não está nas apresentações oficiais e acadêmicas inteiramente ou meio desligadas da luta social. Muito menos naqueles discursos que não fazem dessa luta, diversificada e plural, o eixo epistêmico de uma teoria de direitos humanos, analítica e dedicada a guiar as lutas sociais em situações específicas no campo de lógicas estruturais e que, ao mesmo tempo, incide enquanto reflexão nos âmbitos mais emocionais, configurados pela leitura de raízes e pelo horizonte de esperança das lutas populares. Isso supõe uma leitura *sócio-histórica* de direitos humanos com ênfase no universo de opções e valores, aberto e processual, da produção do mundo, a qual se consignou sob o conceito de "sociedades civis emergentes".

Esse tipo de critério de abordagem está presente, em grande medida, no trabalho de Pablo Salvat Boloña sobre direitos humanos publicado pelo projeto editorial Pensamento Crítico Latino-Americano, em Santiago do Chile.[84] Desse ponto de vista, poderia condensar um esforço, no interior do mundo acadêmico, para romper com a tradição cultural de "imaginar" direitos humanos da perspectiva das posições "naturalistas" católicas ou liberais e avançar na direção de um debate para pensar sua realidade, se não da perspectiva da história social, ao menos da história sem "apoios" metafísicos.[85]

Salvat inicia a consideração de direitos humanos na América Latina a partir de três sucessos históricos: as ditaduras de segurança nacional, situadas entre as décadas de 1960 e 1990; o modelo neoliberal, inaugurado oficialmente pelo Chile em 1977; e a crise do fim de muitas das sociedades do socialismo histórico e o impacto desse fim no pensamento progressista e marxista, questões situadas entre o fim da década de 1980 e o início da

---

84 Salvat Boloña, "Derechos humanos", v.1, p.135-52.
85 Escreve Salvat, por exemplo: "[...] os direitos humanos possuem uma história, um devir [...] não caíram do céu já prontos, de uma vez e para sempre" (Salvat Boloña, op. cit., p.145). Isso, que parece de Perogrullo, ainda pode soar como escândalo no mundo "oficial" de direitos humanos.

de 1990.[86] O terror de Estado sem dúvida põe no centro da consideração política e ética a questão de direitos humanos. O modelo neoliberal latino-americano, em nada incompatível com o terror de Estado, soma às violações de direitos fundamentais e cidadãos a liquidação de conquistas sociais e a desagregação de direitos econômicos, sociais e culturais (também ambientais) por meio do império das "oportunidades" e exclusões do mercado globalizado. Na versão de Salvat, a crise do socialismo e do marxismo (na realidade, do marxismo-leninismo) obriga os setores "progressistas" da América Latina a reposicionar-se em relação à mera e cômoda "identificação" burguesa, e com isso falseada, de direitos humanos.

Essa abordagem histórica, e, em menor medida, social, leva Salvat a um primeiro tipo de observação: a questão de direitos humanos não se limita ao campo de direitos fundamentais e cívicos, mas incluiu fenômenos como a pobreza e a discriminação (a ausência integral de "agência" humana, segundo o enfoque de Ignatieff, ou o inevitável *nómos* da organização social do trabalho de Hinkelammert). Em segundo lugar, não há uma relação entre o "protagonismo" político de direitos humanos no período e a qualidade da reflexão sobre eles. Mas antes os discursos expressam diversos pontos de vista,[87] o que talvez esteja ligado ao fato de que:

> sua reconsideração ocorre em uma sociedade cindida e conflituosa no que concerne a poderes e riquezas, o que dificulta a geração de um consenso racional a respeito do lugar que ocupam enquanto categoria com relação à história, ao domínio do político-jurídico ou do econômico-social.[88]

Nessa percepção, encontram-se quase todos os elementos do *diagnóstico* de uma concepção sócio-histórica de direitos humanos. A matriz sócio-

---

[86] Em certas ocasiões, traduziremos em outra conceituação alguns termos de Salvat Boloña, sem trair o conteúdo de seu discurso. Por exemplo, ele descreve "crise do socialismo real" ou "ditaduras de segurança nacional". Por razões conceituais, consideramos que ele se refere ao colapso de algumas sociedades do socialismo histórico e as ditaduras de segurança nacional são empresariais/militares. Trata-se, porém, de desacordos sem maior alcance na discussão de fundo.

[87] Salvat menciona, além das correntes "progressistas" (antiautoritários, setores clericais, marxistas autocriticados), setores neoconservadores, analíticos, cultural e religiosamente integristas, e um liberalismo democrático e igualitário interessado em produzir uma metaética que fundamente racionalmente princípios morais para deles derivar direitos individuais básicos (Salvat Boloña, op. cit., p.138-9).

[88] Ibid., p.138.

-histórica como fundamento e sua determinação como "sociedade cindida e conflituosa" que dificulta (na realidade, proíbe) um consenso racional no que diz respeito não só a sua conceituação e valorização, mas a sua efetivação institucional. A falha do diagnóstico está no fato de que, ao não radicalizá-lo, Salvat aspira ainda a *um* consenso racional, quando a sociedade "cindida e conflituosa" supõe racionalidades diversas, encontradas e mutuamente excludentes. O acordo, portanto, não tem caráter "racional", mas *político*, e deriva de *relações de poder*. Contudo, essa falha provém talvez do fato de Salvat concentrar sua atenção nas instituições do sistema diante da crise e não nas *mobilizações sociais e ações* que resistiram e resistem ao terror de Estado, que ressentem tanto a soberania destrutiva e excludente da forma mercantil quanto a histórica precariedade estatal latino-americana, acentuada hoje pelos desafios dessa fase de globalização, e que se desencantam pouco a pouco com as instituições das democracias restritivas. Entretanto, ainda com esse viés, a questão das racionalidades foi posta na mesa, ou ao menos entrevista, graças ao enfoque histórico de Salvat.

O ponto é ainda mais claro porque Salvat considera que a leitura atual de direitos humanos se faz a partir de:

> uma consciência, cada vez mais ampla, de que nossa civilização vive um tempo de crise em que é posto em questão um modelo de racionalidade e desenvolvimento baseado em uma combinatória de ciência, técnica e economia [...] Aqui estaria em jogo o sentido profundo do paradigma de modernização que configurou nosso mundo há cinco séculos, baseado em um *éthos* do domínio e do poder.[89]

Apesar de que "pôr em jogo o sentido profundo do paradigma" contém a referência a que "este mundo" não potencializa direitos humanos, mas, ao contrário, depois de proclamá-los, proíbe-os, exceto como possibilidades e expectativas derivadas de *resistências sociais populares*, caráter que dá a um movimento por direitos humanos um "lugar particularmente privilegiado" na luta política. Salvat resolve a crise (que, segundo ele mesmo, atravessaria todo o sistema) de civilização imposta pelo desafio de direitos humanos universais, integrais e transcendentes (enquanto fator de produção de gê-

---

[89] Ibid., p.140.

nero humano), por meio de um "universal pragmático [...] Isto é, como um universal construído das diferentes perspectivas dos participantes, de um 'nós', que por intermédio da discussão e do acordo na ação pode fazer prevalecer tais ou quais interesses de conjunto".[90] Recorrer a Habermas, e a sua pragmática transcendental, é o custo de não captar que a matriz da modernidade contém e explicita, ou faz aflorar, diversas e encontradas racionalidades e diversas possibilidades de produzir relacionalmente *sujeitos*, tal como mostraram, por exemplo, as lutas sociais das mulheres com teoria de gênero.[91] Seja qual for o valor que tenha para as sociedades europeias a aposta em uma "situação de diálogo ideal" de Habermas, ela carece de utilidade não só para os setores discriminados e excluídos da América Latina, mas também para suas ferozes neo-oligarquias. Aqui, como temos insistido, direitos humanos como imaginário e legislação passam por outro lugar.

Contudo, apesar de o diagnóstico posicionar de modo adequado o campo de reflexão ("a história de reconhecimento desses direitos, ao ser uma história de lutas e conflitos"),[92] a análise de Salvat não explora todos os seus alcances e, por isso, acompanha acertos com caminhos que se orientam para algum tipo de metafísica. Dentre os acertos, destaca, em especial por vir de um analista que dialoga com o catolicismo, o caráter *transcendental* de direitos humanos (infelizmente, Salvat costuma escrever "os" direitos humanos, uma das formas linguísticas de sua naturalização). Esse caráter atribuiria a direitos humanos a forma de uma *utopia* enquanto ideia regulativa imanente à história social. A questão que se reduz com esse tipo de análise é o critério maniqueísta de que, no interior do discurso do catolicismo hierárquico, enfrenta a transcendência (o Reino) com imanência (História) para optar, é óbvio, pela "purificação" transcendente da história e da sociedade. Ao contrário, ao assumir a transcendentalidade como imanência utópica (não como finalidade natural), direitos humanos podem convocar tanto lutas particulares e específicas (uma reforma agrária com conteúdo camponês, por exemplo) como a relação que estabelecem essas lutas com a produção de humanidade genérica. A falsa oposição entre transcendência e imanência se reposiciona nesse enfoque crítico como uma tensão entre as

---
90 Ibid., p.146.
91 E, necessariamente, as lutas dos trabalhadores pelo socialismo.
92 Ibid., p.145.

ações sociais, inevitavelmente situadas, ou seja, particulares, e um universal não puramente operativo (pragmático), mas simbólico e utópico e densamente real (cultural), tanto por ser aberto às lutas sociais prático-críticas quanto pelo caráter processual de sua forma de referente regulativo. Salvat, que aparentemente segue nisso o melhor da Teologia Latino-Americana da Libertação (Segundo, Hinkelammert), incorpora assim uma importante referência a uma frente antimetafísica no campo de direitos humanos.

E é que a crítica do caráter metafísico, explícito ou envergonhado, desses direitos marca o caminho para compreendê-los e transformá-los, como assinala Salvat, em mediação articulante de ética, política e cultura, ou, o que é o mesmo, em um movimento social de pessoas que aspiram a oferecer-se autonomia e autoestima, e com isso felicidade e responsabilidade, em todos os âmbitos da existência. Questão que, obviamente, contém a tarefa política de colocar-se em condições de produzir outro mundo, o proibido.

REFERÊNCIAS BIBLIOGRÁFICAS

ABBAGNANO, N. *Historia de la Filosofía*. Barcelona: Montaner y Simón, 1964. 3v.

ARISTÓTELES. *Política*. Madrid: Instituto de Estúdios Políticos, 1951.

ASAMBLEA GENERAL DE NACIONES UNIDAS. Declaración universal de derechos humanos. In: BARBA, J. B. *Educación para los derechos humanos*. México: Fondo de Cultura, 1997.

BENETT, W. J. Un llamamiento a la divinidad. *Tiempos del Mundo*, San José de Costa Rica, año 7, n.8, p.28, feb. 2002.

BERMAN, M. *Todo lo sólido se desvanece en el aire:* la experiencia de la modernidad. México: Siglo XXI, 1968.

BIBLIA LATINOAMERICANA. Madrid: Paulinas/Verbo Divino, 1962.

BOBBIO, N. *El tiempo de los derechos.* Madrid: Sistema, 1991.

_____. Las razones de la tolerancia. In: _____. *El tiempo de los derechos.* Madrid: Sistema, 1991.

_____. La Revolución Francesa y los derechos del hombre. In: _____. *El tiempo de los derechos.* Madrid: Sistema, 1991.

_____. Presente y porvenir de los derechos humanos. In: _____. *El tiempo de los derechos.* Madrid: Sistema, 1991.

CARAZO ODIO, R. (Org.). *La tercera vía:* ¿es posible en nuetra América? San José de Costa Rica: LUR, 2000.

CASTRO, F. Segunda declaración de la Habana. In: _____. *La Revolución Cubana (1953-1962)*. México: Era, 1972.

CASTRO, J. D. Me encantan las broncas (entrevista). *OJO*, San José de Costa Rica, año 3, n.52, 17-30 nov. 2003.

CATECISMO DE LA IGLESIA CATÓLICA. [s.n.t.].

CENTRO POR LA JUSTICIA Y EL DERECHO INTERNACIONAL (CEJIL). *Los derechos humanos en el Sistema Interamericano*. San José de Costa Rica: Cejil, 2001.

CERDAS, R. Una elección crucial. *La Nación*, San José de Costa Rica, 23 nov. 2003.

CHEVALLIER, J. J. *Los grandes textos políticos:* desde Maquiavelo a nuestros dias. Madrid: Aguilar, 1967.

COMISIÓN INTERAMERICANA. Seminario sobre el Sistema Interamericano de Promoción y Protección de los Derechos Humanos. In: MENDEZ, J. E.; COX, F. (Orgs.). *El futuro del Sistema Interamericano de Protección de los Derechos Humanos.* San José de Costa Rica: IIDH, 1998.

DAHL, R. *La democracia y sus críticos.* Barcelona: Paidós, 1993.

DEPARTAMENTO ECUMÉNICO DE INVESTIGACIONES. *La lucha de los dioses:* los ídolos de la opresión y la búsqueda del Dios liberador. San José de Costa Rica: DEI/CAV, 1980.

DOMINGUEZ, A. Derechos humanos y democracia (intervención). In: VILLELA, H. (Org.). *Los derechos humanos como política.* Santiago de Chile: Amerinda, 1985.

EBENSTEIN, W. *Los grandes pensadores políticos:* de Platón hasta hoy. Madrid: Revista de Occidente, 1965.

FERRAJOLI, L. *Derecho y razón:* teoría del garantismo penal. Madrid: Trotta, 1995.

GALLARDO, H. *Siglo XXI:* producir un mundo. San José de Costa Rica: Arlekin, 2006.

_____. Imaginarios sobre el pobre en América Latina. *Revista de Filosofía de la Universidad de Costa Rica,* San José de Costa Rica, v.40, n.101, jul./dic. 2002.

_____. Imaginarios sobre el pobre en América Latina. In: _____. *Abisa a los compañeros pronto.* San José de Costa Rica: Azul, 2000.

_____. *Política y transformación social:* discusión sobre derechos humanos. Quito: Tierra Nueva, 2000.

_____. Ausencia y presencia de derechos humanos. In: _____. *Política y transformación social:* discusión sobre derechos humanos. Quito: Tierra Nueva, 2000.

_____. Individualismo e antiindividualismo: un dilemma falso en la discusión sobre derechos humanos y democracia. In: _____. *Política y transformación social:* discusión sobre derechos humanos. Quito: Tierra Nueva, 2000.

GERMANI, G. Democracia y autoritarismo en la sociedad moderna. *Crítica & Utopía Latinoamericana de Ciencias Sociales,* Buenos Aires: El Cid, 1979.

GOLDWIN, A. R. John Locke. In: STRAUSS, L.; CROPSEY, J. (Orgs.). *History of Political Philosophy.* Chicago: Rand McNally, 1963.

GUTIÉRREZ, G. *Teologia de la liberación.* Lima: CEP, 1990.

HARDT, M.; NEGRI, A. *Imperio.* Barcelona: Paidós, 2002.

HEGEL, G. W. F. *Leciones sobre la historia de la Filosofía.* México: Fondo de Cultura, 1995. 3v.

HEIN, W. El fin del Estado-nación y el nuevo orden mundial: las instituiciones en perspectiva. *Nueva Sociedad,* Caracas, n.132, jul./ago. 1994.

HELLER, A. *La revolución de la vida cotidiana.* Barcelona: Península, 1982.

HERRING, H. *Evolución histórica de América Latina:* desde los comienzos hasta la actualidad. Buenos Aires: [s.ed.], 1992.

HINKELAMMERT, F. J. La inversión de los derechos humanos: el caso de John Locke. In: HERRERA FLORES, J. et al. *El vuelo de Anteo:* derechos humanos y crítica de la razón liberal. Bilbao: Desclée de Brouwer, 2000.

HINKELAMMERT, F. J. (Org.). *El huracán de la globalización*. San José de Costa Rica: DEI, 1999.
_____. La economia en el proceso actual de globalización y los derechos humanos. In: _____ (Org.). *El huracán de la globalización*. San José de Costa Rica: DEI, 1999.
_____. *Democracia y totalitarismo*. San José de Costa Rica: DEI, 1990.
_____. Democracia, estructura económico-social y formación de un sentido común legitimador. In: _____. *Democracia y totalitarismo*. San José de Costa Rica: DEI, 1990.
_____. Economia y teologia: las leyes del mercado y la fe. *Pasos*, San José de Costa Rica, n.23, mayo/jun. 1989.
_____. Derechos humanos y democracia. In: VILLELA, H. (Org.). *Los derechos humanos como política*. Santiago de Chile: Amerinda, 1985.
HUNDERICH, T. (Org.). *Enciclopedia Oxford de Filosofía*. Madrid: Tecnos, 2001.
IGNATIEFF, M. *Los derechos humanos como política e idolatría*. Barcelona: Paidós, 2003.
_____. *Human Rights*. New Jersey: Princeton University Press, 2001.
KANT, I. *La metafísica de las costumbres*. Madrid: Tecnos, 1999.
_____. *Sobre la paz perpetua*. Madrid: Tecnos, 1994.
KENNEDY, P. *Hacia el siglo XXI*. Barcelona: Plaza & Janes, 1993.
LA NACIÓN. *Elizabeth Odio a la Corte Penal Internacional*. San José de Costa Rica, 5 feb. 2003.
_____. *Reclaman humanizar la justicia*. San José de Costa Rica, 12 feb. 2003.
LECHNER, N. Derechos humanos y democracia (intervención). In: VILLELA, H. (Org.). *Los derechos humanos como política*. Santiago de Chile: Amerinda, 1985.
LEÓN XIII. "Rerum Novarum". In: Cecor, *Los papas y la cuestión social*. San José de Costa Rica: Cecor, [s.d.].
LEVINE, B. B. (Org.). *El desafío neoliberal:* el fin del tercermundismo en América Latina. Santafé de Bogotá: Norma, 1992.
LOCKE, J. *Second Treatise of Governement*. Indiana: Hackett, 1980.
_____. A Letter Concerning Toleration. In: _____. *On Politics and Education*. New York: Walter J. Black, 1947.
_____. The Second Treatise on Civil Government. In: _____. *On Politics and Education*. New York: Walter J. Black, 1947.
_____. *Ensayo sobre el gobierno civil*. Madrid: Aguilar, [s.d.].
MACPHERSON, C. B. *La democracia liberal y su época*. Madrid: Alianza, 1982.
_____. *La teoría política del individualismo posesivo*. Barcelona: Fontanella, 1979.
MARLASCA LÓPEZ, A. *Introducción a la bioética*. San José de Costa Rica: UNA, 2001.
_____. Fundamentación filosófica de los derechos humanos. *Revista de Filosofía de la Universidad de Costa Rica*, San José de Costa Rica, v.36, 1998.
_____. Antropología y derechos humanos I. *Revista de Filosofía de la Universidad de Costa Rica*, San José de Costa Rica, v.36, 1998.
MARX, K. *Elementos fundamentales para una crítica de la economia política*. Buenos Aires: Siglo XXI, 1976. v.1.

MASSINI, C. I. *El derecho, los derechos humanos y el valor del derecho*. Buenos Aires: Abeledo Perrot, 1987.

MEDICI, A. Garantismo global de los derechos humanos vis a vis globalización neoliberal: o de las condiciones de possibilidad del discurso jurídico en el contexto de la globalización. *Anuário Ibero-Americano de Direitos Humanos (2001/2002)*. Rio de Janeiro: Lumen Juris, 2002.

MILL, J. S. *Sobre la libertad*. México: Diana, 1965.

MIRÓ QUESADA, F. Los derechos humanos en América Latina. In: SERBAL/ UNESCO. *Los fundamentos filosóficos de los derechos humanos*. Barcelona: Unesco, 1985.

MONTESQUIEU. *Del espíritu de las leyes*. Barcelona: Altaya, 1993.

MORANDÉ, P. Derechos humanos y democracia (intervención). In: VILLELA, H. (Org.). *Los derechos humanos como política*. Santiago de Chile: Amerinda, 1985.

NACIONES UNIDAS. Pacto internacional de derechos económicos, sociales y culturales. In: BARBA, J. B. *Educación para los derechos humanos*. México: Fondo de Cultura Económica, 1997.

NIKKEN, P. Perfeccionar el Sistema Interamericano de Derechos Humanos sin reformar el Pacto de San José. In: MENDEZ, J. E.; COX, F. (Orgs.). *El futuro del Sistema Interamericano de Protección de los Derechos Humanos*. San José de Costa Rica: IIDH, 1998.

NOVOA MONREAL, E. *El derecho como obstáculo al cambio social*. Mexico: Siglo XXI, 1995.

NUEVAMÉRICA. *Familia/Familias*. Rio de Janeiro, n. 107, set. 2001.

OCAMPO, A. *Los límites de la tolerancia y el sujeto universal:* de paradojas y bandidos. San José de Costa Rica: DEI, 2002.

ORDOÑEZ, J. ¿Hay algo que celebrar? *La Nación*, San José de Costa Rica, 10 dic. 2003.

PAVÓN, D. El individualismo y la política democrática tradicional ante la singularidad de los movimientos sociales. Disponível em: <http://club.telepolis.com>. Acesso em: 16 fev. 2003.

PENNIMAN, H. R. Introduction to The Second Treatise. In: LOCKE, J. *On Politics and Education*. New York: Walter J. Black, 1947.

PLATÓN. *La República*. Madrid: Aguilar, 1972.

PRIETO MARTÍNEZ, F. Aproximación histórica a los derechos humanos. In: THEOTONIO, V.; PRIETO, F. (Orgs.). *Los derechos humanos:* una reflexión interdisciplinar. Córdoba: Etea, 1995.

PRIMER CONGRESO INTERNACIONAL DE FAMILIA. 2005, Guadalajara. *Memoria*. Ciudad de México: Dirección General de Publicaciones, 2005.

PROTÁGORAS. *Fragmentos y testimonios*. Buenos Aires: Aguilar, 1973.

RANGEL, C. *Del buen salvaje al buen revolucionario*. Caracas: Monte Ávila, 1977.

RICOEUR, P. (Org.). *Los fundamentos filosóficos de los derechos humanos*. Barcelona: Serbal/Unesco, 1985.

ROUSSEAU, J. J. *Discurso sobre el origen y los fundamentos de la desigualdad entre los hombres.* Barcelona: Alianza, 1973.

_____. *Du contrat social ou principes de droit politique.* Paris: Garnier Frères, 1962.

SABINE, G. H. *Historia de la teoría política.* México: Fondo de Cultura Econômica, 1977.

SALVAT BOLOÑA, P. Derechos humanos. In: ASTRAIN, R. S. (Coord.). *Pensamiento crítico latinoamericano.* Santiago de Chile: Universidad Católica, 2005. v.1.

SARTORI, G. *La democracia después del comunismo.* Madrid: Alianza, 1993.

_____. *Teoría de la democracia.* México: Alianza, 1989.

SEGUNDO, J. L. *El dogma que libera:* fe, liberación y magisterio dogmatico. Bilbao: Sal Térrea, 1989.

SERBAL/UNESCO. *Los fundamentos filosóficos de los derechos humanos.* Barcelona: Unesco, 1985.

SPENCER, H. *El individuo contra el Estado.* Madrid: Júcar, 1977.

SPLIGTZ, J. Rumores de guerra. *El País*, España, 19 ene. 2003.

STEFANO, C. Di. Problemas e incomodidades a propósito de la autonomia: algunas consideraciones desde el feminismo. In: STEFANO, C. Di; FRIEDMAN, M. *Perspectivas feministas en teoría política.* Barcelona: Paidós, 1996.

SUMMA. *Diez tecnologias que cambiarán el mundo.* San José de Costa Rica, n.10, jun. 2003.

TIEMPOS DEL MUNDO. San José de Costa Rica, año 8, n.47, p.6., nov. 2003.

_____. San José de Costa Rica, año 8, n.41, oct. 2003.

VARGAS CARREÑO, E. Intervención del representante permanente de Chile durante la sesión ordinaria del Consejo Permanente de la OEA. In: MENDEZ, J. E.; COX, F. (Orgs.). *El futuro del Sistema Interamericano de Protección de los Derechos Humanos.* San José de Costa Rica: IIDH, 1998.

VARGAS LLOSA, M. Falta de liderazgo aqui (entrevista). *Exclesior*, Mexico, año LXXXVII, v.6, n.31.505, 25 nov. 2003.

VÁRNAGY, T. El pensamiento político de John Locke y el surgimiento del liberalismo. Disponível em: <http://bibliotecavirtual.clacso.org.ar/clacso/se/20100609020522/3cap2.pdf>. Acesso em: set. 2003.

VIERA-GALLO, J. A. Derechos humanos y democracia (intervención). In: VILLELA, H. (Org.). *Los derechos humanos como política.* Santiago de Chile: Amerinda, 1985.

VIVANCO, J. M. Fortalecer o reformar el Sistema Interamenricano. In: MENDEZ, J. E.; COX, F. (Orgs.). *El futuro del Sistema Interamericano de Protección de los Derechos Humanos.* San José de Costa Rica: IIDH, 1998.

WEBER, M. *La ética protestante y el espíritu del capitalismo.* Barcelona: Península, 1994.

SOBRE O LIVRO

Formato: 16 x 23 cm
Mancha: 27,5 x 49 paicas
Tipologia: Horley Old Style 11/15
Papel: Pólen Soft 80 g/m² (miolo)
Cartão Supremo 250 g/m² (capa)

1ª edição: 2014

EQUIPE DE REALIZAÇÃO

Capa
Megaarte Design

Edição de Texto
Mariana Echalar (Copidesque)
Vivian Miwa Matsushita (Revisão)

Editoração Eletrônica
Eduardo Seiji Seki

Assistência Editorial
Alberto Bononi

Impressão e acabamento